芒芒禹蹟畫為九州

壬辰中秋 青海

九 州

（第 五 辑）

纪念禹贡学会八十年

荣誉主编　邹逸麟
主编　唐晓峰　田天

2014年·北京

《九州》编辑委员会

本辑主编　唐晓峰　田　天
学术编委（以姓氏笔画为序）
　　　　　于殿利　田文祝　田　天　李　平
　　　　　李孝聪　李　零　辛德勇　林伟仁
　　　　　林梅村　武晓迪　赵世瑜　唐晓峰
　　　　　菅沼云龙　颜廷真

联系地址　北京大学历史地理研究中心（100871）

纪念禹贡学会八十年座谈会在北大举行

2014年3月1日上午，纪念"禹贡学会"创办八十年座谈会在北京大学举行。座谈会由北京大学历史地理研究中心、北京大学历史系、中国社会科学院历史研究所、复旦大学中国历史地理研究所、陕西师范大学西北历史环境与经济社会发展研究院共同主办。此外，中科院地理科学与资源研究所、北京社会科学院历史研究所、中国人民大学、中央民族大学、首都师范大学等学术机构的代表也应邀参加了座谈会。近五十位学者齐聚一堂，溯源学科发展，展望学科未来。

北京大学常务副校长吴志攀应邀出席座谈会并致辞，吴副校长首先肯定了纪念禹贡学会的意义，并欢迎历史地理学界同人参加此次活动。随后，吴副校长阐释了对"禹贡精神"的理解，及对当前历史地理学研究工作的期望。

1934年，顾颉刚先生、谭其骧先生联合北大、燕京、辅仁三校师生，在蒋家胡同三号顾颉刚寓所内筹办"禹贡学会"，创编《禹贡》半月刊，首次在我国成立了以研究历史地理为宗旨的现代意义上的学术团体，标志着我国传统沿革地理学向现代历史地理学的发展。以谭其骧、侯仁之、史念海为代表的第一批禹贡学会成员，都是我国现代历史地理学的奠基人，为我国历史地理学的发展做出了重大贡献。

我国现今的历史地理学工作者，可以说大多是禹贡学派的传人。座谈会上，复旦大学图书馆馆长、原复旦大学中国历史地理研究所所长葛剑雄教授，北京大学历史地理研究中心主任唐晓峰教授，陕西师范大学张萍教授分别讲述了谭其骧、侯仁之、史念海三位先生与顾颉刚先生及禹贡学会的渊源，追溯了中国当代历史地理学科的发展。北京大学

i

历史系87岁高龄的张传玺教授回忆了蒋家胡同三号的轶事。顾颉刚先生女儿顾潮女士结合近年对顾颉刚先生手稿的整理,讲述了顾颉刚先生创立禹贡学会的历程。北京大学中古史研究中心主任荣新江教授讲述了自己参与历史地理研究的体会。

八十年前,正当国家危难日甚一日之时,禹贡学会成立,以治国土疆域之学为己任,形成严谨治学、经世致用的传统。如今历史地理学的领域欣欣向荣,座谈会的召开可谓恰逢其时。中国地理学会历史地理专业委员会主任、复旦大学中国历史地理研究所所长吴松弟教授在发言中,对当下历史地理学科的发展进行了展望。

香港中文大学饶宗颐教授是现在唯一在世的禹贡学会的参与者,也特意发来了书面致辞。此外,发来书面致辞的还有浙江大学陈桥驿教授、复旦大学邹逸麟教授、历史地理专业委员会副主任靳润成教授等。

座谈会后,与会者参观了位于今北大科技园内的顾颉刚故居,即禹贡学会的诞生地,此处原为成府蒋家胡同三号,修缮后仍保留原四合院落的布局。

(毛怡)

部分与会学者在原蒋家胡同三号顾颉刚故居院内合影

学界同人祝贺禹贡学会八十年致辞选登
饶宗颐先生致辞

晓峰：你好！

  会欣转来你的来信，得悉北大、复旦、陕西师大和社科院历史所等机构将于近期举行纪念《禹贡》半月刊创刊八十年的活动，不禁引起我无尽的思念。回想当年，我的第一篇学术文章"广东潮州旧志考"就是在刚刚创刊的《禹贡》上发表的，自此便与顾颉刚先生经常通信，而我参加禹贡学会的时候还是一个不到20岁的年轻人，如今已是接近百岁的老人了。

  承蒙顾先生厚爱，嘱我编撰《古史辨》的第八卷"古地辨"，我已将目录编好，刊登在《责善》半月刊上，然而由于战乱，书稿散失，此书一直未能出版。近年来经门人四处收集，终将文稿辑齐，并交北京中华书局，可望明年出版，这也是对顾先生和禹贡学会的一点纪念。

  恕我年迈，不能亲自前来参加会议，仅以数言寄托我对顾先生和禹贡学会的怀念，并祝愿顾颉刚先生开创的中国历史地理学学科一代一代地传承下去。

饶宗颐
2014年2月25日于香港

原中国历史地理专业委员会主任
陈桥驿先生致辞

禹贡学会建立于1934年初,并同时出版《禹贡》半月刊。经当年前辈学者的惨淡经营,《禹贡》半月刊从1934年3月出版其第一期起,到1937年抗日战争开始而被迫停刊,一共出版了七卷八十二期。在当年物力维艰的情况下,学会先辈尽心竭力,曾在学术界产生了不小的影响。学会与刊物,实为中国历史地理学的正式发端。今年是学会建立八十周年,溯昔抚今,感慨万端,确实值得当今中国历史地理学界及其相关学术界的回顾与纪念。

前中国科学院地理研究所郭敬辉副所长曾亲口告诉我,他在青年时代曾因见此学会的建立和刊物的出版而感奋不已,所以曾不自量力,向刊物投寄稿件。讵不知创刊诸前辈,不仅采用其稿,而且还对他加以作育栽培,不仅让这位清寒学子完成学业,并且毕生投入史地工作之中。我对学会与刊物所知甚少,但仅此一端,足见当年的影响实不容低估。今日我国历史地理学界之所以欣欣向荣,蒸蒸日上,禹贡学会与《禹贡》半月刊实为重要的发端。为特略书数言以表崇敬学会诸前辈之意,亦为今后之学科发展,寄予殷切希望。

陈桥驿

2014年2月于浙江大学

原中国历史地理专业委员会主任邹逸麟先生致辞

北京大学历史地理研究中心：

今年是禹贡学会成立八十年，也是《禹贡》半月刊创刊八十年。顷闻贵中心正在举办纪念活动，我们感到十分高兴和感激。

八十年前，顾颉刚先生和谭其骧先生团结了北大、燕京、辅仁三校的师生，成立以研究中国历史地理为宗旨的禹贡学会和创办了发展历史地理学科的《禹贡》半月刊，是我国当代学术史上具有划时代意义的举措。第一，它首次在我国成立了以研究历史地理学为宗旨的现代意义上的学术团体，为我国纯学术团体的成立做出了榜样。第二，它的成立标志着我国传统沿革地理学向现代历史地理学的转化，我国现代历史地理学就由此得到充分的发展。第三，以顾颉刚、谭其骧、侯仁之、史念海、韩儒林、翁独健、冯家昇……为代表的第一批禹贡学会成员，都是我国当代历史地理和边疆史地学科的奠基人，在以后的岁月里，他们都为我国历史地理学和边疆史地学的发展做出了重大贡献，也培养了一大批接班人，形成了我国当代学术史上具有特色的禹贡学派。因此，八十年前禹贡学会成立和《禹贡》半月刊的发行，在我国学术史上的意义，怎么评估也不能说高的。

我国现今的历史地理工作者，可以说都是禹贡学派的后人。我们今天能为祖国历史地理学发展做一定的贡献，不能不感谢我们师长和前辈的培育和鞭策。因此，我们对当年禹贡学会的成立和《禹贡》半月刊的出版，深怀感恩之情。今天北京大学能代表我们纪念这八十年前的重大日子，我们内心十分感激。

我因年老不能躬逢盛举,深表遗憾。特预祝纪念会圆满成功。

邹逸麟

2014 年 2 月 19 日于复旦大学

武汉大学历史地理研究所致辞

北京大学历史地理研究中心

暨出席"纪念禹贡学会八十年座谈会"的各位师长、同人：

  欣闻您们在北大燕园举办"纪念禹贡学会八十年座谈会"，作为身处京外的"禹贡学会"传人和弟子，特向座谈会的成功召开表示衷心的祝贺！向出席座谈会的各位师长和同人表示诚挚的问候！

  八十年前，顾颉刚、谭其骧、侯仁之、史念海等前辈大师在此创建禹贡学会，开启了现代中国历史地理学的新纪元；八十年后，史地学问一脉相承，学术队伍茁壮成长，学术成就层出不断，学科领域欣欣向荣，座谈会的召开可谓恰逢其时。今特赋联一副，以表达我们的内心感受：

五千年禹迹茫茫铭坚先师启史地新篇

八十载薪火赓续燕大后人承先贤宏学

武汉大学历史地理研究所全体同人 敬奉

2014年2月28日

暨南大学历史地理研究中心致辞

欣闻"纪念禹贡学会八十年座谈会"在顾颉刚先生旧宅召开，谨此代表暨南大学历史地理研究中心全体同人表示热烈祝贺！

回顾八十年前，正当国家多事之秋，边疆危机日甚一日，史学巨擘顾颉刚先生振臂一呼，成立禹贡学会，创办《禹贡》学刊，以治国土沿革、边疆史地为己任，拳拳爱国之心令国人感动。正所谓："江山如画，一时多少豪杰！"

在禹贡学会的号召下，谭其骧、侯仁之、史念海先生等踵继其后，将中国沿革地理推向了历史地理学的新台阶，培养了一大批新时代的历史地理学人。八十年后的今天，中国历史地理学已蔚为显学，禹贡学派的传人已遍布全国各地，跨入社会各界，正在为复兴中国、实现强国之梦而努力，这是告慰于先贤前辈的最好纪念。愿前贤遗愿，不负中华学人；燕社清光，重开禹贡新纪！

此致

敬礼

暨南大学历史地理研究中心　郭声波执笔
2014年2月24日

目　录

真实的、想象的和抽象的过去时代的世界——历史地理学的
　　三个领域（摘要）……………… Hugh Prince 著　侯仁之 译(1)
史前期的环境、地理学与生态学
　　……………………… K. W. 布策尔 著　侯仁之 译(33)
姬周之勃兴与地缘政治及农业经济 ………………… 郭伟川(44)
陕北笔记 …………………………………………………… 李零(60)
上党访古记 ………………………………………………… 李零(93)
出土文献《地典》、《盖庐》的研究 ………………… 苏晓威(129)
中国的地理学与日本的地理学——古代中国地理书的流传
　　及其影响……………… ［日］秋山元秀 著　钟翀 译(153)
记东方朔《五岳真形图序》存世最早的写本 ……… 辛德勇(191)
韩国山岳崇拜国家行为的历史变迁：统一新罗时代至朝鲜时代
　　………………… ［韩］柳济宪 著　杨雨蕾 译(212)
七至十世纪西藏高原通其西北之路——联合国教科文组织
　　(UNESCO)"平山郁夫丝绸之路研究奖学金"资助考察报告
　　…………………………………………………… 王小甫(226)
无锡古城郭的空间构型与长期变迁——基于《无锡实测
　　地图》(1912年)的历史形态学分析 ………… 钟翀　陈吉(255)
佛教空间与明清江南妇女生活——以"三言二拍"为中心
　　…………………………………………… 张伟然　于淑娟(272)
水域政区化与水上人的消失——江苏兴化县境水域的政治

1

地理过程……………………………………………… 计小敏(293)
成府顾寓和禹贡学会…………………………………… 顾潮(317)
成府蒋家胡同老三号院………………………………… 岳升阳(322)

北京大学"地理学思想史"课程作业选登
从"治理节点"到"治理对象"…………………………… 金毅(333)
"八风"考述……………………………………………… 周雯(351)
"阊阖"何在？——阊阖门名及其兴废所反映的地理学思想浅析
……………………………………………………… 陈筱(370)
"四天子说"与"女魔仰卧"——文成公主传说中的地理想象
…………………………………………………… 张新宇(384)
从学术刊物分析1909~1949年中国地理学科学化进程
…………………………………………………… 罗翔中(395)
欧洲止于乌拉尔山——一条欧亚界线的发现与阐释……… 石芳(410)

真实的、想象的和抽象的过去时代的世界

——历史地理学的三个领域(摘要)[①]

Hugh Prince 著

侯仁之 译

【摘要部分】

本文写作的目的：

(1)开拓历史地理学研究的广阔前景；

(2)指示研究历史地理的新途径；

(3)对于这类研究如何有助于历史地理学以外的专家扩大其领域提出建议。

关于"过去"的概念，可以从三方面来考虑。这三个方面是武断地

---

① 本篇和下篇译稿是侯仁之先生的女儿侯馥兴女士在整理先生遗稿时发现的(图1)。两篇译稿都是1973年所作，那正是"文化大革命"期间。"文革"中，像多北大教授一样，侯仁之先生衔冤负屈，并于1969～1971年到干校"劳动改造"。1971年先生虽然返回北大，但仍要在校内"监管劳动"。然而，回到校内，毕竟可以抽空进行学术工作了。第一篇翻译的是普林斯(H. Prince)的文章，该文于1971年出版，在当时算是很新的文献了，内容是对西方历史地理学新近发展的评述。侯仁之先生不息时日，倾心翻译，心情不难想见，那就是：我们不要在世界上太落后了。第二篇翻译的是著名环境考古学家布策尔(Karl W. Butzer)的文章。这篇文章的内容正是先生当时关注的问题，亟待参考。这两篇译稿，是侯仁之先生后半生仅有的译作。先生自英伦归国，挟藏英文文献不少，而下手翻译的，仅此而已。在原译稿的页边，有许多先生的批注。可以看出，先生是边译边思考的。可惜，译稿虽成，却不得印行。译稿的内容，在今天看来尚不乏参考价值。此外，在译稿文句之间，我们仍可感受到先生的韵度风范，更何况，那是在"文革"间忍辱负重而为之的。我们完全按照原格式录入侯仁之先生的译稿，原文中译注用方括号[ ]表示。译稿侧边栏空白处和行间偶有作者小字说明，我们用黑括号【】在正文相应处括注。凡是编者按语，皆加注"编者按"，特此说明。

划分的,实际上则是不能分离的。①过去的真实世界的复原;②同时代的或后来的观察者对于过去时代的世界的映像;③理论工作者所创拟的关于过去时代的抽象世界的模型。

【[ ]方括号,译者加,以下摘译】

[1]大多数专门的历史地理学家主要的研究对象,是过去时代在世界上确实存在过的面貌和足以论证的事实(Baker et al.,1969,49),由于他们的努力,许多地区过去时代的地理被描述了,而且在某种程度上被说明了。地理变化的事实论据被搜集起来而且在某种程度上被解释了。【举例,都属于经济地理范围。】此外还发展了关于复原过去的一些新方法。但是过去时代的真实世界的许多特点,还有待于描绘,许多变化还有待于考证。欧洲中世纪的公有土地(common fields)的地图还有待于绘制,公元1800年以前世界人口的分布还了解得很少,至于本世纪以前关于土地利用与土地所有制的变化情况,那就了解得更少了。这类研究所利用的资料,虽然都是拼凑出来的,而且常常是难以解释的,却还是值得注意的。

[2]当时人的眼中所看到的过去的世界,是根据他们在文化教养中形成的爱好与偏见所了解到的,也是由于他们主观上所需要的映像而形成的,现在被历史地理学家重新发现了(Kirk,1951;Lowenthal,1961 b;Brookfield,1969)。对于资源、对于偶然事件、对于不同时代不同地区的开发或保留的可能性的不同估计,现在被加以比较和评价(Yi-Fu Tuan,1967),这并非易事,因为地理学家各有其文化背景,他们专心致力于证明的有关过去的问题,要受现在思想框框的局限,而且也是按照现在的需要和现在的问题而加以观察的。对于不同的观察者的记述,加以明敏的比较,就有可能把不同的地理上的态度和观念完全看透,目前沿着这一方向已经有了重要的进展。

[3]第三个研究的领域,乃是在从事理论研究的地理学家的头脑中所设想的(Harvey,1967,1969)。历史地理学家有一项重要的任务,就

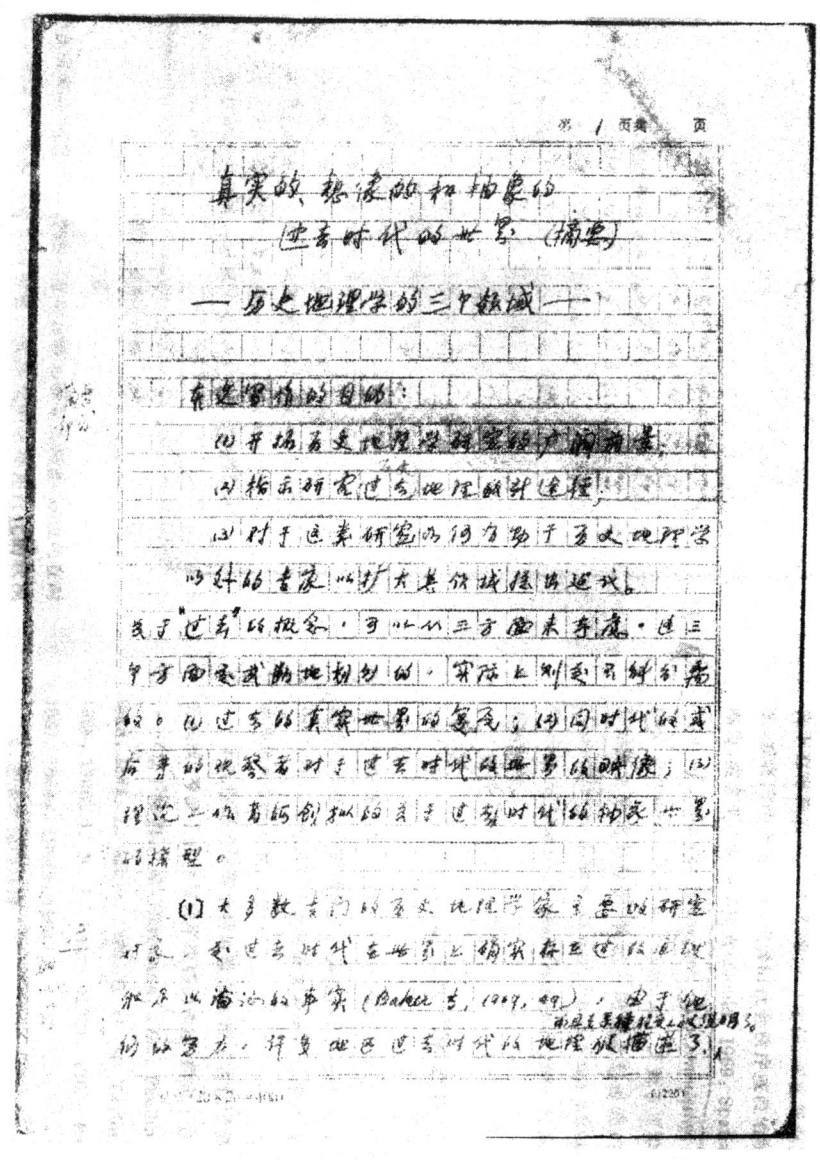

图 1 侯先生手稿

是去探讨秩序与规律性,去建立合理的相互联系的模型,以说明在时间过程中的变化,去深入所拟构的过去的模型中来描述近代的状况(C.

T. Smith，1967，vii，*An Historical Geography of Western Europe Before 1800*，London：Longman 604pp.）。逐渐地出现了这样一种可能性，即这种模型可以用来描述许多变化中的抽象的景观。在这一背景上，对现实世界的相应部分，可以进行衡量，并获得更全面的理解。根据设想与事实相反的情况——对于那些确实发生过和在另外一种条件下有可能发生的情况，来加以比较，那么新观念或新技术传播的影响，或者旧经济的衰落，或者旧社会秩序或政治制度的崩溃，可以得到阐发，或者至少是得到探索（Gould，1969：Spatial Diffusion，*Association of American Geographers*，*Commission on College Geography*，*Resource Paper* 4.（72pp.））。借助于模型，历史地理学家正在开始衡量变化的范围，验证不同的设想过程的运用和在事后解说（Gould 1964，A note on research into the diffusion of development. *Journal of Modern African Studies* 2，123-5)很少文献可征的不同时代的地理。

一、过去时代的真实世界

……地理学家与历史学家，共同致力于一些在命题上是属于历史地理的研究。早期的研究主要是确定一些历史事件发生的地点（Baker，1936)，目的是对于这些地方的确定与描述，利用的是文献的、考古的和地名学的材料。……

19世纪的学者成功地重新发现了古代世界，追踪了古代航海家的航线，考证了战争与和平废墟的遗址，确定了古代文献中的海岬海湾……（以下举例，从略，Herrmann，1935；Paullin，1932；E. A. Freeman，1881；L. Mirot，1929；E. G. R. Taylor，1930，1934，1954，1956，1966；J. N. L. Baker，1931，1963；Paul Wheatley，1959，1961，1964a，1964b，1964c.）

(一)过去时代的地理

1. 地志历史

为要了解过去日常生活的背景,历史学家往往试着复原那一时代的景观(举例,从略,Macaulay,1848－61；Hanotaux,1913；Clapham,1926,1932；Trevelyan,1930；Rowse,1950；Bindoff,1950,9)。历史地理学者在时代上追溯越远,复原的工作也就越困难,但是对他了解过去人们赖以生活的地区的性质,也就越重要。在时间上每向过去退一步,历史也就更多地成为地理的(描述)【是否加上(描述)二字更明白些？】,一直到开始的时候,就全部成为地理的(描述)(With each step back in time, history becomes more geographical, until, in the beginning, it is all geographical. Michelet,1844)(下略,举例,Fernand Braudel,1949；Camille Jullian,1909－26)。

2. 原始景观

在人类历史回溯到最遥远之处,那里存在着原始景观(primitive landscape),Robert Gradmann 称之为 Urlandschaft(1901,1939)。他关于 Swabian 阿尔卑斯(1898)的"原始"的植物地理的研究,不仅是在一种牢固的历史的基础上建立了植被的制图法,而且也在史前地理的研究中引进了历史研究的方法。这就引起了对于在历史黎明时期的景观特点的一种新兴趣。……A. G. Ogilvie 的《大不列颠:区域地理论丛》(1928)的很大一部分,是史前时代的描绘,但是关于不列颠最早期的景观的详细知识,还有待于考古学家的野外考察,突出的如 O. G. S. Crawford(1928,1953)、Sir Cyril Fox(1923,1932)和 W. F. Grimes(1951)。Carl Sauer(1925,1941a)说明了在研究原始景观中地理学家所获得的两个概念。第一个是"测量变化所由开始的基准线,乃是这种景观的自然状态"。第二个是一处地方的主要特征,往往可以从"一个遥远的过去的成型时期"发生的。在 Sauer 看来(1941b),墨西哥的个性是"从它的史前期的地理和它的16世纪的地理"中得来的,这是在欧洲人来到以前和在西班牙统治时期的第一或第二个世纪中的事……

在新大陆,原始景观距离现在很近,这种原始景观延续到近代,并为探险家所描述和制图表示。在某些地方,历史地理学家有极好的机会来利用文献资料再造原始景观(下略,举例,1925 Paul B. Sears 关于 Ohio"处女森林"的制图,Schafer,1940;F. J. Marschner,1958,1960;Leslie Kenoyer,1933;W. B. Dick,1936;Hildegard Johnson,1957;R. W. Finley,1951;W. D. Pattison,1957;Norman Thrower,1966;Sternburg,1969;Murton,1968)。

在旧大陆,复原原始景观的工作,则有极大的困难。在广阔的地区内,原始景观在什么时候第一次为人所改变了,这是难以确定的。也没有足够的证据来描述那个不能确定的时代的自然地理。海岸形状、雪线高度、森林范围、沼泽与沙漠已经不是原来的那种样子了。那么究竟从哪一个确切的时刻开始来考虑人类活动的影响呢?(以下以美国的研究为例,从略,Fox,1923;H. A. Wilcox,1933;Otto Schlüter,1952,1953,1958)。

3. 静态的剖面

关于过去的一个真正的剖面,只能按照时间上的某个单一的片刻来绘制,这正像电影上的一个画面,如果曝光太慢、画面模糊,从纯粹的空间意义上来说,用它来进行说明的价值就减少了。……(Hettner,1927;Hartshorne,1939,1959)空间的相互关系,在变化很小、社会制度稳定、经济平衡的时代,是可以很准确和最全面地来加以考察的。在变化剧烈和动荡不定的时代,对于相互关系只能从严格局限于当时事件中得到瞬息间的一瞥,一个单一的剖面是不能使我们了解变化的过程的。

4. 资料来源与复原

(略,G. T. Trewartha,1953;Wilbur Zelinsky,1966;Herman Friis,1940;E. A. Wrigley,1961,1966;Richard Lawton,1955,1968;East,1937;Lambert,1955;Bull,1956;Harley,1968;Henderson，1952；Thomas，1958；Prince，1959；Cox and Dittener，1965；Clout and Sutton，1969)关于过去时代的一个剖面的最地道最精审的复原，见于英格兰土地记录书的地理(*Domesday Geographies of England*，Darby，1952及以后)[译者按:《英格兰土地记录书》系威廉一世于1086年勘查英格兰土地所有权后编成的土地册，犹之我国明代的鱼鳞图册]……

第二次世界大战以后，在欧洲和北美洲历史地理学的一个显著的进展，是关于检阅文献的方法和文本的考订(Baker等，1970)(下略，David Thomas，1963；R.E.Glassock，1963)……"在利用地图加以表现并且和地形土壤联系起来加以考虑时，事实就更加明显了"。(Darby，1963，6)……

5.变化的叙述

……为了提供一个历史的广度、曾企图对同一地区在不同时代的地理加以描述，并在其间进行比较。……这种[对于过去的]复原，无论如何真实，都未能描绘出发展的过程，对于变化原因未能加以说明。为了重建一种时间上的连续，Norman Thrower(1959)建议制作"电影胶卷连续"式的剖面，这种连续剖面是在频繁的有规则的间断中画出来的，这样就能够在静止的图片中把变化的情况扼要地加以叙述。但是这样一种连续的叙述，只能说明一种表面上的相似，而不是关于变化的一种解释【此即所谓"地理环境制图法"(geogram)】。

(二)地理的变化

尽管兴趣只是在一瞬间的那种状态，"也只有通过产生它的过程才能了解它"(Clark 1954a，71)。要知道事情是怎样达到它现在或过去某一个时候的那种样子，那就必须研究导致变化、发展和运动的原因。一句话，就是要遵循发生论的途径才行。

1.连续的居住

一系列静止的画面，按照年代的次序排列起来，纵使不够充分，也能反映出变化发生的范围。其间的差异，可以每隔一段时间来加以测量,但是产生变化的过程或结构将不能说明——或者最多也不过是借着瞬息间的连续而予以暗示。为了企图更多地了解时间的推移,发展可以被想象为按阶段进行的【未涉及社会发展的实质】(例,从略 Derwent Whittlesey, 1929, 162;R.B.Hall, 1935;George Cressey【葛德石】, 1935;和 Preston James, 1935;Griffith Taylor, 1949)。在发生论地貌学的解释或关于植被演替的解释,与历史地理学的发生论的方法之间,是有明显的相似之处的(下略)。

2. 演化的连续

……在关于或多或少属于同一性质的小地区的研究中,由于性质的单纯,于是假定其变化在单位地区是一致的。剖面的连续性,被描述为一个剖面乃是直接从在它以前的那个剖面发展来的(Dodge, 1931;Meyer, 1935),但是即便是像 Prince Edward 岛那样一个小岛的地区,对于它的变化也是要求有一个更真实的解释的。

3. 插话式的变化

关于阶段(stage)的概念。……一个地区的发展被认为是一种不连贯的插话式事件相互连续的产物。成为问题的并不是在单一范畴,例如人口的密度、人种构成、经济活动、社会或政治组织的基础上的一种前后一贯的明确进展中的诸阶段,问题乃是在于从若干不同的范畴中选出一种,而这一范畴被假定是在时间的连续中造成中断的主要因素。这就要来寻找那些决定性的事件和历史上的转折点,例如罗马的陨落、新大陆发现、法兰西大革命、铁路的到来、石油的发现。中断的时机,为了方便起见,可以武断地选择在一个世纪的末尾,或者一个帝王死去的时候。但是,这也可以借着从一种社会文化整体的模式向一种模式演变过程的中要【?】中断,而更加客观地来决定它。历史学家可以有理由认为 1614 年或 1788 年的法兰西、1086 年或 1685 年的英格兰,正处于彻底改造的前夕或黎明——那种时刻的情况,正是对过去进行总结和对未来布置舞台。被选择为划时代的那些事件中,往往是与技术上的新发明有关的,其特征是农业上、工业上和交通运输上的革命,也有的是与发生在战争入侵、瘟疫流行、城市兴起或社会动乱之后人口的大变动或灾难有关的（下略，例，Simmons，1964；Harris，1965；Edward Ackerman，1941；Charles M. Davis，1935）。种族的、经济的和政治的范畴，依次标志了多个阶段，并且表明了连续的中断。这里只是简单地列举了一些不同的特点以说明历史与其被看作是像河流那样的奔流不断，还不如看作是像新奇事件的连续不断。

把一个阶段作为一个独立的实体脱离了它以前的事件来加以验证，"把扩张中的新奇事物和衰颓中的遗物，都压缩到一个平面"（Kniffen，1951，126，"Compresses expanding novelties together with fading relics into a common flatness"）。阶段的分化分裂了历史的叙述，并产生了一种音节中断的结果。为了避免破裂不全和着重说明发生论的手段，使用了两种方法。第一种方法，正如几种法文的区域研究的专著中所表明的，如在 H. Spethmann（1933）的 Das Ruhrgebeit 一书中和在 Preston James（1941，401-9）关于巴西定居过程的叙述中，把各个阶段的时间范围扩大，使之首尾衔接。另一种方法，以 J. O. M. Broek（1932）的 Santa Clara Valley, California 一书为例，即提供介于中间的叙述来说明互相连续的剖面之间不断发展的社会经济的决定因素。……（Thompson，1968）。又关于不列颠的占领，我们可以认为盎格罗—撒克逊和斯堪的纳维亚的殖民时代，是一个突出的时代，罗马人留下的那个英格兰和六个世纪以后被诺曼人所征服的那个国家，是极不相同的。但是在广大地区内，其景象的某些方面，几乎没有什么改变。……（从略）

4. 边疆的假说

把许多成分的活动及其相互影响拉在一种集合为一个整体的主题，见于 Frederick Jackson Turner（1891，1894，1920，1932）所阐述的边疆的假说，它影响到年代学和空间两个方面。关于把地理和历史联合在一起的问题，它似乎是提供了一个答案。1893 年 Turner 宣称："一个自由土地的地区之存在，以及它的不断缩小和美国居民点向西方的推进,说明了美国的发展。"(Edwards and Mood,1938,186)他观察了拓荒者像浪潮一样的向前推进,跨越了辽阔的土地,每一个相继而来的浪潮带来了它自己的技术和经济——狩猎、矿冶、伐木、自耕农场和城市化。这种边疆给人一种原始生活方式的印象,使它的短期逗留的人口从某种已经形成的秩序的束缚下解放出来,这种边疆标志了历史的一个新起点。在开发以前,这西部乃是"潜在的国家和帝国的一幅地图,每一个都要被征服和殖民,每一个都要达到一定的社会和工业上的统一"(Turner,1932,8)。在扩张的过程中,边疆上的社团把他们自己从旧大陆的联系中解放出来,成为没有历史的人民,被赋予创造新制度的权力。Turner(1932.6)断言,"在美国历史上的时间因素和空间因素以及社会演进的因素相比较时,乃是微不足道的"。实际上,和过去的中断并不像上述观点所声称的那样完全(Gulley,1959),拓荒者所进入的那些地方,并不是完全没有被早期居住在那里的人所影响的。每一个新的定居者的浪潮对于人为特点的积累,都有所增加。把拓荒者说成是从传说的社会中进入了一种原始的野蛮状态,也是不真实的(Shannon,1940;Osgood,1929;Smith,1964;Noble,1965)。远非归返于自然,那些拓荒者总是携带着他们的文化行装而俱来的(Berkhofer,1963)。他们最初是步行而来,其后是乘马车而来,再其后是乘火车来,这是由东部的人来修建和付费的。他们引进了但是并非创造了铁犁、左轮手枪、有倒刺的铁丝、拖拉机和机器(Webb,1931,1953,1960),西部的出产进入了世界市场,矿工、猎人、伐木工人、大牧场工人是否获得了财富,要看其余世界不断变化的物价水平而定。作为原始生产者,边疆上的人们比起新英格兰的创造商来说,是更多地依赖于旧大陆的制造商的。这一假说的最大缺点是把边疆的历史解释为从原始经济到先进经济的一个演化中的前进,在这一前进中,继狩猎和采集之后是定居的农业,最后是城市的建造。事实上这种连续性是不存在的。有些地方,一个堡垒或和印第安人交易的市场的建立,是在狩猎和大牧场开始之前。在其他地方,矿工进入了已经成为定居的农民所占有的土地(Billington, 1949; Mikesell, 1960)这一边疆的假说,曾经在美国以外的其他地方、在加拿大、在拉丁美洲、在南非以及在中世纪的欧洲和亚洲加以验证,它的缺点已经很明显(Thompson, 1928; Meigs, 1935; Lattimore, 1937, 1951; Aubin, 1941; Sumner, 1944; Gordon, 1951; Neumark, 1957; Lewis, 1958; Allen, 1959; Mead, 1959; Meinig, 1962a; Perry, 1963; Bishko, 1956)。

5. 文化景观的形态起源

立即放弃把各种特征在空间上的相互关系同时加以研究的企图,我们可以否认自己是地理学家,而作为历史学家,我们可以转而在时间上一个一个地来考察某一特征在变化中的特点和范围。用 Marc Bloch(1954, 25)的话来说:"一个社会的活动,按照它的需要来改造它所居住的土地,还是一个很杰出的历史事件。"也是在这一意义上,Carl Sauer(1941a, 13)愿意"把历史地理学看作是文化历史的一部分"。历史学家和考古学家在解决写作说明的问题时,在企图划分时期或横断面之前,先按着年代表把各种特点排列起来(Gulley, 1960)。在叙述变化中的英格兰的景观时,H. C. Darby(1951a)就采取了这一方法。他把每一种景观特征分别加以讨论:森林被砍伐了、沼泽被排干了、荒地被开垦了、牧场园林化了,城市和工业扩展开来。对单一主题,从年代学上或纵的方面来加以处理,Darby 有关下列问题的写作堪称典范:关于剑桥附近低湿地带的排干(1940a 与 b),森林地带的开拓(1951b),人口的移动(1943)。相继而来的是关于景观特征的许多研究(历史学家中的写作如 C. S. Orwin, 1929, 1938; W. G. Hoskins, 1935, 1943, 1955; M. W. Beresford, 1948, 1954, 1957, 1958, 1961, 1967。地理学家的写作如 Willatts, 1933; Smith, 1949; Beaver, 1951; Coppock, 1957; Harrison et al., 1965; Patmore, 1966; Roden, 1969; Williams, 1970)。至于景观特征研究的发生论的方法,从 Hartshorne 关于地理学性质的定义中,则很少得到鼓励。在北美洲,从纵的方面来加以研究的,为数极少(值得注意的例外,包括

Stanislawski, 1946; Merrens, 1964; Lemon, 1966; Denevan, 1967)。然而,英国和美国的学者都曾把这一方法应用于拉丁美洲的题目上,如 O. Schemeider(1927a 与 b)、Momsen(1964)、D. J. Robinson(1970)和 S. T. Smith et al.(1968)。变化中的俄罗斯景观的诸方面,曾为 R. A. French(1963,1964,1969)所追踪,同时,A. H. Clark(1949)和 K. B. Cumberland(1961)列举了人类的活动对于新西兰景观的影响。[以下讲法国中世纪经济史家的研究,Debien, 1952; Latouche, 1948; Sclafert, 1959; Clout, 1969;寺院的殖民,Le Bras, 1945; Donkin, 1967; bastides 的建立,Boutruche, 1947a; Higounet, 1948; Viticulture 的前进与后退,Dion, 1959;堤防与排水的发展,Demangeon,1946; Dion, 1934a] 关于这些问题进行综合研究的企图,Marc Bloch, 1931; ……Helmut Jäger, 1965, 1969;列举了在讲法语的诸国中关于研究变化中的景观的贡献。许多德国地理学家成功地分析和说明了互相联系的特征的变化模式【pattern】——以更广泛的意义上来看定居的历史、复杂的土地结构的发展、文化景观的变化形成。欧洲学者对于土地格式的发展交换了不同的观点,其结果是发表了几种论文集,如近来一次国际讨论会的会议记录,以下列题目刊印出来: *The morphogenesis of the agrarian culture landscape* (Helmfrid, 1961)"形态起源"(morphogenesis)一词,简洁扼要地但是有些不太文雅地说明了关于景观特点的变化形式这一类研究的性质。

6.人的作用

在美国,下列研究草原的开发(Malin, 1948,1956; Clark, 1956)、湿地的排水(Hewes and Frandson, 1952; Kaatz, 1955; Phillips, 1969)、交通运输的扩展(Gates, 1934; Ullman, 1956),对于景观变化的性质和结果,已经提出了问题。从 George Perkins Marsh 的《人与自然》(*Man and Nature*, 1864)一书发生的一长串的研究,探讨了"人的活动对地球的自然状态所产生的影响"。人作为地质的和气候的变化中的一个因素(Sherlock, 1922; Doerr and Guernsey, 1956; Sternberg，1968；Denevan，1967；Brown，1970)，尤其是人作为改变大地上的植物区系和动物区系的因素(Anderson，1952；Sauer，1952，1956a；Harris，1967)，成为许多研究的主题。对动植物和矿产的破坏性掠夺，刀耕火种的影响，土壤的侵蚀，空气和水的污染，为正在大量增长的环境保护工作，提供了课题。许多人从事关于植物和动物的驯化的研究，关于在世界不同地区引进新的生活方式的研究，关于在农业和工业中变更操作的研究、关于家庭生活和娱乐的变化中的习惯的研究，其中特别突出的是 Carl Sauer 和他的学生们。这一探讨在兴趣上和概念上的范围，W. L. Thoma 编辑的下列一书可以作为说明：《人在改造大地面貌中的作用》(1956)。如果像 Jean Brunhes(1910)所说的那样，"工作与工作的直接结果成为地理与历史之间的真正结合"(from "work and the direct consequence of work form the true connection between geographer and history")。文化历史的研究指明了这一结合的宽度，或者这一结合的多重性。

7. 变化的速度

对于单一特征或一组特征的历史发展的有效研究，需要它们从所属的实体中孤立起来，其结果是对它们的空间结合不能同时加以研究。把分割开的时间因素复原到它们地理的范围中去，是一件细致的工作，要求"在地域之内或整个地方变化的格式和关系"(Clark，1960，611)的一个系统的重新构成。按照地域条件来表示单一方向的变化是一档简单的事。可以按照地域的基础去找出人口的增加或减少、一如找出人口密度的变化是一样的。许多研究，如 E. C. Willatts、Marion Newson(1953)和 S. W. E. Vince(1952)所作的那样，在说明人之实际变化的格式上，证明了这一初步程序的价值，但是关于变迁格式的结构，借助于把人口构成的几种不同成分的变化放在一起来进行研究，以及借助于对年龄、性别和职业特点的变化中的关系来加以考察，那就还有更多的东西可供学习(Lawton，1968)[下略，主要讲关于人口变迁的各种分析方法，例：D.J.M.Hooson，1958 和 J. M. Webb，1963。并提出关于人口变迁研究的一系列问题,例:Wrigley,1960;Broek and Webb,1968,428-57,以及其他数量变化的研究,Andrew,Clark,1962]。

(附图,英格兰与威尔士人口的变迁[编者按:参见图2],1921-193,Webb,1963,又Nova Scotia猪羊比例的变迁,变迁速度图[编者按:参见图3],1891/1871,1871/1851,1911/1891,1931/1911,1951/1931,Clark,1962)。

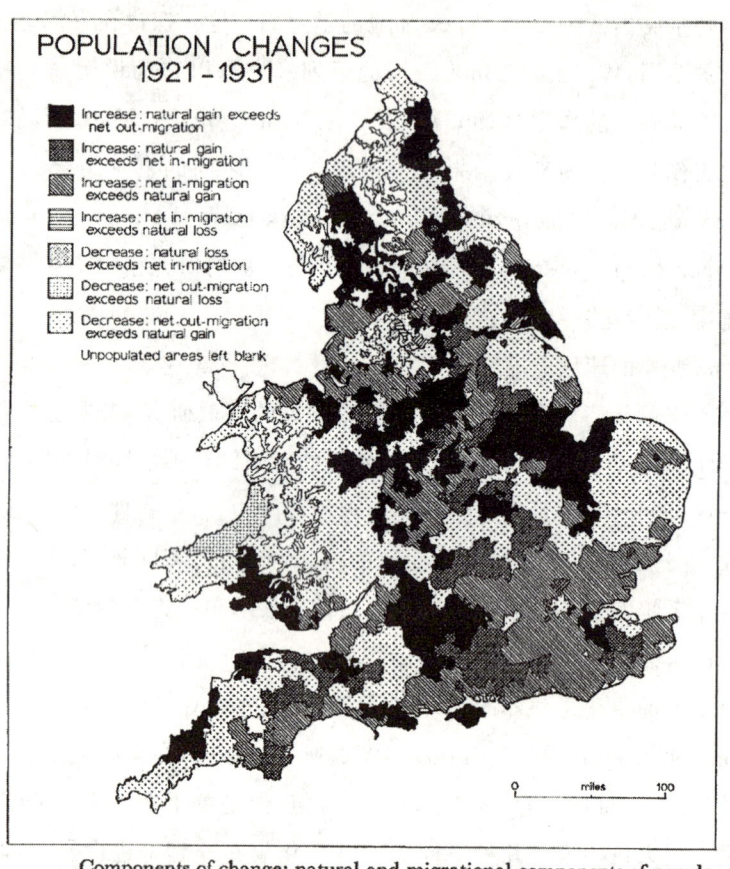

Components of change: natural and migrational components of population change in England and Wales, 1921–1931. *Based on Webb* (1963).

图2 英格兰与威尔士人口的变迁

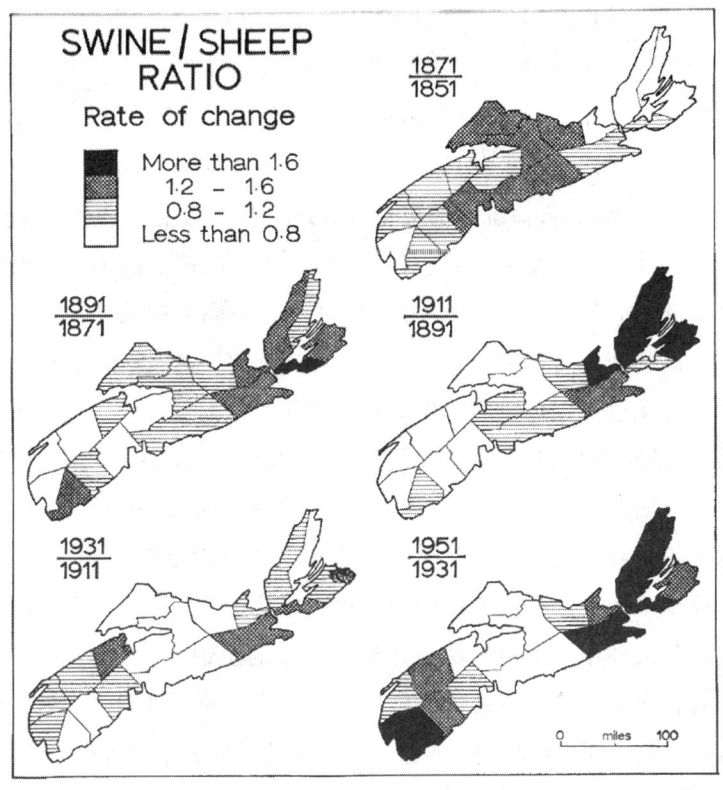

Rates of change: the rate of change over twenty-year periods of the swine/sheep ratio in Nova Scotia, 1851–1951. *Based on Clark* (1962)

图 3　Nova Scotia 猪羊比例的变迁

(三)变化的过程

1.变化的动力

历史地理学的研究在探索时间的连续时,尚有待于配备像在物质科学和经济学的研究中所发展起来的那种适当的研究方法(Harvey,1967)。当前面临着两个基本障碍。第一,过程的动力(the dynamics of processes)难于观察和测量,力和能的流动(forces and energy flows),绝大部分必须在施加了力或者在转移了能的以前和以后,从两种或多种分离情况的比较中,或从多种剖面之间的比较中去推断。我们了解过程是从观察其效果中间接得到的。第二个障碍是类似的重要程度和类似的持续时间,产生极其不同的效果。认为历史的变化是一种插曲式的变化,其理由是某种短期的变化或者刹那间的事件,却有长期延续的后果。政治上的革命、战争、水灾和旱灾一类事件,可以使长期的变化中断,如人口统计的变化、城市化、森林的生长或土壤的侵蚀。中断的方式是不均衡的,不仅对于一个地区在地理上的不同方面的关系是如此,而且对于所导致的结果在地点和时间上的关系,也是一样。正像短期的变化可以使长期的变化动起来或停下来,或改变方向那样,长期的变化也可以促成突然的变化。矿体的耗竭和农业的衰退可以导致学校、铁路和公用事业的被迫关闭(Goldthwait,1927)……两种地理变化之间的相互关系是极其复杂的。森林地带特点的长期变化,在树木的生长和在土壤与下层林丛的逐渐改变方面是明显的,这些可以被如风暴或大火或砍伐等短期的变化所严重扰乱。但是在不同的方式互相竞争来利用一个地区中一片保留下来的土地时,这就要更多地取决于森林产品的价格以及这一价格和从这片土地上可能得到的其他出产的价格的关系,而这些都是看不见的变化。一片森林的长期远景也要受到管理费用、技术改进、机械化、病疫控制、排水,甚至于在产业税和继承税的负担上的比较小的浮动等等变化的影响。在长时期内关于制造业的变化中的地理(Warren,1970)或者土地价值的变化(Grigg,1962),还有待于系统的处理。当前关于在时间上塑造了空间格式的这种过程的性质,我们的知识还非常之零散不全。

2. 归纳法的失误(不足)

关于过程的研究,历史学家所熟练的,并为某些地理学家所耐心获得而且也只是近来才精通了的那种博学的技艺,如果不是毫无关系的,也是收获不大的。这类著作的长处,如 Roger Dion(1934a、b,1947,1959)、H. C. Darby et al.(1936,1940a、b,1952 以后)和 Andrew Clark(1949,1959,1968)的著作,来自他们严格遵循文本鉴定以及文献学和古地理学的规范,在探讨地理的变化上作为个案研究来看,其价值还有待于检验。对于少数热情的老手来说,知识和对于论证的原始资料的重现,转而狭隘地热衷于档案,视为真理的最后宝库。坚信事实足以说明其本身,借着聚集大量的事实,连最小的细节都不漏过,那么过去的现实本身就会显示出来,并且说明它自己。这是在解决问题的新道路上的一种障碍。归纳法本身的表白以及细心规避去挑选事实来验证假设和理论,必然引向死胡同(Medawar,1969)。事实被了解得越充分越确切,那么没有解释将完全与之相符合【适应】的这一结论,也就越发确实可信。宣告一个权威性的陈述,将要受到一个把论证聚集起来予以反击以致把它驳倒的这一法则,就确定了不可能有什么最后的陈述。换言之,历史的学识是以阐明过去时代的真理的这种主张,是经常为它本身的方法所暗中损坏。只是到了近来,历史地理学家才开始利用一种方法来表示从幻想中解脱出来,这种方法要求建立对于文字陈述的最终的真实,但在实践中只能证明以前的解释是不正确的。

历史地理学家掌握原始资料的能力,不容再有怀疑,但是当文献可以是忠实的仆人时,它们乃是不适当的主人。借着文献的参考可以立即答复的大多数问题,在涉及特征的地点和范围方面,乃是属于一种形态学体系的问题,在涉及活动的格式及其作用方面,乃是属于一种功能体系的问题,在涉及形态和功能的组织与相互依赖方面,乃是属于一种结构体系的问题。这些范畴的知识对于分析静态的情况、对于在时间的诸点上作剖面的复原,是有用的。但是在对于通过时间的诸种变化进行分析时,就不那么受用了。除非是这诸种变化,只是在属于同一时间的不同点上的数量借着增加或减少、而可以测量出来的时候。关于过程的研究,即是关于那种使现象从一种情况变形或变质到另一种情况的特殊方法,我们寻求的是动态系统的范畴、变化的范畴,而不是变化中的现象。这类问题包括了了解人口怎样(how)变化、移动、集聚、散开,商品怎样生产或消费,商业怎样流通、资本怎样积累,认识怎样被创造、传播、流通和吸收。关于变化的技术工具,促进变化的社会和经济力量,以及调和变化的政治和宗教制度,是走向了解拓殖、土地开辟、城市化、商业、投资、教育、环境卫生这一类过程的第一步。也就是说，和历史地理有关的关于过程研究的进展，是从行为的和社会的科学工作者的协同努力，以合乎逻辑地形成协调一致的暂定假设而开始的。

二、过去时代的想象世界

当历史地理学参与复原过去的地理和研究导致其形成的过程时，可以只是依靠关于外部世界的观察，依靠从经验中得来的资料。为了对于观察的事物更多地了解一些，观察者有意识地站开一些，以便取得一种客观立场以识辨事实和核对事实。但是一旦问到"为什么"这个问题时，全部答案就不能再从外部世界中去寻找了。因为动机、态度、嗜好和偏见必须像工作和事实一样去加以考察。观念的发展，对经验中新领域的正在增长的感知，问题的重新评价，解决问题的意见的形成，都是推求过去状况的主要问题。Marc Bloch(1954，151)写道："最后的分析说明，正是人类的意识，才是历史的主要内容。"(For in the last analysis, it is human consciousness which is the subject matter of history)"人类意识的相互关系、混淆与传染，对历史来说，就是现实的本身。"(The interrelations, confusions and infections of human consciousness are, for history, reality itself)近年来历史地理学中最重要的进展，或许是对于过去的一种新的看法，正如从当时观察者的眼中所看到的那样，以及严格考察他们对于观察对象的评估。实际上我们正在描绘关于过去的一些"感知的表面"(perceptual surfaces)(Brookfield，1969，53)和发现同我们自己的环境不同的"行为的环境"(behavioural environments)(Kirk，1952)。对于别人在别的时代怎样去理解现实的一种新的了解，使我们能够得到关于我们现在所居住的这一世界的更全面的知识。对于许多古代的人们来说，"'真实'的世界超越了性格上和几何空间上的武断的范围，并且被通过超世俗的神圣体验的字眼来理解的，只有神圣的才是'真实的'。至于那种纯粹世俗的——如果能够说它也是存在过的话——是永远不会比那些琐细的东西更多一点什么。"(Wheatley,1969,9)对许多宗教的信仰者来说,大地上的现实是只能通过仿效天上的原型,才能经验到的。

(一)历史记录的阅读

[插图]

①地图制作者的影像：Mathew Paris，Great Britain，C，AD 1250，不列颠博物馆，Cotton MS Claudius D. vi, f12v. [编者按：参见图4]

②[18世纪两幅风景画] [编者按：参见图5]

1. 地图的阅读(略)

2. 古文字的翻译(略)

3. 文字与文化(略)

(二)历史的想象

1. 感觉景观的复原(略)

2. 地理感知学(Geosophy)

对欧洲人来说,史前史的寂静终结于希腊人的到来。他们观察过Etna山的喷发,推测过火山的性质,留给后人一批作品,其中关于西西里景观的理解是十分清楚的。具有一个被记录和保藏的那些观念的宝库,地理感知学——地理知识的研究,可以开始考察Whittlesey(1945)称之为"人对于大地空间的感觉"("Man's sense of terrestrial space")。地理感知学的范围,J. K. Wright(1947,12)概括为"考虑到整个周围的领域,包括地理的观念,真实的和假造的,所有各种人的,——不仅是地理学家的,还有农民的和渔民的,商业的总经理和诗人、小说家和画家,沙漠地带中以游牧为生的阿拉伯人【或吉卜赛人】(Bedouins)和南非洲的哈腾土特人(Hottentots)——为此原因,在很大程度上,必然是与主观上的概念有益的。"……[例：Clarence Glacken, 1967, *Traces on Rhodian Shore*,略]……形成于西方思想发展史上最活跃、最有创造性和最费解的时代中的一个时代的宇宙论和地理

Map-maker's image: Matthew Paris, Great Britain c. AD 1250. *British Museum, Cotton MS. Claudius D. vi, f. 12v.*

图 4 地图制作者的影像

学的观念,在下列著作中曾加以考察:J. K. Wright 的《十字军时代的地理谈丛》(1925)(*Geographical Lore of the Time of the Crusades*)、H. C. Darby 关于英国农业区域的若干早起观念的论文(1954b)、F. V. Emery 关于英国地志著作的评述(1958)、W. R. Mead, Pehr

20

Classical and picturesque views: the Wye valley depicted in the manner of Claude Lorraine by J. M. W. Turner, 'The junction of the Severn and the Wye', *Liber Studiorum* (*above*); and the picturesque rendering (*below*) of the ruins of Tintern Abbey from an aquatint by Samuel Alken, 1798, based on a watercolour by Thomas Girtin.

图5 18世纪的两幅风景画

Kalm,旅行家对于了解17~18世纪不列颠地理思想的贡献等。

3. 时间的镜子(略)

4. 异邦外地(略)

(三)价值的决定方针

1.趣味中的潮流(略)

2.好古癖(以下略)

3.与过去的联合

4.保存、愉快的损坏与复原

(四)文化的评价

1.憎恶

2.危险

3.拥挤

4.所有权

(五)我们曾居住过的世界

1.作为文化评价的资源

2.实用与知识

3.两不相容的生活方式

4.行为的环境与文化的环境

三、过去时代的抽象世界

　　关于研究过去的大多数单凭经验写成的著作,提供了个别偶然事件的地名汇编和连续事件的编年记录,而行为(地理学)的研究,则有助于洞察过去世界是怎样被理解的,对它进行的种种改变又是在什么情况下决定的。但是无论用哪一种方法,都不能了解到现象是怎样在空间上组织起来的,这些现象是怎样起作用的,或者它们是怎样从一种状态变到另外一种状态的。秩序是强加给感觉印象的杂乱无章的,对于世界的观察,也是借助于对它的能够了解的部分进行鉴定、分类、排比和联系。在记忆和运用大量数据方面,计算机大大扩展了运算者的能力,至于计算机在掌握巨大数量的人口资料、农业统计方面的潜力,已开始被一批人口统计学家、历史学家和地理学家所重视(Aydelotte,

1966；Dyos and Baker，1968；Wrigley，1966；Rowney and Graham，1969），但是就是像收集和整理大量事实这样必不可少的工作，也只是把秩序和统一加于外部的和感知的世界的第一步。为了解这些事实的相互关系，理论工作者借着文字、数据、标志、符号来创造不存在的抽象的世界，随后再来看这和它们在现实中的相对物是不是同一的。

(一)空间相互作用的模式

1．相互作用的模型

关于过去现实的剖面的复原，在理论上的同义语就是空间相互作用的模型，这种模型以在空间上的各种现象的功能关系为其特征。如网状（网络）模型（Network models），使得我们能够分析交通系统的运行，重力模型（gravity models）能够分析工业生产活动的位置和关联，中心区位模型（central place models）能够分析市镇的排列和层次。按着系统探索的程序，有可能从表面上不成形的混乱中变出井井有条的模式来，有可能从一大堆显然不协调的现象中发现出潜在的关系来（Harvey，1969，90 - 91）。在德意志南部，最难期望有规则性的地方，Walter Christaller（1933）在市镇的间隔、大小和功能方面，看出了几何图案的模式，并进而条理化为一种中心区位的理论，这种理论可以用于识别在过去时代的一些市镇的僧侣政治。中世纪德意志市镇的位置是为了一种混杂的、或多或少有独立性的一些公国的特殊利益服务的。这些公国的政治势力、经济力量和自然的处境，都有很大的差别。中心区位论可以用来衡量法国在1790～1791年，关于重新组织行政区划的成就［以下继续讨论此例，略］。

由政府命令进行的变化，借着给予最适宜于执行其任务的那些中心以适当的任务，看来好像可以改进在一个现在系统之内的效率。但存在等次、功能和中心区位附属地区的大小上的一切根本性的变化，只能在运输方式的急剧变化中，在新资源的发现中，在提供新型的供应中，才能产生（Brush，1953；Carter，1965；Clarke，1968；Janelle，1968)。假设在技术方面是已知的，那么给予一个开始的移植和城市人口的增加或减少的尺度,中心区位的理论是可以用来预言市镇的分布的。

2.功能系统[p.46-48,略]

3.连续性的考验

关于过去的静态状况的考察,在位置的分析上,其最大的贡献就是提供了比较的基础,以比较在不同的文化条件下所出现的情况,另外也对于在当代模型建造中的理论模拟提供检验。E. A. Wrigley(1967)所拟在17世纪英吉利的社会和经济变化中伦敦的重要性的模型[1967:A Simple Model of London's Importance in Changing English Social and Economy, 1650-1750, *Past and Present*, 37, 44-70], F. R. Pitts's(1965)利用图解理论以检验在中世纪莫斯科经济中商业联系的重要性[1965:"A Graph Theoretic Approach to Historical Geography", *Professional Geography* 17, 15-20]指示了进一步研究过去情况的道路。F. W. Carter 把 Pitts 的检验用在连接性上……[例,略]……

这种研究过去情况的模型的价值,就是它不仅能够分析在时间上某一个特定时刻的流通格式,而且能够在互相连续的时期之间进行对比。Olof Lindberg(1951)分析了 1830～1839 年手工工场时期、1890～1899 年 ground-wood 时期和 1930～1939 年化学纸浆时期、瑞典造纸工业的位置与把纸浆木材运到工厂和把成品运出工厂的费用的关系。这一研究说明,采用不同技术的工场,其厂的选择是怎样和不同时期不同范围的木材供应地区有关的。也可以设计类似的模型,为了煤田不同部分的开发,或者是为了在交换流域(commuting catchments)的扩大中旅行时间的减少,或者是为了供应城市以食物或燃料的地区扩展中大量运输费用的降低(Olsson, 1965),来检验运河开凿以及铁路公路建设的结果。总之,研究的目的从考察静态中功能的相互作用,转移到探寻导致空间关系的格式发生变化的过程。

(二)过程的决定论模型

1.类推

动态的过程在现实中是不能直接观察到的：它们通过那些改变行为和文化的作用和媒介而间接影响知觉。只有通过模型，才能对动态过程进行测量和了解。在最一般的水平上，它们的作用是借着对进展、扩散、文化变迁和经济发展的理论或假说的解释而图解式地或隐喻式地代表出来(Bunge，1966)[Bunge，W. 1966：Theoretical geography, *Lund Studies in Geography*, *Series C*, *General and Mathematical Geography*, Lund：Gleerup，(Second edition)，289pp.]。

按照自然过程的类推来解释人文过程——例如以通过铜片传导热能来类推人口的迁移(Hotelling，1921)[Hotelling，H. 1921：*A mathematical theory of migration*，University of Washington：unpublished master's thesis]，利用气体动力学说来说明人口的聚集(Neymann and Scott，1957)[Neyman，J. and Scott，E. 1957：On a mathematical theory of populations conceived or a conglomeration of clusters，*Cold Spring Harbor Symposia on Quantitative Biology* 22，109-20]，以冰盖(ice caps)的移动来类比城市的散布(Garrison，1962)[Garrison，W. L. 1962：Toward simulation models of urban growth and development，*Lund Studies in Geography*, *Series B. Human Geography* 24，92-108，Lund：Gleerup]，以波浪的运动来类比定居世界的推进(Wishart，Warren and Stoddard，1969)[Wishart，D. T. Warren, and Stoddard，R. H. 1969：An attempted definition of a frontier using a wave analogy，*Rocky Mountain Social Science Journal* 6，73-81]。在这些类比中，只有形式上的类似得到表示和测量。例如在边界的类比中，只是前进波浪面的弯曲度支持了这一类比，而不是有关的能力的测量。作者所完成的乃是说明"在时间上的统计面(the statistical surfaces)在形式上的变化可以和波浪式的动作相比较"；它们没有去寻求建立作用于这两种运动的能力是等值

的,他们也没有指出在边界上记录下来的宽阔的波浪所由产生的那种能力。对动作中的生态学过程的一个功能类比,见于 Ramon Margalef 的理论(1968)……[略]。

生态学的类比说明工业和农业活动区位的变动,说明人口增加与减少的方向与速度的变化,说明城市化的方式所产生的变化,提供了广泛规定的简单的模型,它们指示何等巨大的现象的总计可以被变形,但是它们缺乏准确性。

2.环境决定论

历史地理学中最持久的隐喻中的一个,是从 19 世纪进化论中借来的正像在有机体中的演化那样,自然力被认为是占据地方的选择原因,对于人的活动给以有限的界限,而且支配历史的进程。自然地理对于历史的多种影响,可以看到是通过土地与矿产资源的不平衡分布而起作用的,是通过农业的气候限制、通过道路的规定路线,而更加推断的是通过天然疆界而起作用的【书被取走暂停于此,以后再续译】(以下讲 Friedrich Ratzel, 1882, 1891; 以及 Ellen Churchill Semple, 1903, 1911 关于地理环境决定论的著作为例。从略)。人类的历史必须遵循自然地理所规定的行程的这种意见,已经被 Vidal de la Blache (1921)、Jean Brunhes and Camill Vallaux (1921)所斟酌、减缓以及部分地倒转过来。在 1924 年,这种意见被 Lucien Febvre 所放弃,其理由是历史从来是不重演的,而且地理环境的同一影响,还有在不同情况下产生不同结果的明显特点。Febvre(1925, 364)所规定的历史地理学的中心问题是研究"在过去不同时代的人类社会和其同时期的地理环境的关系,只要是还能够加以复原的话"。集中着眼于社会和环境的不同社会评价的社会学家,把自然特征看作是不同世界的文化评价的因素,而且也不是主导因素(下述 Franklin Thomas, 1925; A. C. Montefiore and W. M. Williams, 1955,对决定论的反对意见。从略)。实际上环境决定论是一个循环的辩论,并没有独立的代理人。自由意志的使用本身必须服从于自然的决定因素,而所有的现象,都被认为是特定原因的结果(The exercise of free will itself must be subject to physical determinants, and all phenomena are considered as the effects of specified causes)。当 Ellsworth Huntington(1945)和其他人从生物和自然因素的观点出发来继续讨论文明的推动力时，Harold 和 Margaret Sprout(1956)代之以一种文化方向，把环境看作是行为现象。

3. 经济决定论

另外一种同样有偏见的历史观点，是从经济和技术的进展来解释历史。种种文化任务和成就，不是被漠视了就是被分配以幻想的成本或利润而编入预算之中。在实践中，即便是在今天的西方社会中，用金币的价值来估量从学习、生活和社交中所获得的个人的满足，是不现实的。把生产工作、消费、储蓄、投资这类经济活动，都归因于纯粹依靠经济收益的前景而作出的计算，也是不够的。人格的特性，道德的规范，自然使得某些团体去冒险、去为未来的报酬而延缓目前的享乐，去发明和试验新技术，但是并非所有的人都出于同类的动机。作为比较当代社会福利的工具，就是在现代西方世界中，经济和工艺的标准是不适当的。此外，它们大体上是不完全的(Steward，1955；Hagen，1962)。显然，把一个从很多方面来说是一种很例外的文化经验中得来的价值体系，应用于多样的过去情况，就是把历史强行纳入一种扭曲了的模子中去(Cochran，1969)。这种是非颠倒，首先是配合着企图把不同的特性转变为一种共同的系统，把一个独自的、单一方向的进展，强加于历史的进程；这又进一步被下列情况所歪曲，即企图把这些发展的系统划分成部门或阶段，把一个社会中的成就水平来和另一个社会中的成就水平相比较。这是滥用文献证据来寻求中世纪的商业盛衰的周期性，或者是在农民社会的城市的兴起和欧洲中世纪商业城市的建立之间寻求对等的东西。只有最广泛的概括可以包含历史的悠长跨度。Gordon Childe(1941)的技术革命的顺序描述了变化，其影响的深远足以包含并使文化变化的宽阔光谱弯曲。反之，W. W. Rostow(1960)勉

27

强拟制的经济发展阶段的模型,只能产生在过去二万年中间不列颠与中国情况的错误比较。至少是两位近来的作家(Cipolla,1962；Hicks,1969)集中对有限地区进行了研究,成功地提出了经济变化的理论,从而出现要考虑到人类社团之间在生理上、心理上和文化上的差异(以下讲 Allan Pred,1967,1969；Julian Wolpert,1964；等人的研究情况,从略)。

4.与事实相反的复原

(前略)

Allan Pred(1966 a 与 b)曾建立过这类的模型,来分析美国 1800～1914 年城市工业发展的空间动力[1966a：*The spatial dynamics of United States urban-industrial growth*, *1800 – 1914: theoretical and interpretive essays*. MIT Press (225pp). 1966b：Manufacturing in the American mercantile city, 1800 – 1840. *Annals of the Association of American Geographies*, 56, 307 – 38]。E. A. Wrigley(1967)也曾建立这类模型来测量伦敦在改变 17 世纪英国社会和经济上的重要性[1967：A simple model of London's importance in changing English society and economy, 1650 – 1750. *Past and Present*, 37, 24 – 43]。这种臆想的复原,可以用记载中的实际情况加以校正。

5.过程的决定论拟态模型

决定论的模型即在这种模型中,经过时间和空间的体系发展,可以根据已知的整套的必要条件来完全预示出来。当作用中的过程被了解得最充分的时候,它们模拟实际也最近似。借着正确估计归因于三个老居民点、一个教堂、一条道路的吸引力的重量,Erik Bylund(1960)设计了一个重力模型(a gravity model),忠实地再现了瑞典北方一个地区移民的已知年代表,同时也说明了移来的人为什么在占据比较好的土壤之前先进入了产量差的土地(Fig. 9,另见)。类似的模型曾经正确地预示了聚落边界(Enequist,1960)的前进与后退,以及瑞典中部地方僧侣政治的出现(Morrill,1965)。这种方法也曾用来

28

(Burghardt,1969)试验印第安小路和后来的城市焦点在形成1770~1851年安大略(Ontario)南部一个道路网的相对重要性。作为对于交替的假设的力量的一个试验,一个决定论的模型可以是决定的。

(三)过程的或然论模型

1.法则与秩序

环境决定论的确实性的问题,在一个涉及方面很广的辩论过程中,曾被Hartshorne(1939)及其他人提出来进行讨论,讨论的是地理学是一门法则性的学科,还是一门会意性的学科(either a nomothetic or an idiographic discipline),在这一对立中,对于决定论的一个主要缺点,即它所主张说明的因果关系,缺少一般法则的力量。指出无保证的例外是没有什么困难的,也没有困难来推论在其他条件下也可以同样能够产生和在指明的决定条件下所产生出来的那种如果说有也是很少差别的结果。……[以下一句举Schaefer,1953的意见为例,从略]。在主张法则性的观点和主张会意性的观点之间的长期无结果的辩论,对于决定论和特殊论都持怀疑态度。这在历史地理学中更为显著。但是这一矛盾的偏激化,模糊了一个最重要的争端。一种观点是世界为坚定不移的机械法则所控制,另一种是世界是一个无限量的分离着的事物,没有规则的同时存在着的混合体。这种二分法是错误的,而且是不必要的。O. H. K. Spate(1952,1957)和Emrys Jones(1956)都曾指出,对地理学家来说,因果关系并不是唯一有效的解释法则。Fred Lukermann(1965b)在对法国地理学奠基人的著作所作的深思熟虑的再评价中,曾经在法则性的和会意性的两者之间指出了一个有效的和解途径,即在追求在无规则的个别事物中去寻求秩序的时候,对于它们的一些例外的特性也无需惊奇。(第134页,以下引一段原文,从略)照这样说法,或然论是一个巨大的解放力量。过去说是绝对可以预言的,因为活动是被预先注定的不可改变的,从气候、地带、头脑的遗传或作用所产生的环境来支配的。现在则不同了,我们可以放宽这些法则而说到处都有很多的或此或彼的可能性、不确定性和隐而不见的机会。

（Lukermann，1965a)借着检查大量的个别案例,我们可以寻求缩小环绕着过程的怀疑范围,这种过程很可能曾经是必要的和足够的来产生所记录的结果的。而且我们可以对于发生的或在重复着的特殊例外事件的可能性的频率,作出估计。

2.或然性的次序

（以人口移动为例来说明,从略。）

3.过程的或然论模拟

无定向模型,至少部分的是在偶然或任意的因素上来运用的,它们可产生文化史上许多情况的本来面目的映像。在许多不同过程的互相作用是如此复杂,以致它们的作用从一开始就不能逐一列举的地方,这种无定向模型是特别有价值的。一个偶然过程的运行,其出发点就和一个决定论模型的出发点是不相同的(Curry,1966,40)(……以下引Curry语,从略)Torsten Hägerstrand(1952,1953),关于牧场管理和在防止牛的肺病方面的农业上新发明的传播的基本研究,假定这种传播会部分地经过一个偶然的过程。现在关于技术、制度和其他文化特性的传播,已有很大数量的文献材料(Brown,1968;Gould,1969)。博弈理论曾被用来模拟传播的效果、城市市区的蔓延、市场的扩展以及聚会与拓殖的过程。所有这些技术都曾被应用于和检验记录下来的情况(Gould,1960,1963;Harvey,1963,1966;Morrill,1962,1963,1965;Dacey,1966;Garrison,1962;Curry,1967;Hudson,1969),对于运输联络的发展、城市僧侣政治的出现,以及总的聚落形态,提供了极有启发性的分析。在所有这些模型中,偶然因素所起的作用是很大的,而且有的是最大的。

4.事后效度

对历史地理学家来说,或然论提出了一个令人不安的问题。像David Harvey(1967,549)所断言的那样,如果"在空间上的文化形式不是一个偶然的过程",那么一种有目的的、但可能是轻率的或者是了解很不充分的一些活动的集合体所产生的联合效果,当在总的方面其结果是很少能够从偶然产生的格式中来加以区别的时候,又是如何被测量的呢?在集合体的什么样的水平上、选择和自由意志以及作出决定的运用,实际上影响到了景观变化的进程呢?在普遍化的什么样的等级上,反复无常的人类行为对于景观的冲击【?】影响,开始采取了一种有一定程度的规则性、而这种规则性可以确信是归因于特定过程的作用的呢?对于这些问题,没有一个能够给以绝对有限的答复,他是或然性的理论,确是提供了一种方法以测量这种可能性,即曾经起了作用的以供选择的可能过程的范围,或者是已经实现了的以供选择的可能结果的范围。更有进者,这种程序可以倒转过来,从近期的基准线来还原可能的过去的事件,从而使得以供选择的可能的过去状况,得以重建。这种方法可以用来估定,在多大程度上好像是这种或那种事件的局面,在某一过去的时代曾经发生过。这一方法,Richard Morrill(1963)称之为历史的预言的[方法](historical-predictive),而 K. J. Kansky(1963)则称之为 postdictive。它有很大的潜力来扩展我们关于过去的知识,从了解得比较多的现在,倒退到文献记录很缺乏的过去时代的朦胧中去(Leontief, 1963)。新光亮可以投向城市化、森林的砍伐、动植物的引进、古代人们的游荡以及史前期的海上航行的早期历史上去——其远景几乎是无限的。[①]逐渐出现了这种可能性,即模型可以用来创造变化中的抽象景观,在这以前还是属于过去的未能的领域的。

四、致谢

本文的第一部分,多承 H. C. Darby 和 A. H. Clark 的指教。第二部分是与 David Lowenthal 合作的。第三部分得自与 Fred Lukermann、Leslie 和 David Harvey 的简要谈话。历史地理学研究的三个方面的纲领,曾在为 Trends in Geography(1969)一书所写的一部分中提到过,该书由 Ronald Cooke 与 James Johnson 编辑的。我的意见也曾与 Alan Baker、Robin Butlin 和 Tony Phillips 讨论过,其后也曾由伦敦大学大学学院[编者按:University College London,今译伦敦大学学院]的同事和学生在细节以及在总的方面给予批评。我特别感谢 Paul Wheatley、David Robinson、Hugh Clout、Tony French 和 John Adams,在写作的不同阶段,他们对部分的原稿提了意见。多劳 David Elton 和 Roger Kain 协助准备文献目录。Alick Newman 代为绘图,谨致谢意。

(译自 Hugh Prince, Real, imagined and abstract worlds of the past, in: C. Board, R.J. Chorley, P. Haggett and D.R. Stoddart (Eds), *Progress in Geography*, Vol. 3, London, 1971, 1 – 86)

注　释:

①重建在太平洋上的偶然漂流的海上航行的格式试验,已经在伦敦大学 Birkbeck 学院计算机科学系,在 Gerard Ward 与 John Webb 的指导下进行中(Levison et al.,1969)。其结果说明,好像波利尼西亚的不同岛屿曾经有航海者从太平洋的其他岛屿上以及从拉丁美洲和新西兰的海岸到达过。

史前期的环境、地理学与生态学

K.W.布策尔 著

侯仁之 译

一、导论

在近东的第一个有文字记述的文明出现以前，人类在地球上已经居住了大约有一百万年了。这一漫长时期经历了气候上的一次又一次的变化，并给予自然环境以巨大的改变。在最初，人只是生物界中一个次要的因素。但是逐渐地由于社会组织和生产技术的发展，人类的重要性日益增加。这样，随着某些植物和动物的驯化，人就通过农业而在生物界中取得了统治地位。这一新的共生体的联合分布到世界的大部分，但在根本上还是由于人的关系使自然环境发生了普遍而深刻的变化。

对于史前环境的研究所涉及的不仅是自然和生物诸要素之间相互作用的复合体，它还增加了一个新的方面——时间。这一时间上的远景，包含了环境的自然变化和人为的改造。研究古环境的方法和技术，包括了一个宽广的领域：地理学、地质学、土壤学、生物学、动物学、气候学——这仅仅是有关的自然科学中的几个门类。至于古环境研究中那种需要精心从事的人类影响的一方面，则主要是史前考古学家的范围。因此这正是不同学科间的一个共同的研究领域。

对于古环境事物的许多学科间的著作，当然还只是近些年来所完成的。但令人失望的是还缺乏内容详瞻的研究。关于更新世地质的标准著作如 P. Woldstedt 的《冰期》(*Das Eiszeitalter*, 1954-58)、J. K. Charlesworth 的《第四纪》(*The Quaternary Era*, 1957)和 R. F. Flint 的《冰川地质与更新世地质》(*Glacial and Pleistocene Geology*, 1957),对于其研究的主题极为注意,但以地层学的考虑和冰期地貌学为主,而几乎忽略了人类的存在。F. E. Zeuner 的《史前年龄的测定》(*Dating the Past*, 1958, 1946),力图把有关的自然科学和史前史联系起来,但又以年代学为主。这本书和它的更偏重于古环境研究的姊妹篇《更新世时期》(*The Pleistocene Period*, 1959, 1945)一样,所根据的文献,都是 1945 年以前的。同样与此有关的是一些纲要性的著作,如 A. Laming 的《过去时代的发现》(*La Découverte du Passé*, 1952),或者如 D. R. Brothwell 和 E. S. Higgs 共同编辑的《考古学中的科学》(*Science in Archaeology*, 1963)。至于本书的主题并不一定是新的,但是它企图从理论、也从应用的观点上,开辟一条新的道路来提供一个关于古环境研究的详细纲要。其次还要对于人类和环境之间的某些推论中的相互关系,予以评论。

如果只是为了方便起见,一个研究的领域也应该有个名称。学科间的研究,很少具有方法论上的文献,总要从不同的领域中借用技术和课题。这种困难对于以史前人类为中心的古环境的研究来说,尤其突出。

"地理学"和"生态学"两词都表明了相互关系的含义。根据 M. Bates 的意见,"生态学"研究那些制约个体与群类的生存和繁多的外部诸因素,而"地理学"则是关于人类所居住的大地的一种科学的描述和解释(Hartshorne, 1959, 21, 172)。显然"生态学"是生物学家和人类学家所研究的,至于"地理学",则适用于广泛得多的研究,是自然科学家所感兴趣的。因此"更新世地理学"(Pleistocene geography)被认为是一个适当的名称,它的研究就和"更新世地质学"(Pleistocene geology)相反,既着重于环境,也着重于人类。[①]

由于多种学科和更新世有关,因此对于更新世地理学的研究也就有多种不同的入手方法,基本上可以分为三类。①不同自然科学各自对于更新世的研究,常常是由地质学家、地理学家、土壤学家、植物学家、动物学家和气象学家在野外或实验室中独立进行的。虽然特殊的目的和兴趣的范围可以有很大的差别,可是我们的基本技术和古环境的资料,绝大部分都是从这里得来的。②自然科学家在考古学家协作之下,特别是在田野中所进行的学科间的研究工作。更新世地质学、地貌学、古生物学和孢子花粉分析大约是各有关科学工作者所共同具有的训练背景。这种学科间的工作,一般都是针对考古遗址的研究。这对于提供生态学和环境的资料,是特别有价值的。③考古学家对于古人类学的研究,为了更全面地了解先史时期社群的人类生态学(见Bates,1953)——特别是关于文化地理与经济。

二、关于更新世的早期研究

一个多世纪以来,更新世的学者,无论是地学的还是生物的科学家,对于了解过去的环境,都有很大贡献。

在冰川地质的领域里,J. Venetz, J. de Charpentier 和 L. Agassiz 的著作树立了第一个里程碑。他们创立了在瑞士阿尔卑斯山一个早先存在的"冰期"的意见(1822~1847年)。同样重要的是 O. Troell 在 1875 年对于欧洲的大陆冰川作用的证明,以及 A. Penck 在 1879 年对于间冰期的认识。J. Geikie 在 1874 年提供了第一次关于"冰期"的系统研究,同时地理学家 A. Penck 和 E. Brückner(《冰期的阿尔卑斯》,*Die Alpen im Eiszeitalter*)在 1909 年的重要研究,标志了更新世地质学现代时期的开始。[②]

在了解更新世和冰后期的气候变迁上,植物学方面的贡献是从 1841 年 J. Steenstrup 和 1844 年 A. Griseback 关于大植物学的著作开始的。此后又二三十年,孢子花粉分析法终于使 A. G. Nathoret(瑞典)在 1870 年、A. Blytt(挪威)在 1876 年和 E. Engler(法国)在

1879年能够第一次进行系统的区域性的说明。C. A. Weber 和 L. Von Post 分别在 1906 年和 1916 年所进行的渊博的研究,对于古植物学所产生的影响,一如 A. Penck 和 Brückner 在他们各自的领域中所产生的影响是一样的。③

在地学各学科和古植物学前进的过程中,古生物学的研究也并没有落后太远。L. Rutimyer(1862)关于瑞士湖上住处的兽类遗骸的研究,揭开了以生态学为主的古生物学研究的时代。

三、学科间更新世研究工作的成长

随着更新世地质学、孢子花粉分析和古生物学的建立,这些学科在大约五十年前已成为受人重视的科学研究的领域。继之而来的一个发展阶段,则更加特别注重于史前期人的研究。自从大约 1860 年以来,在法国和瑞士的一些史前时期的研究中,肯定是有一种学科间研究的倾向的。但是第一次树立了一种崭新的典范的或许要算 Grimaldi 洞穴(Boule, Cartailhac, Verneau and de Villeneuve)和摩纳哥气象台洞穴(the Grotte de l'Observatoire, Boule and Villeneuve, 1927)的地质—古生物学的研究。这些工作代表了第一次主要的努力使训练有素的自然科学家和从事发掘的考古学家,在直接的田野工作中互相协作。遵循了这一传统的还有 Elinor W. Gardner(地质学家)和 Gertrude Caton-Thompson(考古学家)在埃及 Fayum 与 Kharga 绿洲(Caton-Thompson and Gardner, 1929, 1932),以及在南阿拉伯的 Hadhramant 的协作。类似的协作是 Dorothy M. A. Bate(古生物学家)和 Dorothy A. E. Garrod(考古学家)在巴勒斯坦对于几处 Mt. Carmel 洞穴的发掘。同样重要的是同一时期内英国芬兰研究委员会的植物学家和考古学家在 1932~1940 年的工作(Philips, 1951),中国新生代研究所在周口店的地质—考古学的发掘研究(德日进,1941,附参考文献)、H. de Terra 和 T. T. Paterson(1939)在印度以及 de Terra 和 H. L. Movius(1943)在缅甸的地质—考古学的协作。此外还有 R. Schütrumpf(1936，1938)在汉堡附近 A. Rust's Meiendorf 遗址的古植物学的研究。另一项重要的个人研究是 R. Lais(1932，1941)在中欧首创的洞穴沉积学。

第二次世界大战以后关于考古地点的地貌学和生物学的研究增多起来。同时自然科学家个人所作出的贡献和新发展的技术在数量上也大大地增加了。

上述半个多世纪以来学科间研究的回顾，必然是有选择性的，但是它有助于说明在过去的大约十五年左右学科间研究兴趣的增加程度和有关活动的明显地加速度发展。同样说明在更广泛的团体中兴趣日益增加的征兆，是下列各组织的建立：伦敦大学的环境考古研究所(Institute of Environmental Archaeology,在已故 Zeuner 教授领导下)、剑桥大学的大学附属第四纪研究系（University Sub-Department of Quaternary Research, H. Godwin 教授领导)、阿里佐纳大学(University of Arizona)地年代学实验室(Geochronological Laboratory)。

对于已有重要文献的分析说明地层学和对于气候的解释，成为自然科学家在学科间研究中最普遍的共同主题。自然科学中岩石学的、矿物学的或不见于文献的动植物的鉴定,在考古学的报告中占了十分小的一部分。在地层学和环境之间通常缺乏区别的这种情况是可以理解的，因为研究地点的相对年龄的测定直接或间接依靠气候的相继变化，但是这一细小的混淆是严重的。许多联合的研究在偏重于讨论世界性的地层学方案和绝对年龄时，忽视了关于一处遗址的周围环境在其居住时期的全面说明。好像关于环境的复原是在研究上更高一级的目标。地层学和年代学确实很重要，但它们被看得过于重要了。

四、理论上的更新世地理学与自然科学

虽然有许多自然科学家在田野中与史前史学家合作，一如许多地

学科学家和生物学家个人一样默默地或明显地对于人的研究感兴趣，但在把"自然的"与"文化的"事实结合为一个整体这一点上，则是十分沉默的。只要浏览一下在有限的方法论的文献中所表现的目的与兴趣，就证实了这一点。

地理学家对于一个完整的更新世地理学在方法论上的兴趣是最大的。A. H. Clark 在分析历史地理学的研究领域时曾经这样写道(1954,72)：

> 坚持历史地理学的研究是从历史——相对于史前史——的起点才开始的，那就要假设在研究一个地区的过去时代的地理时，对于文字记载乃是绝对必要的。仅仅考古学上的复原就足以说明这种必要是不存在的。否认这样一种划分界线的正确性的原因，对于任何其他学科也几乎是同样有力的。在时间上确实是没有什么合理的年代或时期足以说明这种研究就可以从此开始了。如果自然地理学是比地质的、气候的、生态的以及诸如此类的事实的总和还要多一些的一种学科，那么一门自然历史地理学就必然存在。它所利用的那种事实，也同样是历史地质学家、古生物学家和古气候学家常常是在任意加以限制的范围内所从事研究的。诚然对于更新世以前的时期以及对更新世的大部分时期来说，这种研究〔指历史地理学——译者〕或者不存在，或者只是由上述系统领域中的某一学科的专家去试着进行。实际上，对于历史地理学家来说，他所从事研究的"黎明期"是很少早于更新世晚期的。他对于还没有人类文化存在的时期很少兴趣，但是从理论上讲，作为一个学者的特权来说，只要他有兴趣和能力，那么在时间上他愿意追溯多远就追溯多远。

Clark 进一步强调说这种兴趣在地理学家这一方面说来，确实是有所表现的，如 H. J. Fleure(Peake and Fleure, 1927～1936)和 P. Deffontaines(1930, 1933)的著作可以为例。这些著作专心致志于一种"史前期"的地理。地理学家有助于更好地了解史前史的另一个突出的例子是 C. O. Sauer 关于早期用火的重要性(1947)以及农业起源的地理背景(1952)的研究。

从另一个理论观点来看，文化地理的研究领域（Wagner and Mikesell，1926，1-24）表现了明显的潜力，它注视着自然的史前期或人类出现以前的景观作为一种必要的基准线，从此来测量人类文化对于景观的"变形"，(Grandmann，1906，1936；Sauer，1927)。这种自然景观，在农业开垦以前，正是一种背景，对它进行了解，乃是对于全面了解文化景观的必要条件。复原自然景观的这一目的确实是可以达到的，Firbas(1949～1952)、Iversen(1954，1960)、Godovin(1956)等对于欧洲史前期植被的研究，充分说明了这一点。在 Passarge(1946)的区域研究中，已经注意到古代埃及的自然景观。关于最初的农业聚落出现以前的环境所具有的自然情况，也在地理学研究的传统兴趣的领域之内。

其他的比较普通的写作，都是限于讨论自然科学家们对于考古学研究所能起的作用。H. E. Wright 罗列了地质学家的工作(1957，50)，W. G. Reeder 则描述了古动物学家在学科间研究中的作用。

五、环境与古人类学

史前期的考古学家早已意识到自然科学提供了若干有用的技术。专门学科间的努力已经有半个世纪以上的传统这一事实，雄辩地说明了许多考古发掘者对于古生态学的兴趣。然而进一步的考察指出只有少数考古学家确切地认识到自然科学所能提供的是什么。作为一个史前史学者的发言，R. J. Braidwood(1957b)哀叹说：在考古学家这方面对于以下两点，"几乎是完全缺乏理解的"：①在能够作文化上的说明之前，对于作为一个有机能的实体的环境进行了解的必要性；②对于非人工制造的资料予以充分解释的可能性。例如，在史前遗址的发掘中，只有极少数即使在很有限的一段时间内利用了地貌学家在田野中的协助。又如在事后对于骨骼的鉴定虽然是习以为常的事,但是对于植物的资料进行研究的这种想法,常常是一如没有想到要有个生物学家在现场是一样的没有想到过。有些考古学家虽有地貌学家参加他们的发掘工作,也只是"雇用"他作为一个技术员,期待他对于草率形成的问题提供现成的答案。这种关系的必然结果,从考古学家这一方面来说在交换科学情报上,乃是一个损失。这种科学情报的单一方向的提供,对于一项学科间的研究来说,并非是特别有成效的,这样自然科学家也是不大可能"针对问题"的。

尽管有时缺乏这种有意识的真正的协作,但是关于古生态学的兴趣的突出事例,在实践上和在理论上都是很突出的。倒是 J. G. D. (Grahame) Clark(1957,20)坚决主张考古学家是愿意获得对于一个史前期社群的全部地理——生态学的也就是古环境的理解的,诸如它的资源的潜力、外界的限制,更重要的是在经济范围内所表现的人与环境的相互关系。Braidwood(1957a,15-16)特别针对自然科学家提出了如下的一种呼吁:

> 在少数生物学和地学的自然科学家中正在迅速理解到在他们和考古学家之间,是共同存在着一些专门的但是引人入胜的问题的。如下的例外是很少的……有兴趣的少数善意的生物学家和地学家必须私下挤出时间来从事于那些共同感兴趣的计划,但是一般说来,生物学家和地学科学家趋向于从侧面来研究那些"文化—联结"着的问题。一旦人类接触到与之有关的那些生物种类时,也就带给它们一种难以估计的影响,而其结果似乎是并不符合人们的意愿的。

> 我以为要达到此目的,大约一个新的研究领域或许叫作"更新世生态学",将会成为焦点,这与考古学(和人类古生物学)互相联合,但是要使考古学家更多地腾出手来去应付那些与文化有关的东西。这一研究领域或互相关联的各学科的轴心(或许叫'更新世生态学'或'古环境学'或'更新世地理学'——我并不企图来命

名),一定会把人这样一个环境的因素同时又是作用于环境的一个因子包括在内的。

最近 J. Desmond Clark(1960,308)阐述在根本上需要一门更新世地理学时,他讲得特别好:

……十分必要的是关于文化的环境和生态学的背景……要尽可能正确地加以复原,因为如果没有这方面的知识,我们就几乎不可能着手去解释文化的事实。有必要去了解人们所能有的动物的、植被和气候的以及原料种类和式样的性质等。在这里,考古学家在很大程度上必须依靠其他学科的工作者——地质学家、古生物学家、生态学家、古植物学家、土壤化学家和地理学家等。现在已经完全清楚,除非和其他学科协作,我们就不能希望提取比起仅有的一点更为丰富一些的科学事实,而这种事实在很多情况下都是我们的遗址本来能够提供的。

Grahame Clark 的古生态学,如果可以这样称呼它,显然不仅仅是为自然科学家所从事的,而且是建议由考古学家在联系到的自然科学的事实时所作的全部说明。关于这一点,Clark 在《史前期的欧洲:经济基础》(*Prehistoric Europe: the Economic Basis*, 1952)和《Star Carr 的发掘》(*Excavations at Star Carr*, 1954)两书中所采用的研究方法,提供了很好的例证。Braidwood 和 Desmond Clark 都曾经特别求助于自然科学家,不过他们所要求的还不仅是环境的复原(不是年代学),而是进一步要求把地理背景的研究应用于史前史。如果这两位作者被认为是赞成学科间的协作和更广泛的人类学界的代言人的话,那么更新世地理学的最广阔的范围就能够被描述为对于环境的复原,而这一复原是应用于史前史的生态学背景的了解的。

自然科学对于人类学的关系,在人类学的文献中是被注意到了。1951 年 L. F. Zotz 已经提供了一个考古学家对于史前史研究中所应用的自然科学的技术的一种系统描述。随后又出现了一种科学方法的技术概要(Laming, 1952)。此后,大部分关于史前史或考古学方法的普通教科书中都包括了类似的段落或章节。关于这些学科在人类学研究中的地位的方法论的分析，出于 R. Pittioni(1961)之手，他把各辅助学科分成了若干类别：

(1)田野技术

　甲."可选择的"技术，包括沉积物的磷酸盐，洞穴的一般研究、微粒大小的分析，有机和无机化学。

　乙."必要的"技术，包括更新世的和经济的地质，还有孢子花粉分析。

(2)实验室技术

　甲.可选择的：岩石学、织物原料的研究，食物—化学和放射性碳素年龄测定。

　乙.必要的：自然人类学、古生物学、动物学、植物学、采矿工程、冶金、金相学和光谱分析。

Pittioni 强调上述每一种技术对于了解一处遗址的自然环境或一个史前社团的经济活动都是有贡献的。在所谓"必要的"技术中，更新世地质学和孢子花粉分析被挑选出来作为史前期解释的先修学科，并被认为是"史前期研究的独立的分支"(Pittioni, 1961, 21)。但是由于其直接的研究对象只是间接与人类有关，这些辅助学科没有一门被认为是属于"人类学的"。

(译自 Karl W. Butzer, *Environment and Archaeology: an Introduction to Pleistocene Geography*，(第一章)"Prehistoric Environment Geography and Ecology")

注　释：

①为方便起见，这里所用"更新世"一词，在时间上延续到现在，包括了"现代"("Recent")或"冰后期"("Postglacial")或"全新世"("Holocene")，因此它应是"第四纪"的同义词。

②关于更新世地质学的历史发展，见 Woldstedt［1954］，Flint［1957］和 Charlesworth［1957］，附参考文献。

③为了普通参考，见 Firbas［1949～1952，Vol.1］与 Facgri and versen［1964］。

姬周之勃兴与地缘政治及农业经济

郭伟川

一、周之先祖出甘入陕的历史变迁

周祖后稷,名弃,别姓姬氏。文献对其最早的记载应是《尚书·虞书》中的《益稷》篇,内中云:

> 暨稷播,奏庶艰食鲜食。懋迁有无化居。烝民乃粒,万邦作乂。

对于《尚书》的上述记载,司马迁在《史记·夏本纪》中,曾有过二次类似的翻译和诠释。其一:

> (禹)命后稷予众庶难得之食,食少,调有余相给,以均诸侯。

其二:

> 与稷予众庶难得之食。食少,调有余,补不足。徙居,众民乃定,万国为治。

司马迁的翻译与诠释,应以后者较为全面与贴切。他在《史记·周本纪》中,对后稷弃有较为详细的叙述:

> 弃为儿时,屹如巨人之志。其游戏,好种树麻菽,麻菽美。及为成人,遂好耕农,相地之宜,宜谷者稼穑焉。民皆法则之。帝尧闻之,举弃为农师,天下得其利,有功。帝舜曰:"弃,黎民始饥,尔后稷播时百谷。"封弃于邰,号曰后稷,别姓姬氏。后稷之兴,在陶

作者为香港独立学者。

唐、虞、夏之际。

由此可知,周祖后稷对中国古代形成正式农业生产、造福黎民百姓的贡献,是世所公认,亦是其后代裔胄所引为骄傲的。周武王克殷之后,就曾召集殷遗训诫,向他们宣示周祖后稷的历史贡献,即使商之先哲王,亦曾蒙受后稷农业带来之恩惠。《逸周书·商誓解》记其言云:

> [武]王曰:"在昔后稷,惟上帝之言,克播百谷,登禹之绩。凡在天下之庶民,罔不维后稷之元谷用蒸享。在商先哲王,明祀上帝,……亦维我后稷之元谷用告和,用胥饮食。肆商先哲王维厥故,斯用显我西土。今在商纣,昏忧天下,弗显上帝,昏虐百姓,奉天之命。上帝弗显,乃命朕文考曰:'殪商之多罪纣。'肆予小子发,不敢忘天命。朕考胥翕稷政,肆上帝曰必伐之。予惟甲子,克致天之大罚。"

从这里可以看出,武王伐纣,不仅打着文王的旗号,而且亦打着后稷的旗号,尤其指出"朕考胥翕稷政",即是说,我与先父文王的正义事业,完全符合先祖后稷之德政。而上文述及"在商先哲王",指的应是殷之先祖契,"契兴于唐虞大禹之际",[①]正好与周之先祖,"后稷之兴,在陶唐虞夏之际",[②]同样具有辉煌的历史,而且在同一时代。契之后既得天命而有商,那么,后稷之后同样可得天命而取代之。故上文一再提到"上帝弗显,乃命朕文考","肆予小子发,不敢忘天命"。可见后稷与契同显于唐虞大禹之际,其后代子孙获天命之眷顾,是理所当然的。以此说明他们亦具有优良的血统,有非常荣耀的家族史,由姬周来统治天下,亦是理所当然的。所以,《逸周书·商誓解》的这一史料,由武王亲证自己是后稷的子孙,宣扬祖德并彰显家族在陶唐虞夏时代的历史贡献,确具有非凡的意义。《商誓解》有"予惟甲子,尅致天之大罚",与出土西周青铜器《利簋》之铭文"甲子"伐商的记录相符,[③]证明其史料之可靠性。

《史记·周本纪》舜"封弃于邰",司马迁显然根据周族史诗的记载。《诗·大雅·生民》有二首述及其祖源,其一:

45

> 厥初生民,时维姜嫄。生民如何,克禋克祀。以弗无子,履帝武敏歆。攸介攸止,载震载夙,载生载育,时维后稷。

其二：

> 诞后稷之穑,有相之道。茀厥丰草,种之黄茂。实方实苞,实种实褎。实发实秀,实坚实好。实颖实栗,即有邰家室。

邰,乃后稷始封之地,即今陕西省武功县一带。故周祖后稷为农官而居陕,是周族认可之史实,亦是后世史家之共识。

但到了后稷之子不窋时却发生变故。《史记·周本纪》云：

> 不窋末年,夏后氏政衰,去稷不务。不窋以失其官,而犇戎狄之间。不窋卒,子鞠立；鞠卒,子公刘立；公刘虽在戎狄之间,复修后稷之业,务耕种,行地宜,自漆沮度渭,取材用,有资,居者有畜积,民赖其庆,百姓怀之,多徙而保归焉。周道之兴自此始,故诗人歌乐思其德。公刘卒,子庆节立,国于豳。

后稷子不窋所经历的重大变故,据《史记集解》韦昭曰:"夏太康失国,废稷之官,不复务农。"说明不窋失农官之职,乃由于夏太康时荒政致变,东夷族有穷氏首领后羿乘机侵入主导夏之政权。不窋被逼奔戎狄间,事实上是被逼改农业而事畜牧,实际上牵涉到周族的北徙。《括地志》云：

> 不窋故城,在庆州弘化县南三里,即不窋在戎狄所居之城也。

按庆州隋置,唐仍之,故治在今甘肃省庆阳县。因此,说明太康之变后,周族被逼由陕西徙居甘肃,杂居于戎狄之间过着游牧生活,直至不窋之孙公刘之世,情况始发生变化。但以三代人计算,周族居甘肃,至少有数十年之久。

公刘在周族史中最大的贡献有二。一即"虽在戎狄之间,复修后稷之业,务耕种,行地宜",恢复导源于周祖后稷的农业生产技术,使华夏族为主要生产方式的农业经济得以延续和发展。二则将其族众由甘肃迁回陕西,脱离甘肃戎狄的游牧地区而返回陕西传统的农业地区,使周族所擅长的农业生产得以施其技,从而逐渐壮大。"自漆沮渡渭",实为公刘率族众迁回陕西之明证。《史记正义》谓"公刘徙漆县,漆水南渡渭水。至南山,取材木为用也"。

按漆水、沮水、渭水都在陕西境内。此漆沮二水之流域,应是自后稷以来周人生活的生产之发祥地。《诗·大雅·绵》:"民之初生,自土沮漆。"这是十分确切的证据。按漆水源出于陕西省同官县东北大神山,西南流经豳县至耀县会沮水;沮水亦名宜君水,出耀县北分水岭,东南流会漆水。《尚书·禹贡》有"漆、沮既从"之句,所述正是二水合流之状。二水既合,亦称石州河,东南流经富平、临潼二县入渭水。这亦是公刘率族众自出甘肃之后,一路由西北向东南迁徙的过程,这是"打回老家去"的回乡之旅,而且更向渭水流域扩张,但其中心区仍在漆水流域之豳地。《史记集解》徐广曰:"新平漆县之东北有豳亭。"《史记正义》引《括地志》云:"豳州新平县,即汉漆沮县,《诗·豳》公刘所邑之地也。"公刘徙豳之后,"有资,居者有畜积,民赖其庆,百姓怀之,多徙而保归焉。周道之兴自此始,故诗人歌乐思其德"。④

司马迁在《史记·周本纪》中,对公刘中兴姬周给予极高的评价,这是完全符合史实的。《诗·大雅·公刘》有诗颂其德:

> 笃公刘,既溥既长;既景乃冈,相其阴阳,观其流泉。其军三单,度其隰原。彻日为粮,度其夕阳,豳居允荒。

颂公刘诗有六首之多。再举其一:

> 笃公刘,于豳斯馆。涉渭为乱,取厉取锻,止基迺理。爰众爰有,夹其皇涧。溯其过涧,止旅迺密,芮鞫之即。

公刘有阔大的胸襟和长远的眼光,带领族众出甘肃重返陕西祖地,"度其隰原,彻日为粮",肥沃的黄土高原适于农耕,公刘与后稷之业,在豳地不断发展,已扩张至接近密须和芮、鞫等地。故公刘不愧是姬周家族史上的中兴之祖。

公刘卒,子庆节立,国于豳。此后历经数代,姬族均活动于漆沮二水流域,从事半农半牧之业,丰足但格局不大,此乃缘于豳地乃处于漆沮之滨,始终有其局限性。直至古公亶父之世,戎狄攻侵豳地,古公不忍人民抗争而惨遭涂炭,故率族众"度漆沮,逾梁山,止于岐下。豳人举国扶老携弱,尽复归古公于岐下;及他旁国闻古公仁,亦多归之,于是古公乃贬戎狄之俗,而营筑城郭室屋,而邑别居之,作五官有司。民皆歌乐之,颂其德"。⑤

古公亶父是姬族历史上一位最关键的人物,而迁岐之举则是姬族勃兴之转折点,从此中国历史将翻开新的一页。

二、得地利是岐周勃兴的重要因素

周之先祖,自后稷之封邰,公刘之居豳,古公之迁岐,皆以古雍州(今陕西)为主要活动地域。后稷是佐禹建成夏朝的重要历史人物;禹辟九州,雍州是九州中土地最肥沃、最丰饶的一州,所以姬周一族对夏有十分深厚的感情。《尚书·周书》中屡有记述。

《武成》:"王季其勤王家,我文考文王,克成厥勋,诞膺天命,以抚方夏。""予小子既获仁人,敢祗承上帝,以遏乱略。华夏蛮貊,罔不率俾。"——此处之"方夏"、"华夏",皆指夏朝之禹域九州,亦即中国。这是姬周对夏朝疆域的确认和继承的明证。

《微子之命》:"上帝时歆,下民祗协,庸建尔于上公,尹兹东夏。"——周公平定武庚与三监之乱后,封微子启于宋,以奉殷祀。宋处东方,故称"东夏"。

《康诰》:"用肇造我区夏,越我一二邦以修我西土。"——周公平武庚及三监之乱后,封同母弟姬封于武庚殷地,建卫国,居于黄河与淇水之间,夏时属豫州之地;殷为京师,为其中心区域。康叔封卫,是周公的一大战略部署,要其苦心经营,变殷墟之地为西周之屏藩,此之谓"肇造我区夏","以修我西土"。"区夏"者,华夏之中心区域也。在《尚书·周书》中,只有此处称"区夏",故笔者认为,周人是明有所指的,只有古豫州殷墟之地,属中原地区,始称"区夏"。而"区夏"并不是代表整个"华夏"或有夏。这一点是治古史者所应注意的。

《召诰》:"相古先民有夏。""我不可不监于有夏。""丕若有夏历年。"——这里的"有夏",都是指夏朝。

《多士》:"有夏不适逸,则惟帝降格。""惟殷先人,有册有典,殷革夏命。今尔又曰,夏迪简在王庭,有服在百僚。"——此处"有夏"及"夏"都指夏朝。

《多方》:"惟帝降格于夏,有夏诞厥逸。""乃大降罚,崇乱有夏。""亦惟有夏之民叨懫日钦,劓割夏邑。""刑殄有夏。""代夏作民主。""非天庸释有夏。"——以上之"夏"及"有夏",皆指夏朝。

《立政》:"古之人,迪惟有夏。""乃惟庶习逸德之人,同于厥政,帝钦罚之,乃伻我有夏,式商受命,奄甸万姓。"——此处之有夏,亦指夏朝。

姬周一族与有夏存在着千丝万缕的关系,正如《逸周书·商誓解》中,武王曾述及"在昔后稷,惟上帝之言,克播百谷,登禹之绩"。禹建有夏,后稷功不可没。因为农业生产的成功造成了社会的富足和安定。正如《逸周书·商誓解》中武王弘扬后稷之功绩:"凡在天下之庶民,罔不维后稷之元谷用蒸享。"——说明姬族在夏朝创建的过程中,确有过一段辉煌的历史。难怪近千年之后,其后代子孙仍津津乐道,以此为荣,因为这是家族史的荣耀,亦是姬族血统优良的象征。——这一点极为重要,姬周及后得天命取殷而代之,其得上帝之眷顾,便不是没有来由的。

姬周一族之勃兴,拥有其物质基础。因为自后稷居邰,公刘徙豳,古公迁岐,概属古雍州(今陕西)之地,肥沃的黄土高原,宜于稼穑,是禹辟九州中最富庶之区,是古代农业生产最发达之地。笔者认为,姬周得其地而得天下,嬴秦及后亦得其地而得天下,这绝不是偶然的,这是地理环境所造成的物质力量最终取得胜利的必然结果。笔者上论,是有所根据的。

《史记·夏本纪》述禹辟九州,各州之土质、田园肥瘠及田赋的情况:

> 冀州,其土白壤,赋上上错,田中中。——《史记集解》孔安国

曰:九州之中为第五。

沇州,其土黑坟,草繇木条,田中下。——《史记集解》孔安国曰:九州之中为第六。

青州,其土白坟,海滨广潟,厥田斥卤,田上下,赋中上。——《史记集解》孔安国曰:田第三,赋第四。

徐州,其土赤埴坟,其田上中,赋中中。——孔安国曰:田第二,赋第五。

扬州,其土涂泥。田下下,赋下上上杂。——孔安国曰:田第九,赋第七,杂出第六。

荆州,其土涂泥,田下中,赋上下。——孔安国曰:田第八,赋第三。

豫州,其土壤,下土坟垆,田中上,赋杂上中。——孔安国曰:田第四,赋第二,又杂出第一。

梁州,其土青骊,田下上,赋下中三错。——孔安国曰:田第七,赋第八,杂出第七第九三等。

雍州,其土黄壤,田上上,赋中下。——孔安国曰:田第一,赋第六。⑥

古雍州之地理区域,《史记·夏本纪》:"浮于潜,逾于沔,入于渭,乱于河,黑水西河惟雍州。弱水既西,泾属渭汭,漆沮既从,沣水所同;荆岐已旅,终南敦物,至于鸟鼠。原隰厎绩,至于都野。"

上述漆沮流域、渭水流域和岐山、终南之地,正是姬周一族世代居住及生产生活之域。除当年夏太康失国,后羿柄政,后稷之子不窋被逼徙甘肃杂于戎狄之间,三世历经数十年外,姬周一族坚持迁回雍州祖居之地,这是自有其道理的。因为这是其先祖后稷草创之区,是他们世代所居之域,而且有天下第一富饶的黄土地,这是农业民族借以生存和发展的生命之源。而历史证明,当年公刘自甘肃迁返陕西之豳地,古公亶父之迁岐,是绝对正确的。

古公亶父对姬族之另一贡献是改去戎狄之俗。姬族部众之所以有戎狄之俗,乃不窋被逼率族众迁甘肃杂戎狄间数十年所沾染的,如居无定室利于迁徙即其例。古公居岐,"乃贬戎狄之俗,而营筑城郭室屋,而邑别居之,作五官有司"。[7]——显示古公决心以西岐作为永久的基地,建立城邑,以利国防;作五官有司,设立职官制度;民众筑室屋以居,以示告别游牧迁徙的生活。而决心重兴后稷之业,走以农立国之路。岐山南有周原,国以"周"名,自古公始。故周人尊称其为"太王"。《诗经·大雅·绵》以史诗的形式述其创业的过程和功德,内中云:

绵绵瓜瓞,民之初生。自土沮漆,古公亶父。陶复陶穴,未有家室。

古公亶父,来朝走马,率西水浒,至于岐下。爰及姜女,聿来胥宇。

周原膴膴,堇荼如饴。爰始爰谋,爰契我龟。曰止曰时,筑室于兹。

乃慰乃止,乃左乃右。乃疆乃理,乃宣乃亩。自西徂东,周爰执事。

乃召司空,乃召司徒;俾立室家,其绳则直。缩版以载,作庙翼翼。

从上诗中,可见古公未迁岐前,在漆沮流域之豳地,仍然"陶复陶穴,未有家室",证明周人在豳时仍处于穴居的状态,只有迁至岐山之周原,才"筑室于兹",并"乃疆乃理,乃宣乃亩",建城邑以定疆域,丈田亩以兴农业。"乃召司空,乃召司徒",是建立职官制度,"俾立室家,其绳则直;缩版以载,作庙翼翼"。——显示建立包括婚姻制度在内的礼法制度,以及包括庙祭为主的宗法制度。这说明周人在古公的带领下,在周原开始进入国家文明和礼法文明的标志。而姬周从此亦逐渐走向强大,自王季至于文武,不过三四代的时间,从此"自西徂东,周爰执事",奠定了周朝八百年之基业。故《诗·鲁颂》云:"后稷之孙,实维大王。居岐之阳,实始翦商。至于文武,缵大王之绪。"——文、武、周公只是继承和发扬了太王的事业。周人的颂诗,诚然是历史的真实记载。

三、周之东扩及西周初年的大致疆域

自太王迁岐之后,经过两代人的努力,岐周逐渐取得巩固和发展。季历继位后,根据当时的形势采取如下之策略:南则和顺商朝,以避免压力和争取发展机遇;东北则抗击戎狄的侵扰,甚至采取主动出击的战略,巩固并扩展了岐周的疆域,东至山西境内,据古本《纪年》记载,王季曾有多次伐戎之举:

> 武乙三十五年,周王季伐西落鬼戎,俘二十翟王。
>
> 文丁二年,周人伐燕京之戎,周师大败。
>
> 文丁四年,周人伐余无之戎,克之。周王季命为殷牧师。
>
> 文丁七年,周人伐始呼之戎,克之。
>
> 文丁十一年,周人伐翳徒之戎,捷其三大夫。

据王玉哲考证,西落鬼戎、燕京、余无、始呼及翳徒诸戎之地望,皆在山西境内。[⑥]其实山西、陕西两省自古多戎狄。尤其是山西,即使筑长城作屏障,寇患依然不断,直至明代嘉靖年间蒙古奄答部仍不时侵扰大同,嘉靖二十九年(1550年)竟破城直抵京师,史称"庚戌之变"。可见殷周之际山西境内多戎狄,乃是不争之事实。春秋时晋国善与戎相处,并善用戎狄之力量,乃其成为五霸之一的重要因素。因此,殷周之际,姬族在岐山下周原立下根基之后,即实施其"自西徂东"[⑦]的战略。而征伐山西诸戎,岐周进行东扩,应自王季始。王季在姬周族史上,既无父亲太王开疆辟土肇始王业之功,又无儿子文王治岐五十年,为西周政权奠下深基的勋绩,故史书着墨不多。但实事求是地说,王季克绍箕裘,承先启后。承太王之绪业,在巩固岐周政权之后,东能与大邦殷相安,争取发展机遇;复能东北扩至晋境,为文王接掌政权树立规模。周人之"自西徂东",王季功不可没。故《诗·皇矣》颂其功绩:

> 维此王季,因心则友。则友其兄,则笃其庆。载锡之光,受禄无丧,奄有四方。

>维此王季,帝度其心,貊其德音,其德克明。克明克类,克长克君,王此大邦。

从颂诗"奄有四方"、"王此大邦"看来,王季在拓展岐周疆域方面,是确有贡献的。司马迁《史记·周本纪》亦据之概括为"公季修古公遗道,笃于行义,诸侯顺之"。《诗》谓"其德克明",显见岐周以德政治天下,是有其传统的。

文王继政之后,亦以仁政德治令天下归心。首先是士大夫归心,如"伯夷、叔齐,……太颠、闳夭、散宜生、鬻子、辛甲大夫之徒,皆往归之"。[⑩]继之是诸侯归心,如"虞芮之人,有狱不能决,乃如周。入界,耕者皆让畔,民俗皆让长。虞、芮之人未见西伯,皆惭,相谓曰:'吾所争,周人所耻,何往为?祗取辱耳。'遂还,俱让而去。诸侯闻之曰:'西伯盖受命之君。'"[⑪]虞、芮之人因周俗淳厚而息争之美谈,《诗·大雅·绵》曾有诗述及,"虞芮质厥成,文王蹶厥生"。毛传谓文王德化所及,"天下闻之而归者四十余国"。[⑫]虞、芮之地望,《汉书·地理志》谓"虞在河东太阳县,芮在冯翊临晋县"。皆在山西境内,在岐周之东北。虞、芮及其他四十余国皆为周之与国,这就为岐周之继续东进南下打下良好的基础。于是,文王"明年伐犬戎,明年伐密须,明年败耆国,……明年伐邘,明年伐崇侯虎,而作丰邑,自岐下而徒都丰。明年西伯崩"。[⑬]

文王既欲东进取商纣而代之,必先安定西北,以免后顾之忧。征伐上述诸国,正是实施稳定西北、东进合击的战略而采取的一系列军事行动。文王治岐五十载,其文治武功,既巩固了姬周政权,而且不断得到壮大和发展,为最终克商灭纣而建立西周政权,奠定绪业丕基。有关这一方面,笔者将在另文详述之。

按犬戎为古西戎之一种。《国语·周语》云:"穆王将征犬戎。"韦昭注:"犬戎,西戎之别名,在荒服。"另《方舆纪要·历代州域形势》云:"犬戎在陕西凤翔府北境。"可见文王征犬戎,意在巩固西北,以便进取东南。至于密须,地在今甘肃省灵台县西,亦在岐周之西北部,文王攻灭之,其意与征犬戎同。

伐黎、伐邘、伐崇是文王东扩之举。黎在今山西东南部长治、黎城一带。邘在今河南省沁阳县西北,已直指殷商门户。崇在今河南省嵩县之北部,《诗·大雅·皇矣》云"崇墉言言"、"崇墉仡仡",可见崇有高大坚固的城墙作为屏障,因此文王攻克后令其从敌国变为与国,这是文王将军事行动延伸至河南境内的重大举措,成为岐周东扩以克商的桥头堡。比之王季的东扩只是小范围内,文王之东扩有较大发展,显然已直接威胁殷纣的安全,这是非同小可的事。

武王即位后,"东观兵,至于孟津"。⑬这是一次准备东征灭商的大规模军事演习。《史记·周本纪》述其事,颇生动:

> 武王即位,太公望为师,周公旦为辅,召公、毕公之徒左右王,师修文王绪业。九年,武王上祭于毕,东观兵,至于孟津。为文王木主,载以车中军。武王自称太子发,言奉文王以伐,不敢自专。乃告司马、司徒、司空、诸节。……武王渡河。……是时诸侯,不期而会孟津者,八百诸侯。诸侯皆曰:"纣可伐矣。"武王曰:"女未知天命,未可也。"乃还师归。

此次"东观兵"的大规模军事演习,武王的目的显然在于探测天下人心的向背,探测一旦举兵伐纣时诸侯响应的程度。结果八百诸侯不期而会于孟津,伐纣可获胜算,已有把握。但在群情高涨,皆曰"纣可伐矣"的情况下,为何武王反而还师而归呢?这显然是时机未成熟,因为纣王身旁还有一批死忠的节士,政治、军事机器仍很强大。必俟纣王肆行暴政,"多行不义必自毙",导致众叛亲离,始为出兵最好的时机。

果然,"居二年,闻纣昏乱,暴虐滋甚,杀王子比干,囚箕子、太师疵;少师彊抱其乐器而奔周。于是武王遍告诸侯曰:'殷有重罪,不可以不毕伐。'乃遵文王,遂率戎车三百乘,虎贲三千人,甲士四万五千人,以东伐纣。十一年十二月戊午,师毕渡盟津,诸侯咸会。……二月,甲子昧爽,武王朝至于商郊牧野,乃誓。武王左杖黄钺,右秉白旄以麾。曰:'远矣,西土之人!'武王曰:'嗟我有国冢君,司徒、司马、司空、亚旅、师氏、千夫长、百夫长,及庸、蜀、羌、髳、微、卢、彭、濮人……'誓已,诸侯兵会者车四千乘,陈师牧野。"[15]牧野一战,纣兵倒戈,当然以武王军为诸侯之大获全胜告终。《史记·周本纪》所述的这一场战役,出土的周初铜器《利簋》铭文有所记载:"武王征商,唯甲子朝,岁鼎,克,昏夙有商。"《荀子·儒效篇》对周师与诸侯渡孟津的行军路线,有具体之叙述:

> 武王之诛纣也,行之日以兵忌,东面迎太岁,至氾而泛,至怀而坏,至共头而山隧。霍叔惧曰:"出三日而五灾至,无乃不可乎?"周公曰:"刳比干而囚箕子,飞廉、恶来知政,夫又恶有不可焉!"遂选马而进,朝食于戚,暮宿于百泉,旦厌于牧之野。

就上述所经山川地望而言,氾水在河南省成皋县西北境;怀则在河南沁阳东南;共头、百泉在今河南辉县,然后直指商都朝歌(今河南淇县)。自戊午渡孟津,至甲子日牧野决战,刚好过了六日的时间。至于《史记·周本纪》所举庸、蜀、羌、髳、微、卢、彭、濮八诸侯国,《史记集解》孔安国认为:"皆蛮夷戎狄。羌在西蜀;髳、微在巴蜀;卢、彭在西北;庸、濮在江、汉之南。"《括地志》有较具体的解释:"房州竹山县及金州,古卢国。益州及巴、利等州,皆古蜀国。陇右岷、洮、丛等州以西,羌也。姚府以南,古髳国之地。戎府之南,古微、卢、彭三国之地。濮在楚西南。有髳州、微、濮州、卢府、彭州焉。武王率西南夷诸州伐纣也。"

笔者认同上述八国地在西南。其时武王伐纣之举,其军事战略应是:武王军从西北之陕西及东北面之山西、河北,上述八国军队从西南,水陆并进,形成西、北、南三面合击之势,会师于孟津;渡河后,集中全力决战于牧野。及至纣兵倒戈,终于取得克商之胜利,建立了以礼乐文明为主体的西周政权。

但是,在建立西周政权的过程中,遭遇了极为曲折的变乱。武王以有限的军力(虎贲三千人,甲士四万五千人)连同一个松散的军事政治同盟(西南八国),竟在一月之间夺取大邦殷之政权,胜利来得太容易,也不可靠,而且姬周内部亦隐伏着分裂的祸患。

首先,牧野之战,纣兵倒戈,双方并未经过长时间之血战,商朝军队并没有遭受重挫,尚保存相当之实力;而殷后势力仍十分强大,为达到

"以商治商"之目的,武王封纣子武庚于商故城王畿之区,并设三监以辅治之。《汉书·地理志》云:

> 河内本殷之旧都,周既灭殷,分其畿内为三国,《诗·风》邶、鄘、卫国是也。邶以封纣子武庚;鄘,管叔尹之;卫、蔡叔尹之。以监殷民,谓之三监。

颜师古注:"自纣城而北谓之邶,南谓之鄘,东谓之卫。"其说可取。

武王克殷后二年而崩,三监乱起。为捍卫刚建立不久的姬周政权,周公遵照武王"我兄弟相后"[⑯]之遗嘱,决然践阼称王,率军平叛。《逸周书·皇门解》中,周公痛斥管蔡:"内不茂扬肃德,讫亦有孚,以助厥辟,勤王国王家。……乃维有奉狂夫,……命用迷乱,……国亦不宁。呜呼,敬哉!监于兹,朕维其及。""及"者,兄终弟及。显示周公宣告天下,他要"及"武王而践阼。从武王的"我兄弟相后",到周公的"朕为其及",我认为这是周公称王的重要证据,此中亦存在其承统的合法性。有关问题,可参阅拙作《周公称王与周初礼治——〈尚书·周书〉及〈逸周书〉新探》。[⑰]

周公称王,东征平叛,使姬周政权真正得到巩固,此乃西周史最为重要之事。《尚书·周书·大诰》确证此一事实:"王曰:呜呼!肆哉尔庶邦君,越尔御事,……肆朕诞以尔东征!"《诗经·破斧》述周公率将士东征战况之惨烈。诗共三章,此引其一:

> 既破我斧,又缺我斨。周公东征,四国是皇。哀我人斯,亦孔之将。

此组诗三章都颂及"周公东征",而《书·大诰》之"王曰……肆朕诞以尔东征"。则《大诰》中之"王",非周公而谁!

周公平武庚及管蔡之乱,将殷王畿之区封同母弟姬封于卫,《尚书·周书·康诰》述周公对其诫言,称"朕其弟,小子封"。出土的周初铜器《㳂司土簋》铭文:"王来伐商邑,延令康侯啚(鄘)于卫。"二重证据互证,周公称王确是不争的事实。

周公东征的胜利,不仅清除了殷纣之遗孽,而且亦给了姬周政权一次更大规模东扩的机会。因为在武庚及三监未作乱前,殷遗许多旧有领地姬周并没有进行有效的占领和管治,不少商之与国如在今山东境内的奄国实际上仍然敌视姬周政权。所以,武庚与三监及其附庸的大规模叛乱,周公在召公的配合下,东征平叛,以三年的时间"伐诛武庚、管叔,放蔡叔"。[18]同时完全占领并有效控制殷王朝旧有的中心区域,并继续挥师东进,消灭商的众多与国,"凡所征熊、盈族十有七国"。[19]据孟子的记载,东征消灭的国数更多,其谓"驱飞廉于海隅而戮之,灭国五十"。[20]至于具体之国名,则未载。现有见于记载者如下。

《逸周书·作雒解》:"周公立,相天子,三叔及殷东徐奄及熊盈以略。"——此处指殷之东部徐、奄、熊、盈四国。又"凡所征熊盈族十有七国,俘维九邑"。《集注》陈逢衡云:"凡所征统谓徐、奄、淮、夷、蒲姑、商奄等国也。"

《孟子·滕文公下》则有攸国。

《韩非子·说林上》:"周公旦已胜殷,将攻商盖。辛公甲曰:'大难攻,小易服。不如服众小以劫大。'乃攻九夷而商盖服矣。""盖"与"奄"古音同而通,商盖即商奄,即今山东曲阜。[21]至于"九夷",马融认为乃"东方之夷,有九种"。[22]其他应在今山东境内。

出土之西周铜器《盠鼎》铭文述周公东征攻略诸国,内云:"惟周公于征伐东夷,丰伯、敷古咸哉。"丰伯、敷古地应在山东境内。敷古即薄姑,在今山东博兴一带,已近海隅。丰地或谓在今山东济宁。[23]

周公在平乱和统一北中国的过程中,召公发挥了极大的辅助作用。其时的战略布局,笔者认为周公统军主要在于打通东西线(陕西—河南—山东);召公的主力则在于打通南北线(河北—河南—湖北),其于封地燕南下痛击北奔的王子禄父(即武庚)。所以,平叛胜利后召公管洛邑,便是顺理成章的事,其时整个河北、河南的中原地区都在召公控制之下,其翊赞周公奠定西周的基业,功莫大焉。出土西周铜器如寿张梁山的太保七器以及《令彝》等,其铭文都记载了召公的伟绩。有关问题,可参阅拙作《周公称王与周初礼治——〈尚书·周书〉及〈逸周书〉新

57

探》。[24]

《史记·齐世家》:"管蔡作乱,淮夷叛周。"及《鲁世家》:"管、蔡、武庚等果率淮夷而反。"关于"淮夷",应为夷居淮者,其他应在今安徽,亦在周公东征之范围。

简言之,王季之世,姬周之东扩只略向山西境内。至文王,除不断巩固和扩大陕西根据地外,又向西北伸展至甘肃,东北至河北境内,以保障后方的安全;然后大力从东北进取山西,奄有山西一部;并开始进入河南取崇,积极做好伐纣的准备,可惜未及实行而以病薨。武王伐纣,占领今豫西地区,但河洛地区之殷遗势力仍很强大;山东以商奄为主之东夷及安徽之淮夷仍然不服管治。武王崩后,武庚与三监叛乱,周公称王东征,在召公的大力协助下,清除了河南境内的殷遗叛乱集团,并进军山东,直至渤海湾地区;同时又消灭东南之淮夷,奄有今安徽之地;又南下直抵汉水,始有及后汉阳诸姬国之建立。可见其时周公领导的姬周政权,其统治范围及于两湖地区乃至于江西,姬周的领土得到极大拓展。其四至疆域,据《左传》昭公九年记周王室大夫詹桓伯称:

> 我自夏以后稷,魏、骀、芮、岐、毕,吾西土也;及武王克商,蒲姑、商奄,吾东土也;巴、濮、楚、邓,吾南土也;肃慎、燕、亳,吾北土也。

詹桓伯为春秋时周大夫,必熟知周王室之历史典故,其对西周开国疆域四至的描述,必有所据。而姬周政权的巩固及疆域的拓展,形成领土广袤的西周王国,从其勃兴至逐渐壮大,笔者认为实得力于天时、地利、人和三大因素。商纣暴虐,天怒人怨,姬周乃得以取而代之,此为得天时也;西岐处肥沃的黄土高原,陕西之秦川大地,乃古代农业生产最优越之地区,为姬周奠定丰足的物质基础。另一方面,从军事战略而言,我国地形为西高东低,江、河水系也为西水东流,自西土向东用兵,水陆两路,无论陆路兵事之俯冲,或水师顺水而东下,皆可得势,因此姬周从经济和军事上,可谓占尽地利。文王治岐五十年,仁声满天下,诸侯、百姓闻风归附,此则得人和也。而后稷之后,善于耕稼,岐周以农业兴国,实亦为一重要之因素。

2004年1月28日于香港

注　释：

①《史记·殷本纪》。
②《史记·周本纪》。
③《利簋》铭文中，有"武征商,唯甲子期"的记载。见唐兰：《西周时代最早的一件铜器利簋铭文解释》，《文物》1977年第8期。
④同②。
⑤同②。
⑥《史记·夏本纪》。
⑦同②。
⑧王玉哲：《先周族最早来源于山西》，《中华文史论丛》1982年第3辑。
⑨《诗·大雅·绵》。
⑩同②。
⑪同②。
⑫《诗·大雅·绵》毛传。
⑬同②。
⑭同②。
⑮同②。
⑯《逸周书·度邑解》。
⑰郭伟川：《周公称王与周初礼治——〈尚书·周书〉及〈逸周书〉新探》，郭伟川：《儒家礼治与中国学术》，北京：北京图书馆出版社,2002年。
⑱同②。
⑲《逸周书·作雒解》。
⑳《孟子·滕文公下》。
㉑引自晁福林：《夏商西周的社会变迁》，北京：北京师范大学出版社,1996年,第176页。
㉒《论语·子罕》何晏集解引马融说。
㉓引自晁福林：《夏商西周的社会变迁》，第177页。
㉔同⑰。

陕北笔记

李 零

2013年8月12～18日,自西安北上,走马观花,游13县市:铜川、黄陵、延安、延长、延川、清涧、绥德、米脂、子洲、横山、靖边、榆林、神木,沿途看山川形势,看考古遗址,看博物馆,看私人收藏,归读《水经注》、《汉书·地理志》、考古资料、古文字资料和有关研究,[①]写成这份笔记。

这次考察,以上郡、西河两郡的汉县为主,涉及陕西、山西和内蒙古。凡汉因秦县,皆注"秦县"。今地,凡在陕西境内者,多用省称,只标县市名,不标省名。

上篇:上郡笔记

一、上郡的大河

上郡地名,聚讼纷纭,有如乱麻,主要原因是水系理不清,水系理不清则城址难以卡定。所以,我们先从水系说起。

《史记·匈奴列传》说"赤翟、白翟"居"河西圁、洛之间"。赤翟、白翟即赤狄、白狄。白狄姬姓,和周人有关。赤狄隗姓,和商周鬼方、怀姓九宗有关。[②]上郡是狄族活动的重要舞台,楚汉之际,一度叫翟国。其大河首推圁、洛。圁、洛即无定河和洛河。无定河在上郡北,洛河在上

作者单位:北京大学中国语言文学系。

郡南,是上郡最重要的两条河。

(一)上郡北部的大河

1. 秃尾河

秃尾河是古代什么水,过去不清楚。郦道元讲黄河山陕段,头一条大河是湳水。湳水以下,奢延水以上,大河有三条,一条是端水,一条是诸次水,一条是汤水。湳水是纳林川和黄甫川,③奢延水是无定河,没问题。问题是,中间三条河是什么河。我认为,从郦道元的叙述顺序看,端水是窟野河,诸次水是秃尾河,汤水是佳芦河。窟野河和佳芦河,主要跟西河郡有关,放在下篇谈。这里只谈秃尾河。为什么我说秃尾河是诸次水,这个问题要讨论一下。郦道元讲诸次水,我们要注意,此水是与龟兹、榆林塞并叙。龟兹是上郡最北的县,榆林塞在龟兹北,诸次水是上郡最北的河,这点很清楚。《水经注》卷三《河水三》:"河水又南,诸次之水入焉。水出上郡诸次山。……其水东迳榆林塞,世又谓之榆林山,即《汉书》所谓榆溪旧塞者也。自溪西去,悉榆柳之薮矣,缘历沙陵,届龟兹县西北,故谓广长榆也。……其水东入长城,小榆水合焉。历涧西北,穷谷其源也。又东合首积水,水西出首积溪,东注诸次水,又东注于河。"他说的"诸次水",一般认为是佳芦水,但佳芦水偏南,不可能经过龟兹西北的榆林塞,也不可能东入长城。我认为,他说的这条河,从种种迹象看,只能是秃尾河。这次到石峁古城考察,车过大堡当遗址(堡当,蒙语的意思是"草滩"),在采兔沟附近右转,我们是傍着秃尾河走。穿越长城处,河岸右手有一条河,远处长城逶迤,正是傍着此水走,我想这就是"小榆水"了。"首积水"则是其下游的另一支流。石峁古城在高家堡镇东北,遗址在山梁上,时代属龙山时期,位置处于长城线上的古石城分布带。它分内外二城,内城有"皇城台",如后世宫城,外城类似东周外郭城。城门有瓮城、马面,墙体用纴木加固,给人的印象是非常"现代"。长城一线,自古就有垒石为城、树榆为塞的传统。此城年代早,对探讨长城的起源很重要。④上郡龟兹县的榆林塞在此水上。

61

2.无定河

无定河,古代有两个名字,一名圁水,一名奢延水。郦道元讲圁水,在《水经》河水过圁阳条下,涉及白土、鸿门、圁阴、圁阳四县,重点讲圁阳县;讲奢延水,在《水经》河水过离石条下,涉及奢延、龟兹、肤施,重点讲肤施县。盖其上游有两个源头,各以源头命名之。其北源为"白土城圁谷",圁水出焉;南源为"奢延城西南赤沙阜",奢延水出焉。圁水东流,经圁阴、圁阳,二城得名于水,故郦道元述于"西河圁阳县"下。奢延水,"俗因县土,谓之奢延水,又谓之朔方水矣",水是因城而名,故郦道元述于"奢延水"下。白土在内蒙古乌审旗陶利镇附近,奢延在内蒙古鄂托克前旗城川镇附近。无定河上游是两条河,圁水出西北,奢延水出西南。前者是纳林河(蒙语作"纳林格勒",意思是细小的河),自西北往东南流,源头在白土城。奢延水是红柳河的支流,自西南往东北流,源头在奢延城。红柳河很长,源头是靖边南白於山。二水在鄂尔多斯地区,本来是两条河,临入陕西前,才并为一条河。这条河,蒙其上游之名,既可叫圁水,也可叫奢延水。郦道元讲水,有"并受通称之例",名字虽然是两个,其实是同一条河。过去,大家被这两个名字绕糊涂,以为奢延水是无定河,圁水是另一条河,在无定河北面的神木境内,或以窟野河当之(杨守敬),或以秃尾河当之(如谭其骧),这是导致一系列地名搬家的主要原因。如谭其骧主编的《中国历史地图集》就把白土、鸿门、圁阴、圁阳四县标在秃尾河上。现在大家都已明白,圁水和奢延水是同一条河,就是现在的无定河(唐代已有此名)。这是认识上的大突破。无定河穿越秦长城后,它是经横山、米脂、绥德,在清涧入河。这一段,从西到东,有五个汉县:肤施、鸿门、圁阴(或圀阴)、平周、圁阳(或圀阳),与黄河东岸、山西一侧的隰成、蔺、离石、皋狼、中阳隔河相望。我把前者叫"肤施五县",后者叫"离石五县"(详下)。这十个县,除肤施属上郡,其他都属西河郡。汉上郡白土、奢延、肤施三县在此水上。

无定河有五大支流。

(1) 芦河

源出靖边南白於山，在横山县城北，上注无定河。此河是无定河入陕后首注无定河的大河，郦道元叫神衔水。他说，"圁水出上郡白土县圁谷，东迳其县南，……东至长城，与神衔水合"，是讲圁水合神衔水，"县南"指白土县南。下文，"水出县南神衔山，出峡，东至长城，入于圁"，是讲神衔水合圁水，"县南"指县境以南，只表示方向，指芦河的源头远在白土县以南。郦道元说的神衔水，学者有各种猜测，其实最合适，还是今芦河。它源出靖边南白於山，北流，过今靖边县城，东行，在杨桥畔附近穿秦长城，然后沿秦长城内侧，在横山县城北，注入无定河，与郦道元的描述最符合。上郡阳周县在此水上。

(2) 海流兔河

海流兔河，源出内蒙古乌审旗东南巴彦柴达木镇（海流兔庙），东南流，在榆林市东南角和横山县西北角交界处，注入无定河。海流兔河是蒙语河名（蒙语地名多以"兔"字为后缀）。这条河是大河，但研究榆林地区的古城址，很少有人提到这条河。我怀疑，郦道元提到的帝原水，很可能在海流兔河以东，也许比较小。问题恐怕还要做进一步研究。旧说帝原水是榆溪河，乍看似乎很合理，但仔细推敲，与《水经注》的描述并不符合。吴镇烽说，榆溪河是梁水，不是帝原水，这是对的。[5]我们要注意，郦道元讲帝原水，是在奢延水节。他讲奢延水，先讲源头，即奢延城。讲完奢延城，有支流四。这四条河，前两条可能在奢延县境，后两条可能在龟兹县境。温泉水"源西北，出沙溪，而东南流，注奢延水"，在无定河过统万城前。黑水"水出奢延县黑涧，东南历沙陵，注奢延水"。郦道元说，统万城在奢延水之北、"黑水之南"，似乎黑水是纳林河的别名。今纳林河注入无定河后，其南面的河正叫黑河。交兰水"水出龟兹县交兰谷，东南流，注奢延水"，我怀疑，这条河就是现在的海流兔河。镜波水"水源出南邪山南谷，东北流，注于奢延水"，显然在无定河南。郦道元讲完这四条河，才讲帝原水。他讲帝原水，是为了讲肤施城。肤施以东，他是放在前面讲圁水的部分。[6]班固说，肤施四祠，其中有帝原水祠。帝原水显然是肤施的标志，应该跟肤施搁一块儿，放在西段，而不是跟圜阴的位置搁一块儿，搁在东段。我们要注意，郦道元之所以把同一条河分两处讲，除区别源头，还有一个用意，是区别上郡和西河郡。他讲奢延水，主要讲西段，从奢延到肤施；讲圜水，主要讲东段，从鸿门到圜阴、圜阳。前者是上郡段，后者是西河段。我想，帝原水绝不可能在西河段，而只能在上郡段，与肤施故城比较近。郦道元说，帝原水"西北出龟兹县，东南流，县因处龟兹降胡著称。又东南，注奢延水。又东，迳肤施县南"。我理解，他说的"西北出龟兹县"，不是说此水源出龟兹县城（榆溪河的源头是榆林市北的刀兔海子，不是这座城），而是说它源出龟兹县境。当时的龟兹县，范围比较大，约与今榆林市相当（不包括榆林市的下辖县）。"又东南，注奢延水。又东迳肤施县南"，则是说此水东南流，注无定河，往东走一点，县城就在无定河的北岸。因此我怀疑，上郡肤施县应在无定河北、海流兔河以东、秦长城以内某条河的旁边（详下）。这跟大家的看法不一样。

（3）榆溪河

源出榆林市北小壕兔镇的刀兔海子，自北而南，在榆林市榆阳区鱼河镇的王沙坬，下注无定河。鱼河镇，对面是横山县党岔镇。西河圜阴县就在党岔镇（详下）。榆溪河（也叫榆林河），水名得自塞名（秦汉故塞多以榆为名，不止一处）。榆溪河与无定河交汇后，无定河东南流，与榆溪河并成一顺儿，好像榆溪河的延续。郦道元讲圜阴，是放在圜水节，先讲白水城，再讲神衔水。讲完神衔水，他是跳过肤施城和帝原水（放在下奢延水节讲），先讲鸿门县，再讲圜阴、圜阳，这些都是西河郡的县。他说，"圜水又东，梁水注之，水出西北梁谷，东南流，注圜水。又东，迳圜阴县北"。显然是把圜阴放在梁水与圜水交汇处讲，并把圜阴的位置放在圜水南岸。他说的梁水，毫无疑问，就是榆溪河。过去，大家之所以把上郡肤施县安在鱼河镇，主要就是因为，错把榆溪河当成了帝原水。汉上郡龟兹县和西河圜阴县都在此水上。

(4)大理河

源出靖边东南,在无定河下,横流,在绥德注入东南流的无定河。此河即郦道元提到的平水,确实是一条平流的水。他说,平水"出西北平溪,东南入奢延水"。今子洲县位于这条河上。无定河和大理河,古代的名字很形象。圜者圆也,平者直也。两者合在一起,好像上弧下弦一张弓。圜水是弓背,平水是弓弦。圜阴、圜阳改圁阴、圁阳,固然属于通假(圜与圁古音相近),但也包含了意义上的变化,比原来更能显示它的形状特点。

(5)淮宁河

源出子长北,在大理河下,横流,也在绥德县注入东南流的无定河。此河即郦道元提到的走马水。他说,奢延水"又东,走马水注之。水出西南长城北阳周县故城南桥山"。这里的"西南长城",应指靖边县境内的秦长城。[7]这段话的意思是什么?我理解,这是说走马水的源头在桥山,桥山在阳周故城南,阳周故城在靖边长城北。这对判断上郡阳周城和桥山的位置很重要。

(二)上郡南部的大河

1.洛河

源出定边南梁山,从西北往东南流,在大荔、华阴交界处、华仓遗址北流入渭河。洛水有二,河南洛水和陕西洛水,前者入河,后者入渭。河南洛水见《水经注》卷十五,陕西洛水见《水经注》卷十九结尾。郦道元讲渭水,讲到最后,只有一句话,"洛水入焉"。公元前409年,秦简公堑洛为防。这是秦晋争夺的生命线。陕西大河,除渭河横行,黄河纵流,往往斜行,东南流,洛河以上的河多入河,洛河以下的河多入渭。两周秦汉,国都皆横陈于渭河流域。如汧渭之汇有陈仓(雍城、岐周居其东),泾渭之汇有咸阳、长安,洛渭之汇有华阴(潼关居其东)。今有吴起、甘泉、富县、黄陵四县在洛河上。汉上郡洛都、襄洛二县可能在此水上。

洛河支流,主要有两条。

(1)葫芦河

源出甘肃华池北田庄村。郦道元没有提到这条河。葫芦河与洛河交汇处是今洛川县。

(2)沮河

源出黄陵县西北子午岭上的沮源关。此河与《诗经·大雅·绵》所说沮水无关,是另一条沮水。沮河与洛河交汇处是今黄陵县。汉上郡浅水县在此水上。

2.延河

图1 延长——水中出石油

古称区水,源出靖边南,东南流,在延长县注河,郦道元叫清水。《水经注》卷三《河水三》:"清水又东,迳高奴县,合丰林水,《地理志》谓之洧水也。"高奴县在延安市宝塔区中心,延河北岸。丰林水即丰富川,东南流,在李家渠镇注入延河,赫连勃勃的丰林城就建在此镇以东的周家湾。延河过高奴城,左合丰富川,向东流,经姚店镇、甘谷驿镇,流入延长县。郦道元说延河东段,《汉书·地理志》叫洧水。今本《汉书·地理志》谓高奴县"有洧水,可蘸(燃)"。有人以为,既言洧水可燃,洧水就是石油。但郦道元引之,"可"上还有"肥"字,意思是说,洧水富含油脂,油脂可燃,仍把洧水当水名。延长出石油,自古有名。1907年,中国的第一口石油钻井,"延一井"就打在延长县城,现在陕西延长石油集团仍在延长采石油。石油,唐段成式《酉阳杂俎》卷十叫"石脂水",宋沈括《梦溪笔谈》卷二四叫"石油"。此次考察,有延长石油集团的专家陪同,我们曾干延长安沟河亲眼目睹水中岩缝出石油,足证古人之言不虚(图1)。汉上郡高奴县在此水上。

3. 云岩河

此河分上下两段,上游流经延安市麻洞川镇,旧称麻洞川,今称汾川河;下游流经宜川县云岩镇,才叫云岩河。这是现在的划分。古人有另一种划分,是以黑水、白水分。《水经注》卷三《河水三》:"黑水出定阳县西山,二源奇发,同泻一壑。东南流,迳其县北,又东南流,右合定水,俗谓之白水也。水出其县南山定水谷,东迳定阳故城南。应劭曰:县在定水之阳也。定水又东,注于黑水,乱流东南,人于河。"黑水、白水怎么分?主要是看它们的源头。今延安市有南泥湾镇。这个南泥湾,现在因1941年八路军三五九旅在此搞大生产运动而大出其名,古代很重要。云岩河有两个源头,一个源头在此镇以西,一个源头在此镇以南。黑水的源头在延安西,其水东南流,流到南泥湾,算告一段落。此镇以南7.5公里有崂山,崂山东麓有九龙泉。九龙泉从右手方向汇入,继续向东南流,最后在宜川入河。接下来这一段叫白水。白水即古定水。汉上郡定阳县在定水上。定阳的意思是说在定水北岸,估计就在南泥湾镇附近。

4. 漆水河和石川河

此漆水河非泾西漆水河,与彬县水帘河、麟游漆水河、岐山横水河无关。《水经注》有两漆水,一见《漆水》,一见《沮水》,都在卷十六。这里的漆水是《沮水》篇的漆水。此河源出铜川市北,与沮水合,进入富平县,叫石川河。石川河东南流,在临潼东北入渭。汉上郡漆垣县在漆水河上。

二、上郡的演变

陕西地图像个跪坐之人，脸朝西北（匈奴），背对黄河，屁股坐在渭河、秦岭上。秦汉帝国，所有国都都在渭河流域。上郡和西河郡是它的北部屏障。

上郡诸县，有个最大特点，它是傍着秦直道。其北部有长城斜穿其境，边防重镇是在长城线上，其他边城，以障塞相连，散布在长城外的毛乌素沙漠里。南部不一样，城邑多在洛河、延河、云岩河和漆水河上，大体上是沿着秦直道的内侧走。

上郡亦称上地。秦惠文王十年（前328年），魏纳上郡15县于秦，秦始扩其东境于黄河西岸。秦设上郡于秦昭王三年（前304年）。楚义帝元年（前206年）正月，秦亡，项羽分关中之地为四国，封董翳（故秦将）为翟王，王上郡。当年八月，董翳降汉。班固注："秦置。高帝元年更为翟国，七月复故。""七月"当作"八月"。

西汉上郡，早期因秦。元朔四年（前125年），武帝把上郡一分为二，西部不变，东部析为西河郡。上郡近胡，有匈归都尉，班固注："匈归都尉治塞外匈归障，属并州。"颜师古注："匈归者，言匈奴归附。"上郡住着不少匈奴移民，是个汉胡混居的地区。

东汉永和五年（140年），汉畏胡势，上郡迁夏阳（今韩城），是向东南方向撤退。

上郡之地，有秦直道纵贯南北，乃古代的"国防高速"，其他道路，还有许多。今高速路，铜川至延安是一条道，延安至榆林是两条道，仍可反映古道的大致走向。南道，铜川至延安，走汉上郡地。北道分叉，西路走汉上郡地，东路走汉西河地。上郡居民点稀，西河郡居民点密。东路比西路更重要。

三、上郡二十三县

肤施：疑在横山西北与榆林东南交界处，秦长城和无定河的夹角里。[8]班固注："有五龙山、帝原水、黄帝祠四所。"案：肤施是上郡首县，为上郡治所。上郡二十三县，此县最重要，但谁也说不清它到底在哪里，令人遗憾。旧说肤施在榆林鱼河堡，主要是因为把帝原水当成榆溪河，以为肤施故城一定在榆溪河与无定河的夹角里。但现在大家都已知道，榆溪河与无定河的交汇处是汉圁阴县，肤施还在它的西面，肯定不在这一带。吴镇烽怀疑，肤施在靖边杨桥畔的龙眼城，[9]虽把肤施放在西边，比起旧说把它放在东边好，但这个位置又太偏西南，远离无定河，也不符合古人的描述。寻找肤施，班固说的肤施四祠是重要线索。《汉书·郊祀志》说，汉宣帝"立五龙山仙人祠及黄帝、天神、帝原水，凡四祠于肤施"。对比可知，班注遗天神。五龙山仙人祠，山在横山城殿镇五龙山村，高出地面70米，山上有庙（前身是唐代的法云寺），是肤施境内的第一名山。[10]黄帝祠与黄帝陵有关。黄帝陵在阳周桥山。我们从考古发现看，龙眼城才是阳周（详下）。祠、庙如果比邻，则黄帝祠可能在横山西南。帝原水，东南流，注无定河，是肤施境内的第一名川。上文已说，此水可能是海流兔河以东的某条河。我怀疑，可能即喇嘛塔梁以东的那条河。[11]这一山一水一庙，可以卡定肤施县的大致范围。我看，今横山、榆林间，只有一个地方最符合这一条件，这就是秦长城和无定河的夹角。今横山县的西部，县城在芦河上，秦长城和两道明长城夹河而上，包着它的西北两面，[12]五龙山在其东，我想，这一块就是肤施县的南部，而肤施县的北部，一定是榆林市的西南角。郦道元说，肤施城在帝原水和奢延水交汇处以东，奢延水是从肤施县南流过，可见城在北岸。上郡别名增山，郦道元引司马彪说："增山者，上郡之别名也。"增有积高重累之义。增山者，犹言重峦叠嶂。今横山县南有横山山脉，平均海拔1400米，县名虽晚出（1914年），但以山名县，正合古义，可以反映肤施的地形地貌。它的位置，估计应在秦长城和无定河的交叉点。长城线上，北有龟兹，南有阳周，它是中心。无定河上，西有白土、奢延，东有圁阴、圁阳，它也是中心。上文提到无定河上有"肤施五县"。我把它们从西到东排了个顺序：肤施第一，鸿门第二，圁阴第三，平周第四，圁阳第五。这五县，肤施属上郡，鸿门、圁阴、平周、圁阳属西河，两郡界线在肤施、鸿门之间，可见没法把肤施放在鸿门以东。另外，顺便说一下，古代叫肤施的地名不止一处。《史记·赵世家》："（赵惠文王）三年，灭中山，迁其王于肤施。"前人都说，这个肤施就是上郡肤施，不对。这个问题，我讨论过。[13]赵迁中山王于肤施，那个肤施是山西五台的虑施城。中山是滹沱河上的国家，虑施在滹沱河上游，灵寿在滹沱河下游，赵迁其君，只是把他从下游迁到上游，并不是说，把他送到陕北。更何况，当时上郡属秦，肤施是秦县。

独乐：今地待考。班固注："有盐官"。案：周振鹤说："治今陕西横山县东。"（《汇释》376页）旧多怀疑，独乐可能在米脂一带，但吴镇烽据汉画像石题记考证，米脂一带的汉县有平周。[14]榆林地区富藏岩盐，主要分布在榆林、米脂、绥德、佳县、吴堡，储量达六万亿吨，占全国储量的一半。

阳周：秦县，疑即靖边杨桥畔的龙眼城。后汉省。班固注："桥山在南，有黄帝冢。莽曰上陵畤。"案：蒙恬常住上郡，死葬阳周城，见《史记》的《项羽本纪》、《李斯列传》、《蒙恬列传》，说明阳周必在肤施附近。"阳周"见秦兵器，如故宫博物院藏阳周矛（两件）。[15]阳周有黄帝陵。《水经注》卷三《河水三》："阳周县故城南桥山，昔二世赐蒙恬死于此。王莽更名上陵畤，山上有黄帝冢故也。帝崩，惟弓箭存焉，故世称黄帝仙矣。"此陵不是黄陵县的黄帝陵，而是与肤施为邻的黄帝陵。龙眼城在靖边杨桥畔镇杨桥畔村龙眼水库北侧，位于芦河北岸、秦长城内侧，是个1300米×600米的大城。遗址出土过一件东汉陶罐，铭文作"阳周塞司马"（图2）。这次在靖边文管会看库房，有幸见到这件陶罐。很多学者认为阳周就是这座古城。我认为，从地理形势看，此说最合理。杨桥畔,今名缘何而起,值得调查,或即阳周桥山之谓也。

图2 阳周——龙眼城遗址出土汉代陶罐

木禾:今地待考。后汉省。案:木禾,或以树木为嘉禾?⑯

平都:或与平水(大理河)有关。后汉省。案:赵有平都,在山西忻州,与此无关。周振鹤说:"治所当在今陕西子长县西南。"(《汇释》,377页)这里的平都或与平水有关。平水是大理河,流经今子洲县境,在肤施以南。辽宁博物馆藏平都矛,矛上刻有四个地名,"平都"是第一。⑰

浅水:在黄陵西北沮河北岸。班固注:"莽曰广信。"后汉省。

京室:即白水县北粟邑城。班固注:"莽曰积粟。"后汉省。案:"京室"者,崇屋广厦之谓也,疑指仓储之所。《水经注》卷十六《沮水》说,沮水"又东,迳粟邑县故城北,王莽更名粟城也"。这两条皆与沮河有关。

洛都:秦县,或与洛水有关。后汉省。班固注:"莽曰卑顺。"案:洛水沿岸是上郡西北到关中的大通道。今有洛川,在洛水之上。洛川,后秦建初八年(前393年)置,不知是否与洛都有关。"洛都"见秦兵器,如十二年上郡守寿戈,⑱内刻"洛都、洛、平陆",胡刻"广衍、洛都"和"欧"。

白土:汉初已有,见《高祖本纪》、《韩信卢绾列传》,疑在内蒙古乌审旗陶利镇（苏布日庙，也叫陶利苏木）附近。班固注："圁水出西，东入河。莽曰黄土。"颜师古注："圁音银。"案：班固注是讲无定河的流向：圁水出白土西，为一头；东流入河，为一尾。颜师古注则把"圁水"读成"圖水"。《水经注》卷三《河水三》："圁水出白土县圁谷东，东迳其县南。"郦道元讲得很清楚，圁水出圁谷，圁谷在白土西，圁水出圁谷，流经白土县南，可见白土在无定河上游，离它的北源很近。《史记·匈奴列传》正义引《括地志》："白土故城在盐州白池东北三百九十里。"盐州白池在陕西定边西，白土故城在其东北，方向很对，"三百九十里"，距离也合适。关于白土，有两种误解，一说白土即统万城，一说白土即神木大堡当汉城。榆林地区多白城，如统万城就是用白色三合土夯筑，其南有村，叫白城则。但《史记·三王世家》褚先生曰，谓诸侯王始封者受土于天子之社，归立国社，"封于东方者取青土，封于南方者取赤土，封于西方者取白土，封于北方者取黑土，取于上方者取黄土"。"白土"只是五行说的方色之一。王莽改白土为黄土，正是附会五行说的方色。五行说，白色代表西方，黄色代表东方，白色换黄色，象征中国胜西方。可见白土以白土为名，未必与墙土之色有关，只是表示城在西方而已。白土即神木大堡当汉城，其说盖袭谭其骧，以秃尾河为圁水。圁水不是秃尾河，上已辨明，这里不再多说。[⑲]

襄洛：今地待考。后汉省。班固注："莽曰上党亭。"案：周振鹤说："治所当在今富县西北。"（《汇释》，378 页）襄洛可能也与洛水有关，富县正在洛水上。北魏孝文帝改襄洛为襄乐，迁于甘肃宁县，非此。

原都：今地待考。后汉省。案："原都"见《史记·孝景本纪》，汉初已有。

漆垣：秦县，在铜川漆河畔。班固注："莽曰漆墙。"后汉省。案：垣、墙同训。"漆垣"见于秦兵器，如辽宁省博物馆藏漆垣戈。[⑳]秦上郡守监造的兵器多出漆垣工师之手，铭文"漆垣"可以省称"漆"。

奢延：在内蒙古鄂托克前旗城川镇（城川苏木）附近。班固注："莽曰奢节。"案：奢延是无定河南源，附近有奢延泽。奢延，估计是匈奴语，含义不详。"奢延"改"奢节",延者伸也,节者止也,含义相反。"奢节"可能指对过分的行为加以限制。《水经注》卷三《河水三》:"(河水)又南,奢延水注之。水西出奢延县西南赤沙阜,东北流。……俗因县土,谓之奢延水,又谓之朔方水矣。"照此描述,奢延水在奢延城西南,奢延城在奢延水东北,水是因城而名。今城川镇东北有唐宥州城址,不知是否建于汉城遗址上。

雕阴:秦县,在富县北。颜师古注:"雕山在西南。"案:雕阴曾为战国魏县,见《史记》的《魏世家》《苏秦列传》,秦夺之。该县西南有雕山,雕阴在雕山北,故名。

推邪:今地待考。班固注:"莽曰排邪。"后汉省。案:推、排同训,俱有辟除、驱斥之义,"推邪""排邪"犹言辟邪。

桢林:旧说在内蒙古准格尔旗西南。后汉省。

高望:秦县,在内蒙古乌审旗北。后汉省。班固注:"北部都尉治。莽曰坚宁。"案:汉代边郡常设都尉,按方向分部,治部下障塞。上郡有北部都尉二、属国都尉一。高望是北部都尉的治所。"高望"见秦兵器,如故宫博物院藏高望矛(两件)和1981年河北省正定县出土高望戈,就是北部都尉的兵器。[⑳]又九年载丘令戈也有这个地名。[㉒]

雕阴道:在甘泉县西,位于雕阴和高奴之间。后汉省。

龟兹:即榆林市北的古城滩古城。班固注:"属国都尉治。有盐官。"颜师古注:"龟兹国人来降附者,处之于此,故以名云"。案:汉代边郡常设属国都尉。属国是安置归义降胡的地方,汉从新疆迁龟兹民于此城,也属于这种性质。"属国",本作"属邦"。"属邦"常见秦兵器,汉代避讳,改为"属国"。古城滩古城,在榆林市青云镇古城滩村,是榆林地区现已发现规模最大的汉城(周长4800米)。《水经注》卷三《河水三》:"河水又南,诸次之水入焉。水出上郡诸次山。……其水东迳榆林塞,世又谓之榆林山,即《汉书》所谓榆溪旧塞者也。自溪西去,悉榆柳之薮矣,缘历沙陵,届龟兹县西北,故谓广长榆也"。郦道元提到龟兹,是与榆林塞并说。他说的"诸次水",一般认为是佳芦水,但佳芦水偏

73

南,上游不及长城,似乎不可能东迄榆林塞。上面已经澄清,此水应是秃尾河。"榆林塞",不是县,只是塞。这个塞是龟兹县的塞,位置应在古城滩古城的西北,位于秃尾河上。这个榆林塞和现在的榆林是什么关系,中间没有线索。学者认为,今榆林城是从明榆林寨发展而来,早先根本没有榆林城。早先只有三座古城以榆为名,一是赵武灵王时的榆中,二是蒙恬、卫青时的榆溪塞,三是隋以来的胜州榆林城。[⑳]胜州榆林城即著名的十二连城(在准格尔旗北,离托克托不远),年代太晚,郦道元不可能提到。王恢以此塞为榆林塞,苏林以此塞为榆中,郦道元俱以为非。他说,榆溪塞应在朔方郡的阴山,榆中应在金城(甘肃兰州),都不在上郡的范围之内。但他并不否认,龟兹西北有榆林塞。

定阳:秦县,上文考证,其地在古定水北岸,即今延安东南的南泥湾。颜师古注引应劭说:"在定水之阳。"案:定阳见《战国策·齐策五》,战国已有。"定阳"见秦兵器,如故宫博物院藏□年上郡守戈。[㉑]

高奴:秦县,在延安市宝塔区桥儿沟镇尹家沟村西。案:高奴城规模较大(1000米×900米)。"高奴"见于秦兵器,如高奴矛,[㉒]以及七年上郡守间戈。[㉓]秦上郡守监造的兵器多出于高奴工师和漆垣工师之手,铭文"高奴"可以省称"高"。1964年西安市高窑村出土高奴权,[㉔]1979年旬邑县出土高奴篚,[㉕]也是高奴制造。

望松:今地待考。后汉省。班固注:"北部都尉治。"案:云中郡有两东部都尉、两西部都尉、两中部都尉。王先谦《补注》:"一郡二北部,盖误文。"未必。

宜都:在高望附近。后汉省。班固注:"莽曰坚宁小邑。"案:王先谦《补注》:"县无四字为名者,疑小字衍。"不对。坚宁即上高望,宜都是高望附近的小城。

四、小结

以上23县,似可分为四区。[㉖]

(一)鄂尔多斯地区南部(在秦长城外,多障塞,是汉胡争夺区)

1. 准格尔旗:桢林。
2. 乌审旗:高望、望松、宜都、白土。
3. 鄂托克前旗:奢延。

(二)榆林地区(在秦长城沿线)

1. 秦长城榆林段:龟兹。
2. 秦长城榆林—横山段:肤施。
3. 秦长城靖边段:阳周。

这三个城,上面已说,龟兹、阳周都是一等大城。肤施的规模应该不在其下。

(三)延安地区

1. 子长:平都。
2. 延安:高奴、定阳。
3. 甘泉:雕阴道。
4. 富县:雕阴。
5. 黄陵:浅水。
6. 疑在洛水上:洛川、襄洛。

(四)铜川地区

1. 白水:京室。
2. 铜川:漆垣。

(五)其他:独乐、木禾、原都、推邪

这23县,肤施很重要,可惜至今没有找到相应的城址。

下篇:西河郡笔记

一、西河郡的大河

西河郡,所谓西河,本来是三晋,特别是魏国的概念。"西"指三晋以西,"西河"是三晋以西的黄河两岸。黄河之水,自西往东流,有个大拐弯,上凸如几字形。西河诸县,主要分布在这个几字形的东半。有些在黄河内蒙古段的南岸,有些在黄河山陕段的两岸。

郦道元讲西河郡的大河,其叙述顺序是:湳水—端水—诸次水—陵水—汤水—离石水—奢延水—龙泉水—契水—大蛇水—辱水—区水—定水。其对应今水如下。

1. 纳林川和黄甫川(在黄河西岸)

这是同一条河的上下两段。此河源出内蒙古准格尔旗点畔沟,在山西府谷县黄甫镇川口村入河。纳林川是此河上游,指它流经准格尔旗的一段;黄甫川是此河下游,指它流经府谷县的一段。湳水是纳林川和黄甫川的统称。《水经注》卷三《河水三》:"河水又右,得湳水口。水出西河郡美稷县,东南流。……其水俗亦谓之为遄波水,东南流入长城东。咸水出长城西咸谷,东入湳水。又东南,浑波水出西北穷谷,东南流注于湳水。湳水又东,迳西河富昌县故城南,王莽之富成也。湳水又东流,入于河。"黄河经内蒙古高原,向南转,折向陕西、山西间的峡谷,头一条支流就是这条河。汉西河富昌、美稷二县在此水上。美稷县在纳林川上,富昌县在黄甫川上。

2. 窟野河(在黄河西岸)

今神木县在窟野河上。窟野河是古代什么河,一向不清楚。郦道元讲完湳水讲端水。从叙述顺序看,端水应即窟野河。《水经注》卷三《河水三》:"河水又东,端水入焉。水西出号山,……而东流注于河。"窟野河,上游在内蒙古准格尔旗,叫乌兰木伦河(蒙语的意思是"红色的河")。特牛川是这条河的支流。汉西河广衍县即在此川上。

3. 秃尾河(在黄河西岸)

郦道元叫诸次水。旧说诸次水是佳芦河,不对。诸次水是秃尾河,说见上篇。

4. 佳芦河(在黄河西岸)

源出榆林西北,在今佳县佳芦镇入河。我们从郦道元的叙述顺序看,佳芦河应是诸次水下面的另一条河流,即郦道元所谓的汤水。《水经注》卷三《河水三》:"河水又南,汤水注之。《山海经》曰:水出上申之山,上无草木,而多硌石,下多榛楛。汤水出焉,东流注于河也。"佳芦河是佳县境内的大河。佳县旧作葭县,佳芦河旧作葭芦河。古无葭县,金设葭州,明设葭县,才有佳县。今县于唐代属银州地,汉代可能是圜阴县的渡口。佳县的对面是山西临县。两县往来,交通要道是佳县佳芦镇和临县克虎镇。

5. 湫水河(在黄河东岸)

源出山西兴县东南,在山西临县碛口镇大同碛入河。黄河流经大同碛,突然收窄,水势湍急。湫水河,郦道元叫陵水。《水经注》卷三《河水三》:"河水又南,陵水注之。水出陵川北溪,南迳其川,西转入河。"1948年,毛泽东从陕西去山西,本想从佳县渡河,为了避敌耳目,特意把渡口选在佳县南境外,从吴堡岔上乡川口村登舟,在临县碛口镇高家塔村上岸。登岸处即湫水河入河处。汉西河临水县在此水上,现在叫临县。

6. 无定河绥德段(在黄河西岸)

无定河是横穿上郡、西河两郡的大河,说见上篇。汉"肤施五县"在无定河上,除肤施属上郡,其他四县属西河郡,圜阳是最后一县。圜阳在绥德(详下)。吴堡在绥德东。古无吴堡,金设吴堡县,才有吴堡。今县于唐代属绥州地,汉代可能是圜阳县的渡口。吴堡对面是山西柳林。两县往来,交通要道是吴堡宋家川镇和柳林军渡村。

7. 三川河(在黄河东岸)

源出方山东北离石山(赤坚岭),郦道元叫离石水。《水经注》卷三《河水三》:"河水又南得离石水口,水出离石北山,南流迳离石县故城西。……其水又南出西转,迳隰城县故城南。……其水西流,注于河也。"三川河包括北川河、东川河、南川河。北川河是三川河的干流,流经离石,从柳林交口镇入河。东川河(分大东川和小东川)和南川河是北川河的支流。汉"离石五县",离石、皋狼、蔺、隰成在北川河上,中阳在南川河上。这五县都属于西河郡。

8. 无定河清涧段（在黄河西岸）

古无清涧，北宋设清涧城（宽州城），金设清涧县，才有清涧。今县于唐代属绥州，汉代属圜阳。无定河在清涧入河，入河处叫河口村。其北有渡口，陕西一侧叫辛关，山西一侧叫东辛关。1936年，毛泽东率红军东征，就是从辛关渡河。这一渡口，两岸多商代遗址（与鬼方有关）。李家崖商代城址就在辛关附近。石楼出商代铜器，义牒最多。义牒镇就在东辛关附近。

9. 屈产河（在黄河东岸）

源出山西石楼东南，在柳林下塌上村入河（刘志丹烈士殉难处在附近），郦道元叫龙泉水。《水经注》卷三《河水三》："县有龙泉，出城东南道左山下牧马川，上多产名驹，骏同滇池天马河。其水西北流，至其城东南，土军水出道左高山，西南注之。龙泉水又北，屈迳其城东，西北入于河。"汉西河土军县在这条河上。郦道元讲完龙泉水，还提到两条河：契水和大蛇水，因为和下面的讨论无关，这里不再谈。

10. 秀延河和清涧河（在黄河西岸）

源出子长县，经清涧、延川，从延川入河，郦道元叫秀延水。今子长段仍叫秀延河，清涧、延长段则叫清涧河。《水经注》卷三《河水三》："河水又南，右纳辱水。……其水东流注于河，俗谓之秀延水。"

这十条大河，全是与西河诸县有关的河，俱见《水经注》卷三《河水三》。这些河都是龙门口以上的河。龙门口以下，要看《水经注》卷四《河水四》。后者提到一条河，"赤水出西北罢谷，东流谓之赤石川，东入于河。河水又南合蒲水，西则两源俱发，俱导一山，出西河阴山县，王莽之山宁也。"赤水源出黄龙县中部，在宜川壶口镇的县川口入河。汉阴山县属西河郡，却跟这条河有关，附记于此。

二、西河郡的演变

班固注:"武帝元朔四年置。南部都尉治塞外翁龙、埤是。莽曰归新。属并州。"汉代的西河郡,是汉武帝元朔四年(前125年)始置,旧属上郡。西河郡不仅有北部都尉和西部都尉,这里还提到南部都尉,其治所治在翁龙、埤是二塞。

西河,本来是三晋魏国的地理概念,指黄河山陕段西岸。秦夺西河后,把它并入秦国的上郡。

秦国的上郡,不仅包括整个陕北,还包括黄河内蒙古段南岸(古人也称"河南")。秦国没有西河郡。汉西河诸县,见下引秦兵器,往往与秦上郡守有关。

汉代的西河郡,主要与黄河有关,不仅包括黄河南岸和西岸本来属于秦上郡的县,也包括黄河东岸秦人夺取的赵县。

三、西河郡三十六县

富昌:在府谷古城镇。班固注:"有盐官。莽曰富成。"案:古城镇在准格尔旗东南、府谷县西北,正好在它们的边界上,既是陕西省的东北角,也是汉西河郡的东北角。古城镇有两个古城址,一个在镇北古城村,年代早一点(战国—西汉);一个在镇东前城村,年代晚一点(汉代)。古城城址小(边长500米),前城城址大(50万平方米),疑即时间略有早晚的两个富昌城。《水经注》卷三《河水三》讲滴水,提到此城。《汉书·地理志》,首县多为郡治,富昌也如此。

骓虞:今地待考。后汉省。案:骓虞是以兽苑为县名。疑是塞外边城。

鹄泽:今地待考。后汉省。案:鹄泽是以湖泊为县名,鸿鹄集焉。疑是塞外边城。

平定：旧说在富昌附近，现在从考古发现看，学者怀疑，杭锦旗西的霍洛柴登古城就是汉平定城。班固注："莽曰阴平亭。"案：据《东观汉记》记载，西河郡曾治平定，应该是座大城。霍洛柴登古城在杭锦旗西的浩绕柴达木苏木（浩绕召），在整个鄂尔多斯地区，是规模最大的汉城（1446 米×1100 米）。城内出土"西河农令"铜印，也说明这里曾是西河郡。莽县或以亭名为县名，下文有慈平亭、五原亭。此城西北还有一座汉城，敖楞布拉格古城，是个 530 米×500 米的城。

美稷：即内蒙古准格尔旗的纳林古城。班固注："属国都尉治。"案：纳林古城在纳林乡西北、纳林川东岸，是个 410 米×360 米的城。纳林川是黄甫川的上游，美稷在富昌西北。此县是西河郡属国都尉的治所，类似上郡龟兹，也是安置归化民的地方。县以农作物为名，很可能是农垦区。稷是谷子，美稷是其品质优良者。

中阳：秦县，在山西中阳。案：中阳见《史记·赵世家》，初为赵邑，秦夺之。三晋货币有中阳布。"中阳"屡见秦兵器，如中国历史博物馆藏中阳戈、中阳矛，戈铭一面作"中阳"，一面作"饶"，矛铭一面作"中阳"，一面看不清。[⑬]1983 年内蒙古清水河县拐子上古城出土中阳戈，胡刻大字"广衍"，内刻小字"中阳"；[⑭]1985 年内蒙古伊金霍洛旗红庆河乡哈什拉村牛家渠出土十五年上郡守寿戈，[⑮]内刻大字"中阳"和小字"西都"，还有一些磨损的字。中阳是"离石五县"之一。我把这五县从东到西排了个顺序：离石最东，是五县核心，排第一；皋狼在离石西北，排第二；中阳在离石南，排第三；蔺在离石西，排第四；隰成在蔺西，近河，排第五。

乐街：今地待考。班固注："莽曰截虏。"案："截虏"指阻截戎胡，疑是塞外边城。

徒经：今地待考。后汉省。班固注："莽曰廉耻。"

皋狼：秦县，在山西吕梁市离石区西北。案：皋狼，初为赵县，秦夺之。此县初名宅皋狼，周成王封赵氏于此，是赵国的故都。宅皋狼也叫蔡皋狼。《战国策·赵一》、《韩非子·十过》提到知伯使人之赵，请蔡皋狼之地。皋狼是"离石五县"第二县。

大成：即内蒙古杭锦旗胜利乡的古城梁古城。班固注："莽曰好成。"案："大成"、"好成"可读"大城"、"好城"。古城梁古城是个450米×400米的城，在上郡、西河两郡的边城中应该算一等大城。

广田：今地待考。后汉省。班固注："莽曰广瀚。"案：《史记·匈奴列传》："又北益广田至眩雷为塞。"从语气看，广田必是汉地北境的边城之一。县以广田为名，或许是农垦区。

圁阴：在横山党岔镇南庄村。班固注："惠帝五年置。莽曰方阴。"颜师古注："圁，字本作圁，县在圁水之阴，因以为名也。王莽改为方阴，则是当时已误为圁字。今有银州、银水，即是旧名犹存，但字变耳。"案：圁阴设于汉初，在圁阳后。圁阳，战国已有（见下圁阳）。圁阴、圁阳，初作圁阴、圁阳，改于何时，值得注意。圁者圆也，从袁得声，袁与言古音相近，可以通假。颜师古以为王莽时，圁已写成圁，否则不会改圁为方。这话很有启发性。其实，改字的年代，从考古发现看，还要更早。例如张家山汉简《二年律令》的《金布律》就已提到"圁阳"，说明至少吕后二年（前186年）前后，这种写法就已出现。[⑧]我认为，圁改圁不仅是通假，也包含意义上的变化。圁水出圁谷，最初只是地名，改字是为了形容河道的形状。圁，后世又易为银字。唐银州、银水，银即圁字之变。唐代银州，即汉代圁阴，银水即汉代圁水。唐银州城在榆溪河与无定河的交汇处。北岸是榆林鱼河镇王沙圪（圪是低地），南岸是横山党岔镇银湾（岔是两河分岔处，湾是河道转弯处）。党岔镇有二城，唐银州城在山上，是西城或上城；汉圁阴城在山下，是东城或下城。汉城在无定河南岸，属于圁水之阴，故名圁阴（后改圁阴）。唐城出土过两方墓志，一方是石志（此次未能看到），一方是砖志（图3），两种铭文都提到"圁阴"（这次考察，只见到后者），可见山下汉城是圁阴。现在，大家都已认识到，汉圁阴城跟唐银州城有渊源关系，圁阴之圁、银州之银，字本作圁。圁阴在什么地方，已经毫无问题。问题只是在于，它的范围有多大。我的看法是，圁阴主要在横山东（甚至包括米脂、佳县的一部分），并不包括横山西。横山西,主要是肤施县的地盘。圜阴是"肤施五县"的第三县。

图 3　圜阴城——唐银州城遗址出土砖志

益阑：今地待考。班固注："莽曰香阑。"案：阑可读兰。《续汉书·地理志》作"益兰"。

平周：秦县，旧说在山西介休西，吴镇烽考证，汉代平周在米脂县境内。㉝案：三晋货币有平州布。平州即平周。平周见《史记》的《魏世家》《张仪传》，与曲沃并提。这个平周是战国魏县，与秦汉平周未必是一回事。平周见秦兵器，如平周矛，㉞以及七年上郡守间戈、廿五年上郡守厝戈、卅年上郡守起戈。㉟宋薛尚功《历代钟鼎彝器款识法帖》卷十九有平周钲，释文作"平周金铜钲，重六斤八两，平定五年受。圜阴"。这是和平周有关的汉代铜器。㊱1978年米脂官庄出土过一件汉画像石，题记作"永和四年九月十日癸酉，河内山阳尉西河平周寿贵里牛季平造作千万岁室宅"。吴镇烽指出，墓主牛季平是归葬故里，"西河平周寿贵里"就是他的故里。可见汉代平周是从河东搬到了河西。汉代平周亦作平州，如汉将军路博德就是西河平州人。平周是"肤施五县"的第四县。

鸿门：在肤施、圜阴二县间，有鸿门亭当其路。班固注："有天封苑火井祠，火从地出也。"案：榆林地区属鄂尔多斯油田，地下富含石油天然气，古代就有发现，今归中国石油长庆油田公司开采。《汉书·郊祀志》载汉宣帝神爵元年（前61年）"祠天封苑火井祠于鸿门。"鸿门的位置很重要，不仅关系到中国油气井的发现史，也关系到汉代的祠畤分布。《水经注》卷三《河水三》："圜水又东，迳鸿门县，县故鸿门亭。《地理风俗记》：'圜阴县西五十里有鸿门亭、天封苑火井庙，火从地中出。'"《地理风俗记》是东汉应劭作，他明确提到鸿门亭的位置在圜阴县西五十里。旧说鸿门在神木西南，是误以圜水为秃尾河。现在，既然我们已经知道，圜阴在横山党岔镇，则以道里计，鸿门的位置大约在今白界、响水一带。鸿门是"肤施五县"的第二县。

蔺：秦县，在山西柳林北。案：蔺，初为赵邑，赵武灵王时，秦夺之。《战国策》《史记》多次提到离石、蔺，可见与离石比邻。辽宁省博物馆藏十一年閵令赵狥矛，㊲三晋货币有閵布，閵即蔺。蔺是"离石五县"的第四县。

宣武：今地待考，疑在鄂尔多斯地区。后汉省。班固注："莽曰讨貉。"案："宣武"是耀武扬威，"讨貉"是征讨戎胡，必在边塞之地。

千章：可能在内蒙古杭锦旗东南阿门其日格乡一带。今本"千章"是"干章"之误。后汉省。案：1976年内蒙古杭锦旗阿门其日格公社（今阿门其日格乡）军图大队七小队出土过一件汉干章铜漏，[39]壶身铭文作"干章铜漏一，重卅二斤，和平二年四月造"，梁上铭文"中阳铜漏"，壶底铭文作"干章"，简报据《汉书·地理志》，把铭文"干章"释为"千章"。陈雍纠其谬，指出释文"千章"实为"干章"之误，《汉书·地理志》反而错误，应据铭文订正。[40]

增山：旧说在内蒙古鄂尔多斯市东胜区西北。后汉省。班固注："有道西出眩雷塞，北部都尉治。"案：上郡增山，乃肤施别名。西河郡有另一增山，可能是借用其名。此县是西河郡北部都尉的治所，有道西出，通眩雷塞。眩雷塞是障塞名。今东胜西有汉城遗址三：元圪旦城址（在罕台乡）、寨子梁城址（在漫赖乡）和莫日古庆城址（在漫赖乡），规模都比较小。莫日古庆城址最大，也只有300米×150米。

圜阳：秦县，疑在绥德四十里铺一带。案：圜阳，原作圁阳，初为魏邑，秦夺之，设置在圁阴前。三晋货币有音易布，音易即圁阳。[41]"圁阳"见下引广衍矛（见广衍县），[42]铭文原释"□阳。广衍，上武"，第一字缺释，今从照片辨认，明显从口，方围中的笔画，似为言字，而非睘字（图4）。"上武"是"上郡武库"的省称。"广衍"即下广衍县。可见秦的上郡已有这个县。圁阳在圁水东。水之北或水之东曰阳。榆林地区出土汉画像石，以绥德最多；而绥德，以四十里铺最多。今绥德县在无定河西岸，四十里铺在县城北，正在无定河东岸。其榜题多见"西河圁阳"字样（图5），可见圁阳就在这一带。圁阳是"肤施五县"的第五县。

广衍：即内蒙古准格尔旗的乌日图高勒古城。案：广、衍互训，都有大义。城在准格尔旗乌日图高勒乡川掌村，位于特牛川上。遗址残存东、北墙，东墙残长390米，北墙残长87米。特牛川是窟野河的支流。

图4　圁阳——乌日图高勒古城出土广衍矛铭文

该城附近出土过三件带"广衍"铭文的器物：上塔墓地出土过秦十二年上郡守寿戈和广衍矛(戈、矛相配,可能是一套),八坰梁—壕赖梁墓地出土过一件陶壶。[43]上引中阳戈(见中阳县)也有这个地名。

武车：今地待考。后汉省。班固注："莽曰桓车。"案："武车"见《礼记·曲礼上》："兵车不式,武车绥旌,德车结旌。"孔颖达疏："武车亦革路也。取其建兵刃即云兵车,取其威猛即云武车也。""桓车",古人常以"桓桓"形容武士的威猛。《诗·周颂》有《桓》篇,序云："《桓》,讲武类祃也。《桓》,武志也。"此地可能是车师驻屯处。

虎猛：即内蒙古伊金霍洛旗的红庆河古城。后汉省。班固注："西部都尉治。"案：虎猛见《汉书·匈奴传》。西河郡有西部都尉,治所在虎猛,虎猛有制虏塞。此城较小(136米×130米)。

离石：秦县,在山西吕梁市离石区。案：三晋货币有离石布。离石屡见《战国策》、《史记》,常与蔺并提。二邑初为赵县,赵肃侯时,秦夺之。离石在古代很重要。《水经》讲黄河山陕段,先讲圁阳,后讲离石。圁阳即绥德,在黄河西岸。河对岸有"离石五县"。五县之中,离石最重

图 5　西河圜阳——绥德四十里铺汉画像石墓铭文

要。东汉永和五年(140年),西河郡就是搬到这里。离石是"离石五县"的第一县。

谷罗：旧说在内蒙古准格尔旗境内：一说在准格尔旗西南，一说在准格尔旗纳林乡，疑即该旗的榆树壕古城。后汉省。班固注："武泽在西北。"案：东汉，谷罗省，并入美稷。美稷古城在准格尔旗西南纳林乡，谷罗不可能在纳林乡，而应在它附近。榆树壕古城在准格尔旗暖水乡榆树壕村，位于准格尔旗与达拉特旗交界处（有秦长城从这里穿过），与美稷古城相距不远（大约只有30公里）。此城规模较大（500米×400米），疑即汉谷罗城。武泽，本作虎泽。唐代避讳，改成武泽。虎泽是湖泊名，在内蒙古达拉特旗东南，正好在此城西北。

饶：今地待考。后汉省。班固注："莽曰饶衍。"案：饶、衍互训，词义相近。"饶"见上引中阳矛（见中阳县）。

方利：今地待考。后汉省。班固注："莽曰广德。"

隰成：秦县，在山西柳林，对岸是陕西吴堡。后汉省。班固注："莽曰慈平亭。"案：隰成即隰城，初为赵县，秦夺之。《续汉书·郡国志》作"隰城"。隰者低湿，乃近河之地。成同城，战国文字往往把成写成城。隰成在柳林西，离黄河最近。莽改"慈云亭"，可能是用离河最近的渡口作县名。三晋货币有隰成布，隰字省去阜旁。秦兵器则作"湿成"，如上引平都矛（见平都县）有四个地名，其中第二作"湿成"，就是这里的隰成。秦汉隰城是沿用赵县隰城，与郑县隰城（见《左传》、《国语》）无关。隰成是"离石五县"的第四县。

临水：秦县，在山西临县，对岸是陕西佳县。后汉省。班固注："莽曰〔坚〕〔监〕水。"案：临水即古临县，以其近河，故称"临水"。莽改"临水"为"监水"，临与坚、监为通假字。"监水"可读"鉴水"。此县初为赵县，秦夺之。它与隰成类似，也是山陕间的要津。临水在"离石五县"北。

土军：秦县，在山西石楼，对岸是陕西清涧，隋以来始称石楼。后汉省。案：出土铜器有土匀锌（1974年山西省太原市太原电解厂拣选），铭文作"土匀，容三斗锌"。㊵三晋货币有土匀布。土匀即土军，初为赵县，秦夺之。土军在"离石五县"南。

西都：秦县，估计在山西中阳附近。后汉省。班固注："莽曰五原亭。"案：西都初为赵县，秦夺之。《史记·赵世家》："（赵武灵王）十年，秦取我西都及中阳"（《秦本纪》、《六国年表》作"中都"、"西阳"，是错写），"西都"与"中阳"并提，可见两者比邻。三晋货币有西都布。"西都"也见秦兵器，如元年鄂令戈。㊺上引十五年上郡守寿戈（见中阳县），"西都"亦与"中阳"并见。

平陆：秦县，疑在离石东。案：上引十二年上郡守寿戈（见广衍县）有"平陆"。平陆疑即平陵。平陵也叫大陵、大陆，初为晋邑，后为赵县，原在今山西文水、交城一带。汉平陆县属西河郡，可能偏西，疑在离石东。㊻

阴山：在陕西宜川，对岸是山西吉县。后汉省。班固注："莽曰山宁。"案：吉县，古名北屈。黄河两岸各有一壶口镇。著名的虎口瀑布就在这一带。

觬是：今地待考。后汉省。班固注："莽曰伏觬。"案："觬是"可读"觬氏"。

博陵：今地待考。后汉省。班固注："莽曰助桓。"案：上引高望矛（见高望县），除"高望"，还刻"博"字。后面这个字，可能就是博陵的省称。

盐官：或在吴堡。后汉省。案：富昌设有盐官。这个盐官可能是另一盐官。西河郡，繁华地区分布在圜阳—离石道。吴堡李家塬出土过西河太守盐官掾贾孝卿墓画像石。㊼疑此盐官或在吴堡。

四、小结

上述36县，似可分为两区。㊽

一是黄河内蒙古段南部（在内蒙古鄂尔多斯地区北部，地处上郡北，是汉胡争夺区，多障塞）。①准格尔旗：美稷、广衍、谷罗、富昌（富昌在准格尔旗东南界外）。②鄂尔多斯市东胜区：增山。③伊金霍洛旗：

虎猛。④杭锦旗：平定、大成、干章。⑤估计在此范围内：驺虞、鹄泽、乐街、宜武、武车。

二是黄河山陕段两岸（西岸属陕西榆林地区，东岸属山西吕梁地区，地处上郡东，前身是秦赵争夺区）⑥。①黄河西岸，陕西佳县：圁阴。对岸，山西临县：临水。②黄河西岸，陕西横山：鸿门、圁阴；米脂：平周；绥德：圁阳、盐官。对岸，山西离石：离石、蔺、皋狼；柳林：隰成；中阳：中阳、西都。平陆可能在"离石五县"附近。③黄河西岸，陕西清涧：圁阳。对岸，山西石楼：土军。④黄河西岸，陕西宜川：阴山。对岸，山西吉县：北屈。⑤估计在此范围内：觬是、博陵。

其他是徒经、广田、益阑、饶、方利。这36县，圁阳很重要，可惜至今没有找到相应的城址。

2013年9月1日写于北京蓝旗营寓所

注　释：

①参看杨守敬、熊会贞著，段熙仲、陈桥驿校：《水经注疏》，南京：江苏古籍出版社，1989年；周振鹤：《汉书地理志汇释》（下简称《汇释》），合肥：安徽教育出版社，2006年；吴镇烽：《秦晋两省东汉画像石题记集释》，《考古与文物》2006年1期，第53—69页；王有为：《由汉圁水、圁阴及圁阳看陕北榆林地区两汉城址分布》，西北大学硕士学位论文，2007年5月；白茚骏：《陕北榆林地区汉代城址研究》，西北大学硕士学位论文，2010年6月。

②汉族有四大背景。白狄姬姓，与周同姓。赤狄隗姓，与周通婚。二族来自内蒙古。羌胡来自青藏，是姜姓的背景。猃狁来自西域，为允姓所出。

③府谷境内的大河只有纳林川和黄甫川，这是头一条大河。它下面的清水川、木瓜川、孤山川、石马川都比较小。

④长城是中国特色，但不是中国独有。罗马帝国和波斯帝国也都在其北境筑长城，防御所谓北方蛮族。

⑤上引吴镇烽文，第67页。

⑥他讲奢延水，最后一句话是"自下亦为通称也"，原文似乎是说，自此节以下，他是以"奢延水"为今无定河的统称，圁水只是它的别名。郦道元讲圁水，今本放在湳水后，不合顺序，似乎应在奢延水后。

⑦秦长城自宁夏入陕西,头一站是定边,第二站是靖边。它是从靖边南,先朝北走,到靖边县城,再向东拐,过杨桥畔,然后沿芦河北上,穿横山西境,奔榆林、神木。靖边境内的长城是陕北长城的西南段,横山、榆林、神木境内的长城是陕北长城的东北段。

⑧这里的秦长城指秦昭王长城,现存遗迹时断时续,明长城可以反映它的大致走向。

⑨上引吴镇烽文,第58—59页。

⑩《水经注》卷三《河水三》:"司马彪曰:增山者,上郡之别名也。东入五龙山,《地理志》曰:县有五龙山、帝源水,自下亦为通称也。历长城东,出于赤翟、白翟之中。"这段话比较费解,"东入五龙山"也许是说增山东入五龙山。

⑪今榆林市西南角,海流兔河上有红石桥镇,镇东有古城界遗址。此城在秦长城外。肤施古城应在秦长城内,估计还在其东,大约在波罗堡对面。

⑫明长城,不但修西墙,设怀远堡(即今县所在),还在无定河南岸加北墙,设波罗、响水二堡,把它的西北两面全包起来。

⑬李零:《漙沱考》,《黄盛璋先生八秩华诞纪念文集》,北京:中国教育文化出版社(6月),第345—347页;《再说漙沱》,《中华文史论丛》2008年4期(12月20日),第25—33页。

⑭上引吴镇烽文,第53—69页。

⑮《殷周金文集成》,北京:中华书局,2007年,第八册,11463、11464。

⑯榆林地区,长城以外,地势平缓,多风沙草滩地,植被以耐寒耐旱的红柳(柽柳)、枳芨(芨芨草)、蛤蟆草(白刺)为主,与内蒙古相似。因为树少,所以贵之。我相信,植树造林,不自今日始。古代移民戍边,一样植树造林,如所谓榆塞,就是树榆为塞。

⑰《殷周金文集成》,第八册,11542。

⑱《殷周金文集成》,第七册,11404。

⑲内蒙古伊金霍洛旗阿勒腾席热镇车家渠村四社西南1公里有一小城(边长只有230米),见国家文物局主编:《中国文物地图集》内蒙古自治区分册,北京:文物出版社,2003年,下册,第594页。有人把这个小城定为上郡白土县故城,也不可信。

⑳中国社会科学院考古研究所编《殷周金文集成》,第七册,10935。

㉑《殷周金文集成》,第八册,11492、11493;樊瑞平、王巧莲:《正定县文物保管所收藏的两件战国有铭铜戈》,《文物》1999年4期,第87—88页。

㉒《殷周金文集成》,第七册,11313。

㉓侯仁之、袁樾方:《风沙威胁不可怕,"榆林三迁"是谣传——从考古发现论证陕北榆林城的起源和地区发展》,《文物》1976年2期,第66—72转86页。

㉔《殷周金文集成》,第七册,11363。

㉕《殷周金文集成》,第八册,11473。

㉖陶正刚:《山西屯留出土一件"平周戈"》,《文物》1987年8期,第61—62页。

㉗陕西省博物馆:《西安市西郊高窑村秦高奴铜石权》,《文物》1964年9期,第42—45页。

㉘卢建国:《陕西铜川发现战国铜器》,《文物》1985年5期,第44—46页。

㉙这23县,有10县见于张家山汉简《二年律令》的《金布律·秩律》。它们是高奴、雕阴、洛都、漆垣、定阳、阳周、原都、平都、高望、雕阴道。参看张家山二四七号汉墓竹简整理小组编:《张家山汉墓竹简(二四七号墓)》,北京:文物出版社,2001年,第192—203页。

㉚《殷周金文集成》,第七册,10986;第八册,11494。案:矛铭,原释"中阳"、"卒人",后者看不太清,似乎不是"卒人"。

㉛乌兰察布盟文物工作站:《内蒙古清水河县拐子上古城发现秦兵器》,《文物》1987年8期,第63—64转76页。

㉜陈平、杨震:《内蒙伊盟新出十五年上郡守寿戈铭考》,《考古》1990年6期,第550—553页;《殷周金文集成》,第七册,11405。案:出土地即下虎猛县。

㉝参看《张家山汉墓竹简(二四七号墓)》,第195页。

㉞上引吴镇烽文,第68—69页。

㉟《殷周金文集成》,第八册,11465—11467。

㊱陶正刚:《山西屯留出土一件"平周戈"》,《文物》1987年8期,第61—62页;河南省文物研究所:《河南登封八方村出土五件铜戈》,《华夏考古》1991年3期,第29—32页;邹宝库:《释辽阳出土的一件秦戈铭文》,《考古》1992年8期,第757页。

㊲汉无"平定"年号,疑文有误,"受"字可能是"造"字之误。

㊳《殷周金文集成》,第八册,11561。

㊴伊克昭盟文物工作站:《内蒙古伊克昭盟发现西汉铜漏》,《考古》1978年5期,第317转371页;《殷周金文集成》,第八册,11404。

㊵陈雍:《"干章铜漏"辨正》,《北方文物》1994年3期,第126页。

㊶参看裘锡圭:《战国货币考(十二篇)》第十篇,收入《裘锡圭学术文集》,上海:复旦大学出版社,2012年,第3卷,第221—222页。

㊷崔璿:《秦汉广衍故城及其附近的墓葬》,《文物》1977年5期,第25—37页;《殷周金文集成》,第八册,11509。

㊸崔璿:《秦汉广衍故城及其附近的墓葬》,图版三,1、3—5;《殷周金文集成》,第七册,11404、第八册,11509。

㊹胡振祺:《太原拣选到土匀錍》,《文物》1981年8期,第88页。《殷周金文集成》,第六册,9977。

㊺《殷周金文集成》,第七册,11360。

㊻齐地也有平陆,如《殷周金文集成》第七册:10925、10926的平陆戈和11056

的平陆左戟就是齐兵器。

㊼李林等:《陕北汉代画像石》,西安:陕西人民出版社,1995年,第220页;645。

㊽这36县,有7县见于张家山汉简《二年律令》的《金布律·秩律》。它们是:圜阳、平陆、饶、平周、西都、中阳、广衍。参《张家山汉墓竹简(二四七号墓)》,第192—203页。

㊾但汉西河阴山县,属陕西延安地区。

上党访古记

李 零

最近,罗泰来北大讲学。3月28日他有课,29日我有课。清明放假,距离下次上课正好有一周的时间。3月29日至4月4日,我们结伴而行,坐飞机直飞长治,一则扫墓,一则访古。他说,20年前我就跟他说起我的家乡,令他神往,现在终于成行。

3月29日,晴。

9:45,拉着行李箱去北大,罗泰在楼下候。10:10—12:00上课,罗泰在座。

中午,带罗泰看禹贡学会旧址和附近的雕塑。天安门广场有"孔子像风波",北京大学有"老子像风波"。"老子像"原在光华管理学院新楼门口的右侧,瘦小,口吐长舌,牙掉得没剩几颗,原作标题是:刚柔之道:老子像。(图1、图2)对面立个莽汉,赤身裸体,高大威猛,原作标题是:蒙古人:站(图3)。这种肌肉男,似曾相识,在哪儿见过,想不起来,最近大云山汉墓与犀牛共出,有个小人倒与他相像。两件作品都是校友捐献,作者不是一人,但一大一小,一强一弱,形成对照。上次来,"蒙古人"已被搬走。大树底下好乘凉,现在是在禹贡学会旧址后的一棵大树下凉快,外边瞅不见。这次来,"老子像"已不知去向。

在法学院的咖啡馆吃午饭。罗泰不吃肉,点的是罗汉素斋饭。我吃肉,点的是咖喱牛肉饭。肉太硬,嚼不动,让我想起老子的教导,后悔没点斋饭。

下午，和学生见面。

晚饭，在勺园吃鸡蛋西红柿面。

北京飞长治的飞机，一天三班，10：15是最后一班。我们在跑道上溜溜等了一小时才起飞，飞抵长治机场，已经是0点以后。段局长来接，宿鹏宇国际大酒店。

图1　老子像

【备课】什么是上党地区？

历史上的上党，作为自然地理单元，大体指昔阳以南、太岳以东、太

图 2　老子像

行以西的山西东南部。作为政区，大体指旧辽、沁、潞、泽四州，西部有时会加上临汾地区的安泽（因位于上党关以西的交通要道上），东部有时会加上河北的涉县、武安（因位于东阳关以东的交通要道上）。广义的上党，包括辽、沁、潞、泽四州。狭义的上党不包括辽州，更狭义的上党则连泽州也不算，专指沁、潞二州。上党分北上党和南上党，分界线

95

图3 蒙古人

是羊头山上的战国长城。北上党是羊头山以北,包括旧辽、沁、潞三州,南上党是羊头山以南,只限旧泽州。

(一)战国[①]

战国时期,上党是韩、赵、魏三国反复争夺的地区,边界难定。我们只能粗略地说,长平之战(前260年)前,上党之北部和东部主要被赵国控制,上党的南部和西部主要被韩国控制。《战国策·秦策一》说韩上党郡有17县,《战国策·齐策二》说赵上党郡有24县,其可考者主要有17县。

(甲)北上党

1. 橑阳(今左权):城在左权县城。

2. 阏与(今和顺):城在和顺西北。

以上属旧辽州地。

3. 涅(今武乡):城在武乡西北42里故城镇。

4. 铜鞮(今沁县):城在沁县东南35里古城村,或说在襄垣虒亭镇。

以上属旧沁州地。

5. 屯留(今屯留):城在屯留南15里古城村。

6. 余吾(在今屯留):城在屯留西北18里余吾镇。

7. 长子(今长子):城在长子西南8里孟家庄村。

8. 伊是(今安泽):城在安泽东南,即汉猗氏。

9. 襄垣(今襄垣):城在襄垣北30里东故县村。

10. 潞(今潞城、黎城、平顺):城在潞城东北40里古城村。[②]

11. 涉(今河北涉县):城在涉县西北2里。

12. 武安(今河北武安):城在武安西南5里店子古城。

以上属旧潞州地(除伊是)。

(乙)南上党

1. 长平(今高平北部):城在高平西北20里王报村。

2. 泫氏(今高平、陵川):城在高平市。

3. 高都(今晋城):城在晋城市,可能包括汉阳阿。

4. 濩泽(今阳城):城在阳城西北25里泽城村。

5. 端氏(今沁水):城在沁水东北河头村。

以上属旧泽州地。

上述地名，多有战国铭文佐证。

布币铭文有：涅、同（铜）是（鞮）、襄垣、屯留、余亡（吾）、长（鄣）子（或作"斿子"）、露（潞）、武安、高都、鄂（端）氏。③

兵器铭文有：阏与、同（铜）是（鞮）、屯留、长子、涉、武安、濩泽、高都。④

但橑阳、伊是、长平、泫氏，还缺铭文佐证。⑤

三孔布有邡与布，裘锡圭以为邡与即阏与，阏与在今山西和顺县西北。⑥但第一字与阏与戈不同，学者疑之。⑦今案"邡与"可能是乌苏城，《史记·秦本纪》"（秦昭襄王）三十八年，中更胡（伤）〔阳〕攻赵阏与"，《集解》引孟康说："音焉与，邑名，在上党涅县西。"《正义》："阏与，聚城，一名乌苏城，在潞州铜鞮县西北二十里，赵奢破秦军处。"乌苏城在沁县西南26里，与和顺的阏与城不是同一城。

（二）秦代

秦代的上党郡：治所在长子，下领诸县可能类似西汉早期。

（三）汉到隋

1.西汉早期的上党郡（约17县）：沾（城在昔阳西南30里西寨乡）、涅氏、铜鞮、谷远（城在沁源县城）、屯留、余吾（城在屯留西北18里余吾镇）、长子、陭氏、壶关（城在长治市北35里古驿村）、襄垣、潞、涉、武安、泫氏、高都、阳阿（城在晋城西北35里阳陵村）、端氏。⑧沾包括今昔阳、左权、和顺。潞包括今潞城、黎城。陭氏即伊是。郡治在长子。阳阿即濩泽。增谷远，省长平。

2.西汉晚期的上党郡（14县）：省涉、武安、端氏。

东汉上党郡（13县）：治所在壶关，省余吾。

3.西晋上党郡（10县）：治所在壶关，割沾县属乐平郡，省陭氏、阳阿、谷远，析涅氏置武乡（今榆社和武乡东部，城在榆社北30里社城镇）。

4.隋代上党郡（10县）：治所在上党（改壶关为上党），割泫氏、高都为长平郡,析潞城置黎城,合武乡、涅氏为乡县,增沁源(即汉谷远)、涉县。

(四)唐到清

唐以来,以州代郡,上党故地分属辽、沁、潞、泽四州。

宋以来的四州大体如下。

1.辽州相当今左权、榆社、和顺。

2.沁州相当今沁县、武乡、沁源,但宋以前,沁县、武乡属潞州。

3.潞州相当今长治市和长治县、壶关、长子、屯留、襄垣、潞城、黎城、涉县,但元以来涉县不属潞州。明嘉靖七年(1528年),分黎城、潞城、壶关三县地,设平顺县;嘉靖八年(1529年),升潞州为潞安府。

4.泽州相当今晋城、高平二市和泽州、陵川、阳城、沁水。

(五)民国

废府、厅、州,一律称县。

(六)1945年以后

1.1945年,上党战役后,设长治市(长治是全国最早解放的地方)。

2.1949年,设长治专区。

3.1958年,长治专区改晋东南专区。

4.1970年,晋东南专区改晋东南地区,辖旧沁、潞、泽三州地,包括沁县、武乡、沁源、长治、长子、屯留、襄垣、潞城、黎城、平顺、壶关、晋城、高平、陵川、阳城、沁水16县。

5.1985年,晋东南地区分为南北二市。长治市在羊头山以北,下辖潞城市和沁县、武乡、沁源、襄垣、长治、屯留、长子、黎城、平顺、壶关10县,相当旧沁、潞二州;晋城市在羊头山以南,下辖高平市和泽州、阳城、沁水、陵川4县,相当旧泽州。旧辽州地,今属晋中市。[9]

3月30日,晴,但大风降温。

8:30早饭。

上午去长治市博物馆(赵朴初的题字没有"市"字)。馆长张晋皖备水果迎候。这个博物馆,我是第三次看,但罗泰是第一次看。他一边拍照,一边记笔记,看得很仔细。

长治市博物馆的铜器主要是潞城微子镇、长治市西白兔村、屯留上村、长子北高庙、长子景义村、长治分水岭和潞河墓地所出。

分水岭大鼎值得注意。此鼎形制、纹饰与一般的三晋铜器大不相同,说实话,有点像宋仿的器物。其实这话应该反过来讲,宋仿或有以这类器物作底本者。罗泰认为,此鼎可能是仿古作品。但仿什么呢?如果说仿古,恐怕也是想象成分很大的仿古。

中午在一家豪华酒店吃饭,风很大。李局长来。大堂有一件分水岭大鼎的仿制品。

2:00—2:30,回鹏宇休息。

下午去长子。先到上党门,明清潞安府的衙署之门。长子的县标是精卫填海。长子文博馆的人来接。

看长子古城三处,一处在北高庙以东,两处在北高庙以西。北高庙是块高地,原来是吕祖庙,现在是烈士陵园。这里出土过商代铜器,很重要。

北高庙西侧的残墙,立有标志碑,曰"丹朱古城墙遗址"(图4、图5)。

去县文博馆。馆在文庙内。给张晶晶(山西博物院办公室秘书)打电话,五个拿钥匙的人,找到四个,徒唤奈何。去东侧县一中,院内有崔府君庙。庙前的空地停满自行车。自行车以南,靠门口墙根处有一块明嘉靖二十五年的碑,横卧地上。

去法兴寺,故地重游(图6)。崇庆寺在大修,不能看。

回长治市,看分水岭地貌。潞安故城四周的护城河,市里正在修浚,用铁皮栏板围起。

石子河,源出壶关县,西流,绕城西、城北。黑水河,源出长治县黎侯岭,北流,绕城南、城东。[⑩]

上次去长治县,我专门考察过黑水河。它从黎侯岭发源,涓涓细

图 4　长子古城遗址(北高庙附近)

图 5　长子古城遗址

图 6　法兴寺石塔

流,如草蛇灰线,似断似续,时隐时现。此水露头是在韩店镇东一条大路的左侧,路面的颜色一半深一半浅。深者是潜伏的河道,水就在路面下。然后,河道逐渐露出地面,是个臭水沟,颜色发黑,确实是黑水。我们开车一直追到长治市的西南角。这就是著名的黎水,与古黎国有关的河水。

石子河与黑水河汇于城的西北角。穿过一个热闹的小巷,有个家属院,里面的房子是建于高地上,分水岭墓地的分水岭就在此处。

晚饭后,小郭拿来一张《长治市地势图》,包括1市10县,整个上党盆地,哪儿低哪儿高,看得很清楚。

【笔记一】长治市博物馆展出的青铜器

(一)商代铜器

1.潞城微子镇收集的饕餮纹斝。

1975年出土。出土地点在潞城县洛河大队。洛河大队,据说在微子镇附近。同出还有饕餮纹鼎和弦纹斝,未见,疑在潞城市。[11]

图 7　长治西白兔出土的商代铜壶

2. 长治市西白兔村收集的弦纹爵、带十字镂孔的变形饕餮纹觚。[12]
3. 长治市西白兔村出土的圆圈/饕餮纹罍和饕餮纹贯耳壶(图7)。[13]
4. 长治市西库回收的有銎戈。[14]
5. 屯留上村出土的素面簋。[15]

1987年秋出土,同出还有簋1、戈1、铃2和陶鬲1,未见,疑在屯

103

留县。

6.长子北高庙出土的弦纹锥足鼎、饕餮纹锥足鼎、带族徽铭文的素面甗、圆圈/饕餮纹爵、圆圈/饕餮纹罍、有銎戈。[16]

1971年冬出土,同出还有爵1、觚1和矢镞等,未见。1972年春,长子北高庙还出土过鬲1、爵1、斝1、觚1,亦未见。疑皆在长子县。

7.长子县拣选的圆圈/饕餮纹锥足鼎和带大字形族徽铭文和两件直内戈。[17]

(二)西周铜器

1.长子景义村(今作晋义村)出土鼎1(蟠鼎)、鬲1、甗1、簋1。[18]

2.长子出土的饕餮纹鼎。[19]

3.屯留县城北出土的夔纹簋。[20]

(三)东周铜器

1.长治分水岭墓地出土的铜器。[21]

2.潞城县潞河墓地出土的铜器。[22]

【笔记二】长治地区的山川形势

(一)四面环山

西面为太岳山,沁源最高,完全是山区。武乡、沁县、屯留、长子西部属太岳余脉,地势也高。

东面为太行山,除平顺、壶关、黎城、武乡交界处和潞城东,地势很高。

北面的武乡、襄垣,地势也高于长治市、长治县。

长子的南端是丹朱岭,长治县的南端是羊头山,地势也比较高。山上有战国长城(从壶关到安泽)和长平关(在高平西北40里坡根村东北)。这是潞、泽二州的分界线。

(二)中间是盆地

上党盆地,盆底是长治市、长治县和屯留、长子的东部,地势低平,是一大块绿地。

(三)大河有三条

浊漳河也叫潞河,三源合一,从山西,横穿太行山,是河北、河南的一条分界线。

浊漳南源从长子发鸠山发源,在襄垣甘村与浊漳西源汇合。

浊漳西源从沁县漳源镇发源,在襄垣合河口村与浊漳北源汇合。

浊漳北源从榆社柳树沟发源,在河北涉县合漳村与清漳河汇合,东流,穿古邺城而过。

(四)古道有两条

一条是从太原,经太谷、祁县、武乡、沁县、襄垣到长治的古道。白晋铁路故道和208国道是走这条道。这条道是傍太岳山,沿浊漳西源走,在《长治市地势图》上是一条"绿色走廊",很明显。它下接207国道,可通高平、晋城和河南沁阳。这条道上有几个著名古驿站,如梁侯驿(在武乡良侯店)、虒亭驿(在襄垣虒亭镇)、太平驿(在襄垣太平村)、漳泽驿(在长治漳泽水库一带)、长平驿(在高平长平村)。

一条是从邯郸,经武安、涉县、黎城、潞城到长治的古道。309国道是走这条道。这条道,在《长治市地势图》上也是一条"绿色走廊",很明显。现在长治到临汾,是从屯留路村到屯留县城,横穿屯留,经安泽去,也是走309国道。

(五)现代高速也有两条

一条是从太原,经太谷、榆社、武乡、沁县、襄垣、屯留、长治、高平、晋城和河南济源去洛阳的高速,即太洛高速。这条高速,长治以北,不走古道,而是穿武乡故县东,在208国道的东面走。长治以南,不走沁阳,而走济源,从高架的隧道,直接穿山而过,直奔洛阳。

一条是从邯郸,经武安、涉县、黎城、潞城,到长治的高速,即邯长高速。这条高速是走滏口陉,先在双线的309国道南面走,然后换到它的北面走。

3月31日,晴。

7:30早饭。

上午去黎城,先到城隍庙,看黎城县文博馆(意思是文化馆加博物馆)。这里也是第三次来。院内靠南,放着东阳关的一对石匾,两件相同,上刻四个大字:"中州外翰"(图8)。前书"大明嘉靖二十二年春吉旦",后署"巡抚河南都御史秦中李宗枢建",嘉靖二十二年是1543年。"中州"是豫州,"外翰"是屏障。东阳关是河南的屏障,但更准确地说,是彰德府的屏障。当时,彰德府在安阳,辖汤阴、林县、鹤壁,以及河北涉县、武安、磁州、临漳。其实这话也适于商代:黎国也曾是商都屏障。

图8 明东阳关匾额——中州外翰

东侧新增了一个展室。塔坡墓地的青铜器,[23]两次来都没看到,虽然张晶晶事先打了招呼,但拿库房钥匙的人照样不在,还是看不成。

赵馆长拿塔坡墓地的铭文来请教。第一,M8出土铜盘的铭文,以前未见,他父亲写了个释文,我帮他改了一下。第二,他说,楷侯宰的名字不知怎么释,张颔先生很关心,我告诉他,我已写文章。我的意见是,此字上从吹,下从龠省,其实是吹奏乐器的吹字,传世古文有这个字(图9)。[24]

出文博馆,驱车去东阳关火车站。站北有一道夯土墙,即"黎城八景"之一的"黎城古郭"(图10),据说在"东阳关镇曲后之崖顶"上。[25]登

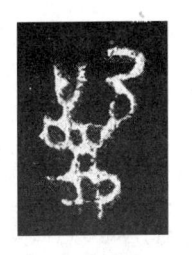

图9　楷侯宰的名字——吹

图10　黎城东阳关火车站的"黎城古郭"

墙四望,有火车从墙北下面的铁路驶过。回首南顾,墙下是东阳关镇,有河当其前,地图上叫"勇进渠"。赵馆长说,镇之左右皆有冲沟。遥望东阳关,依稀在东南方向的山口上。书上说,东阳关镇在黎城县东20里。㉖

登车,去东阳关。书上说,东阳关即壶口故关,关在吾儿峪,也叫孟口,距东阳关镇5里(图11)。㉗这个山口,原有关楼,黎城文博馆藏"中州外翰"匾原来就是悬于关楼。关口两翼是明长城。明代内长城,沿太

107

图 11　黎城吾儿峪的东阳关

行山,各个关口都有。1938年2月17～18日,为了阻止日军入侵上党,李家钰率川军47军与日军血战于此,因有汉奸带路,关没守住,很多四川人都死在了这里,是为著名的东阳关战斗。

　　车停在山口路南,缘小路上山,有块平地,是个古遗址。《东阳关镇志》上有两张照片值得注意,图注曰"现存明长城关楼遗物",左图是两块地砖,右图是两件火炮。火炮是明代遗物,但地砖明显是汉砖。赵馆长说,砖即出土于此,馆里有,村民家里也有。山上有个新修的小庙,是个关公庙。309国道分南北双线,穿关口而过。南线是出关的路,北线是入关的路。问八路军长宁机场遗址,答曰已成庄稼地。

　　驱车出关,经上湾、下湾,到河北涉县响堂铺。沿路的房子很好。观民居,然后沿北路返回。1938年3月31日,八路军129师曾在此伏击日寇,重创日军,是为著名的响堂铺战斗。

　　中午,在黎城县用饭。

　　饭后,经西关水库,去塔坡墓地。墓地是个不大的塬区,西侧是冲沟,有挂壁墓。

距塔坡墓地不远,有个废弃的窑场,是个商代遗址,整个一块高地被挖光。馆内的三件商代铜器即出于此。地里有商代陶片。

下午,去潞城。

先看潞河古城。遗址在一冲沟内,贴崖壁有几段夯土墙。

然后去龙尾圪堆。有若干汽车停在圪堆下的田地里,初以为盗墓贼。其中有个胖子朝我们跑来,经介绍,是续村支书,种五彩花生的能手。他带我们爬上圪堆顶,指指点点,说老有人来此掏挖。

晚饭,在潞城大酒店。

4月1日,晴。

7:30,早饭。

去武乡。车到高速口,阎县长、申书记来接,炳宏(亚忠表兄的孩子)、马生旺、王照骞也在。

先到文管所,看文物。上城村出土的商代铜器,比原来碎得更厉害。战国货币,我记得是监漳出土。[32]

去故城看大云寺。亚忠表兄、社雄表兄来。

三佛殿,补拍莲花座。上次请钟晓青看照片,她怀疑,这个莲花座恐怕放不下出土大佛的脚。县文管所有三个大头,就是此殿大佛的头,尺寸很大,但这次看了,似乎合身,但忘了量尺寸,大头也没量过。出门,拍沿街的墙基,有些是利用碑石,似乎都是明清时期的东西。门锁了,才想起没看大梁上的题记。

看明代关帝庙,已经彻底翻新。有一家房后是涅县古城的残墙。

午饭,在镇上吃,有南沟杏汁。我记得南沟有水阁凉亭,好水。

社雄表兄说,太原的买成表兄不行了。

2:00,回北良侯。车一出镇,可见路两边的古城残墙,左右都有。西边一段,原来的照片上是在谷子地旁,现在地里光秃秃(图12、图13)。

东良未停。灰嘴水库,上次完全干了,现在有一点儿水。当年开石头的石窝子已看不出来。

图12　武乡涅氏古城遗址（西）

图13　武乡涅氏古城遗址（东）

图 14　沁县南涅水石刻

　　祖宅,还是那么破,院中似乎有人住,但锁着门。德和哥哥的楼已经拆了。卫生院的楼还好。

　　到庙上,赫然可见,元代琉璃屋脊的脊刹丢了。元代地震碑也扔在荒草中。

　　去祖坟扫墓。爸爸妈妈的骨灰,有一半埋在这里。晓敏不在,林泉在。车停在两个水库之间。林泉和社雄表兄买了冥币、饼干和矿泉水,和我一起爬上村东北的黄土高坡,祭奠一番,返回停车处。

　　海燕(村支书)来塬上迎。我问他,上次我不是告诉你,叫你把带字的脊刹"抬起来"(意思是收起来)吗,为什么还是叫人偷了。他说,我看它也不值钱,就大意了,东西是2月14或15号丢的。

去沁县,从故城南行,不好走,干脆折回段村,从段村去二郎山石刻馆。有个值班的女孩给开门和介绍。这些石刻真漂亮(图14)。

晚饭,回鹏宇吃。

4月2日,阴,大风降温。
8:00早饭。
去潞城、平顺看庙。

有一本讲平顺的书说,中国古建70%在山西,山西古建50%在长治,长治古建50%在平顺。长治有国宝古建33处,平顺有其10处。

唐代建筑有四个半:五台南禅寺大殿和佛光寺是两个,平顺天台庵是一个,芮城广仁王庙(俗称五龙庙)是一个,正定开元寺钟楼是半个。天台庵就在平顺。

故地重游,这是第三次。

先经微子镇,去潞城原起寺。寺中正在铺设自来水管,用以防火。这些天,大风把嘴吹坏,干得要命。为了防风,头上戴了帽子。帽檐遮脸,看不清,把脑袋撞在车门上,砰的一声,几乎跌倒。

然后,过太行水乡,顺浊漳河东岸,去平顺天台庵(图15)。墙上有防火标志,但院中满地是炮仗的碎屑。我跟看庙人说,可不敢在庙中放炮。他说,群众管不了,放炮是在铁桶里,很安全。我说,不怕一万,就怕万一,你要真把庙烧了,罪过可就大了。

然后,去大云院。弥陀殿壁画有天顺元年题记。左右配殿,现在是展室,对平顺境内的景点有介绍,买《平顺旅游指南》地图一幅。

午饭,在实会吃。饭后,去龙门寺。龙门寺在石城镇附近。

龙门到了,前两次都没上去看,这次上去看了一眼。

龙门山刀劈斧削,山腰有个石窟,很神秘,两次去都没到跟前,这次总算如愿。山脚下有个水坝,拦住一泓碧水,循坝前行,可见一铁塔,顺

图15　平顺天台庵

旋转扶梯而上,有道蜿蜒,来到石窟前。石窟内的佛像,头是新刻,窟口左侧有"弥勒尊佛"四字(图16、图17、图18)。

看龙门寺,以前都是步行上,这次开车上。车道在庙东,路上有泉,围以石井栏。

寺中正大兴土木。有人在门口施工,其中年长者面熟,主动打招呼,说你又来了,我这才想起是看庙的桑所长。我跟大家介绍说,这是所长,他说他已退休,并指着一个干活的年轻人说,这才是所长,我儿子。

桑所长带大家看塔林。

最后,看路面下石洞中的题刻。桑所长说,你上次给我写的释文,我把他打印出来,钉在旁边。他把"李晏"写成了"李昙"。

平顺县,北部是割黎、潞二县地,邻河北涉县;南部是割壶关地,邻河南林县(现在叫林州)。它有三条古道。①北道,从大云院到石城镇,顺浊漳河走,比较通畅,前面是涉县合漳村,合漳村是清漳和浊漳汇合处,以前走过。清漳是辽州的大河。②中道,从平顺县城去虹梯关,比

图16　平顺龙门山（石窟在山体正中的下方）

图17　平顺龙门山石窟

图 18　平顺龙门寺壁画

较险,现在在修高速,还没通,前面是河南林州。③南道,从龙溪镇去玉峡关、金灯寺,比较险,前面是林州的隆虑山,以前从安阳去过,只在半山观雪景,没有翻到这边来。

今所行者乃北道,中道、南道未曾游也。

晚饭在鹏宇。步青(我表兄家的孩子,与我同岁)来了。席间,他告我,他在邵渠侍母二年,老人走了,才回长治,并提到近年武乡盗墓,说陈村、岸北、故城有不少起,人家枪好车也好,当地民警根本不敢管。

4月3日,晴。
8:00早饭。
走国道309,去屯留,看上党西关。这个关口,过去是去临汾所必经。

先到县城,然后南下,经西贾,从张贤西折,过丰宜镇,至黑家口村。
晴空万里,天气好得不得了。

村支书,身穿迷彩服,臂戴护林员袖章,带大家上山。车,颠颠簸簸开到小口村,前面是摩诃岭,只能舍车攀山。山路盘旋而上,虽平而绕,走了很久,估计得有两小时(没有看表)。支书走惯了山路,背抄着手,看似慢悠悠,实际速度很快,总是把大家甩在身后。路上可见钻眼、钻芯,乃国家勘探所遗。

现在,长治到临汾是走国道309。此道横贯屯留,在此道的北面。将来,高速开通,是顺屯留南面的古道走,即今天这条道。钻探是为了修高速(图19)。

西关就在前面的山头,但"溯洄从之,道阻且长"。走啊走,越来越近,一堵带窗的石墙终于在山路的右手边出现。支书说,墙体是半新半旧,窗以上是新补,窗以下是旧物。

绕到石墙左侧,关门已塌。石料散落一地。入门,靠左手的山坡,是一眼石料圈砌的窑洞,里面供着个小小的关公像,背后的墙上贴着红纸,上书"忠义圣贤"四字。对面,靠墙处有废井,井虽堙而石栏在。另一面的关门还在,但门额被人偷走,据说是"秦晋通衢"四字(图20、图21、图22、图23)。

山西境内,大道有二,太原以北是一条,太原以南是两条。大同到风陵渡是奔西安,太原是中间站。大同到晋城是奔洛阳,太原也是中间站。临汾在前一条大道的南段上,长治在后一条大道的南段上。从长

图19 山下是屯留小口村,山上是去安泽的古道

治去陕西,要从这条道横插到临汾,再往西南方向去,所以叫"秦晋通衢"。

我和罗泰爬上关楼后的山坡,四下眺望,罗泰赞叹不已:太漂亮,太漂亮。

下山,抄近道,垂直下降,可见石块、石板铺砌的古道,和太行陉、白陉所见的古道相似。膝盖酸痛。

在支书家吃午饭,屋里很干净。食土鸡蛋三枚,饸饹两碗。

吃完饭,支书说,县委书记视察,他要去接待,我们也起身告别。

出支书家,看民居二,有一影壁绝佳(图24)。

车出村口,路边停汽车多辆,有七八人,身着迷彩服,带护林员袖章,和支书的打扮一样,两脚支地,跨摩托车,列队迎候,知县委书记来也。

下一站是古城村,看屯留古城。这个村子很大,村西有一塔。

先到学校,见连书记。院子很大,内有清碑两通,知学校为永峰寺

图 20　屯留上党关遗址(一)

图 21　屯留上党关遗址(二)

图22 屯留上党关遗址(三)

图23 屯留上党关遗址(四)

图 24　平顺黑家口村民居影壁

故址。

连书记带大家看古城东南角的残墙(图 25)。据说墙南有沟,已经填平。地面砖瓦很多。

罗泰说,刚才在车上还看到一个更大的土堆,连书记说,在西边,当地人叫烽火台。大家说,开车去看看。到了,果然是一段夯土墙(图 26、图 27)。

图 25　屯留古城遗址（古城村南）

图 26　屯留古城遗址（李坊村东）

图 27　屯留古城遗址(李坊村东)

这段残墙比前面看的更高更大。地面上有很多绳纹板瓦,片很大,陶片也随处看见。有趣的是,墙上有一残破建筑,爬到顶上一看,居然还有废井,原来墙上住过人。旁边是李坊村。

回来的路上,看了两座庙。①路村乡王村崇福院,金代建筑,原来被太行锯条厂占用,失火烧毁,现在的建筑是2006~2010年重修,灿然一新,旧东西只有金崇庆元年(1212年)礼部牒文碑。②路村乡姬村宝峰寺,元代建筑,也重修过。有一老汉主动介绍,说整个建筑都被修坏了,并送材料两份,介绍姬村地道。

回长治,晚饭在鹏宇三楼一个大房间,段局长请了张晋皖馆长和杨林中站长(山西考古所晋东南工作站站长)。

杨站长说,铜鞮古城可能在虒亭,屯留古城可能在余吾,不在古城村,古城村的残墙可能是汉城,并谓盗墓猖獗,工作无法开展,关键还是领导不重视。罗泰说,为严打盗墓重判快办干杯。

明天是清明节,中午的飞机已无座,只好坐早班的飞机回北京。

饭后，张馆长和杨站长来房间小坐。张馆长送馆藏铜器材料一份，并把长治轴承厂宋墓的材料拷给我。

4月4日，晴。

坐8：05的飞机回北京。罗泰从舷窗俯瞰太行山。

现在回想，我的收获主要是六点。

一是上党地区有四关，北关是井陉东口上的石研关（土门关），控制的是正定到太原的大道；南关是太行陉南口上的天井关，控制的是太原到洛阳的大道；东关是滏口陉西口上的东阳关，控制的是邯郸到长治的大道；西关是黑家口村西的上党关，控制的是长治到临汾的大道。北关，我从东往西穿行过。南关，我从高速进，从古道出，也穿行过。东关，过去走高速，两次路过，都没走古道，这次走了。西关，这是头一回。我没想到，黑家口村前的路那么好走，黑家口村后的路那么难走。

二是商周时期上党盆地主要被黎国盘踞。黎国有多大，它的都城、墓地在哪里，值得研究。传统说法有二，一说黎在壶关，一说黎在黎城。壶关说的壶关是汉壶关，大体在今长治市，也包括长治县和壶关县的一部分。长治县有黎岭，黎岭有黎亭，黎水出焉，北流，绕潞安府旧城，西注浊漳，与黎有关。长治市，汉代叫壶关，是因为东有壶口关，但黎城也有壶口关，当地出土了楷侯宰铜器。春秋时期，潞灭黎的黎当在黎城。上党盆地，长治市是三岔口，正好卡在太洛、邯长两条大道的交会处，乃交通要冲。两条古道会成一条古道，如Y字形。我想，对商朝而言，这两条大道，邯长道更重要。我怀疑，黎国的都城当在东阳关至塔坡一线上，而黎国的范围可能大致相当沁、潞二州，黎城、潞城、长治市、长治县是个狭长走廊，黎城在走廊的西北，长治县在走廊的东南。上次到长治县看黎亭、黎水，这次到黎城看塔坡墓地和东阳关，正好是它的一头一尾（图28、图29）。

三是太行山山之表为商，山之里为黎，上党与河内互为表里，正好在山的两侧。黎国失守对商威胁最大。《书·西伯戡黎》"祖伊恐"，恐

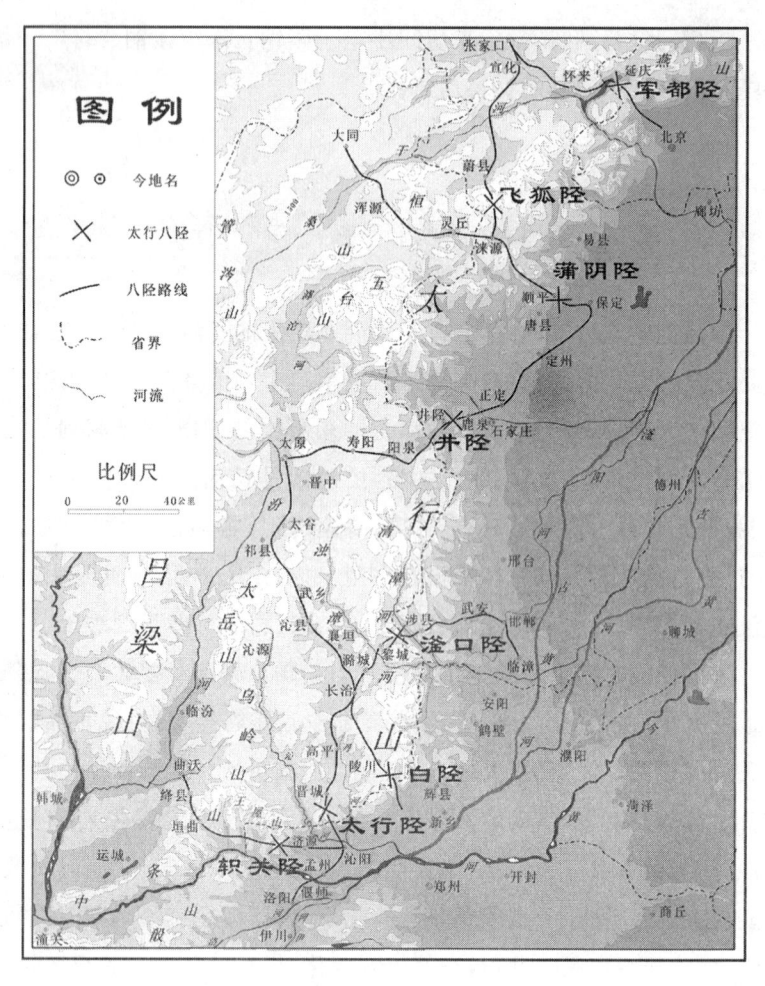

图 28 太地八径

的就是周人出壶口关,直扑商王畿。旧志说,上党盆地的各县都在黎国的范围内,恐怕是有道理的。现在,长治地区出土了这么多商周青铜器。我们似应考虑,这些铜器的族属到底是哪个国家。我相信,它们中的很多是商代黎国的铜器,还有一些是周人灭黎后在原地新封黎侯国的东西。比如长治市博物馆、武乡文管所和黎城文博馆藏的铜器,其中很多恐怕都和黎国有关,甚至就是黎国的东西。这类铜器,下面还有。

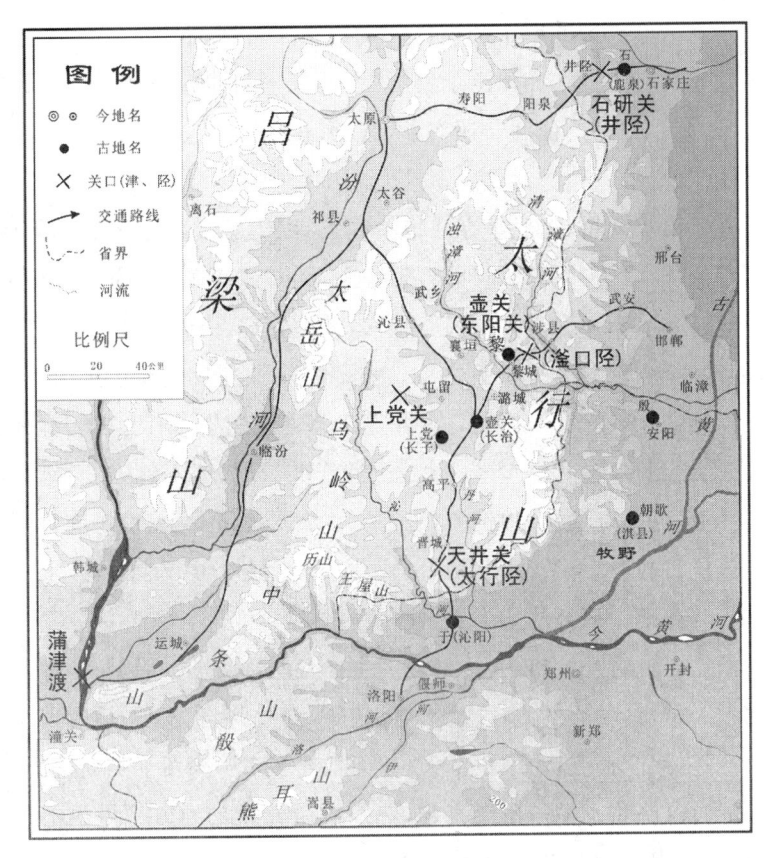

图 29　上党四关

潞城、长子、屯留等县的文博馆,还应调查一下。

四是上党地区是古代民族融合的大熔炉。其地正当洛阳之北。洛阳是天下之中。胡骑南下,直奔洛阳,一定要从大同入,沁阳出,穿行山西。山西自古就是华夏与戎狄混居。其中尤以狄人值得注意。狄分白狄、赤狄。东周以来,白狄主要活动于滹沱河流域,从上游的五台(虑虒古城在焉)到下游的平山(灵寿古城在焉),出太行山,可控制今石家庄地区,偏北;赤狄则集中于上党地区,出太行山,可控制邯郸、临漳、安阳、林州一带,偏南。白狄姬姓,有鲜虞、中山,大家熟知。赤狄隗姓,则关注者少。叔虞封唐,赐怀姓九宗,怀姓就是隗姓。绛县横水大墓,出

125

土铜器上的偋氏即九宗中的冯氏。媿姓初居晋南,后徙上党。上党地名多与赤狄有关。如潞州源于潞国(西周黎国就是被潞兼并),屯留源于留吁,就是很好的证明。还有,皋狼、皋落、光狼一类地名也重要,今后要注意研究。

五是秦灭六国,上党争夺战很关键。秦夺上党,必先夺野王(韩邑,今河南沁阳,在天井关南口外)。野王失,则郑道(韩上党郡与韩都郑之间的通道)绝,秦军自天井关长驱直入,韩上党危。当时,韩不能守其上党,献地于赵,因此才有长平之战。长平之战就是发生在羊头山以南。此线不能守,秦军北上,则赵之上党危。赵之上党失,则门户洞开,井陉一线(太原到正定)和滏口陉一线(长治到邯郸)势必不能守。果然,秦胜长平后,随即夺太原,攻武安,围邯郸。秦灭三晋,又重演了周灭商的故事。抗日战争、解放战争,中日、国共在太行山一线反复争夺,上党同样是战略要地。研究战场考古,此地很重要。

六是研究古代城市,关注最多的主要是国都类的一级城市,都县类的二三级城市,关心的人比较少。近些年,到处跑,我发现,后者留下的很多,并未完全消失,不但没消失,地面上还多多少少留下点断壁残垣。盗墓贼对这些黄土垄子不感兴趣,热衷旅游开发的地方领导也不感兴趣,这是不幸中的万幸。古城是古代地理的重要坐标,别提多重要,但没有商业价值。这是其得以保存的原因。山西多古城,除涅氏古城,多次见面,长子古城、"黎城古郭"、潞河古城和屯留古城,这回是第一次看。

长治地区的铜鞮古城、襄垣古城、壶关古城没去。沁源是我唯一没有跑过的县。可跑可看的地方很多。时间太短,下次再来吧。我想,一定还有新的收获。

2012年4月19日改订于北京蓝旗营寓所

注 释:

①吴良宝:《战国时期上党郡新考》,《中国历史研究》2008年1期,第49—60页。

②复旦大学历史地理研究所:《中国历史地名词典》(南昌:江西教育出版社,1986年),第986页说先秦潞国和西汉潞县都在黎城南古城。从方位看,此城确在黎城南,但已入潞城界。

③参看马保春:《晋国地名考》,北京:学苑出版社,2010年,第254—255、257—258、139—140、222—223、224—225、207—208、248—249、256—257、262—263页(未收余亡布)。案:三孔布有余亡布,何琳仪以余亡为余吾,见氏著《古币丛考》(台北:文史哲出版社,1996年)第145—150页:《余亡布币考》。

④参看马保春:《晋国地名考》,第105、222—223、224—225、248—249、256—257页(未收涉戈)。案:涉戈,见中国社会科学院考古研究所编:《殷周金文集成》(修订增补本),北京:中华书局,2007年,第七册,10827。案:郑韩古城出土韩兵器上有"濩泽",见吴良宝:《战国时期上党郡新考》,第57页。

⑤伊是即陭氏。战国货币有奇氏布,学者多以为猗氏布,但也不能排除是陭氏布。

⑥裘锡圭:《战国货币考》(十二篇),收入氏著《古文字论集》,北京:中华书局,1992年,第429—453页。

⑦黄锡全:《先秦货币通论》,第149页。

⑧张家山汉简《二年律令·秩律》提到潞、涉、余吾、屯留、武安、端氏、阿(陭)氏、壶关、泫氏、高都、铜鞮、涅、襄垣。其中有涉、武安、端氏。参看吴良宝:《战国时期上党郡新考》,第59页。

⑨长治市可以分为六个地理单元:(1)沁县—沁源—武乡西部;(2)襄垣—武乡东部;(3)屯留—长子;(4)黎城—潞城;(5)长治市—长治县;(6)平顺—壶关。晋城市可以分为两个地理单元:(1)晋城—高平—陵川;(2)阳城—沁水。

⑩明万历版《潞安府志》,太原:山西古籍出版社,2006年,第31页。

⑪王进先:《山西长治市拣选、征集的商代青铜器》,《文物》1982年9期,第49—52页。

⑫未见报道。

⑬未见报道。

⑭未见报道。

⑮侯艮枝:《山西屯留上村出土商代青铜器》,《考古》1991年2期,第177页。

⑯未见报道。

⑰未见报道。

⑱王进先:《山西长子县发现西周铜器》,《文物》1979年9期,第90页。

⑲未见报道。
⑳未见报道。
㉑韩炳华、李勇:《长治分水岭东周墓地》,北京:文物出版社,2010年。
㉒山西省考古研究所等:《山西省潞城县潞河战国墓》,《文物》1986年6期,第1—19页。
㉓参看国家文物局主编:《2007中国重要考古发现》,北京:文物出版社,2008年,第40—45页。
㉔拙作《西伯戡黎的再认识——读清华楚简〈耆夜〉篇》,香港浸会大学《简帛·经典·古史》国际会议(2011年11月29日至12月3日)论文,论文集将由上海古籍出版社于年内出版。
㉕刘书友主编:《东阳关镇志》(《黎城乡镇志》卷四),武汉:武汉出版社,2008年,第204—205、245、248页。
㉖《东阳关镇志》,204页。
㉗《东阳关镇志》,204页。
㉘王进先、杨晓宏:《山西武乡县上城村出土一批晚商铜器》,《文物》1992年4期,第91—93页。

出土文献《地典》、《盖庐》的研究

苏晓威

先秦秦汉时期，古人常常依托于"黄帝"进行古书的创作，这里讨论的《地典》及《盖庐》两篇文献，即是如此。前者以黄帝与地典的对话展开叙述，后者提到黄帝用兵的几个层次，所以笔者一并对它们进行研究。这里的探讨从以下几个方面展开，一是对它们的文本文献系统进行探讨，二是对其思想性质的界定，三是在一个更为宏阔的背景下探讨中国早期地理学的存在体系。

一、文本文献系统的研究

我们这里通过研究它们在目录学中的位置，借以对它们在先秦秦汉时期的分类情况大致有个清晰的认识，为展开下步思想性质的认识奠定基础。毕竟中国早期学术史的研究载体往往以《汉书·艺文志》（下文径称《汉志》）为重，它展示了汉人对先秦秦汉学术认识的大致格局，是我们"以古还古"的重要研究工具。如果我们说《地典》、《盖庐》属于黄老文献，那么它们《汉志》中的分布呈现什么特点？黄帝书在《汉志》中分布范围甚为广泛，其中兵家兵阴阳类文献提到了《地典》六篇，除此之外还提到了以下文献：《太壹兵法》一篇、《天一兵法》三十五篇、《神农兵法》一篇、《黄帝》十六篇（注：图二卷）、《封胡》五篇（注：黄帝臣，

作者单位：天津中医药大学语言文化学院。

依托也)、《风后》十三篇(注:图二卷。黄帝臣,依托也)、《力牧》十五篇(注:黄帝臣,依托也)、《鵊冶子》一篇(注:图一卷)、《鬼容区》三篇(注:图一卷。黄帝臣,依托)、《孟子》一篇、《东父》三十一篇、《师旷》八篇(注:晋平公臣)、《苌弘》十五篇、《别成子望军气》六篇(注:图三卷)、《辟兵威胜方》七十篇。然后《汉志》说道:"阴阳者,顺时而发,推刑德,随斗击,因五胜,假鬼神而为助者也。"①

以上所言的兵阴阳类文献,同时结合出土文献的发现,已有学者对兵阴阳类文献进行过分类,如邵鸿分为两大类,一类是几种叙述某一类数术者,一类是散见于兵书中的相关文字。②胡文辉则直接言及马王堆帛书中的兵阴阳类文献,即《军杂占》(与帛书《刑德》乙篇抄在同一张帛上,有些论著中称之为《星占书》,与胡文辉说不同)、《天文气象杂占》、《五星占》以及可能含有兵阴阳内容的《阴阳五行》甲、乙篇。③笔者这里依凭《汉志》对其定义,将其分为以下几类。

一是刑德类。以上文献中没有明确的这类文献,但出土文献中有相关文献,如马王堆帛书以《刑德》命名的文献有甲、乙、丙三篇,④丙篇与前两篇差异较大,甲、乙篇内容基本相同,都由刑德小游九宫图、刑德大游甲子表、刑德大小游文字说明和日月云气杂占大篇文字记述四部分组成。⑤有关日月云气杂占的文字与其前三个部分的关系,马王堆帛书整理小组与陈松长的意见大体一致,认为数者为一个整体。但也有学者持不同意见,如法国学者马克(Marc Kalinowski)、胡文辉、刘乐贤认为应将这部分内容分出来。⑥就这部分文字的内容性质而言,李学勤、陈松长、骈宇骞、段书安及胡文辉均认为是兵阴阳类文献。⑦刘乐贤则认为属于重"数"的五行类文献。⑧笔者认为,虽然刑德及占文部分根据刑德运行规则占验行事宜忌,体现出重"数"的特征,但其主要占验的事项是兵事活动,所以笔者亦认为它们是兵阴阳类文献。另外,《汉志》数术略中的五行类文献有《五音奇胲刑德》二十一卷,古书内容复杂,分类只是权宜之计,探讨思想内容时,不必偏于一尊,笔者估计它亦包括兵阴阳内容。

二是天文类,如《太壹兵法》《天一兵法》可以归入此类。"太一"在天文学上的存在,也即是"随斗击"之斗。出土文献中有"斗击"一语,马王堆帛书《刑德》丙篇"天一图"提到了西方七神之一的"斗击",陈松长认为它或为《尔雅·释地》中"斗极"的别称,[⑨]亦即为北斗;不知曹锦炎从何认为"斗击"或称"斗系"是指北斗斗柄所指的十二辰及星宿,[⑩]笔者怀疑曹氏亦从帛书《刑德》丙篇所言而来,《刑德》丙篇作毄,可以看作是击、系,即擊、繫的省写。两人对"斗击(斗系)"名称的读法有差异:一是随/斗击,一是随斗/击,《盖庐》中有"维斗为击"的说法,《淮南子·天文》篇亦有"北斗所击,不可与敌",[⑪]可以说是"随斗击"的另一种说法,北斗在古人观象授时及方向指引上有重要的作用,但为何作为西方神而存在?或许"斗击"或"斗系"有其他含义,因此笔者感觉后一种读法更好些。鉴于"斗"之天文学上传统意义,这里将《太壹兵法》《天一兵法》归为天文类。出土文献中有马王堆帛书中的《五星占》《天文气象杂占》《日月风雨云气占》。关于它们的思想性质,存在一定的争议,如刘乐贤将其与《地典》《盖庐》相比,认为它们是偏重于技术性操作的数术略中的天文类文献,与理论色彩较强的《地典》《盖庐》兵阴阳类文献不同。[⑫]骈宇骞及段书安《二十世纪出土简帛综述》亦将其归入到数术略中的天文类文献。[⑬]李学勤亦然。[⑭]笔者这里从陈松长的说法,至少就《天文气象杂占》而言,他认为该篇文献与《通典》卷162所列《风云气候杂占》《汉志》数术略所列的《汉日旁气行事占验》《史记·天官书》《淮南子·天文》篇及唐瞿昙悉达《开元占经》等书所记载的兵家所用天文气象占验的内容可以互证。帛书详列云、气、星、彗四大部分,说明当时的绘制编著者,已是非常擅长此道的兵阴阳家。[⑮]笔者认为从前述中国早期的避兵术的研究来看,兵阴阳类文献不只是讲"理"而已,也有不少技术性操作很强的活动在军事上的运用,又如下文提到的《别成子望军气》,亦是如此。所以具体的兵事实践上的技术性与因讲理而致使较强的理论性不应当是定性为兵阴阳类文献的标准。在这个角度上,笔者不是太认可刘乐贤的观点而从陈松长的观点。

三是五行类。由"因五胜"所言来看,应当是将五行相胜的原理运用到兴兵作战方面的记述,"五胜"为战国秦汉时常语,《汉书·律历志》载"战国扰乱,秦兼天下,未皇暇也,亦颇推五胜"。颜师古引孟康注谓五胜是五行相胜之意。[16]从上述文献来看,似乎没有这方面的专门文献,出土文献中的虎溪山汉简《阎氏五胜》即是此类内容,《沅陵虎溪山一号汉墓发掘简报》未对其进行定性,只是认为它与日书类文献记载特点上有别,[17]晏昌贵从刘乐贤之说,认为该篇文献讲"理",颇涉治国之术,与讲"术"的日书不同。[18]银雀山汉简《天地八风五行客主五音之居》亦是此类内容。[19]《汉志》数术略中的五行类文献《五音奇胲用兵》二十三卷亦可能含有兵阴阳内容。

四是依托类。《汉志》提及兵阴阳家的定义时,提到"顺时而发",此处的"时"指天文律历,《文子·精诚》篇载"昔黄帝之治天下也,调日月之行,治阴阳之气,节四时之度,正律历之数,别男女,明上下"。[20]兵阴阳家多托言于黄帝,并不是偶然的,如《黄帝》十六篇、《封胡》五篇、《风后》十三篇、《力牧》十五篇、《鬼容区》三篇、《地典》六篇,通过依托于黄帝及其大臣的方式进行文本讲述;另外,《神农兵法》一篇亦是依托类文献,《师旷》八篇及《苌弘》十五篇也可能是依托类文献。

五是杂占类,如《别成子望军气》六篇。该类文献没有流传下来,《六韬·龙韬·兵征》、《越绝书外传·记军气》及唐李筌《太白阴经》卷八提到过相关内容。"望气"是古代占验事情吉凶的一种方式,数术略中的天文类文献中有《汉日旁气行事占验》三卷、《汉日旁气行占验》十三卷;但唯有对"军气"具体观察,且以此作为军事行动指南的记载,才是兵阴阳类文献。

六是其他类,如《孟子》一篇。学者多认为此书即《数术略》五行类的《猛子闾昭》(据刘乐贤《虎溪山汉简〈阎氏五胜〉及相关问题》文末附记李学勤与之相关讨论,《阎氏五胜》中的"阎昭"就是此处的"闾昭","阎"、"闾"二字形近而误),李零则认为此书也有可能是《孟子》中的论兵之作,因为孟子对战争多有讨论。[21]该类亦包括《辟兵威胜方》七十篇,它在整个兵阴阳类文献中较为特殊,出土文献中也没有与它类似的文献,只能从传世文献的只言片语的记载窥其大略,该书记录了先秦秦汉数术阴阳背景下的各种规避兵器伤害的方子,牵涉到古人数术方技知识背景下的"避兵"种种文化心理的认识。

还需指出一点,分类只是权宜之计,目的是更能显出进行兵事活动时,背后采用的不同数术的差异,只是以上的分类标准并不完全统一,依托类是从古书的创作主体角度进行的分类,其他类是采用的数术情况不明类,剩下几类的分类标准相对统一。出土文献中除《地典》及《盖庐》属于兵阴阳类文献外,北大汉简中有些简文,如"讲地有十二胜、五则、七死的简文,可与银雀山汉简《地形二》、《地葆》、《地典》比较。最后这类简文属于兵阴阳家讲地形的书"。②可惜相关材料没有公布,笔者这里对它们不再进行分类,也不详细论述。通过以上的分类,使我们认识到,兵阴阳类文献应当是记载数术方技知识在军事活动中具体运用的文献。

银雀山汉简《地典》属于上述兵阴阳类文献中的依托类,此处不再详细说明。这里着重谈谈《盖庐》的文献系统性质,有关其出土时具体特征及释文,相关论著谈及不少,此不细论。③《盖庐》与古人取文首数字命名习惯相仿,就文体上而言,属于问答体,通过盖庐与伍子胥(在《盖庐》中被称为"申胥")二人一问一答的形式行文,先秦秦汉文献中这种叙述方式屡见不鲜,与道家文献相比,与出土简本《文子》以及《鹖冠子》中的《近迭》篇、《王鈇》篇及《武灵王》篇诸篇相似。虽然命名为《盖庐》,但更准确地说,反映的其实是伍子胥的思想。从历代的记载来看,以"伍子胥"命名或"伍子胥"撰写的书有如下几种。①《汉志》杂家类文献中有《五(伍)子胥》八篇。伍子胥名员,春秋时为吴将,忠直遇谗死。②兵家兵技巧类文献中有《五(伍)子胥》十篇。图一卷。④③《太平御览》卷三一五引《越绝书》言及"伍子胥水战法",李善《文选》卷二十二颜延年《车驾幸京口侍游曲阿后湖》注引《越绝书伍子胥水战兵法内经》、卷三十五张景阳《七命》注亦引该书,⑤南朝裴骃《史记·南越列传》集解引臣瓉言及有关水战内容的《伍子胥书》、唐颜师古《汉书·武帝纪》注亦引臣瓉言及有关水战内容的《伍子胥书》，⑩以上言及水战内容的《越绝书》或《伍子胥书》与《汉志》所言的《伍子胥》的关系，存在着一定的争议。唐张守节《史记·孙子吴起列传》正义引"《七录》云《越绝》十六卷，或云伍子胥撰。"㉑《越绝书》，隋唐史志作16卷，《宋史·艺文志》作15卷，《崇文总目》著录本为25篇，含内纪8篇、外传17篇。今本存19篇，包括内经2篇、内传4篇、外传13篇。内经、内传即内纪。今本《越绝书·越绝篇叙外传记》有《越绝》八篇之目，㉒清洪颐煊《读书丛录》据此认为此即《汉志》所言《五(伍)子胥》八篇，㉓顾实《汉书艺文志讲疏》赞同洪氏此说，余嘉锡对此说持保留态度，张舜徽则不认同此说。㉔笔者认为，从上述文献记载的伍子胥对进行水战的军队编制及战术的思考来看，《越绝书》的相关内容可能与兵技巧类文献中的《五(伍)子胥》关系更大一些，与杂家类中的《五(伍)子胥》关系可能远一些。④《隋志》子部五行类文献中有署名伍子胥撰的《遁甲诀》一卷、《遁甲文》一卷、《遁甲孤虚记》一卷，以及见于梁朝但隋已消亡的《伍子胥式经章句》二卷。㉖《隋志》所言这些文献，应该是汉以后的人依托于伍子胥而作。

  《盖庐》与上述第一、二类文献有一定的关系，与三、四类文献关系不大。从《盖庐》的思想内容上而言，属于兵阴阳类文献，可能与《汉志》杂家类中的《五(伍)子胥》有一定内容上的交叉，但属于兵家兵技巧类文献的可能不大，即与兵技巧类中的《五(伍)子胥》十篇关系不大；从前述兵阴阳类文献的分类来看，应是战国中期之后的人们根据伍子胥的事迹，进行创作而成，㉗属于依托类的文献可能最大。在这点上，与《地典》性质一样。

二、《地典》与《盖庐》思想性质的研究

(一)《地典》的研究

1. 文本情况略述

长时间以来,银雀山汉简《地典》没有正式发表整理本,学者多是凭借吴九龙《银雀山汉简释文》一书所载才有一定的了解,[③] 李零曾从该书中对《地典》进行了钩辑,[④] 正式整理本于2010年方才发表,[⑤] 两相比较,只是微细的差别而已。笔者这里使用的是正式整理本,具体页码不再一一出注。

2. 思想研究

《地典》主要讨论的是军事地形学,单从题目上"地典"二字,即可看出。典,司也,主也;"地典"在古帝系统黄帝中的君臣关系模式中,似乎是掌属土地的官职;我们知道,黄帝大臣之中有七辅、四辅、四相(天地四时之官)、四史官、六相等说法,这是模仿战国秦汉官制而论,作为七辅之一的"地典",其职能上似与《周礼》中的职方氏、形方氏、山师、川师、原师的职能相同。这样一来,《地典》基本围绕军事地形展开讨论,也就不难理解了。

就内容上而言,由于残缺较甚,这里只能拟测一二,它似乎包括如下部分。第一,总括黄帝与此有关的思考,即"南北为经,东西为纬"、"高生为德,下死为刑。四两顺生,此谓黄帝之胜经"。《淮南子·地形》篇中也有相关内容,"凡地形:东西为纬,南北为经;山为积德,川为积刑;高者为生,下者为死;丘陵为牡,溪谷为牝"。[⑥] 第二,介绍"地有六高六下","此十二者,地之分也"。第三,介绍山陵丘林中,何谓阳地?何谓阴地?第四,在以上的认识背景下,如何摆兵布阵,行兵打仗?以及相应的结果如何。如"左丘而战,得敌司马"。"背邑而战,得其旅主。左邑火阵,敌人奔走。右水而战,是谓顺□,大将是取"。

《地典》属于兵阴阳类文献,但就兵事活动中所使用的数术门类而

135

言,我们并不能够明显看出来。"阴阳"最初是地理概念,在《地典》这里似乎与"刑德"、"生死"、"牝牡"一起作为评价一定地形的宜忌标准,然后以此用于兵事活动中。这种有关军事地形学的思考,在兵书中频频可以见到,并且形成一个强大的思考传统,在不同类型的兵书中都可以看到。《孙子·行军》篇讨论了行军中的四种地形上的宿营("处军")问题,然后有三个总结。第一,"凡四军之利,黄帝之所以胜四帝也",即黄帝打败四帝,靠的是这四种处军之道,银雀山汉简《黄帝伐赤帝》所言与此相关,其道及黄帝伐四帝的"法宝",就是"右阴、顺术、背冲"六个字,李零对此有解释,认为是数术之学在军事上的推广。⑩讲述处军之道,托之于黄帝,与《地典》讲述模式类似。第二,强调贵阳而贱阴,好高而恶下。第三,要规避五种坏地形。所言内容与《地典》类似。又,《孙子·地形》篇讲述作战的六种地形,其《九地》篇从战线推进和战区划分的角度讲述地形、地貌和地势,与兵阴阳类文献有一定的关系。又,银雀山汉简《地葆》、《黄帝伐赤帝》、《地形二》、《雄牝城》也都是讲述军事地形学的篇章。⑱"地葆"之"葆"通"保",安也,所以从题目可以看出所言内容是处军地形优劣问题;《地形二》言及"九地"之优劣及在行军布阵方面的宜忌;《雄牝城》主要论述难攻的雄城和易攻的牝城在地形上的特点。所言内容与兵阴阳关系甚为密切,皆是将对地形阴阳、高下、向背、顺逆、左右认识运用于行兵打仗的记载。另外,《尉缭子·天官》篇托之于黄帝,亦言及部分军事地形学,《北堂书钞》卷一一三、《太平御览》卷三三五所引《太公兵法》言及"张军(引者按:亦即处军)处"须注意"七殃七舍",也是有关军事地形的思考,都与兵阴阳有一定的关系。

(二)《盖庐》的研究

该文献全文以盖庐与申胥的对话展开叙述,以每一组对话为一章,共有九章,除首章外,其余八章章首都有墨点符号作为章节标志。从申胥的回答来看,常以"此谓××××"的行文格式作为对盖庐所问问题的总结,从这种行文格式来看他们讨论的问题如下:何谓顺天之时、何谓顺天之道、何谓天之时、何谓军之法、何谓战之道(包括用天之八时、顺天之时、战有七术、从天四殃、日有八胜、以五行胜、以四时胜)、何谓攻之道(包括用五行之道、用四时之道、用日月之道)、何谓攻军回众之道(包括十种攻军退敌之道)、何谓击敌之道(包括十种击敌之道)、何谓救民之道(包括十种救民之道)、何谓救乱之道(包括十种救乱之道)。共十个问题,第一章包括前两个问题,剩下每章讨论一个问题。前两个问题可谓是《盖庐》总括性问题,其中提到了黄帝征伐天下的四个层次,最后一个层次是以兵革征伐天下,其法所谓"天为父,地为母,三辰为纲,列星为纪,维斗为击,转动更始"。以及第二章中"九野为兵,九州为粮,四时五行,以更相攻"。[39]其实已经隐含了我们讨论该篇文献的方法,即我们是在由天之天象、地之四方及四时构成的一个系统中,讨论生活于这个系统中的人们如何凭借一定的数术方技知识系统进行军事活动。我们结合前述对兵阴阳的定义及对其文献的归类,将这后八个问题蕴含的数术种类分类介绍如下,然后在此基础之上,对其总体思想进行概述。

1.刑德类

数术方技类的文献中"刑德"含义丰富,以时空的存在为条件,指择日之术,有吉凶宜忌的含义,亦指空间范围内的值神(神煞)。《盖庐》兵学思想中亦可见到这种数术门类,其第二章叙述所谓"天之时"时,提到了"天地为方圆,水火为阴阳,日月为刑德",[40]此处认为日为刑,月为德。又,第四章载:"其时曰:黄麦可以战,黄秋可以战,白冬可以战,德在土、木、在金可以战,昼背日、夜背月可以战,是谓用天之八时。"[41]原整理者在"木"字后未断开,作"木在金",邵鸿认为"木在金",不辞;引用连劭名"木"为"水"之误的说法,但即便如此,"水在金",亦不辞。[42]笔者认为"木"字当与"在金"断开,"德在土、木、在金"应当理解为"时德在土、时德在木、时德在金"的省略,[43]只有这样断开,才有所谓的"天之八时",否则只有天之七时。这句话也牵涉到对刑德问题的认识,黄麦指麦熟季节(由于建正不同,"黄麦"时节也可能属于秋季),黄秋似属于深秋,白冬似属于深冬。马王堆帛书《十大经·观》篇以"春夏为德,秋冬

137

为刑"。㊹黄麦、黄秋、白冬属于刑,适合用兵。"德在土、木、在金"表达的是一种时间概念,王三峡将其与四时、五行配数系统联系起来,认为德在土,指的是季夏六月;德在木,指的是春季寅、卯、辰三个月;德在金,指的是秋季申、酉、戌三个月。这三个时间段,适合用兵。㊺上述叙述中的"刑德"代表着一定时间的选择,即以刑德代表的具体时间的价值判断作为用兵与否的标准。

2. 天文类

中国早期古书常常言及天人合一、天地相应,在早期地理学中关于方向的思考中,也常常可以见到这样的思想。天的方向相对于地,地的方向相对于人;地在下不动,天在上旋转。要讲天的方向,只能是天在某一时刻相对于地的方向。㊻所以生活在大地("天下")上的人们常以天象标志"地"的方向,首先谈谈东西南北四方,《盖庐》第一章载"东方为左,西方为右,南方为表,北方为里"。㊼由于中国处于北半球,最初的阴阳观念与地理上南北观念有关,中国建筑及军事上摆兵布阵常以向阳为正;南北定,然后左右定。《盖庐》此处所言,背后隐含着"人"的面南背北、朝阳背阴的站位。

中国早期军事地理学也常常以恒星、行星的位置界定军事活动中人的位置,《盖庐》所谈亦不例外,如"左太岁、右五行可以战,前赤鸟、后背天鼓可以战,左青龙、右白虎可以战,招摇在上、大阵其后可以战"。㊽太岁又名太阴,古人假想的与岁星(木星)运行相反的星体,郑玄于《周礼·春官宗伯·保章氏》"以十有二岁之相,观天下之妖祥"下注:"岁星为阳,右行于天;太岁为阴,左行于地。十二岁而小周。"㊾据《韩非子·饰邪》篇所载,"五行"亦是星名。赤鸟,亦为朱雀,二十八宿中的南方七宿。天鼓为北方七宿之牛宿中的河鼓三星,其可以代指通常所言的二十八宿中的北宫玄武。"招摇"为"斗杓"之意,代指北斗,如郑玄《礼记·曲礼上》于"招摇在上"注"招摇星在北斗杓端主指者",《淮南子·兵略》篇载"虽顺招摇,挟刑德,而弗能破者,以其无势也"。高诱注:"招摇,斗杓也。"㊿天阵,不可确知其含义,但必是星名无疑。以上所言天上恒星或行星前后左右的位置，皆是相对于地上的人们进行军事活动方向，它们对是否开战有着决定性的作用。

另外，《盖庐》亦言及天象对战争胜败的影响，如"太白入月、荧惑入月可以战，日月并食可以战，是谓从天四殃"。㊾这四种天象适合作战的记载在其他文献中也可见到，如《史记·天官书》载"(太白)其入月，将僇"。马王堆帛书《五星占》载"月与星相过也，月出大白南，阳国受兵；月出其北，阴国受兵"。㊿唐《开元占经》卷12"月占二"也记载了"太白入月"及"荧惑入月"的天象。这些都说明了《盖庐》的相关记载存在着一个强大的传统，为数术方技类文献所秉承。

3.五行类

五行相克相生的思想在《盖庐》战术战略中有具体的体现，如"丙午、丁未可以西向战，壬子、癸亥可以南向战，庚申、辛酉可以东向战，戊辰、己巳可以北向战，是谓日有八胜。彼兴之以金，吾击之以火；彼兴以火，吾击之以水；彼兴之以水，吾击之以土；彼兴之以土，吾击之以木；彼兴之以木，吾击之以金。此用五行胜也"。又，"大白金也，秋金强，可以攻木；岁星木[也，春木]强，可以攻土；填星土也，六月土强，可以攻水；相星水也，冬水强，可以攻火；荧惑火也，四月火强，可以攻金。此用五行之道也"。㊿前者包含两个层面上的五行相胜思想，第一个层面所谓"日有八胜"，亦即八个胜日。以特定地支记日，就有了针对特定方位避邪厌胜的意义，如庚申、辛酉地支为金，东方属木，金克木，所以庚申、辛酉可以东向战。㊿后一个层面"五行胜"云云只是单纯的五行相胜理论于军事上的运用。后者则把行星、四时、十二月统一在五行配数系统中，以五行相胜原理规定某个时节可以进行军事进攻。

前面已经说道，左为东方，右为西方，表为南方，里为北方，《盖庐》也有把四时、四方与五行联系起来，以五行相胜原理指导实际军事行动。如"春击其右，夏击其里，秋击其左，冬击其表，此谓背生击死，此四时胜也"。"[秋]生阳也，木死阴也，秋可以攻其左；春生阳也，金死阴也，春可以攻其右；冬生阳也，火死阴也，冬可以攻其表；夏生阳也，水死

139

阴也,夏可以攻其里。此用四时之道也"。后者可谓是前者的详细注释、进一步的表述,将四时、四方与五行联系起来,以五行相胜原理规定某个季节进行军事进攻,与前文内容类似。

4.杂占类

前述《汉志》兵阴阳类文献中有《别成子望军气》六篇,《盖庐》也有关于"军气"的论述。在论述十种进攻退敌之道时,这样说道,"凡攻军回众之道,相其前后,与其进退,慎其尘埃,与其縰气。且望其气,夕望其埃,清以如云者,未可军也。埃气乱孛,浊以高远者,其中有动志,戒以须之,不去且来"。我们明显可以看出,军气的存在情况对军事行动有重大影响。

以上为兵阴阳文献《盖庐》提到的数术门类,这些数术门类基本贯穿了军事行动的全过程,如军事进攻、军事防御、敌情的判断等方面。除以上所述之外,《盖庐》还对实际战斗中的十种击敌情况进行了说明,随后提到的十种救民之道及十种救乱之道则反映了战争前的权谋思想,即什么样条件下,才去军事进攻,它们与数术方技的直接联系不大,此处不详细论述。

《盖庐》以上论述与《地典》相比,后者则无如此丰富的数术门类,当然这基于彼此论述侧重点的不一致。二者只是在谈论处军之道方面上,有一定的交叉关系,《地典》主要讨论的是军事地形学,《盖庐》也有谈论处军之法的军事地形学,如申固、乘势、范光、大武、清施、绝纪、增固、大顷、顺行云云,即是相对于陵、水位置的不同而处军的种种称谓。通过前文讨论,我们认为《盖庐》讨论兵阴阳问题的丰富性及层次性远较《地典》为甚,当然这与它们出土时各自的保存状况有关,如果《地典》保存较为完好,其提供我们进行讨论的信息或许并不比《盖庐》少。就其两篇文献思想性质而言,《汉志》兵阴阳类文献有《地典》六篇,银雀山汉简《地典》应当属于其中的一部分,而从其叙述方式上而言,依托黄帝君臣进行故事的讲述,从这个角度而言,也属于道家文献中的黄帝书。《盖庐》所谈以兵事活动为主,而兵事活动由生活在天之天象,地之四时或四方构成的系统中的人们,辅以阴阳五行配数配物原理而进行。但这种兵事活动作为统治手段之一,处于整个统治方法序列中的末端,"治民之道,食为大葆,刑罚为末,德政为首"。[57]刑罚为末,自然其不属于法家;认为德政为首,但通篇论述的是兵事活动,自然也不属于儒家。所言兵事活动是黄帝征伐天下四个层次中的最末层次——兵革层次,"其法曰:天为父,地为母"云云也只是黄帝以兵革征伐天下的方法,即接下论述的兵阴阳思想只是这种方法的具体体现而已。尽管从其叙述方式上而言,依托于盖庐与申胥的对话展开而行,而不是依托于通常黄帝书所见的黄帝君臣;但所言内容与兵阴阳家多托于黄帝立言,并无本质上区别,所以《盖庐》亦可以认为是广义上的黄帝书。从这点上来讲,《地典》及《盖庐》皆可以说是更偏重于"黄"的黄老文献。

三、略论《地典》与《盖庐》地理知识讲述特点
——兼论中国早期地理学记述系统

这一节里,我们在一种更广阔的背景下,谈一谈中国早期地理学的记述系统问题。《地典》所言主要是军事地形学,自然与中国早期地理学有一定的关系。《盖庐》有什么样的条件促使我们讨论这个问题?一是如前所述,《盖庐》有与《地典》一样的内容,讨论了处军之道;二是从中国早期文化来看,往往是天、地及人三才于一个系统中讲,谈天时,不能不论地,论地时也不能不谈天,然后是天地之间的人们的种种具体活动。这样一来,以发生于天地之间的兵事活动为讨论核心的《盖庐》,适时地为我们认识早期地理学提供了方便。笔者这里研究,主要是从目录学角度探讨中国早期地理学记述系统,因为这两篇文献都是写在汉简上的文献,至少是汉代文献或先秦文献(笔者倾向于认为二者都是先秦文献),所以这里依凭的目录学著作是《汉志》,主要通过它的相关记载探讨二者在早期地理学记述系统中的位置,然后论述它们的地理学记述特点。

李零先生认为《汉志》所言七略可以分为学、术两大部分，®就"术"的存在而言，是当时实用知识与技术的总括。中国早期地理学的思考多为日用经验层面上的实用性质的思考(《尚书·禹贡》的思考呈现的是中国早期地理学着眼的另一个世界——大一统的理想世界，与之不同)，自然我们应该在《汉志》所言"术"的部分中寻找代表中国早期地理学的思考载体。

《汉志》所言的"术"包括数术、方技二略，数术谈天，方技论人。在笔者看来，它们每一略包含的文献内容可分为两个层次，数术略中的天文、历谱类为一个层次，五行、蓍龟、杂占、形法类(它的存在较为特殊)为另一个层次；数术略中的医经类为一个层次，经方、房中、神仙类为另一个层次。每一略的第一个层次是对天、人的"物理性"认识，第二个层次是与这种"物理性"认识进行沟通方式和技巧的论述。从以上《汉志》所言的"术"的内容层次来看，中国早期文化所谓天、地及人三才各自呈现出知识系统，有着明显的差异，也就是在《汉志》某"略"这一层面上，没有独立的对"地"的知识系统的记载，今人认可的地理学著作——《山海经》附属于数术略中的形法类文献而存在，但形法类文献中也包括《国朝》七卷、《宫宅地形》二十卷、《相人》二十四卷、《相宝剑刀》二十卷及《相六畜》三十八卷。®古人对山川形势、城郭宫宅，乃至人及六畜之骨法，甚至器物之形态的认识，皆在该类文献之内，从《汉志》的小序来看，形法类文献内容是以对事物之形的表层认识为基础，然后是对反映事物内在本质的"气"的精微论述。显然所言皆是古人对不同事物三维空间的认识，并无对地的自觉认识的载体，即地理学著作的出现。这其中古人对地的认识，即《山海经》、《国朝》及《宫宅地形》可谓是今天所言的广义上地理学类著作，剩下的其他形法类文献均与地理学无关。

中国古代地理学大体上是由两大部分构成，一是现代地理学与之一脉相承的狭义地理学；一是隶属于古代数术方技之内的堪舆学，也就是世俗所说的阴阳风水术。二者之间，虽然在有些方面也有一定的联系，但总体来说，基本上是自成体系，畛域分明。通常所说的中国古代地理学是指前者。[59]就第一个部分的存在而言,多以见于中国史书中的《地理志》、《郡国志》、《州郡志》及《地形志》相关记载或目录学著作中的史部地理学类著作为主要载体,也就是通常所谓的沿革地理学。20世纪由顾颉刚创办禹贡学会开始,侯仁之、谭其骧及史念海影从之,历史地理学由此"一祖三宗"式的发展起来;历史地理学学科属性及研究方法,以及历史地理学与沿革地理学的关系,侯、谭及史三位学者皆有相关论述。[60]历史地理是地理学的组成部分,是历史学的辅助组成部分,已经成为共识。此外,其他学者也对"历史地理"学科名称的由来,以及对其认识历程进行了总结。[61]第二部分的存在以子部的数术方技类相关著作为主。

但是从上述对古代地理学内容论述反观《汉志》所言地理类文献,它面临着这样的尴尬:在《汉志》中找不到所谓的狭义地理学类著作的身影;《汉志》数术略中五行类文献中有《堪舆金匮》十四卷,似乎与地理学有关,但近来学者更倾向认为它是一种择日之术。[62]世俗所说的阴阳风水术与《汉志》数术略的形法类文献,如《国朝》及《宫宅地形》勉强有点关系。

为什么《汉志》没有上述古代地理学的两大部分内容?一是《汉志》学术分类使然,在《汉志》呈现的学术环境里,如一般目录学著作所言,其知识体系是博学体系,而没有现代的学科意识,所以它蕴含有地理学的朦胧意识,而没有地理学的自觉意识,自然也没有地理学学科的出现。二是从时代的大关节处以及《汉志》存在的时间上而言,秦始皇一统天下标志着血缘政治向地缘政治的转化,汉直接承秦而来,一定数量的王朝代际更换尚未出现,自然反映"王朝发展相表里的地理学,我们称之为王朝地理学"的地理志亦未曾出现(《汉志》中没有这类文献,但《汉书·地理志》却是王朝地理学的标志性文本),[63]此时尚处于"王朝地理学"的开始阶段。

尽管《汉志》没有明确记载这两大类古代地理学文献,但《汉志》还是呈现了记述这两大类古代地理学文献的雏形,一是以六艺略中的《尚书·禹贡》为代表的地理叙述体系,该类文献存在于后世的史部文献中(当然《尚书》存在于经部);一是以数术略中《山海经》为代表的地理叙述体系,在目录学著作中,它的归类摇摆很大,《隋志》入于史部地理类,《四库全书总目》入于小说类,近代以来又把它作为神话的渊薮。[⑯]从归类的独立性来看,后者的位置较前者突显。结合相关研究,如果以人地关系的讲述作为地理学定义来看,二者有明显的差异。《禹贡》通过倡导如九州格局、五服等级等空间秩序,展示了一个大一统国家的中央行政制度的地理秩序,下启《汉书·地理志》以郡县体系为地理知识讲述核心的王朝地理学,而垂范万世,讲述的是以国家(当然在《禹贡》那里,这个国家是理想中的大一统国家,大禹是大一统秩序中的主导者)为主体的宏大地理知识叙述体系。先秦文献中的《周礼·夏官司马·职方氏》篇也是这样的叙述体系,唐晓峰认为上博简中的《容成氏》在"九州"来源的叙述上,其理论立场与《禹贡》一致,都是儒家立场,[⑰]自然《容成氏》也是这样的叙述体系。《山海经》是"多种巫师、方士所记各地山川、神话、巫术的资料汇编"。[⑱]李零认为此书不光讲山,还集本草、博物、志怪于一身,应与寻仙访药的活动相关,其实是神仙家的地理书。[⑲]唐晓峰认为《山海经》的地理知识有两重性,分别源自天神信仰和现实经验。……对于经验性地理知识,如果只有记录,而不提出叙述框架,更没有做提升解释,则仍属于日常知识,不具有学术意义。[⑳]从以上的叙述来看其书所谈人、地关系,笔者认为其书呈现的是一定的人群对山川自然形势的经验性地理知识讲述体系。如此类似的地理知识讲述体系在如下先秦秦汉文献中存在:《汉志》中的《地典》、《国朝》、《宫宅地形》,《管子》中的《度地》、《水地》、《地员》诸篇,《孙子》中的《地形》、《九地》二篇;出土文献中有九店楚简中的《日书·相宅篇》,睡虎地秦简日书甲种15～23号简背专讲住宅吉凶的《相宅篇》,[㉑]银雀山汉简《地典》、《黄帝伐赤帝》、《地形二》、《雄牝城》及《孙膑兵法·地葆》诸篇,张家山汉简《盖庐》等篇。

这样看来,中国先秦秦汉时期的地理学叙述体系朦朦胧胧存在着两个层次。一个是以国家为主体的宏大地理知识讲述体系,开启了后世王朝地理学;一个是以一定人群为讲述主体的经验层面上的微观地理知识讲述体系,开启了多种专门地理学,如《管子·地员》篇讲述了农业地理,以《孙子兵法》为代表的兵书讲述了当时知识背景下的军事地理,楚秦《日书·相宅篇》讲述了战国秦汉日用经验层面上的民间地理知识体系,《史记·货殖列传》讲述了经济地理。

围绕本文主题,笔者对微观地理知识讲述体系特点进行探讨,以《地典》、《盖庐》为例,我们认为它们有如下特点。

第一,直观性。在中国文化中,天地相应观念是一个非常重要的观念,《周易·系辞上》即有相关论述,《史记·天官书》正义引张衡的话说:"众星列布,体生于地,精成于天,列居错时,各有所属。"[①]也反映了这种观念,它直接导致了中国古代天上星区与地上山川州郡相对应的分野理论的建构。星占学家往往把分野理论作为星占术的存在背景,将天上的星象与与之对应的地域上的政治事件联系起来,运用到政治文化之中,展示天命对人世统治的昭示作用。但在古代地理学中,分野理论可以济大地上的人们目力之穷,通过天上的位置定位,帮助人们找到大地上相应的位置。

如前文提到《盖庐》第一章载"东方为左,西方为右,南方为表,北方为里"。此处左右表里的说法,背后隐含着"人"的面南背北、朝阳背阴的站位。最初的阴阳观念与地理上南北观念有关,由于中国处于北半球,中国建筑及军事上摆兵布阵常以向阳为正,人朝南面向太阳的位置为表,所处的位置为里;然后人的左右位置才得以确定。又,《盖庐》所谓"左太岁、右五行可以战,前赤鸟、后背天鼓可以战,左青龙、右白虎可以战,招摇在上、大阵其后可以战"的说法,则是直接以大地上人们的位置是否合于以上天体的位置而确定军事行动与否。所以古人并不是仅仅依靠基于生活的大地而形成的大地观进行自身位置的定位,而是依靠天体作为自己定位的标杆,这种定位的方法直接、简单、快速。

第二,整体性。这种微观地理知识讲述体系尽管是局限于一时一

145

地的认识,但从来不是孤零零地讲述地理知识,而是结合当时的知识背景,进行对自身所处的地理环境或地理经验的认知,并且提炼出一定的叙述框架,作为自己行动的指南。这样一来,这种整体性代表着古人对自身位置认知的一种方式,而今人对这种认知模式探讨也就有了思想史上的意义和价值。

《地典》所谓"高生为德,下死为刑。四两顺生,此谓黄帝之胜经"。这是《地典》对战争中军事地形的规律性认知,即贵高而贱下,重德而轻刑。银雀山汉简《黄帝伐赤帝》反复道及的"右阴、顺术、背冲"六个字,也是对军事地形的规律性认识,这是黄帝胜四帝的法宝。《盖庐》由于文献的完整性,这样的叙述更为常见,如前文已经说到的将阴阳五行观念运用在军事活动中,超越了单纯的地理知识的讲述模式,对空间秩序的认知"镶嵌"在天地日月、四时等五行配数系统之内。

笔者认为,正是古代地理学整体性的特点帮助古人树立起对微观空间秩序的"地方感","地方感"是西方"新人文主义地理学"中的核心概念,在它那里,"地方"被每一个个体视为一个意义、意向或感觉价值的中心;一个动人的、有感情的附着的焦点;一个令人感觉到充满意义的地方。[②]此点也即是该学派领军人物段义孚观点的进一步阐发,他认为,空间转变为地方才有意义,地方是价值具体的表现。[③]山是山,水是水,只是单纯的地理知识的描述而已,而山不是山、水不是水则反映了人在一定地理环境中自然之于人的意义和价值,即人的地方感的存在,前述的兵阴阳思想恰恰反映了古人一定观念当中的"地方"之于军事斗争中人的意义,不过不像西方新人文主义地理学对"地方感"正面意义的强调。笔者认为兵阴阳家的"地方感"呈现出二重性,即对符合认知模式中的"地方"的肯定,或者对不符合认知模式中的"地方"的规避。兵阴阳家中的"地方感"建构过程中呈现出什么样的认知模式?新人文主义地理学者段义孚、瑞夫及其他相关学者强调:经由人的居住以及某地经常性活动的涉入;经由亲密性和记忆的积累过程;经由意象、观念及符号等意义的给予;经由充满意义的"真实的"经验或动人的事件,以及个体或社区的认同感、安全感及关怀的建立;空间及其实质特征于是被动员,并转形为"地方"。㉓这个叙述指出了"地方感"建构的几种方式,而军事活动具备极强的实践性及操作性,营地驻扎、摆兵布阵过程中,需要经验对地形建立其直觉性的认识;且这种直觉性的认识正确与否可以以实践具备来验证,如前述"高生为德,下死为刑",以及"右阴、顺术、背冲"的说法,即是军事活动的规律性总结。所以笔者认为上述所言的"经由人的居住以及某地经常性活动的涉入;经由意象、观念及符号等意义的给予;经由充满意义的'真实的'经验或动人的事件,是兵阴阳文献帮助古人兴兵打仗中建立起一定空间秩序'地方感'的重要方式。尤其"经由意象,观念及符号等等意义的给予"的方式反映了"地方感"在兵阴阳文献中的建立,即是战国秦汉当时的阴阳五行观念在兵阴阳文献中的呈现。

正是以上的叙述,笔者认为它们与《汉志》中的《国朝》及《宫宅地形》一样,都是借用一定的观念以期建立生活实践中对空间秩序价值性认识,即"地方感",并将这种"地方感"固化为规律性的认识,作为行动的指南。

注 释:

① [汉]班固撰、[唐]颜师古注:《汉书》,北京:中华书局,1962年,第1759—1760页。

② 邵鸿:《张家山汉简〈盖庐〉研究》,北京:文物出版社,2007年,第16页。

③ 胡文辉:《中国早期方术与文献丛考》,广州:中山大学出版社,2000年,第222—227页。

④ 相关研究可参陈松长:《马王堆帛书〈刑德〉乙篇释文》,傅举有、陈松长编著:《马王堆汉墓文物》,长沙:湖南出版社,1992年,第132—143页;陈松长:《帛书〈刑德〉丙篇试探》,《简帛研究》第3辑,南宁:广西教育出版社,1998年,第242—247页;陈松长:《帛书〈刑德〉乙本释文校读》,湖南省博物馆主编:《湖南省博物馆四十周年纪念论文集》,长沙:湖南教育出版社,1996年,第83—87页;陈松长:《帛书〈刑德〉乙本释文订补》,西北师范大学文学院历史系、甘肃省文物考古研究所编《简牍学》第2辑,兰州:甘肃人民出版社,1998年,第62—75页;陈松长:《马王堆

帛书〈刑德〉研究论稿》,台北:台湾古籍出版有限公司,2001年。

⑤陈松长:《马王堆帛书〈刑德〉甲乙本的比较研究》,《文物》2000年第3期,第75页。

⑥[法]马克著、方玲译:《马王堆帛书〈刑德〉试探》,《华学》第1辑,广州:中山大学出版社,1995年,第82—110页;胡文辉:《马王堆帛书〈刑德〉乙篇研究》,《中国早期方术与文献丛考》,第160页;刘乐贤:《简帛数术文献探论》,武汉:湖北教育出版社,2003年,第103页。

⑦李学勤:《马王堆帛书〈刑德〉中的军吏》,《简帛研究》第2辑,北京:法律出版社,1996年,第156页;陈松长:《帛书史话》,北京:中国大百科全书出版社,2000年,第55页;骈宇骞、段书安:《二十世纪出土简帛综述》,北京:文物出版社,2006年,第238—239页;胡文辉:《马王堆帛书〈刑德〉乙篇研究》,《中国早期方术与文献丛考》,第220页。

⑧刘乐贤:《简帛数术文献探论》,第103页。

⑨陈松长:《帛书〈刑德〉丙篇试探》,《简帛研究》第3辑,第242—243页。

⑩曹锦炎:《论张家山汉简〈盖庐〉》,《东南文化》2002年第9期,第66页。

⑪刘文典撰,冯逸、乔华点校:《淮南鸿烈集解》,北京:中华书局,1989年,第126页。

⑫刘乐贤:《马王堆天文书考释》,广州:中山大学出版社,2004年,第19—20页。

⑬骈宇骞、段书安:《二十世纪出土简帛综述》,第241—243页。

⑭李学勤:《论帛书白虹及〈燕丹子〉》,见所著《简帛佚籍与学术史》,南昌:江西教育出版社,2001年,第316—317页。

⑮陈松长:《帛书史话》,第50—51页。

⑯《汉书》,第973—974页。

⑰湖南省文物考古研究所、怀化市文物处、沅陵县博物馆:《沅陵虎溪山一号汉墓发掘简报》,《文物》2003年第1期,第50—51页。

⑱晏昌贵:《虎溪山汉简〈阎氏五胜〉校释》,见所著《简帛数术与历史地理论集》,第103页;刘乐贤:《虎溪山汉简〈阎氏五胜〉及相关问题》,《文物》2003年第7期,第69页。

⑲银雀山汉墓竹简整理小组编:《银雀山汉墓竹简[贰]》,北京:文物出版社,2010年,第230—241页。

⑳李定生、徐慧君校释:《文子校释》,上海:上海古籍出版社2004年,第62页。

㉑李零:《兰台万卷:读〈汉书·艺文志〉》,北京:三联书店,2011年,第161页。

㉒李零:《北大汉简中的数术书》,《文物》2011年第6期,第82页。

㉓相关研究可参张家山汉墓竹简整理小组:《江陵张家山汉简概述》,《文物》1985年第1期,第12—13页;张家山汉墓竹简247号墓竹简整理小组:《张家山汉

墓竹简[二四七号墓](释文修订本)》,第161—168页;曹锦炎:《论张家山汉简〈盖庐〉》,《东南文化》2002年第9期,第62—69页;刘钊:《〈张家山汉墓竹简〉释文注释商榷(一)》,《古籍整理研究学刊》2003年第3期,第3页;王贵元:《张家山汉简字词释读考辨》,《盐城师范学院学报》2003年第4期,第85页;许学仁:《张家山M247汉简〈盖庐〉篇释文订补》,谢维扬、朱渊清主编:《新出土文献与古代文明研究》,上海:上海大学出版社,2004年,第352—357页;连劭名:《张家山汉简〈盖庐〉考述》,《中国历史文物》2005年第2期,第64—71页及第88页;刘乐贤:《谈张家山汉简〈盖庐〉的"地橦"、"日橦"和"日啇"》,《简帛》第1辑,上海:上海古籍出版社,2006年,第385—389页;邵鸿:《张家山汉简〈盖庐〉研究》,第27—76页。

㉔《汉书》,第1740页、第1761页。

㉕[梁]萧统编、[唐]李善注:《文选》,北京:中华书局,1977年,318页、第493页。

㉖[汉]司马迁:《史记》,北京:中华书局,1959年,第2975页;《汉书》,第187页。

㉗《史记》,第2162页。

㉘[东汉]袁康、吴平辑录,乐祖谋点校:《越绝书》,上海:上海古籍出版社,1985年,第105—106页。

㉙[清]洪颐煊:《读书丛录》(据《史学丛书》本排印),《丛书集成初编》第359册,北京:中华书局,1985年,第61页。

㉚顾实:《汉书艺文志讲疏》,上海:上海古籍出版社,2009年,第152页;余嘉锡:《四库提要辩证》,第380—385页;张舜徽:《广校雠略·汉书艺文志通释》,武汉:华中师范大学出版社,2004年,第327页。

㉛[唐]魏征、令狐德棻撰:《隋书》,北京:中华书局,1973年,第1029页、第1030页、第1032页。

㉜《盖庐》的成书时间,邵鸿对各种说法进行过辨析,认为其上限不会早至战国前期而必在中期之后。邵鸿:《张家山汉简〈盖庐〉研究》,第12—15页。笔者从之。

㉝吴九龙:《银雀山汉简释文》,北京:文物出版社,1985年。

㉞李零:《简帛古书与学术源流》,北京:三联书店,2004年,第395—397页。

㉟银雀山汉墓竹简整理小组编:《银雀山汉墓竹简[贰]》,第147—149页。

㊱刘文典:《淮南鸿烈集解》,第139—140页。

㊲李零:《唯一的规则:〈孙子〉的斗争哲学》,北京:三联书店,2010年,第193页。

㊳银雀山汉墓竹简整理小组:《银雀山汉墓竹简[壹]》,《地葆》释文见第61—62页、《黄帝伐赤帝》释文见第32—33页、《地形二》释文见第33—34页;《银雀山汉墓竹简[贰]》,《雄牝城》释文见第161—162页。

㊴《张家山汉墓竹简[二四七号墓](释文修订本)》,第161页、第162页。

㊵《张家山汉墓竹简[二四七号墓](释文修订本)》,第162页。

㊶《张家山汉墓竹简[二四七号墓](释文修订本)》,第163页。

㊷邵鸿:《张家山汉简〈盖庐〉研究》,第51页。

㊸王三峡:《"日有八胜"与"天之八时"——汉简〈盖庐〉词语训释二题》,《长江大学学报》(社会科学版)2008年第5期,第18页。

㊹陈鼓应:《黄帝四经今注今译》,北京:商务印书馆,2007年,第217页。

㊺王三峡:《"日有八胜"与"天之八时"——汉简〈盖庐〉词语训释二题》,第19页。

㊻李零:《说中国早期地图的方向》,见所著《中国方术续考》,第206页。

㊼《张家山汉墓竹简[二四七号墓](释文修订本)》,第161页。

㊽《张家山汉墓竹简[二四七号墓](释文修订本)》,第163页。

㊾《周礼注疏》,《十三经注疏》本,上海:上海古籍出版社,1997年,第819页。

㊿《礼记正义》,《十三经注疏》本,第1250页;刘文典,《淮南鸿烈集解》,第509页。

(51)《张家山汉墓竹简[二四七号墓](释文修订本)》,第163页。

(52)《史记》,第1326页;刘乐贤:《马王堆天文书考释》,第75页。

(53)《张家山汉墓竹简[二四七号墓](释文修订本)》,第163页、第164页。

(54)王三峡:《"日有八胜"与"天之八时"——汉简〈盖庐〉词语训释二题》,第17—18页。

(55)《张家山汉墓竹简[二四七号墓](释文修订本)》,分见第163页、第164页。

(56)《张家山汉墓竹简[二四七号墓](释文修订本)》,第165页。

(57)《张家山汉墓竹简[二四七号墓](释文修订本)》,第161页。

(58)李零:《重归古典——兼说冯、胡异同》,《读书》2008年第3期,第28页。

(59)《汉书》,第1774—1775页。

(60)辛德勇:《唐代的地理学》,李孝聪主编:《唐代地域结构和运作空间》,上海:上海辞书出版社,2003年,第458页。

(61)侯仁之:《历史地理学刍议》,见所著《历史地理学四论》,北京:中国科学技术出版社,2005年,第5—8页;谭其骧:《在历史地理研究中如何正确对待历史文献资料》,见所著《长水集续编》,北京:人民出版社,1994年,第235页;史念海:《中国历史地理学的渊源和发展》之《沿革地理学的肇始和发展》、《地理学的组成部分和历史学的辅助学科》,见所著《河山集》(六),太原:山西人民出版社,1997年,第13—18页、第35—41页。

(62)侯仁之在撰写《中国大百科全书·地理学》卷中的"历史地理学"条目时,认为"历史地理学名称在二十世纪初由日本传入中国,但其内容仍未超越沿革地理的范围"。中国大百科全书总编辑委员会《地理学》编辑委员会、中国大百科全书出版社编辑部编：《中国大百科全书·地理卷》，北京：中国大百科全书出版社，1990 年，第 276—280 页。侯甬坚在这个基础之上，又复衍此结论。侯甬坚：《“历史地理”学科名称由日本传入中国考——附论我国沿革地理向历史地理学的转换》，《中国科技史料》2000 年第 4 期，第 307—315 页；陈桥驿：《学论与官论——关于历史地理学的学科属性》，《学术界》2001 年第 2 期，第 148—153 页。

㊿赵益：《古典术数文献述论稿》，北京：中华书局，2005 年，第 18—19 页、第 102—104 页。

64唐晓峰：《从混沌到秩序：中国上古地理思想史述论》，第 286 页。唐晓峰认为王朝地理学的代表性文本是《汉书·地理志》，其地理知识叙述体系上的核心、纲要是行政区划体系中的郡县体系的叙述。李零亦认为王朝地理学特点之一——以郡县制为框架，强调政区史（包括土地史和人口史）最为重要。李零：《“地理”也有“思想史”——读〈从混沌到秩序〉》，《中华读书报》2010 年 3 月 31 日第 9 版。由此笔者感觉，“王朝地理学”作为一种历史地理学观念，其外延似乎小于前述沿革地理学，即以郡县为纲，以山川城邑人口物产为目的的官修地理文献才属于王朝地理学。这种官修地理文献也即是谭其骧所言的“疆域地理志”。谭其骧：《〈汉书·地理志〉选释说明》，见谭其骧著、葛剑雄编：《求索时空》，天津：百花文艺出版社，2000 年，第 175—176 页。

65关于二者相关研究及综述如下，侯仁之主编：《中国古代地理学简史》，北京：科学出版社，1962 年，第 5 页；谭其骧：《山海经简介》，见所著《长水集续编》，第 370 页；华林甫：《近年来〈禹贡〉研究述略》，《中国史研究动态》1989 年第 10 期，第 16—21 页；黄正林：《近年来〈禹贡〉研究进展综述》，《中国史研究动态》1990 年第 8 期，第 19—22 页；牛淑贞：《近 20 年来〈禹贡〉研究综述》，《云南师范大学学报》（哲学社会科学版）2009 年第 4 期，第 107—111 页；容天伟、汪前进：《民国以来〈禹贡〉研究综述》，《广西民族大学学报》（自然科学版）2010 年第 1 期，第 30—52 页；金荣权：《〈山海经〉两千年研究述评》，《信阳师范学院学报》（哲学社会科学版）2000 年第 4 期，第 101—104 页；孙玉珍，《〈山海经〉研究综述》，《山东理工大学学报》（社会科学版），2003 年第 1 期，第 109—112 页。后两篇关于《山海经》的研究综述对《山海经》的地理学思想涉及甚少。

66唐晓峰：《地理学中的两个世界》，《书城》2009 年第 9 期，第 19 页。

67谭其骧：《山海经简介》，见所著《长水集续编》，第 370 页。

68李零：《“地理”也有“思想史”——读〈从混沌到秩序〉》。

69唐晓峰：《从混沌到秩序：中国上古地理思想史述论》，第 176—177 页。

70晏昌贵、钟炜：《九店楚简〈日书·相宅篇〉研究》，《武汉大学学报》（人文科学版）2002 年第 4 期，第 417—422 页；晏昌贵：《楚秦〈日书〉所见的居住习俗》，见所著《简帛数术与历史地理论集》，第 50—62 页。

71《史记》，第 1289 页。

⑫艾兰·普瑞德著,许坤荣译:《结构历程和地方——地方感和感觉结构的形成过程》,见夏铸九、王志弘编译:《空间的文化形式与社会理论读本》,台北:明文书局有限公司,1994年,第86页。

⑬Yi-fu Tuan, *Space and Place: The Perspective of Experience*, Minneapolis: University of Minnesota Press, 1977, p.136, and p.12.

⑭艾兰·普瑞德著,许坤荣译:《结构历程和地方——地方感和感觉结构的形成过程》,第86页。

中国的地理学与日本的地理学

——古代中国地理书的流传及其影响

[日]秋山元秀 著

钟翀 译

一、引言

关于中国近代以前的地理学以及地理思想的发展史,至今已有诸多著述与论考。[①]不过与之相对,关于日本地理学与地理思想的研究,一直以来成果并不多见。[②]在日本,自明治时期导入近代地理学之前,就已存在丰富的地理知识积累,出现了许多地理学领域的著述、绘制了各种形式和内容不同的地图。欲探讨具有悠久历史的日本地理学与地理思想是如何形成、发展而来的这一课题,就需要把握日本的地理学与地理思想跟中国的关联。不过,别说是这么一个重大的问题,即便对东亚区域全体的地理学、地理思想的传播与变化,目前的研究也是寥寥无几。本文将初步探讨日本古代地理学与地理思想如何接受中国的影响这一问题,并对该问题给予分析与评价。

关于中国学问是如何传入日本这一点,[③]在日本史书中,最早见于应神天皇之时延请白济王仁(此处按《日本书纪》,[④]《古事记》作"和迩吉师"[⑤])为皇子菟道稚郎子传授"典籍"的记载。《古事记》中更具体地

作者单位:日本滋贺大学。译者单位:上海师范大学人文与传播学院。

提及当时传授的"典籍"是《论语》、《千字文》，但由于现在所见的《千字文》是后来南北朝时期形成的文献，因此该段记述很难说是同时期流传下来的史实。不过，可以考虑当时已有文字和习字书籍的传入以及一定数量的汉籍流传。而且在同一时期中国方面的史书中，也已经以"倭人"的词条记载了日本的存在。⑥因此，不难想象相互之间产生交流，这当然也包括由中国流入日本的文物舶来品之中存在一些书籍。当时书籍的实际形态肯定不是后世的版刻形式，而是竹简、木简、绢帛，或是纸上的写本也未可知，虽然甚是稀罕，并非一般流传之物，但可以推测，这些书籍已为当时宫廷之中具有渊博知识的贵族所习用，这些人与渡海而来的大陆系或半岛系知识人共同组成了日本最初使用汉字的学问集团。

上述的史书记叙虽然难以得到确认，但到此后大约五世纪初期，即履中天皇在位时代，则已有"于诸国置国史"的明确记事。⑦此处的"国史"当非"诸国的历史"之意，应解释为"记录诸国发生各种事情的官吏"，类似的"史"的用法，可以说是来源于汉籍的词汇表达，当然跟中国的"史"字用法也是相通的。而在谈及记载内容时提到了"达四方志"，其中的"志"这一词是指"地方的实情"，也可以说是跟中国"方志"相通的一类文献。此后至推古朝（593～628年），出现了更为具体的记载。按史学领域的研究，推古二十八年（620年）开始了《天皇记》、《国记》等史籍的编辑，⑧而在推古十年（602年）就有百济僧侣名观勒者进贡天文地理等书籍的记录，⑨此外，就在日本独自开展历史编纂、进行史料处理的同时，⑩也从大陆传来了先进的知识技术类书物。本文将地理与天文并称，此种并列的观念也是中国古典对地理的定位，典型的如《易》中所见统和天地那样的理念。⑪因此本文所说的地理，并非是指后世汉籍一般分类系统的四部分类中从属于史部、作为一个史学分支的地理，而主要是指与天文、历数、方术等同类，属于子部的地理。在日本，根据上述观勒传入书物开展的学问研究，也并无地理一门，而是将之与历法、天文、遁甲、方术并列，从这一点上也可理解上述属于子部的地理之学自有渊源了。

二、《日本国见在书目录》所记之汉籍地理书

那么,具体有哪些地理书传入日本呢？在中国,要了解某一特定领域的书籍,一个有效方法就是查阅各时代的书目,这并不仅限于地理学。[12]日本也有一些编纂于古代的书目,而有关汉籍的最古老目录,一般认为就是平安时代宽平年间(889～898年)成书、为当代学者所推崇的藤原佐世所作《日本国见在书目录》(以下简称《见在书目录》)一书了。[13]该书据说是本于《隋书·经籍志》(以下简称《隋志》)的分类体系,[14]其编排也是自"易家"始,按经部、史部、子部、集部的四部分类法加以区分的。并且四部之下的小分类,在《隋书·经籍志》中也并非如现在的目录书那样一律加以"某某家"的形式,而只是针对内容区分较明确的类别,在其分类说明的开头或末尾加上一个符合概括该种类别的名称。[15]此外,两书都有共计40个的小分类,[16]其分类名称除一个例外,其他的都使用了相同的词语,而例外的就是"地理"。《隋志》中的"地理"类在《见在书目录》中称"土地家",此点容后文详考,狩野直喜曾说:"若欲举出相异点而论,则《隋志》有'地理家',而佐世之家则称'土地家'。地理、土地同指一事,然以熟字而言当以'地理'更显雅驯。未明作者既欲以《隋志》为据,何故修改此语。"[17]那么此目录记载的地理类汉籍究竟是何种书物呢？在给予整体的评价之前,先将该目录所收地理书一一列举说明如下。

◆ 《山海经》二十一卷,郭璞注,见十八卷

《隋志》作二十三卷。《山海经》在《汉书·艺文志》中被术数略形法家分为十三编,并将其归入《宫宅地形》、《相人》、《相六畜》等书籍之类,[18]《汉志》将此书看作是举九州全域之特征、察都市宫殿之立地、观人相器物之品格以占吉凶那样属于技术性领域的书籍。[19]现在的目录书大多与《隋志》相同,将其归入史部地理类,《四

库全书总目提要》（以下简称《四库总目》）归入子部小说家类。此外，《山海经图赞》可能早已佚失，现在目录书的《山海经图赞》系后代拾遗之书。

◆ 《山海经赞》二卷，郭璞注

　　《隋志》载有《山海经图赞》二卷。

◆ 《山海经抄》一卷

　　《隋志》不载。此书与下条《山海经略》相同，或为日本所作《山海经》的抄略本。

◆ 《山海经略》一卷

　　《隋志》不载。参照上条。

◆ 《山海经图赞》一卷

　　如上所述，《隋志》有《山海经图赞》二卷，卷数不同，未知是否与上述《山海经赞》为同一种书。《隋志》中与《山海经》关联的还有《山海经音》2卷。

◆ 《海外记》四十卷

　　《隋志》、《两唐书》不载。然《本朝书籍目录》之《地理部》中有"《海外国记》四十卷，天平五年春文撰"的记载，和田英松以为就是此书，并认为该书实为和书，而与汉籍混淆⑩，然《宋史·艺文志》可见"《海外三十六国记》一卷"一书。有关和书《海外国记》，详后述。

◆ 《黄图》一卷

　　《隋志》同，并有"记三辅宫观陵庙明堂璧雍郊畤等事"的注记，通称为《三辅黄图》。

◆ 《洛阳宫殿簿》一卷

　　《隋志》有同名之书，又，《隋志》有《洛阳记》二种、《洛阳图》一卷。

◆ 《三国地方经》一卷

　　《隋志》不载。未明"三国"系指何处。《隋志》中有《三巴记》一书,似与此无涉。《地方经》这样的书名也颇为奇异,《三国志》在正史类中有著录,然未见与此书关联的相似书名。又,"三秦"为关中一带的地名,例如曾有《三秦记》之类的地理书,已佚,[21]或与此书相关也未可知。

◆ 《神异经》一卷,东方朔撰,晋张华注

《隋志》同,且与《十洲记》并列,因其言辞荒唐无稽,在《四库总目》或现代目录书中通常归入子部小说家类。

◆ 《十洲记》十卷,东方朔撰

《隋志》同,又名《海内十洲记》,参见上书说明。

◆ 《三辅故事》二卷,晋世撰

《隋志》同,然未详"晋世"是姓名还是有脱字。后世目录书多注为"缺名"。

◆ 《历国》四卷,释法咸撰

《隋志》作"《历国传》二卷,释法盛撰"。现在有些书目所列此书抄本标示著者为法咸或法成,然《隋志》所言释法盛于史有传,撰者当以法盛为是。[22]《历国传》系求法旅程中巡游各国的见闻记录,因此著者既有可能是河西走廊上北凉或高昌一带的僧人、也有可能是承南朝法显之法灯经由南海之途赴印度的僧人。《隋志》与该书并列的还有僧昙景撰《外国传》五卷,也是求法僧所作的海外旅行记录。[23]《见在书目录》所收地理书与佛教相关的较多,这种情况也是当时日本对中国文化的关心及其具体表征的一个反映,此点容本文后述。

◆ 《舆地志》二十卷,陈顾野王撰

《隋志》同名,然作三十卷。顾野王为南朝梁陈时人,自幼才学卓著,尤通地理之学,12岁撰《建安地记》。《隋志》在地理总论中曾总结《禹贡》、《山海经》以来中国地理书的发展过程,其中评价顾野王的《舆地志》在南北朝时期大量增长的地理书中占有重要地位。[24]晋挚虞的《畿服经》据说有一百七十卷,今已佚,南齐陆澄所作的《地理书》,在《隋志》中著录为一百四十九卷,梁任昉所作《地记》也是二百五十二卷的鸿篇,在《隋志》中有其抄略本即"《地理书钞》二十卷,陆澄撰"与"《地理书钞》九卷,任昉撰"的记载,可知当时已出现取代原书巨著的较为简省的抄略本。顾野王《舆地志》的分量为三十卷,可能也是选取了与这些地理巨著篇幅相近的抄略本。该版本的《舆地志》今未见留存,但在后世《寰宇记》等地理书以及《初学记》等类书或史书的注释中常常可见引用,作为地名、史地记述的参考书而为历代史家所重。⑭

◆《括地志》一卷,魏王泰撰,原数六百卷,《图书录》只载第一卷

《隋志》不载。《旧唐书·经籍志》著录为"《括地志序略》五卷,魏王泰撰"。《新唐书·艺文志》则作"《括地志》五百五十卷,又序略五卷,魏王泰命著作郎萧德言、祕书郎顾胤、记室参军蒋亚卿,功曹参军谢偃苏勖撰",原本为五百五十卷的巨制,亦有仅收序及五卷的抄略本存在,日本仅见此书一卷本的著录,或是将序略作为《括地志》,序略之外则著录为《坤元录》(下详)。大概因此书编著者是唐代王族李泰,所以作为六朝地理书集大成之作而声誉卓著,在唐代盛行的古典注释之中也曾广为征引。⑮

◆《坤元录》一百卷

《隋志》不载,《两唐书志》亦未载。然《宋史·艺文志》可见"魏王泰《坤元录》十卷"的著录。该《坤元录》也是魏王泰的著作,有人认为是《括地志》的别名,也有人认为是别一种书物,然《括地志》尚有《魏王泰坤元录》、《贞观地记》、《魏王地记》、《括地象》等别名,且内容相同,因此一般认为《坤元录》是《括地志》的别称。关于《坤元录》在日本的流传,意义重大,容本文后述。

◆《古国都记》八卷

此书名《隋志》不载。但类似书名可见有《古来国名》二卷、《国都城记》二卷。后者在《旧唐书·经籍志》作"《国都城记》九卷,周明帝撰",《新唐书·艺文志》则著录为"《十国都城记》十卷、《周明

帝国都城记》九卷"。

- 《高丽国记》四卷

《隋志》不载,新旧两唐志著录为"《奉使高丽记》一卷、《高丽风俗》一卷,裴矩撰"。裴矩曾仕隋唐两期,是当时出色的政治家、谋略家。㉑他曾从征西域、高句丽,据说是以当时亲所闻见为基础撰述《西域图记》一书的,因此对隋唐两代地理学的发展颇多贡献。该《高丽国记》若果为裴矩之著,一定会成为热点话题。

- 《十道志》十二卷

《隋志》不载,《新唐书》有"梁载言《十道志》十六卷"。梁载言尚有其他的著作,他是则天武后时期的人物,㉒日本所流传者当即此书,然卷数不合。需要说明的是,《两唐书》中著录了多种名为《十道图》的图书。如《旧唐书》中可见《长安四年十道图》十三卷与《开元三年十道图》十卷,《新唐书》除此二书外,在《元和郡县志》之后有"又《十道图》十卷"的著录,当为郡县志附录形式的《十道图》。长安元年(701年)与开元三年(715年)及元和年(806~820年)之间存在着相当的时间跨度,因此《十道图》可能是以全国为对象、每隔一定时段编纂的一类地图。㉓

- 《雨京新记》四卷,韦述撰

"雨"当为"两"字之误。《隋志》不载,《新唐书》有"韦述《两京新记》五卷"的记载,但在中国很可能宋以后已经亡佚,因此宋以降书目著录中均未见此书。然日本前田家的尊经阁文库中,可见此书第三卷的残篇留存,早在江户时代林述斋所作《佚存丛书》中即有收录,因此广为人知。该本可能是镰仓时代的写本,上有"金泽文库"之印。当为平安时代传入、复经笔写传抄流传至今的一种珍贵的地理文献。㉔

- 《扬州图经》一卷、《濮阳县图经》一卷、《唐洲图经》十卷、《越州都叡(督)府图经》一卷、《海洲图经》一卷、《洲县图经》关内道·河南道·河东道·河比(北)道·山南道·陇右道·剑南南(道)·淮南道·岭南道

各一卷

案：该条记载在此书目的顺序上排在《南岳山记》（下详）之后。此处所列地名以图经名者5种和9道[⑩]附州县图者，均不见于隋唐经籍志。《隋志》有《冀州图经》、《齐州图经》、《幽州图经》，还有《隋诸州图经》一百卷。《隋志》本文中也可见到汇集大业年间全国地理内容的《诸郡物产土俗记》以及加入地图的《区宇图志》等地理书，此外也有各州编撰《图经》的记载。[⑫]书目所云者，可能就是日本人获得的此类文献之一部分，考虑到此处所举杨（扬）州、唐洲（州）、越州、海洲（州），均为自江南沿海北上长安途中所经地名，[⑬]因此可能是隋唐之时日人来华经由各地所获地方、地图资料。

◆ 《南岳山记》一卷

同名书在隋唐书志均未见载，南岳即湖南的衡山，或即《隋志》所云"《衡山记》一卷，宗居士撰"。《旧唐书》、《新唐书》未见此书，然而在道家书中有《道士李冲昭南岳小录》。

◆ 《方尺图》一卷

《方尺图》或当作《方丈图》，《新唐书》有《地域方丈图》1卷。所谓《方丈图》，应为中国科学地图学理论鼻祖——晋代裴秀，在绘制《禹贡地域图》之时将大图缩小而作成之图。[⑭]尚不知《新唐书》所云"方丈图"是否就是裴秀所作图，但从摘取《禹贡地域图》、《方丈图》两图名组成《地域方丈图》这个名称上来推测，或许尚存裴秀原图之风貌。即使不是裴秀所作原本，也可能是把运用裴氏原理所作的缩小图称之为"方丈图"。

◆ 《游名山志》一卷，谢灵运撰

《隋志》见载，另有谢灵运撰《居名山志》。谢灵运的作品，还有见于别集之中，即汇集大量诗文的《谢灵运集》，其中以山水为题材为多，或是时人所好。

◆ 《西域记》十三卷，玄奘撰

此书又称《大唐西域记》，《隋志》未载。《新唐书》将"《玄奘大唐西域记》十二卷"、"《辩机西域记》十二卷"并载,辩机为玄奘弟子,该书据称系其笔录玄奘语所成,因此作"辩机撰"。后世的著录或作玄奘撰,或作辩机撰,或将两者并列误成两种书籍,[38]此处为玄奘撰而未及辩机。现行版本多为"玄奘译,辩机撰"。

◆ 《关东风俗传》十卷,宋孝王撰

《隋志》未见,《两唐书》有宋孝王撰《关东风俗传》六十三卷,[38]然该书在《两唐书》分类中未归入杂史地理类。而实际上从《通典》等所引该书的条目来看,其于社会经济之记述甚为博洽,[39]可以说是一种具有丰富地理内容的文献,对推动南北朝时期方志的兴盛也有一定的贡献,应归为重视历史记述与体例的杂史类之中为妥。[38]

◆ 《阎浮提记》二卷

该书名在《隋志》、《两唐书》均未见。"阎浮提"源于古印度世界观中"四大陆"之"南方大陆"Jambudvīpa 的汉译名,又译作"南瞻部州"。[39]可能是类似旅行记录的一种文献。后世书目未见此书。此书之后是数种佛教相关的书籍。

◆ 《释迦方志》一卷,见道撰

《隋志》未见,《新唐书》有"《释迦方志》二卷",在唐代是与《大唐西域记》并称、有关西域地理资料的典籍。若即此书,则著者见道当为道宣之误。道宣是玄奘同时代僧人,以律的研究而享有高名,也因《续高僧传》、《广弘明集》等著作而为人所知,是当时学问第一的佛教学者。《释迦方志》是他大量著作中的一种,综合记述了由玄奘带来的从西域到印度的实际状况,以及佛教传入的历史等。[40]

◆ 《婆罗门摩伽陀等国图记》一卷

《隋志》地理部可见"《大隋翻经婆罗门法师外国传》五卷"一书。或为汇集印度见闻纪行与地图的书籍,摩伽陀即摩伽陀国。《隋志》在其他类别中尚有《婆罗门天文》、《婆罗门算法》、《婆罗门药方》等记载印度传入技术的书物。

161

◆ 《西明寺图赞》四卷

《隋志》、《两唐书》未见同名书。西明寺是建于唐代长安的佛寺,位于城内右街延康坊。该地是隋代大官僚杨素、唐太宗时魏王李泰的邸宅,高宗时为太子李弘愈病而建寺院,名之曰西明。该寺因玄奘由印度归长安之际曾自大慈恩寺移驻此寺从事译经而广为人知。前揭《释迦方志》著者道宣也曾受该寺延请,并被聘为上座,参加玄奘的译经事业。值得留意的是,此处列举了玄奘《西域记》、道宣《释迦方志》等由西域、印度传入的佛教相关书物,此类文献在当时的长安,围绕着玄奘归国而成为一大话题。

该西明寺据说是仿照印度祇园精舍建造的,而日本的大安寺据说又是以西明寺为范式修筑的。西明寺与印度摩伽陀国的那兰陀寺、日本的六波罗蜜寺并称大门北向的大寺,在日本也被认为是代表唐土风格的寺院。[41]此外,在奈良时代寺院建筑的模本——《寺院图》中可见到一种《西明寺样图》,有学者认为就是西明寺落成的奉赞之图。[42]

◆ 《建国论》二十六卷

与此后所见《国图》(下详)同为《隋志》、《两唐书》失载书名。有学者从《建国论》的卷数推测此书可能就是《十六国图》。[43]《隋志》中载《十六国春秋》,但似无必要与之牵强对应,且《见在书目录》的抄本中也分别记载了这两种书,两者并不相同,此点至明。

"建国"之词不是近代以来所用词义,若以当时的语汇来分析,《隋志》记述中有"建国之三典"这样的用例,地理类的说明中也可见"建邦"一词。[44]两词可能都源自《周礼·周官》,若以"建国建邦"即整理一国制度政体的意义来理解的话,那么该书应为以此目的所作的一类书物了。但不知此书是汉籍、还是以日本人在唐土知见所撰之书。

◆ 《国图》一卷

汉籍中未见此书名,《新唐书》可见《郡国志》一书,唐代以后也有将李吉甫的《元和郡县图志》记作《郡国志》的例子，[注]因此该《国图》或为《郡国图志》也未可知。

在古代日本，按田令的规定作成《田图》与《田籍》，并置于中央民部省与各国国衙保管，国衙的《田图》也有称为"国图"的。[注]事实上，天平十年（738年）也确曾颁发绘制全国《国郡图》以及《国图》的指示。[注]不过，倘若是此类日本史料混入《见在书目录》，就会显得极不自然。因此该《国图》当非日本《田图》类史籍，若此《国图》即后世以"行基图"之名流行的日本全国地图，[注]那么作为贵重书物而被记载下来也是有可能的，但当下尚不明确。

在天平胜宝八年（756年）献纳东大寺的圣武天皇遗品目录——《东大寺献物账》之中，有一份收录多架屏风的清单，其中可见《国图屏风六扇》一种。[注]从注记来看这是一架装饰极为豪华的屏风，在制作上可能是将类似《田图》那样的行政文书在屏风上描绘成图。这架屏风虽然可能是集各国之《国图》绘制而成的日本全国《国图》，但同书列举的屏风还有《山水画屏风》、《大唐勤政楼前观乐图屏风》、《大唐古样宫殿画屏风》、《古样山水画屏风》等美术价值很高的屏风，《国图屏风六扇》没有"大唐"一词，不过从该架屏风排在清单前列这一点也可见在当时是被看作是贵重之物，所以推断可能是唐土的舶来品，此点尚待今后详考。

以上检讨了《见在书目录》所载各种书籍，接下来总结该书目收录汉籍的整体特征。

首先是分类名使用上的"土地家"一词，如前所述，南朝梁代书目《七录》中可见同样的分类名称。[注]《七录》是梁代阮孝绪在前代宋谢灵运、王俭、齐王亮、谢朓、梁任昉、殷钧等所作书目基础上于普通年间（520～527年）编纂而成的，[注]该书共分经典、纪传、子兵、文集、技术、佛录、道录7类，其下还有详细的细目。[注]将此书与《隋志》以后的四部分类相对照，就会发现此书中的经典相当于《隋志》的经部之书，记传相当于史部之书，子兵与术技相当于子部之书，文集相当于集部之书，除佛录、道录外，基本上跟四部分类相近。不过从细目来看，尚有几点明显的差别（参见文末所附比较表）。特别是在史部的部分，《七录》中的国史类书籍，《隋志》又细分为正史、古史、杂史等类。这可能是随着史学类文献的不断丰富而产生详细分类的必要性。而与地理相关的书籍，《七录》称土地，《隋志》则名地理，且《七录》在土地之前的鬼神类不见于《隋志》。而《日本国见在书目录》与《七略》相同，将《隋志》中的地理名之曰土地，其所收录的书目亦多为《隋志》或《两唐书》的地理类中见载，内容上与《隋志》并无太大差异，作为日本汉籍目录并无必要另取别名。此外，《隋志》与《见在书目录》尚有若干分类名称上的微妙差异（如经部的"谶纬"作"异说"，子部的"道"作"老"），有可能《隋志》在完全成书之前的编纂阶段曾有过继承《七录》分类名称的可能，《见在书目录》作成之际参考的正是这种可能的早期版本，当然这一点在目前也只是单纯推测而已。

那么《见在书目录》所收地理书有何特征呢？在评价此类地理书之前先看一下《见在书目录》所收史部书的整体情况，就数量而言，史部类书传入日本的并不算多。若将之与《隋志》所收卷数比较来看，经部类书出现在《见在书目录》的卷数达到《隋志》卷数的半数左右，子部的卷数则大致与《隋志》卷数相当，集部书也要超过六成，尤其是总集那部分，甚至超过了《隋志》总集类书的卷数，但史部类书的卷数则不过《隋志》的三成。可见当时史部之书在日本所接受的全部汉籍之中是相对被轻视的。总集之中与《文选》关联的书籍，如《弘明集》、《广弘明集》、《玉台新咏》等都因广为传诵而被纳入《见在书目录》之中，而子部所收儒家等哲学类文献虽然为数不多，但天文、五行以及史部的刑法等实用性内容的书籍仍不在少数。此外，还收录了子部杂家类的《艺文类聚》、《初学记》等类书，以及《群书治要》、《贞观政要》等有资于治世的书物，由此可知当时在日本受到尊重的汉籍书物大概是哪些了。

不过，在《见在书目录》的史部类书籍之中，自《史记》、《汉书》而至于《隋书》为止的正史均毫无遗漏地作了著录,《续日本纪》记载吉备真备以遣唐使身份入唐并携带各种汉籍与大唐文物返回日本之事。其中,也明确提到在他教授天皇的重要汉籍中包含了所谓帝王之学的《汉书》。《汉书》是最初具备《地理志》的正史,据说《东观汉纪》中也有《地理志》,因此作为帝王之学的一部分内容,讲授地理也是有可能的。

在《见在书目录》归于"土地家"之类的地理书中,最初列举的是《山海经》。可是从正史地理志或与统治密切相关的郡国志等正统地理学的角度来看,《山海经》不过是荒唐无稽的神话或仙术世界的记述,《宋史·艺文志》将"郭璞《山海经赞》二卷"归入地理类,但却将"郭璞《山海经》十八卷"放在了子部的五行类中。也就是说,即使附有图的这一类书籍可看作是地理类,但文章本身却并不能被认为是属于地理类的。并且,在五行类中还有"《山海图经》十卷,郭璞序,不著姓名"这样的书籍,显示《山海经》归属的不安定状态。加之《山海经》在五行类中是与"僧一行《地理经》十五卷"、"《地理观风水歌》二卷"、"《地理正经》十卷"、"朱仙桃《地理赞》"、"《地理口诀》"等所谓的风水地理、堪舆学类书物并列的。由此可见在当时中国的书籍分类中史部地理与子部地理的分化状态,反之,当时在日本却将《山海经》这样的文献当成地理学的代表书籍来看待了。

《见在书目录》另一显著特点是全国或地方地志类书籍的著录。除了顾野王的《舆地志》、魏王泰的《括地志》(含《坤元录》)、梁载言的《十道志》等六朝时期创作的代表性全国地志之外,《两京新记》等都邑志以及以《扬州图经》、《濮阳县图经》为首的州县单位的地方志也有 10 种左右。其中的州县图经类书籍,就行政区域而言几乎包含了所有的"道"级区域,应该是当时日人在考虑实际用途基础上加以收集的,或者是抵达江南的使节在前往都城长安、洛阳沿途所经都邑之际收集的地方资料。虽然此类名为图经的书籍之中附有何种形式的地图这一点尚不得其详,但毫无疑问是有意识地将地志与地图两者合为一体加以编纂的。而与此类地志不同的不那么实用的地理类书籍,则仅有谢灵运的《游名

165

山志》等极少数的几种了。

《见在书目录》中还有一类数量较多的书籍是与西域或佛教相关的地志或纪行类文献。当时正值玄奘西方求法旅行在长安宣传之际，这类书籍的著录恰好表现了当时文献流行的最新情况，该种情况与现在正仓院留存的许多西域传来文物相照应，真实反映了当时处于丝绸之路东端的平城京与唐土共同的繁荣景象。

最后需要特别说明的是，这些书籍是何时、如何传入日本的这一问题。《见在书目录》所载书籍之中，明确指出由来的只有吉备真备携带返日的《东观汉纪》一种，[⑥] 其他的书籍则未详其流传缘由。不过，在与正仓院文书相关的奈良时代写经之中可见多种汉籍书名，[⑥] 此外通过对《日本书纪》、《风土记》、《万叶集》等书文体表现的详细分析，也可了解此类文献的成书与中国由来的汉籍之间有着深切的联系，[⑥] 奈良时代已经有相当数量的汉籍传入日本，这点是没有疑问的，那么其中是否包含了一些地理书呢，此点容本文后述。

三、汉籍与日本的地理书

以上《见在书目录》所载者皆为中国舶来之汉籍，而非日人所撰之书。古代日本人也创作了《日本书纪》那样的史书、《万叶集》那样的诗歌集，还有被认为是圣德太子著述的佛教理论书，在整顿律令体制的同时也编纂了律令格式以及与之相联系的行政文书。那么在地理学方面，又是基于怎么样的思想、产生的怎么样的本土文献呢？

为了解此问题，在奈良平安时代，如果能编制像汉籍的《见在书目录》那样的和书目录书就好了，可是从现存记录上并未见到类似的书目，非常遗憾，没有相关的史料留存。[⑥] 目前可作为研究材料的只有平安末成书的《通宪入道藏书目录》(以下简称《通宪目录》)[⑥] 和被称为最早和书目录的《本朝书籍目录》(以下简称《本朝目录》)。[⑥]《通宪目录》是汇集和、汉文献的藏书目录，并非具有系统分类的目录书，而是以所藏书柜来大致编排书目的。该书第24柜的汉籍地理书中收录了《两京新记》、《十州记》、《山海经》，第16柜收有魏吴蜀志的《三国志》、《汉书地理志下之上》、《五行志》。而《汉书》中的列传被分藏在几个不同的书柜之中，可见《志》是以单行本的形式出现的。而和书方面，则收藏了《类聚国史》、《本朝世纪》（藤原通宪即信西所纂）、《续日本纪》、《日本后纪》、《文德实录》等史书，《延喜式》与《令义解》，以及有关公卿补任等政治体制的书籍，却未见与地理相关的书籍。不过现行本的《通宪目录》缺卷较多，虽然没有《风土记》或地图类的书名，但也不能就此断言从来就无此类文献。

而此后的《本朝目录》大约成书于镰仓时代，该书在《神事》以下分20类加以编目，[⑥]其中就有地理类。不过地理类中仅收录了《国府记》（行基撰）、《风土记》（记诸土地本缘）、《海外国记》（天平五年春文撰）、《西京新记》、《民部省图帐》5种文献，与其他类别相比属于极少量的一类文献。如在历史类相关的帝纪类编目中，列举了《古事记》、《日本书纪》以下的六国史、《类聚国史》、《本朝世纪》、《扶桑略记》等编纂书以及几种像《弘仁四年私记》那样的书纪类著述，合计达44部将近600卷的书物。而数量最多的政要类书籍更是多达84部2240卷，其中包括法令制度解说书《政治要略》130卷，将内记职务分类整理的《柱下类林》360卷，以及《令义解》10卷、《令集解》30卷、《律集解》30卷等多种多样的律令格式注释书巨制。该目录著录的文献并非都是当时实际所藏书籍，也收录了部分已佚的古书，因此，不得不承认当时被认为是地理书这一类文献，其数量极其有限。下面参考松田氏的考证，先将上述5种日本的地理书分析如下。

◆ 《国府记》七卷，行基撰

《国府记》这样的书名未见于古文献记载，被认为是菅原道真作品的《长谷寺缘起文》中提到了"《行基菩萨国符记》七卷"。[⑧]若仅以题名而言，《国府记》当为记述诸国国府之书，而如果题名为《国符记》的话，因为"国符"是颁发给国或郡等下级行政组织的文书,那么该书应为汇集此类"国符"的文献。不过,无论何种解释,也难以跟长谷寺的创建产生联系,因此该书究竟为何种文献尚不明确。《长谷寺缘起文》在记述长谷寺初建之地灵验显应之后,曾谈及以《行基菩萨国符记》等书为"镜"("镜"或为"范文"之意)来作此文。而《长谷寺缘起文》之中又有关于长谷寺创建历史经过的记述,其中在提及行基携童子巡游创建此寺之山域的一节,可见"圣人巡礼之仪,别有七卷,不遑具记"之语。此七卷之书与文中提到的《行基菩萨国符记》卷数一致,而从其与"行基菩萨"相联系的书名来看,此种《国符记》或是与长谷寺创建以及圣地拜礼巡礼相关的文献。[⑬]行基是与各地水利、土木建设,以及土地开发、传承密切相关的人物,因此日本地图最初冠名为"行基图",倘若此书真是与行基相关、记述巡礼土地的文献,那么应该可以认定为地理书了。

◆ 《风土记》,记诸土地本缘

关于此种《风土记》,容下章详述。

◆ 《海外国记》四十卷,天平五年春文撰

如笔者在《见在书目录》的《海外记》处说明:《海外记》一书在汉籍中未见对应之书,一般认为该书是和书,因与汉籍混淆而被误编入《见在书目录》。关于《海外国记》,稍晚时代的《善邻国宝记》在提及天智天皇之时唐使来日的相关记事中曾引此书,在《释日本纪》中也有数处条文引用此书。[⑭]从这些记述来看,此书当是立足日本观察、记述外国之文献,和书判断无误。著者春文生平不详。又,天平五年(733年)这一系年虽然不能简单认定,但也非擅自添加、毫无根据的系年,以此年前后的历史事件来看,该年为多治比广成等遣唐使派遣之年,翌年归国途中漂流至种子岛;至天平七年,作为养老的遣唐使滞留唐土的吉备真备、玄昉等一同归国,带回了大量汉籍、佛典。而此前的神龟四年(727年),渤海国使节来日入京,两国始立国交,同时又有南嶋人来朝之事。鉴真来朝的天平胜宝六年(754年)在时间上也与之接近。尤其是吉备真备的归国,使得日本对唐土的理解在质和量方面都有了飞跃式的提升。该书应该正是在此种海外交流兴起背景下诞生的总括之前知识积累的文献。从40卷的分量来推测应该也是一种内容相当充实的著作。值得留意的是,天平五年正是《出云国风土记》成书之年,该时期可以说是对海外关心高涨与对国内土地关心深化两者并进的时代。

◆ 《西京新记》

如和田氏的考证作指摘,《通宪目录》第24柜收有《西京新记》(在有些写本中"西京"作"两京")、第28柜收有《两京新记》,和田氏以为是两种书籍,《西京新记》为和书,《两京新记》为汉籍,[①]且《西京新记》当是仿《两京新记》记述平安京右京情形之书。第24柜基本上是汉籍的专柜,如前所述此柜收藏了《十州记》、《山海经》等书,可以说是汉籍、特别是有意识地收集汉籍地理书的一个书柜。而第28柜列举的六种书籍之中有三种无疑是第24柜相同的,如果算上《两京新记》的话则这两个书柜的收藏内容几乎相同。[②]因此,将《西京新记》定为和书尚缺乏足够的根据,将汉籍的《两京新记》误作和书的考虑是否更为妥当? 或者,《隋志》、《两唐书》有《西京记》一书,也许是将此书名与《两京新记》之名混淆也未可知。

◆ 《民部省图帐》

此书松田氏有详考,毋庸赘述。只是收藏此种行政资料这件事本身又有何意义呢? 可能是为了管理的需要,藏书者将本人所在国郡的资料加以抄录保存而形成的一类书籍,由此可知在古代日本,地图资料已经得到了广泛的整理。

四、作为地理书的《风土记》

在日本,《风土记》是最早的地理书或地志这一认识已经得到学者普遍的接受,不过,作为一种地理书其意义究竟为何这一点则尚未充分探讨。通过既往研究,《风土记》的书志学检讨可以说已经穷尽,[13]而关于《风土记》的内容分析,笔者打算另作详考,在此先讨论与《风土记》成书相关的若干问题,特别是它与中国地理书的关系。

迄今为止,《风土记》在近代的学问分野中一般都被视为是古典文学类作品,这从文学史的脉络来看也不失其合理性。关于这种书的分类也还有细究的余地,虽然记纪类书籍也有归入文学史的,但在区分上一般都将之视为史书来处理,特别是《日本书纪》一书,已经成为古代史研究的基本史料,而《风土记》即便是在广义上也没有被看成史书。[14]不过,这种被视为文学书的《风土记》,其内容却与物语、随想、日记那样的纯粹文学作品不同,更多的是枯燥刻板的事实列举,而且在形式上此书也并不专注于文章的修辞,可以说,除了书中的地名故事、传承与采风等内容称得上是民众文学意识的产物而得到文学评论界尊重之外,从其他方面来看都不应视其为一种因创作个性而形成的文艺作品(而此点正是近代意义上人们对文学的认识)。[15]而且,此书也不能与应中央之命提交的报告书,即所谓行政文书类的太政官符或律令格式,或者户籍计帐类那样的史料相提并论。至少《风土记》不是单纯的机械事务作业型的文献,这一点从其编纂过程与现存文本来看也是非常清楚的。从《见在书目录》所见此类文献在日本的流传来看,在日本得以集中保存的中国的《风土记》,其数量仅限于数种之谱,因此在一般情况下,日人收藏此类文献,与其说是将之看作一种书籍,毋宁说是抄录其中的必要部分以资利用的资料集。既非文艺书又非史书,也不同于一般行政类文书这样一种处于独特位置上的《风土记》,在日本古代文化中作为地理书应如何给予评价呢?这一问题如果换个角度看的话,《风土记》也为古代日本地理意识如何形成的探讨提供了一个绝佳的案例。

有关日本《风土记》的产生,根据《续日本纪》和铜六年(713年)五月二日条所载:"五月甲子,畿内七道诸国。乡名着好字。其郡内所生,银铜彩色草木禽兽鱼虫等物,具录色目,及土地沃塉,山川原野名号所由,又古老相传旧闻异事,载史籍言上。"这是当时太政官向各国颁发的命令,此处未见"风土记"这个名称,应该是以"解"的格式将各国的报告书予以申报。[⑯]不过到平安时期"风土记"已被作为书名使用了,[⑰]因此可以认为"风土记"这一名称的出现大约应在和铜至延喜年间。而到了平安中期,史载太政官符再度命令诸国编纂《风土记》,[⑱]可知其时"风土记"这一名称已成为正式官方用语。

《风土记》这一名称及其编撰的旨趣,显然都受到汉籍的影响,就其具体内容而言,根据近年桥本雅之的归纳,目前主要有如下几种见解。[⑲]

A 说:以中国的《诸郡物产土俗记》、《州图经》等地志为范本,而未受正史《地理志》直接影响。[⑳]

B 说:具有与《汉书》等中国正史相当的史书编纂意图,其目的是作为《日本书纪》中"纪"的一种,其编纂形式相当于《地理志》,因此与正史的《地理志》有着密切的关联。[㉑]

C 说:《风土记》类文献的编纂在汉籍之中也并不仅限于地志类书籍,还要综合《山海经》等更广泛的汉籍知识,日本的《风土记》编纂也有类似特点。[㉒]

D 说:虽说渊源于汉籍,但更应重视日本内在因素对此类文献的影响,因其着重于国的废置、郡的新设、驿制的整备等记述,所以编纂《风土记》之事可视为该时代地方整顿的一环。关于《风土记》与汉籍的联系,虽然从文献规范上看具有重要的意义,但现存《风土记》与汉籍也有相当大的差别,从其格式来说应认为是本国独自的文献。[㉓]

在上述诸说之中,近年以 B 说最为有力,但桥本氏也指出了这些见解各自的问题所在。如 D 说过于强调日本内生动机,对汉籍的影响未免评价过低。这是因为,对于"现存《风土记》所见之地志文献的性格,究竟是如何产生的"这一问题,仅凭日本内生因素还难以解释,无论如何也得考虑汉籍的影响。A、B、C 各说都指出了《风土记》与汉籍的关联,但 A、B 两说只说明了编纂理念上的影响,而没有确认具体文献

171

上相互记述的对应,其实证分析显得不够充分。C说则强调《风土记》的形成是在当时全面接受汉籍文化的背景下产生的,而不限于特定的汉籍,因此C说表明的是"对汉籍文化的全面分析才是研究的基础"这一立场。

对于以上各种见解,从中国地理书内涵的角度,笔者想谈谈自己的私见。首先,B说认为"《风土记》的编纂是古代日本发扬国家意识而有意将其作为类同于中国正史的组成部分——'志'来进行编纂"这一点,与其他看法全然不同,是一种极具魅力的理解。诚然,《日本书纪》的编纂是日本在仿照隋唐整顿律令体制的背景下,作为一个具有独立王权的国家,意欲以中国历代王朝的正史为范本编纂同样的史书。只是在具体的形式上,是否果真采用了《史记》、《汉书》以来的纪传体书写方式呢?正如神田喜一郎所言,《日本书纪》在编撰之初有意采用的书名是《日本书》,[38]但随着实际编纂的展开,由于只有《纪》的部分得以完成,为了编纂《志》之中的《地理志》,才有了和铜时期太政官命令各地搜集资料这样的事情,[39]因《风土记》与《日本书纪》及《古事记》的成书年代密切相连,所以这种观点是有一定说服力的,不过从内容上看,现存《风土记》与正史的《地理志》之间还存在相当的距离。

首先,纪传体正史的《志》书并非仅有《地理志》。例如《汉书》在《律历》、《礼乐》以下共有10志,《地理志》是其中的第9种;《史记》没有《地理书》,而就其中与后代的《志》相当的《书》而言,其始就有《礼乐》、《律历》等的编排;《晋书》则以《天文志》、《地理志》为先,而将《律历》、《礼乐》放在其后;《隋书》沿袭《汉书》的结构,以《礼乐》、《律历》先行,《地理》、《经籍》置于末尾。如前所述,吉备真备等遣唐使携带《史记》、《汉书》等多种正史类文献归国,以《史记》为首的史书在宫廷得以传诵,此类史书无疑已被认为是唐土文明的必备要素,那么在当时史书中《志》的部分,其意义又在多大程度上得到理解了呢?前面已经提到《通宪目录》将《汉书》的《地理志》、《五行志》作为单独的书名加以著录,不过,即使能够作为专门领域的独立学习范本,但此类文献能否很快转化成为日本书的直接组成部分这一点尚不明确。

下面再看看古代日本的《令》对专门从事特定领域研习的官僚是如何规定的:大学寮的博士是以经业为专业领域的(以儒教经典的解读为主旨),此外还有音博士、书博士、算博士的设置;在阴阳寮有专司阴阳道的阴阳师,此外还设置有阴阳博士、历博士、天文博士、漏刻博士;在典药寮则有医博士、针博士、案摩博士、呪禁博士的设置。㊵也就是说,大学寮是做一般的学问,特别是以解读中国经书培育官人所需具备教养为主旨的,而阴阳寮与典药寮则是对应于各自不同专业的学问,在那里主要是教授、学习技术的。在大学寮教授的经书,根据《学令》记载有:大经为《礼记》与《左传》,中经为《毛诗》、《周礼》、《仪礼》,小经为《周易》与《尚书》,《论语》与《孝经》为必修。而《考课令》中列举了秀才、明经、进士,明经考试中出题的对象就包括了上述的经书以及《文选》、《尔雅》,但并未列举子部中那些针对个别专业领域的书籍。在医学药学专业,则在《医疾令》中列举了《脉经》、《新修本草》、《素问》、《黄帝针经》、《明堂》(即《黄帝明堂经》)等书物。阴阳道专业的书目规定方面,没有见到特别针对的《令》,但据后代史料,可知天文学方向有《史记·天官书》、《汉书》与《晋书》的《天文志》等,在历学方向有《汉书》与《晋书》的《律历志》等,都是列举了正史中相应的《志》书。不过,在该时期尚未确立历史这一专门学问领域。㊶

但自《养老律令》公布之后,上述制度逐渐发生了若干变化,神龟五年(728年),在大学寮设置了律学博士与文章博士,㊷到天平二年(730年)又在律学博士之下增设了明法生与文章生。㊸其后,从圣武天皇继承皇位的孝谦女帝完成了大佛开眼工程,以藤原仲麻吕为中心的政体由此得以整备,就在这真正意义上的古代国家逐渐形成的天平宝字元年(757年),出现了严格规定博士、医师等专职任命的勅书,其中规定各专职需要学习的书籍标准,㊹针对讲经生、传生、医生、针生、天文生、阴阳生、历算生等各类大学生,规定了需要阅读书籍的详细书单,如讲经生规定为三经,而传生(后来又称纪传生)则规定为三史,由此诞生了与经学不同的、而以史学为专攻领域的大学生。所谓史学的三史，就是以《史记》、《汉书》，加上《东观汉纪》或《后汉书》作为必修的教材。而就在此前的天平七年(735年)，吉备真备献上所携汉籍，由此番大规模的汉籍东传为契机，开启了对唐土学问的真正的学习与应用，历史学也逐渐发育形成，只是尚不明确其时地理学是否包含于史学之中，抑或在天文学或历算学之中。而该时期出现的传生，直到平安时代的大同三年(808年)才在令制中获得记传博士的位置。⑪此后与文章博士并行，地位逐渐提升，这可能是因当时史学与文学尚未分化的学问体系造成的（或者至少可以说是其中的一个原因）。

《日本书记》的编纂是在养老年间(717～723年)，不过上述各种相关制度的形成还要到此后的时代——即着手编纂《续日本纪》之时，因此不能与和铜年代(708～714年)编纂《风土记》的太政官令作同时代的分析，如果说《风土记》编纂背景在于《日本书纪》编纂之际有意识地运用中国正史纪传体的体例，那么就会影响到后世史书编撰的思想与体例，但至少从上面检讨中没有看到可以支持这种看法的证据。

接下来再考察 A 说、C 说、D 说。如 C 说那样，古代日本的文献形成，具体而言在于文章创作的背后一定存在着多种多样的汉籍。但《风土记》的编纂者是地方官厅、国郡政厅或乡里官吏，因此十分怀疑这些编纂者可以在多大程度上利用中央官人的那些贵重书籍的写本。现存的各种《风土记》，从其汉文的撰写上看，当时的编纂者应是具备了相当的修辞能力，可以说此类文献的编纂者虽然仅能接触到为数有限的汉籍（如《艺文类聚》那样的类书），但其创作应该是在接受文辞训练的基础上展开的。A 说通过对当时在中国大量出现、其中流入日本的那部分《风土记》或州县图志等地志（或志）的确认与分析，由此将《风土记》与汉籍联系起来，该种观点较为具体，近年也出现了详细分析两者关系的研究，因此也是一种颇具说服力的观点。⑫该种观点的研究目前仍有进展——已经不再是简单地罗列中国地志中以《风土记》命名的书籍，而是从记述本身来论证其与中国地志的关联。尤其是以"古老相传"这一词汇的分析为线索,通过《风土记》与中国地志在叙事上的比较,来阐明两者关系的尝试可以说是意味深长。㊳关于 D 说,正如桥本雅之所总结的,存在着过低评价汉籍影响的问题,但从其深入追溯日本风土记的编纂意义这一点来说还是值得思考的。

最后需要说明的是,中国地志编纂旨趣对日本的影响与编纂实践方面的关系这一点。现在中国所说的方志,其叙述对象主要是针对各个不同范围的特定地域,但并非近代科学意义上所定义的地理书或地志,如何从地理学史或地理思想史的角度来定义唐宋以来编纂的许多总志、方志类历史文献,其本身就是一个大问题。㊴隋唐以前,在《隋书·经籍志》等书目中被当作地理书的文献大多已经散佚,这些地理书多为后汉至魏晋南北朝时期各地出现的地方文献,今天能见到的大多数只是辑本,但从残存部分的内容来看,显然包含了许多有关山川、户口、地籍、产物等地理性记载,当然同时也包含了历史、风俗、传承、异闻等有关某一地方的各种各样的事情,甚至还收录了当地出身的人物或曾在当地官衙勤务的官僚们的传记及文艺作品,可以说是有关一地的综合性的地域叙述。若要追溯该类文献的原初形态的话,可能是源于后汉末以来出现的汇集某地人物传记的耆旧传、先贤传类文献㊵和上述以风土记、地记等形式出现的地志类文献。㊶

地志类文献流行的背景,在于后汉末以来愈来愈显著的地方独特性认识以及意欲对他者表达此类认识的愿望,即所谓地方自我意识的高涨。地域独特性的主张具体有些什么呢?那就是——在某一特定地域展开的其自身独特的历史,包含自然与文化景观在内的地方特性,体现这些历史或景观的名所旧迹,还有地名,那也是一地历史文化的体现。当然,一定还要有在这块土地上生活的人以及他们的行迹,以及这个地方的人所表现出来的地方个性。

因此,具有此种性格的地志,即使在各地均得到编纂也难以形成汇编形式的"全志"。这种地志与正史地理志收录的那些枯燥无味的数据全然不同。这就是说,正史地理志的编纂需要各地提供数据,而对应于此种中央对下设各行政单位提出数据要求目的而编撰形成的书籍，应该就是《见在书目录》所见到的那些州县单位的图经了。渡海来到中国的日本官人们为了模仿唐土的中央集权制统治方式，从实用资料的动机出发收集了这些书籍与地图。不过，在中国同时还存在着上述记录地方个性的《风土记》类书籍，而这两种文献到了日本又未能加以截然区别，因此才会出现和铜年间《风土记》编纂那样不甚明确的官命。这一点已有许多研究者指出——在和铜的官命之中，对于编纂的要求，既要有地名的命名、产物或自然状况、土地的肥沃度等行政报告式的图经类文献形式的表现，又要有地名的由来、古老相传的旧闻等风土记类文献形式的叙述。而对照当时编纂、实际现存的《风土记》的体例，则大多在此两极之间变化、同时也具有一定的个性。总体上说，如《常陆国风土记》以后者的叙述为多，《播磨国风土记》则有所纠正，《出云风土记》似乎是注意到了两者的平衡。

在中国曾经出现了大量风土记类型的地志，同时也有汇集图经类方志而编纂形成的总志，在文献类型上表现较为多样。总志之中也包含了不少类似风土记记述的，不过由于正史的编纂因朝代交替得以完成，没有即时性的需要，因此元代以降开始了《一统志》那样官制的同时代的总志。关于这个问题，限于篇幅拟另作一稿加以详讨。

五、结语

为探究古代日本与中国的地理学交流，本文主要从中国传入的地理书、日本本国所作的地理书、作为具体考察的《风土记》类地理书的性格分析这三个方面来加以研究。结论是：自很早的时期——奈良时代起，就已经有中国的地理书传入日本。到了遣唐使往来兴盛的时代，汉籍大规模传入日本，使得日本在接受汉籍的质和量上都有了很大提高，这其中也包含了少量的地理书，有些甚至流传至今，可见其对日本的广泛影响。此外，当时正史广为传诵的情况也是十分明确的，显然作为正史构成部分的地理志也已广为人知。

不过,日本在该时期编纂的地理书还很难说受此影响已经结出丰硕成果,地理志并未被编入日本的正史——《日本书纪》及此后的六国史之中。当时日本接受中国地理书的显著表现在于:由于资料或图经类书籍能够激发人们对唐土的憧憬和想象,因此为日人所喜好,而绘画资料形式的地理书也在这一时期得以利用。前面提到《见在书目录》中的《国图》,如果确是《东大寺献物帐》中所见根据唐土地图制作的《国图屏风》,那么当时日本宫廷对于中国地理又会有怎么样的一种理解呢?这个问题意味深长。

为考察以上推测是否可能,还可以分析一下称为《坤元录屏风》的那种屏风。虽然实物没有留存,但在《枕草子》中却留存有"《坤元录》的御屏风,觉得真是很有意思的名字;《汉书》的御屏风,却觉得很雄大的;再又每月风俗的御屏风,也有意思"这样的文句。[⑦]当时在宫中众多屏风里,作者特别提到了以图画形式表现《坤元录》的屏风和或许也是以图画形式表现《汉书》中某一故事的屏风以及描绘每月风俗的屏风这三种,并评价《坤元录屏风》是一件很有意思的屏风。如前所述,《坤元录》载于《见在书目录》,可能就是《括地志》的别名,暂不论这种推断是否合理,但该书是中国的地志这一点是确信无疑的。而《坤元录屏风》的含义,应该并非是指屏风上载有《坤元录》一书的附图,而是类似描绘《汉书》故事的屏风那样,将地志中的文字叙述如同风景画般加以描绘。此外,史料上还留存了与该屏风的制作相关的记载,那就是以《坤元录》的叙述为题材作诗,并根据诗歌绘制屏风这样的过程。[⑧]后藤昭雄曾详细检讨该屏风与屏风诗,他认为这是一种以《坤元录屏风诗》来表达的类似名胜指南的创作,显然,此类地理书不仅仅影响了汉诗文的世界,也触及到了和歌的世界。[⑨]

正如《坤元录》这一典型案例中所见到的,对日本人来说,中国的地理书首先是反映中国这方土地的文字资料。虽然一眼看上去都是些枯燥的地名罗列与山川记述,但对于以此为材料进行创作的人来说却是

177

一种富有想象空间的文献。此类文献或许在文字表现上显得比较刻板,但对于不能直接到现场观览或感受风景的人来说,这已经是一种极力接近真实的表现方法了,而且这也可以说是地理的文艺化与艺术化。中华文明通过地理来向日本人叙述美的意识,这也是异国地理的一种传递方式,那么在中国流行的地理书,其中所凝结的地理思想是以何种方式传递到日本的呢?换句话说,中国的地理学是如何作用于日本地理学的呢?

在日本,最初成书的地理文献——《风土记》,从其成书背景来看,目前尚不明确编纂者究竟在何种程度上意识到这是地理书的创作。[18]不过,该书的叙述中明确显示出作者对于地方的强烈意识(有点类似于乡土意识),而这,也很有可能成为了日本式地理思想的发展起点。

附：梁七录・隋书经籍志・日本见在书目录分类比较

		七录	种/卷			隋志	部/卷			日本	书/卷
经典	1	易	64/590	经部	1	周易	69/551		1	易	33/177
	2	尚书	27/190		2	尚书	32/247		2	尚书	13/113
	3	诗	52/398		3	诗	39/442		3	诗	15/168
	4	礼	140/1570		4	礼	136/1622		4	礼	46/1109
	5	乐	5/25		5	乐	42/142		5	乐	23/207
	6	春秋	111/1153		6	春秋	97/983		6	春秋	35/374
	7	论语	51/416		7	孝经	18/63		7	孝经	20/25
	8	孝经	59/144		8	论语	73/781		8	论语	35/269
	9	小学	72/313		9	谶纬	13/92		9	异说	17/85
					10	小学	108/447		10	小学	58/198
		小计	591/4710			小计	627/5371			小计	262/2725
记传	1	国史	216/4596	史部	1	正史	67/3083		1	正史	35/1372
	2	注历	59/1221		2	古史	34/666		2	古史	9/240
	3	旧事	87/1038		3	杂史	72/917		3	杂史	34/619
	4	职官	81/801		4	霸史	27/335		4	霸史	3/122
	5	仪典	80/2256		5	起居注	44/1189		5	起居注	3/39
	6	法制	47/886		6	旧事	25/404		6	旧事	4/20
	7	伪史	26/161		7	职官	27/336		7	职官	4/70
	8	杂传	241/1446		8	仪注	59/2029		8	仪注	18/106
	9	鬼神	29/205		9	刑法	35/712		9	刑法	41/580
	10	土地	73/869		10	杂传	217/1286		10	杂传	40/437
	11	谱状	42/1064		11	地理	139/1432		11	土地	37/318
	12	簿录	36/338		12	谱系	41/360		12	谱系	7/16
					13	簿录	30/214		13	簿录	7/22
		小计	1020/14888			小计	817/13264			小计	242/3961
子兵	1	儒	66/640	子部	1	儒	62/530		1	儒	15/134
	2	道	69/431		2	老	78/525		2	道	62/458
	3	阴阳	1/1		3	法	6/72		3	法	4/38
	4	法	13/118		4	名	4/7		4	名	2/4
	5	名	9/23		5	墨	3/17		5	墨	3/3
	6	墨	4/19		6	纵横	2/6		6	纵横	1/3

179

(续)

子兵	7	纵横	2/5		7	杂	97/2720	7	杂	94/2617
	8	杂	57/2338		8	农	5/19	8	农	2/13
	9	农	1/3	子部	9	小说	25/155	9	小说	10/49
	10	小说	10/63		10	兵	133/512	10	兵	60/242
	11	兵	58/245		11	天文	97/675	11	天文	83/461
		小计	290/3894		12	历数	100/263	12	历数	54/167
术伎	1	天文	49/528		13	五行	272/1022	13	五行	154/919
	2	谶纬	32/254		14	医方	256/4510	14	医方	165/1309
	3	历笇	50/219			小计	853/6437		小计	709/6417
	4	五行	84/615							
	5	卜筮	50/390							
	6	杂占	17/45							
	7	刑法	47/307							
	8	医经	8/50							
	9	经方	140/1259							
	10	杂艺	15/66							
		小计	505/3736							
文集	1	楚辞	5/27	集部	1	楚辞	10/29	1	楚辞	6/32
	2	别集	768/6497		2	别集	437/4381	2	别集	149/1568
	3	总集	16/649		3	总集	107/2213	3	惣集	84/2647?
	4	杂文	273/3587							
		小计	1042/10755			小计	554/6622		小计	239/4247?

注 释：

①中国科学院自然科学史研究所地学史组编：《中国古代地理学史》，北京：科学出版社，1984年；王成组：《中国地理学史 先秦至明代》，北京：商务印书馆，1988年；胡欣、江小群：《中国地理学史》(中国文化史丛书)，台北：文津出版，1995年；赵荣：《地理学思想史》，西安：陕西科学技术出版社，1995年；Tang Xiaofeng *From Dynastic Geography to Historical Geography*：*A Change in Perspective towards the Geographical Past of China*，The Commercial Press International，2000；唐晓峰：《从混沌到秩序 中国上古地理思想史论述》，北京：中华书局，2010年；等等。西欧的成果当推J. Needham的中国科学文化史为第一。在日本，有小川琢治、海野一隆等人的研究。

②关于日本地理学史的全面研究，仅见于藤田元春的《日本地理学史》(刀江

书院,1932年改订增补版)。近世时段的研究有辻田右左男的《日本近世の地理学》(柳原书店,1971年)一书。近年的成果,则有冈田俊裕的近世地理学史研究,参见冈田俊裕:《日本地理学人物事典》,原书房,2011年。有关日本地图史的研究,包括概说类著作在内至今也有一定的学术积累,本文暂不作详细探讨。

③关于中国传入汉籍,有神田喜一郎的系列研究。如《飛鳥奈良時代の中国学》、《奈良朝時代に伝来した漢籍に就いて》、《〈万葉集は支那人が書いたか〉続貂》、《万葉集の骨格となった漢籍》等,参见《神田喜一郎全集》第8卷,同朋舍所收。另有仓石武四郎的《本邦における支那学の発達》(为1946年的讲义,汲古书院,2007年版);近年则有大庭修的《日本における中国典籍の伝播と影響》等文,参见大庭修、王勇编:《典籍》(日中文化交流史丛书9),大修馆,1996年。

④《日本書紀》卷十:"(应神天皇)十五年秋八月壬戌朔丁卯,百济王遣阿直岐,贡良马二匹。即养于轻阪上廄。因以阿直岐令掌饲。故号其养马之处曰廄阪也。阿直岐亦能读经典。及太子菟道稚郎子师焉。于是天皇问阿直岐曰:'如胜汝博士亦有耶?'对曰:'有王仁者。是秀也。'时遣上毛野君祖荒田别、巫别于百济,仍征王仁也。其阿直岐者,阿直岐史之始祖也。……十六年春二月,王仁来之。则太子菟道稚郎子师之,习诸典籍于王仁,莫不通达。所谓王仁者,是书首等始祖也。"然此条记载纪年未明,推测当在4世纪后半叶。有关此条记载,详静永健:《最初に漢籍を読んだ日本人,菟道稚郎子》,刊《アジア遊学》116《特集 漢籍と日本人Ⅱ》一文,2008年。

⑤《古事記》卷中《应神天皇》:"又,科赐百济国,若有贤人者,贡上。故受命以贡上人名,和迩吉师。即《论语》十卷、《千字文》一卷,并十一卷,付是人即贡进。"《古事記》此条注云:"此和迩吉师者,文首等祖。"

⑥《汉书·地理志》:"乐浪海中有倭人,分为百余国,以岁时来献见云。"此后的《后汉书·东夷传》、《三国志·魏志·东夷传》也有"倭人"之条。

⑦《日本書紀》卷十二:"(履中天皇)四年秋八月辛卯朔戊戌,始之于诸国置国史,记言事,达四方志。"该记载当为因袭杜预《春秋左传序》中"周礼有史官,掌邦国四方之事,达四方之志,诸侯亦各有国史"之言。

⑧《日本書紀》卷二十二:"是岁(推古二十八年),皇太子、嶋大臣共议之,录天皇记及国记,臣连伴造国造百八十部并公民等本记。"

⑨《日本書紀》卷二十二:"(推古十年)冬十月,百济僧观勒来之,仍贡历本及天文地理书并遁甲方术之书也。是时,选书生三四人以俾学习于观勒矣。阳胡史祖玉陈,习历法。大友村主高聪,学天文、遁甲。山背臣日立,学方术。皆学以成业。"

⑩坂本太郎:《日本の修史と史学》,载《日本歴史新書》,至文堂,1966年。佐々木信纲:《上代文学史 上》,载《日本文学全史》卷1,东京堂,1935年。

⑪《周易·系辞传》云:"易与天地准,故能弥纶天地之道。仰以观于天文,俯

以察于地理,是故知幽明之故。原始反终,故知死生之说。精气为物,游魂为变,是故知鬼神之情状。与天地相似,故不违。"《易》声称是统和天地之书,天之本质现于天文,地之本质知于地理。

⑫秋山元秀:《中国の目録における地理書》,载京都大学地理学教室编《地理の思想》,地人书房,1982年。

⑬藤原佐世(847~898年),平安时代初期的贵族,其曾祖父为藤原种继,他因涉足平安迁都而遭暗杀。藤原佐世是大学者,有文章博士等衔,有当世第一学者之名声。在围绕"阿衡"职位的阿衡事件中,正如我们从藤原基经与橘广相在辩论问答中所看到的那样,他是一位精通中国古典的学者。藤原佐世曾应宇多天皇之命编纂《日本国见在书目录》,大约成书于890年。该书著录了当时日本见存的汉籍1579部16790卷,内容包括书名、卷数等。关于《见在书目录》,自狩野直喜发表《日本國見在書目録に就いて》(刊《藝文》1-1,1910年,同《支那學文藪》所收)一文以来,至今已有很多论考。有关此书全目的考证,可参考小长谷惠吉的《日本国見在書目録解説稿》(くにたち本の会1936年初刊,小宫山出版1956版),又有矢岛玄亮的《日本国見在書目録—集証と研究—》(汲古书院1984年)对小长谷氏的研究作了补订。最近还有榎本淳一的研究(详榎本淳一《古代中国·日本における学術と支配》,同成社2013年版),等等。关于本书之现存版本,今有唯一的一种写本,还有宫内厅书陵部藏有复刻本(名著刊行会,1998年),中国的《古逸丛书》亦收此书,此外,长泽规矩也、阿部隆一所编《日本書目大成1》(汲古书院1979年版)收录了此书明治写本的复刻版,活字本则有《続群書類従》第30辑下所收本。

⑭《见在书目录》多处注记了其与《隋书·经籍志》的异同比较,例如,易家中的《归藏》著录为4卷,而同时又注明《隋书·经籍志》作13卷,即"右书,《经籍志》所载十三卷"这一注记;又如,正史家的《东观汉纪》,则有详细卷数注记,其中也提及"右《隋书·经籍志》所载数也"。

⑮对于经部、史部书的编目方法,有的如该书所云"今依其世代,聚而编之,以备正史",即列举某分类中的书籍而加以编排;也有的如"今依其世代,编而叙之,以见作者之别,谓之古史"、"其见存可观者,编为职官篇"那样明确加上类别名称的。"某某篇"这样的词语仅出现在其中一部分的分类上。子部、集部书则均在开头明确其分类的名称。

⑯40分类(家)列举如下:1易,2尚书,3诗,4礼,5乐,6春秋,7孝经,8论语,9异说,10小学,11正史,12古史,13杂史,14霸史,15起居注,16旧事,17职官,18仪注,19刑法,20杂传,21土地,22谱系,23簿录,24儒,25道,26法,27名,28墨,29纵横,30杂,31农,32小说,33兵,34天文,35历数,36五行,37医方,38楚辞,39别集,40总集。与之对应,《隋书·经籍志》的分类如下:1易,2尚书,3诗,4礼,5乐,6春秋,7孝经,8论语,9异说,10小学,以上六艺纬(经部);11正史,12古史,13杂史,14霸史,15起居注,16旧事,17职官,18仪注,19刑法,20杂传,21

地理,22 谱系,23 簿录,以上史部;24 儒,25 道,26 法,27 名,28 墨,29 纵横,30 杂,31 农,32 小说,33 兵,34 天文,35 历数,36 五行,37 医方,以上子部;38 楚辞,39 别集,40 总集,以上集部。四部合计 3127 部 36708 卷,《隋书·经籍志》在此之后续以道教、佛教两经,合计 2329 部 7414 卷。

⑰参见前揭狩野直喜《支那學文藪》。

⑱日本有关《山海经》的研究以小川琢治的《支那歷史地理研究 正編》(弘文堂 1928 年版)为详。

⑲《汉书·艺文志》:"大举九州之势,以立城郭室舍形,人及六畜骨法之度数,器物之形容,以求其声气贵贱吉凶。"

⑳和田英松:《本朝書籍目錄考証》,明治书院,1936 年。

㉑王谟《汉唐地理书钞》所收。

㉒《高僧传·昙无谶传》:"时有高昌复有沙门法盛,亦经外国立传,凡有四卷。"关于法盛,《名僧传》有专传,称其为凉州人。参见兴膳宏、川合康三:《隋書経籍志詳攷》,汲古书院,1995 年;吉川忠夫、船山彻译《高僧伝(一)》(岩波文库版)之注释。

㉓昙景在《续高僧传·僧旻传》有传,云为南齐时代僧人,参见前揭《隋書経籍志詳攷》。

㉔《隋志》谈及晋以后的《地理书》:"晋世,挚虞依《禹贡》、《周官》,作《畿服经》,其州郡及县分野,封略事业,国邑山陵水泉,乡亭城道里土田,民物风俗,先贤旧好,靡不具悉,凡一百七十卷,今亡。而学者因其经历,并有记载,然不能成一家之体。齐时,陆澄聚一百六十家之说,依前后远近,编而为部,谓之地理书。任昉又增陆澄之书八十四家,谓之地记。陈时,顾野王抄撰众家之言,作《舆地志》。"

㉕《汉唐地理书钞》就有收集多种史书或类书的辑本。

㉖《括地志》一书除《汉唐地理书钞》的辑本之外,近年还有贺次君辑校的《括地志辑校》(中华书局 1980 年版)。此书据说是贞观十六年(642 年)完成并献太宗的,是唐代最可信赖的地理书,曾为多种文献所引用。特别是张守节在注《史记》时,其中的地名几乎都是根据《括地志》的。然此书可能在北宋时已佚,《太平御览》引用书目已不见此书,不过《太平寰宇记》中可见到引用此书的数例。有关唐代的地志,参见青山定雄:《唐宋時代の交通と地誌地図の研究》之第二编《唐宋時代の地誌地図》,吉川弘文馆,1963 年。

㉗裴矩,详《隋书》、新旧两《唐书》本传。

㉘《旧唐书·文苑传》:"初则天时,敕吏部糊名考选人判,以求才彦。惟刘宪与王适、司马锽、梁载言相次判入第二等。梁载言,博州聊城人,历凤阁舍人,专知制诰。撰《俱员故事》十卷、《十道志》十六卷。并传于时。中宗时为怀州刺史。"

㉙唐贞观元年(627 年)置关内、河南以下至岭南之十道,开元年间增至十五道,然多以"十道"称全国地志。《大唐六典》以兵部职方郎中员外郎"掌天下地图

183

及城隍鎮戍烽候之数,……地图委州府,三年一造,与板籍偕上省",可能是根据此种系统制成、提交地图,来编制《十道图》的。又,《十道志》中可见"十道四蕃"之名,应为包括内地十道与周边蕃地在内的《全国志》。详见前揭青山氏之文,森鹿三:《十道志に引用せる水経注について》,《東方学報》京都4,1934年初出,同氏《東洋学研究歴史地理篇》(东洋史研究会,1970年)所收。

㉚关于《两京新记》,平冈武夫编《唐代研究のしおり》系列(京都大学人文科学研究所1956年刊)之《长安と洛陽 資料》收录了尊经阁文库所藏钞本之影印版,并附解说。近年的辑本有辛德勇辑校《两京新记辑校・大业杂记辑校》(长安史迹丛刊)三秦出版社,2006年。

㉛通常为十道,淮南道之后当有江南道,考虑"南"这一衍字之上或有错乱产生。

㉜"隋大业中,普诏天下诸郡,条其风俗、物产、地图,上于尚书。故隋代有《诸郡物产土俗记》一百三十一卷,《区宇图志》一百二十九卷,《诸州图经集》一百卷。"

㉝仅濮阳位于今河南省黄河以北,不在此路线上。

㉞关于裴秀的研究较多,可参照前揭中国科学院自然科学史研究所编《中国古代地理学史》第八章《测量与制图》。《方丈图》一名见于《北堂书钞・艺文部》:"《晋诸公赞》云:'司空裴秀以旧《天下大图》,用缣八十疋,省视既难,事又不审,乃裁减为方丈图。以一分为十里,一寸为百里,备载名山都邑,王者可不下堂而知四方也。'"就是将大幅的《天下图》缩至150万分之1的程度,即可绘制成1丈四方的小图。

㉟例如《宋史・艺文志》有《沙门辩机大唐西域记》十二卷,晁公武《郡斋读书志》作"元奘撰",郑樵《通志・艺文略》区分为"《大唐西域记》十二卷,玄奘撰"与"《西域记》十二卷 辩机撰"。只有陈振孙《直斋书录解题》与现行本相同,作"大唐三藏法师玄奘译 大总持寺僧辩机撰"。

㊱宋孝王为北齐时人。《北齐书・循吏传》云:"(宋)世良从子孝王,学涉,亦好缉缀文藻。形貌短陋而好臧否人物,时论甚疾之。为段孝言开府参军,又荐为北平王文学。求入文林馆不遂,因非毁朝士,撰《别录》二十卷。会平齐,改为《关东风俗传》,更广见闻,勒成三十卷以上之。言多妄谬,篇第冗杂,无著述体。"对其书内容不足之处多有贬损。然《通典》、《史通》则常见引用此书,尤其是刘知几更提出了《北齐书》较王邵《北齐志》、《关东风俗传》为劣那样与上述《北齐书》全然相反的评价。

㊲例如《通典・食货典・田制》中大量引用了《关东风俗传》的记载,此书还有对地方豪族具体形态的珍贵记述,这些都是南北朝社会经济史研究的重要史料。

㊳王春淑:《宋孝王及其〈关东风俗传〉》,刊《四川师范大学学报(社会科学版)》,1995年第4期。

㊴《阿含经》:"南面有洲,名阎浮提,其地纵广七千由旬,北阔南狭。"

㊵《大正新修大蔵経》第 51 卷《史伝部》3 所收。近代标点本有范祥雍点校：《释迦方志》(中外交通史籍丛刊)，中华书局，1983 年。

㊶《古事談》有"天竺有奈良陀寺，唐土有西明寺，本朝则有六波罗蜜寺"之语，又《徒然草》179 段中亦可见相同的文句。

㊷前揭矢岛玄亮《日本国見在書目録の研究》。

㊸前揭小长谷惠吉《日本国見在書目録解説稿》。

㊹《隋志》之中，在法家中云："《周官》，司寇'掌建国之三典，以佐王刑邦国，诘四方'"；而建邦一词，在《隋志》地理中云："司徒掌邦之土地之图与其人民之教，以佐王扰邦国，周知九州之域，广轮之数，辨其山林川泽丘陵坟衍原隰之名物，及土会之法。然则其事分在众职，而冢宰掌建邦之六典，实总其事。"此外在《隋志》开头经籍论中云："下逮殷、周，史官尤备，纪言书事，靡有阙遗，则《周礼》所称，太史掌建邦之六典、八法、八则，以诏王治。"又在墨家中云："然则周官宗伯掌建邦之天神地祇人鬼，肆师掌立国祀及兆中庙中之禁令，是其职也。"又在职官中云："周官，塚宰掌建邦之六典，而御史数凡从正者。"

㊺《宋史·艺文志》有"李吉甫《元和郡国图志》四十卷"、"曹大宗《郡国志》二卷"、"韦瑾《域中郡国山川图经》一卷"等书。

㊻参见《国史大辞典》(吉川弘文馆 1987 年版)之"图账"条虎尾俊哉的说明。

㊼《続日本紀》天平十年八月辛卯："令天下诸国造《国郡图》进"。而在同年的天平十年五月二十八日格中提到："国司任意改造馆舍，傥有一人病死，讳恶不肯居住。自今以后，不得除载《国图》进上之外辄擅移造，但随坏修理耳者。"(参见《類聚三代格》所载，引自弘仁五年六月二十三日太政官符《禁制国司任意造館事》)。

㊽"行基图"在日本地图史研究甚多。参见藤田元春的《日本地理学史》(前揭)、秋冈武次郎的《日本地図史》(河出书房，1955 年)以及近年金田章裕、上杉和央的《日本地図史》(吉川弘文馆，2012 年)等。

㊾参见《东大寺献物帐》(《宁乐遗文》中卷所收)。根据书中有关该屏风装饰的注记："高六尺，广二尺二寸，紫绫缘，前面及两端碧牙拨镂帖，金铜隐起钉，上头缘木帖，金铜浮沤钉，下头缘木帖，黑漆钉，背后红牙拨镂帖，金铜浮沤钉，碧绫背紫皮接扇，缘绫幞，浅缘里"(上文省略贴签所作修正)。

㊿太田昌二郎：《日本国見在書目録解題》，载于《太田昌二郎著作集》第四册。

(51)《隋志·序论》云："普通中，有处士阮孝绪，沈静寡欲，笃好坟史，博采宋、齐已来王公之家凡有书记，参校官簿，更为《七录》。"

(52)《广弘明集》卷三(《全梁文》卷六六所收)。

(53)关于汉籍的目录与分类，参见内藤湖南《支那目録学》(《内藤湖南全集》第 12 卷所收)、仓石武四郎《目録学》(东京大学东洋文化研究所，1973 年)，近年井波陵一的《知の座標—中国目録学—》(白帝社，2003 年)等研究。

(54)有关中国史学的发达史，参见内藤湖南《支那史学史》(《内藤湖南全集》第11卷所收)等。有关中国地理学的发展史，笔者以为必须考察其与史学的关系，限于篇幅，将另作课题加以详考。

(55)太田昌二郎前揭《日本国見在書目録解題》在《解题》中说："或《隋志》之古本亦作'土地'云"。

(56)众所周知，《隋书》在编纂过程中，其纪传部分与志部分常因编纂责任者、编纂时期而异。特别是志的部分，其内容并非仅仅是隋一代的断代志，也包括了南朝宋齐梁、北朝周隋这五代的一些记述，因此编纂为时甚久。参见中华书局版标点本《隋书》的说明。

(57)当然，《见在书目录》所著录的，未必均是《隋志》见载之书，因此这样的数值比较并不精确，仅作为一种参考材料。

(58)吉备真备是奈良时代著名的学者、官僚。养老元年(717年)与阿倍仲麻吕同入唐，天平七年(735年)携多种书籍归国。《続日本紀》天平七年四月辛亥："入唐留学生从八位下下道朝臣真备，献《唐礼》百三十卷，《太衍历经》一卷，《太衍历立成》十二卷，测影铁尺一枚，铜律管一部，铁如方响写律管声十二条，《乐书要录》十卷，弦缠漆角弓一张，马上饮水漆角弓一张，露面漆四节角弓一张，射甲箭廿只，平射箭十只。"又，在宝龟六年(775年)十月壬戌真备去世的吊文中提到："灵龟二年，年二十二，从使入唐，留学受业。研览经史，该涉众艺。我朝学生，播名唐国者，唯大臣及朝衡(阿倍仲麻吕)二人而已。天平七年归朝。授正六位下，拜大学助。高野天皇(孝谦女帝)师之，受《礼记》及《汉书》。"确知他曾向朝廷传授其所带来的汉籍。

(59)《通憲入道蔵書目録》中有多种与《汉书》相关的书籍，其中可见名为《地理志下之上》单行本。

(60)关于《山海经》对日本文学的影响，详见松田稔《山海経の基礎的研究》(笠间书院，1995年)、《山海経の比較的研究》(笠间书院，2006年)。作为绘画的题材，《山海经》也受到推崇。"论者必曰：画有补世教。……人物则必圣贤贞烈乎。山水则必山海地图乎。屋木则必张华汉宫乎。器财则必三礼舆服乎。"参见田能村竹田：《山中人饒舌》，载《近世随想集》，《日本古典文学大系》所收。

(61)《东观汉记》百四十三卷有注曰："右《隋书经籍志》所载数也。而件汉记，吉备大臣将来也。其目录注云此书凡二本，一本百廿七卷，与集贤院见在书合一本百四十一卷，其与见书不合。又得零落四卷，又与两本目录不合。真备在唐国，多处营求，竟不得其具本。故且随写得如件。今本朝见在百四十二卷。"《隋志》亦称《东观汉纪》为143卷。

(62)石田茂作：《写経より見たる奈良朝仏教の研究》，东洋文库，1935年。

(63)小岛宪之：《上代日本文学と中国文学—出典論を中心とする比較文学的考察—》上中下，塙书房，1962年、1964年、1965年。此书自1986年起，由和汉比

较文学会《和漢比較文学叢書》在汲古书院刊行。其第 2 卷为《上代文学と漢文学》(1986 年)的特集。

(64)参见和田英松著《本朝書籍目録考証》(明治书院,1936 年)之解题部分。

(65)平安末期僧信西(俗名藤原通宪)的藏书目录,《群書類従》第 28 辑所收。《日本書目大成》1 收有《群書類従》本之补订本。此书未详是否为通宪自撰,但也反映了当时精通和汉学问的知识人的藏书实态。

(66)《群書類従》第 28 辑所收,《日本書目大成》1 收有该书的宽文十一年(1671 年)版。有关此书内容,详见前揭和田英松的考证。

(67)宽文刊本中的分类名称与收录书籍种数、卷数如下(卷数未记者暂作 1 卷,所以卷数为概数):神事(6/27),帝纪(44/596),公事(34/232),政要(84/2240),氏族(9/137),地理(5/50),类聚(8/1181),字类(11/109),诗家(65/499),杂抄(8/19),和歌(略,因和歌另有目录),和汉(5/28),管弦(22/74),医书(10/241),阴阳(10/31),人之传(48/52),官位(28/28),杂々(15/16),杂抄(27/65),假名(54/311)。

(68)"爰弥信仰无贰,仍镜《行基菩萨国符记》七卷,并《流记文》三卷、本愿上人《上表状》一通、《就中尤聚金去块勘出缘起文》一首。"参见《群書類従》第 24 辑所收。该文亦载于绘词类文献,然彼处于文句之中掺杂了假名。和田英松在《本朝書籍目録考証》云其"或为记载诸国国府事之书",但松田氏所引《長谷寺縁起文》中作《国符记》而非《国府记》,所以此处不采和田氏之说。

(69)《長谷寺縁起文》中云:"爰行基圣人愿云见此事。童子将圣,自龙穴始廻山内,或仙人寂静之所,或菩萨修行之场,尽令巡礼。则冥众各现形对行基圣人。"因此文中提到的《流記》中也有关于山中流水瀑布的记述,所以推测两者应有关联。

(70)《善隣国宝记》:"《海外国记》曰:天智天皇三年四月,大唐客来朝。大使朝散大夫上柱国郭务悰等卅人,百济佐平祢军等百余人,到对马岛。遣大山中采女通信侣,僧智辨等来,唤客于别馆。于是智辨问曰:'有表书并献物,以不。'使人答曰:'有将军牒书一函并献物。'乃授牒书一函于智辨等而奉上。但献物捡看而不将也。"参见田中健夫译注《善隣国宝记》(集英社版)。《釈日本紀》之《述義》10 推古天皇条"小野妹子遣于大唐"之注云:"《海外记》第一云々,遣大礼小野臣妹子于大隋,以鞍作福利为通事。隋人号妹子臣曰'苏回高'。又案《隋书》,又如此。今此书记大唐,可为史之误。"此外,在《釈日本紀》齐明天皇条"嶋名母分明"之注亦有"《海外记》云々",引用了该书有关岛屿位置的记述。此处的《海外記》当即《海外国記》。参见和田英松:《国書佚文》(改订增补版),国书刊行会,1995 年。

(71)前揭和田英松《本朝書籍目録考証》。

(72)第 24 柜书目为:"《说苑》上裹十卷,同下十卷,《高士传赞》一部上中下,《西(两)京新记》一卷,《律料》一卷,《十州记》一卷,《格后勅见》二卷,《公冶长弁百鸟语》一卷,《大字经荀子》十帖,《山海经》四帙,《新校孟子》、《经白》二帖,无之"11

种，一般认为均是自唐土携来之书，其中的《律料》或为《律科》之误。第28柜书目中的“《说苑》上里十卷，同下十卷，《高士传赞》一部上中下，《两京新记》一卷”与第24柜完全相同，其后还有“《要览》一卷，《唐千年历》一卷”两种。《要览》在《隋志》、《两唐书》中有晋吕竦《要览》和陆士衡《要览》，现在的书目也有列举此书的，应该是汉籍。《千年历》亦见于《两唐书》。因此，第28柜所收亦为汉籍，《两京新记》当为韦述之作无疑。由此看来，第24柜的《西京新记》定为和书是缺乏根据的。总之，第24柜与第28柜给人以书籍错杂存放的印象。

(73)有关《风土记》文本与书志学的分析，战后岩波书店版《日本古典文学大系》(1958年)所收秋本吉郎校注《風土記》，为一大划时代的业绩，此后，有植垣节也利用新研究成果校注的《風土記》，刊于《新编日本古典文学全集》，小学馆，1997年。关于当时此书的研究动向，可参考植垣节也、桥本雅之编:《風土記を学ぶ人のために》，世界思想社，2001年，其中包含了有关此书的既往研究文献目录。有关此书的更新动向，可参考桥本雅之:《風土記研究の最前線—風土記編纂発令1300年》，新人物往来社，2013年。1985年以来，风土记研究会定期刊行《風土記研究》。此外，为区别奈良、平安时期所作《风土记》与后代所作的各种《风土记》，现在通常将前者称为“古风土记”，本文未涉后者，故不取“古风土记”之名。

(74)《日本書紀》、《古事記》、《風土記》见载于《日本古典文学大系》与《新編日本古典文学全集》，《新古典文学大系》也收录了《続日本紀》。《国史大系》作为史书类丛书当然收录了记纪类的书籍，但却未收录《风土记》，这也反映了有关此类书籍的一般处理方法。

(75)关于此点，植垣节也主张:“《风土记》是一种地志，也是一种以古代文学手法创作的文学书，而非近代文学意义上的文学书。”参见前揭《新編日本古典文学全集》中关于此书的解说。近年刊行的神田典城编《風土記の表現—記録から文学へ—》(笠间书院2009年版)中，提出从“表现”这一关键词出发，积极地将《风土记》定位于“上代文学”。濑间正之《風土記の文字世界》(笠间书院2011年版)也从《风土记》所使用的文字分析的角度肯定了《风土记》的文学性。

(76)从现在残存的古风土记《常陸国風土記》写本来看，此书原先不具书名，开头则有“常陆国司解　申古老相传旧闻事”的格式记载，可知此书原为“解”。参见前揭《日本古典文学大系》之此书解说。

(77)《风土记》这一名称最早见于延历十四年(914年)三善清行(善相公)《意見十二箇条》(载《本朝文粹》卷二)中“臣去宽平五年，任备中介。彼国下道郡，有迩磨乡。爰见彼国风土记”这件“封事”(译者案:即秘呈君主的意见书)，由此可知当时地方官署(即此处所云“乡”)抄写《风土记》或保管原书，以供赴任国司的官吏阅读，而该种《风土记》所载的内容，有迩磨乡郷的地名传说、乡的户口等，应该是一种与地方民政状况相关的资料集，三善清行是根据此类资料集拟具“封事”对地方安定治理提出意见的。

⑦⑧根据《類聚符宣抄》(《朝野群載》所收)的记载,延长三年(925年)十二月十四日,下达五畿内七道诸国司的太政官符言:"应早速劝进风土记事。右如闻,诸国可有风土记文。今被左大臣宣释,宜仰国宰令劝进之。若无国底,探求部内,寻问古老,早速言上者。诸国承知,依宣行之,不得延廻。符到奉公。"该指令表明当时诸国之中尚有未具《风土记》者,因此督促其急速作成此类书籍。

⑦⑨桥本雅之:《古風土記の研究》,和泉书院,2007年;桥本氏又于《風土記研究の最前線》中详论此事。

⑧⑩以本文议论的内容而言,该观点主要见于冈田正之《近江奈良朝の漢文学》(东洋文库1929年版)、森鹿三《風土記雜考》(前揭《東洋学研究》所收)等文。

⑧①前揭稻垣节也《新编日本古典文学全集》之本书解说。

⑧②前揭小岛宪之《上代日本文学と中国文学—出典論を中心とする比較文学の考察—》,尤其是该书上卷第4编第1章《風土記の成立》之论述。

⑧③秋本吉郎:《風土記の研究》,大阪经济大学后援会,1963年,尤其是该书《風土記成立考》一节。

⑧④神田喜一郎:《〈日本書紀〉といふ書名》,前揭《神田喜一郎全集》第8卷所收。

⑧⑤强调这一观点的是三浦佑之,参见该氏所作《王と歷史と地誌》,载《古代文学講座10 古事記・日本书纪・风土记》,勉诚社,1995年。

⑧⑥参见《令義解》之《職員令》。大学寮属式部,阴阳寮属中务,典药寮属宫内,其所属之省各不相同。

⑧⑦令制中提到中务省命图书寮指掌"监修国史"的业务。《令義解》提到,图书寮长官"掌经籍图书,修撰国史",而所谓经籍图书,有注曰:"谓五经六籍,河图洛书之类,其诸史百家,亦兼掌也",所谓国史,亦注曰"谓据撼国事,修辑史书也"。

⑧⑧见于《類聚三代格》卷三所载《神龟五年七月廿一日の勅》。其时,日本的令制官职出现了较大变革,不仅是与大学寮相关的职务发生变化,而且还新设了内匠寮、中卫府等。

⑧⑨《続日本紀》天平二年三月:"辛亥,太政官奏称:大学生徒既经岁月,习业庸浅,犹难博达。实是家道困穷,无物资给,虽有好学,不堪遂志。望请选性识聪惠艺业优长者十人以下五人以上,专精学问,以加善诱,仍赐夏冬服并食料。又阴阳医术及七曜颁历等类,国家要道,不得废阙。但见诸博士,年齿衰老,若不教授,恐致绝业。望仰。吉田连宜……等七人,各取弟子将令习业。……其生徒阴阳医术各三人,曜历各二人。……诏并许之。"此《格》的原文见《令義解》大学寮条释注所引。又,关于此条史料,详见《新日本古典文学大系》之《続日本紀》卷二译注之补注10—60。

⑨⑩《続日本紀》天平宝字元年十一月:"癸未,勅曰:如闻。顷年诸国博士医师,多非其才。讬请得选,非唯损政,亦无益民。自今已后,不得更然。其须讲经生者

三经。传生者三史。医生者大素,甲乙,脉经,本草。针生者,素问,针经,明堂,脉决。天文生者,天官书,汉晋天文志,三色薄赞,韩杨要集。阴阳生者周易,新撰阴阳书,黄帝金匮,五行大义。历算生者,汉晋律历志,大衍历议,九章,六章,周髀,定天论。并应任用。"

㉛《類聚三代格》卷四:"大丞官符,纪传博士一员,右右大臣宣。奉勅,割直讲员,置件博士。其官位同直讲。大同三年二月四日。"承和元年(834年),此类纪传博士与大学生被一并废止,但同时出现了兼领其业务的文章博士的增员(参见《類聚三代格》同卷),即在纪传博士之名消失的同时,开设了名为纪传道的学科,下置文章博士、文章生属之。纪传道不见于唐土的六学,可能反映了对日本史学的有意识的独立性。

㉜长野一雄:《風土記の地名説話と中国の地名説話》,刊《上代文学と漢文学》(《和漢比較文学叢書》第2卷),汲古书院,1986年。荆木美行:《風土記研究の諸問題》,国书刊行会,2009年,尤其是其中的《風土記の編纂と漢代の地誌》一文(原载于《神道史研究》52—2,2004年)。此外,伊藤清司《風土記と中国地誌—〈出雲風土記〉の薬物を中心に》(上田正昭编《日本古代文化の探求・風土記》所收,社会思想社,1970年)一文,聚焦于《出云风土记》所载草药,尝试探究其与中国地志、本草书记载的共通之处,其论考意味深长。

㉝前揭桥本雅之《古風土記の研究》,尤其是其中《古風土記がめざしたもの》一节。

㉞前揭秋山元秀《中国の目録における地理書》;关于方志,参见秋山元秀《中国方志論序説—呉の方志を通じて—》(载《东方学报》第52册,1980年)。有关唐代地志的研究,参见前揭青山贞雄《唐宋時代の交通と地誌地図の研究》。

㉟如晋刘彧《长沙耆旧传》、晋司马彪《云陵先贤传》、魏苏林《陈留耆旧传》、晋周斐《汝南先贤传》等,此类文献大多出现在《说郛》、《五朝小说》的辑本之中。

㊱前揭《汉唐地理书钞》可见以晋周处《风土记》为首的多种书籍。

㊲《枕草子》,日本古典文学大系本,第297段。

㊳《日本紀略》天历三年(949年):"仰左大弁大江朝臣,令撰《坤元录》,为诗题廿首。仰采女正巨势公忠,令图屏风八帖。仰朝纲朝臣,文章博士橘直幹,大内记菅原文时等作诗。式部大辅大江维时撰定之。右卫门佐小野道风书之。"

㊴后藤昭雄:《坤元録屏風詩をめぐって》,载《平安朝漢文学史論考》,勉诚出版,2012年。原载《西城国文学》24,2008年。

㊵从地理学史的观点对《风土记》的研究,目前仅见前揭森鹿三的论考《風土記雑考》一文,期待今后的深入议论。

记东方朔《五岳真形图序》存世最早的写本

辛德勇

《五岳真形图》是中国古代道士绘制的一种特殊地图,日本学者小川琢治在20世纪初,较早从地图学史角度阐释其意义和价值(图1)。小川氏在论述过程中,曾将《五岳真形图》中的泰山图与当代用等高线表示的泰山地形图做过对比,指出《五岳真形图》的绘制原理,同现代地图学中某些绘制方法具有较高的相似性。[①]后来英国学者李约瑟在撰著《中国科学技术史》一书的《地学》卷时,对小川琢治这一研究给予了高度关注。李约瑟指出:"小川琢治曾注意到一幅很值得注意的泰山图,这幅图见于《五岳真形图》。从图……中可以看出,这幅图中所用勾画山形的方法完全不逊于近代所用的方法",同时,李约瑟还进一步指出,透过《太平御览》所引述《五岳真形图》的"原文","可以看到,中国人很早就已经对峡谷的广度和深度作过精确的测量"。[②]

李约瑟的著述在世界范围内都有很大影响。在中国国内,一些研治古代地图学史和地理学史的通论性著述,往往因承其说,特别是中国科学院自然科学史研究所地学史组主编的《中国古代地理学史》,在中国地理学史研究方面是一部很有代表性的著述,书中更进一步阐释此图在绘制方法上的科学性说:"这幅图的主要特点是,用墨迹勾画了泰山山脉的形状和走向,与现在用等高线表示的泰山图大致不差多少。

作者单位:北京大学历史学系。

图1 《道藏》本《洞玄灵宝五岳古本真形图》中的《中岳嵩山真形图》

从这两幅图(案:此指《五岳真形图》中的泰山图和现代用等高线法绘制的泰山图)的对比中,似乎可以得到这样的印象,即唐代可能已经开始使用一种原始的等高线,表示山脉的形状及走向。"③

与此有所不同的是,曹婉如、郑锡煌二人后来合署发表《试论道教的五岳真形图》一文,对《五岳真形图》的编制时间、流传状况及其在地图学史上的意义等问题,做了比较平实的阐释。在确认《五岳真形图》"肯定与实际观察到的'河岳之盘曲'的形象有关"的同时,曹婉如等人也指出,它的绘制,"虽有山川形象为依据,如葛洪所谓'高下随形,长短取象'等语,但是如何随形,如何取象,由于对图形表示方法没有具体要求,自然带有极大的随意性"。曹婉如等人的核心结论是:"现存道士的古本五岳真形图,就其表现的形式和内容来看,可以称之为具体山岳的平面示意图。"④这样的看法,显然要远比李约瑟的旧说更为符合历史实际。

目验传世《五岳真形图》的实际形态,我想大多数学者都应当能够承认,在以西方近代地图学绘制方法为代表的所谓"科学性"方面,《五岳真形图》并不具备太高水平;甚至可以说绘制水平很低,地形表述的准确性也很差,诚如曹婉如等人所说,不过是一种很随意的示意图而已。昔明人王士性在遍游五岳诸峰,经过实际对比之后,常发出感慨,以为“今所传《五岳真形》者，云出自上元夫人，皆山川流峙之象，以余所见，殊不相蒙。岂神仙辈凌虚倒景，从太空中俯瞰之，其象与余辈仰视上方一隅者差殊也”?[5]其实，即使是神仙辈之“凌虚倒景”，与此图亦颇有抵牾。这是因为《五岳真形图》所绘制的山形水势，与西方近代地图的地形高程表述，实乃迥异其趣，二者有完全不同的功用。目前在中国地图学史研究领域以李约瑟为代表的通行看法，恐怕更多出自一厢情愿的期望，而不是历史事实本来的面目。

如上所述，有关《五岳真形图》的地图学史研究，是由日本学者小川琢治首发其端，李约瑟在论述这一问题时，实际上只是引述和发挥小川氏已有的结论，并没有做出真正属于他自己的研究。然而，覆案相关研究论著，我们可以看到，从李约瑟到曹婉如，在研究这一问题的过程中，不管是彻底服膺其说，还是在相当程度上有所保留和修正，却都没有能够全面、准确地转述小川琢治的基本看法，这种情况甚至一直延续至今，观之未免令人诧异。

首先，小川琢治在研究这一问题时，实际上只是将《五岳真形图》上的泰山与实际地形或近代西式地形图做了对比，这是因为他没有实地踏查过南岳以下诸山，所以只好以泰山为例，来探讨此图(案:小川琢治利用的《五岳真形图》，是日本京都富冈铁斋收藏的江户时期印本，据云其底本出自明崇祯刻本，较诸《道藏》诸书中载录的同一类型之图，绘制稍显细腻)(图2、图3)。在这一前提之下，小川氏在附列现代等高线地图以相参照后指出，就他所见到的《五岳真形图》而言，乃是:

> 是以墨色表示山脊的脉络，以朱色来表示山谷中溪流深泓线的脉络，是一种类似于现代晕滃式地形图的地图。号称东方朔撰著的《五岳真形图序》，开篇即谓“五岳真形者，山水之象也”，这是一种非常得当的说法。虽然这一地图所表示区域，究竟是仅限于山顶附近，还是一直延展到山麓，包括整个山体，现在还不十分清楚，但恐怕应该看作是只绘有邻近山顶的区域。在墨色中间留有圆形白地的部分，应该是表示峰顶。图上那些与表示水流脉络的

图2 小川琢治文章所附《五岳真形图》中的泰山图

图3 小川琢治文章所附泰山等高线地形图

朱线相并曲折延伸的细墨线,究竟是用来象征什么内容,现在还无法推断。不过,即使是我看到的这种图,较诸实际地形,已经颇有变易,其中应该含有已经转化成为某种护符的成分在内。⑥

这段论述,与李约瑟等人对它的理解,显然存在很大差距。在这里,不仅没有李约瑟所说其"勾画山形的方法完全不逊于近代所用的方法"这一层意思,而且还清楚表明,它对实际的地形已经有刻意的改变,更根本不存在与现代等高线地图相似的说法。实际比较小川琢治文章附列的这两种地图,则可以看到,在地形的表述上,二者不仅没有如此程度的相似性,而且还存在相当严重的差别。推测起来,大概李约瑟并没有认真阅读小川琢治的文章,或是日文阅读能力不足,没有能够读懂这篇文章的内容,只是看到文中所附泰山的等高线地图,就想当然地得出了上述看法。中国科学院自然科学史研究所相关研究人员以及其他中国学者,基于同样的原因,也只是盲目地转述李约瑟的说法并加以推衍,从而背离小川琢治的本意和历史事实,愈加悬远。

不过,在另一方面,小川琢治倒是认为,《五岳真形图》本来是道士登山时实际需要的一种地图。亦即按照《汉武帝内传》的记载,制作此图时,系"下观六合,瞻河海之短长,察丘岳之高卑,……乃因山源之规矩,睹河岳之盘曲,陵回阜转,山高垄长,周旋委蛇,形似书字,是故因象制名,定实之号,画形秘于玄台"。⑦由此不难推断,最初绘制此图的目的,是用来表示山岳的真实地形。虽然现在我们已经很难从用途和形状上看出它作为地图的本来面目,但仍然可以推断,它应该源自一种由高山绝顶向下俯视的鸟瞰图,或者说是山岳平面图。⑧后来井上以智为在大正十五年(1926年)发表《五嶽真形图に就て》一文,对此也持同样看法。⑨显而易见,曹婉如、郑锡煌后来提出的《五岳真形图》是一种山岳平面示意图的说法,与之并没有实质性区别。单纯就《五岳真形图》的绘制形式来看,这种俯视示意图的说法,确实是比较合理的,但若是追究它的起源和功用,小川琢治所持道士登山路径图的认识,仍然值得斟酌。

东晋人葛洪宣称听闻其师郑隐言:"道家之重者,莫过于《三皇内文》、《五岳真形图》也。"⑩又《汉武帝内传》称此图"可谓至珍且贵",并记载刘彻向西王母求请此图情形云:"帝又见王母巾笈中有卷子小书,盛以紫锦之囊。帝问:'此书是仙灵之方耶?不审其目可得瞻眄?'王母出以示之曰:'此《五岳真形图》也,昨青城诸仙就我求请,当过以付之。乃三天太上所出文,秘禁极重,岂女秽质所宜佩乎?"后因顾念汉武帝"数访山泽,叩求之志,不忘于道",始举以相送,仍郑重嘱咐汉武帝,"当深奉慎,如事君父",倘若轻易"泄示凡夫,必致祸考"。⑪可见此图在道教观念中,占有很高的地位。葛洪复谓:"家有《五岳真形图》,能辟兵凶逆,人欲害之者,皆还返其殃。道士时有得之者,若不能行仁义慈心,而不精不正,即祸至灭家,不可轻也。"⑫这是在讲《五岳真形图》或福佑、

195

或祸殃的灵异功用。

《汉武帝内传》尚记此《五岳真形图》之具体用途曰："诸仙佩之,皆如传章,道士执之,经行山川,百神群灵,尊奉亲迎。"[13]我在这里所要介绍的所谓东方朔撰《五岳真形图序》亦云："诸得佩五岳真形,入经山林及泰山,诸山百川神,皆出境迎拜。"而"入经山林"者之所以要佩戴这种图形,盖如葛洪所说:"山无大小,皆有神灵,山大则神大,山小则神小,入山而无术,必有患害。"若"上士入山,持《三皇内文》及《五岳真形图》,所在召山神,及按鬼录,召州社及山卿宅尉问之,则木石之怪,山川之精,不敢来试人。"[14]或云:"诸入山采八石、石象、石脑、流丹、流珠、飞节黄子、石髓、桂英、芝草诸神药,自无五岳佩之,此仙物终不可得也。……五岳卫此图书,如今世人敬监司之章节状,所以丘山之神而来拜谒也。"[15]其实质性目的,同样意在趋吉避凶。概括地说,即如同其他所有道教徒所携用或佩戴的"法印"、"符箓"(或称"符书")一样,《五岳真形图》只是起到一种犹如世俗社会生活中"监司之章节"式的标志或者象征性符号的作用,而与指示位置、导引路径的实用地图毫无关系。

尤其值得注意的是,葛洪在讲述"道家之重者,莫过于《三皇内文》、《五岳真形图》也"这句话时,乃是首先设问,云或问"仙药之大者,莫先于金丹,既闻命矣,敢问符书之属,不审最神乎?"即葛洪谓《五岳真形图》为"道家之重者",是在解答何物为"符书"之最神者这一问题。在这之前,葛洪罗列了诸如《自来符》、《金光符》等一系列灵符,且云此等符书无不出自太上老君,"皆天文也"。所谓"天文"云者,殆如后世俗称"鬼画符"之"天书",形体诡异,以示奇秘,不仅常人难以解读,甚至后来的道士大多也只能懵懵然照葫芦画瓢。葛洪在《抱朴子内篇》里曾记载相关情况说:"昔吴世有介象者,能读符文,知误之与否。有人试取治百病杂符及诸厌劾符,去其籤题以示象,皆一一据名之。其有误者,便为人定之。自是以来,莫有能知者也。"[16]符书性状如此,《五岳真形图》既然属于其中"最神"的一种,在制作形式上,也就同样会具有道士符书上述基本特征,亦即因故神其事而刻意画作隐奥迷离之形。其实,如前引

《汉武帝内传》所说早期《五岳真形图》"周旋委蛇,形似书字"这一基本特征,即已清楚表明,其实际形态乃类似于字体怪异的灵符,而绝不会是山形地势的写真。在《道藏》收录的《洞玄灵宝五岳古本真形图》和《灵宝五岳真形图》中,每一幅山岳地图旁,本来都列有表示同一山岳的符书,[17]就是因为二者性质原本相通。在实际应用中,若是绘图不便,可以用后者来替代前者;或者说后者是前者的简化形式(图4)。

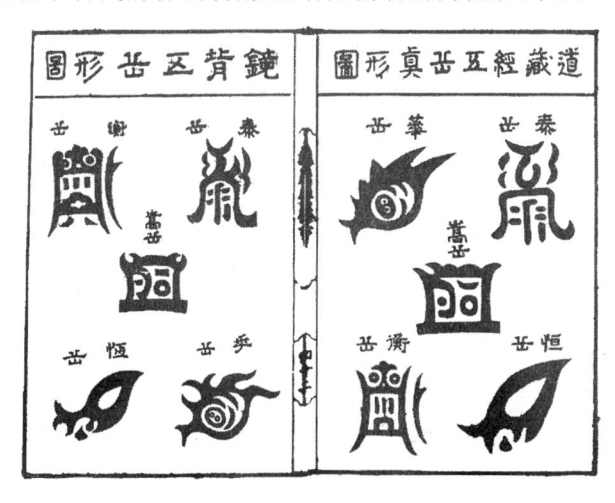

图4 明万历刻本《遵生八笺》中的两幅《五岳真形图》

正因为如此,如同小川琢治等人已经指出的那样,我们看到,后代实际流行的《五岳真形图》,往往完全脱离实际地理形势,只是标绘为一种图形符号。[18]前面谈到,小川氏早就指出,传世《五岳真形图》中,即使是那些最具平面地图特点的传本,都已含有护符的成分在内。过去王庸等人更明确指出,到后来其"变而为符箓,乃尽失地形图之作用矣"。[19]如小川琢治、井上以智为、曹婉如等人都已提到的那样,明人高濂《遵生八笺》所载号称出自《道藏》和唐镜图像的两种《五岳真形图》,便是如此。[20]从这类《五岳真形图》上东岳泰山和南岳衡山的图形中,能够比较明晰地看出,这些符箓的图形,应当是变易"泰"、"衡"诸岳山名用字的形态而使其图案化的结果。实际上,这也就等于是把上述《洞

197

玄灵宝五岳古本真形图》和《灵宝五岳真形图》两书载录的《五岳真形图》中附列在每一山岳地图旁的符书,与其所对应的山岳地图,合二为一,结果既似图非图,又似字非字。

井上以智为在论述《五岳真形图》时,曾稽考"真形"二字的含义,以为这一词语可以解作佛、道两教信徒尊奉的神像,具体地分析,"真形"二字兼有"真相本证"和"神容圣像"这两重含义,因而,所谓"五岳真形",也就成为道教信徒并怀此等两重心境的崇敬对象。井上以智为认为,与观赏性的山岳风景图相比,他所说的供山岳旅行家携带的实用鸟瞰图式《五岳真形图》,可以说更为接近山岳的实相本体。然而,面对传世《五岳真形图》的实际形态,井上氏也不得不承认,这种鸟瞰图式的图像,事实上带有更多神秘化的色彩。尽管如此,确如井上氏所说,相比之下,后世流行的那些以超感觉的抽象符号形式出现的《五岳真形图》,意在展现山岳的"圣体"。换句话说,就是前者重在表现"实相",后者侧重表现"神圣",但在本质上,二者是相通的。[②]

进入明清时期以后,这种抽象符号化《五岳真形图》的碑刻,在全国各地流行已经相当普遍。清人叶昌炽讲述石刻铭文种类,谓其"一曰符篆,道家言也,衡山《岣嵝碑》,昔人谓是'五岳真形',此符篆之最古者。余来陇坻按试,至巩昌府,闻郡廨有《五岳真形图》石刻,拓而释之。明洪武中所刻,其下方有跋,已漫漶。云'汉武帝得之西王母,佩而藏之,魑魅不若,莫能逢迍。'每一图下,有岳神名号及神所职掌之事。所经驿馆,亦往往用以补壁"。[②] 基于这样的原因和背景,可以推论,即使是其最原始的形态,《五岳真形图》在显示各个山岳的地形时,恐怕也应当像符书上写录的文字一样,会故意扭曲变易其固有的形态,从而不可能按照世俗用地图的常理来真实地展现五岳的地形地貌。

如果我们对比一下古代道士制作的另一种《人鸟山形图》(或书作《太上人鸟山真形图》),或许能够更为真切地理解《五岳山形图》这一特性(图5)。[②] 所谓"人鸟山",本来是一座传说中的海外仙山。托名东方朔撰著的《十洲记》记载,在环绕华夏八方巨海的西海之中,有一聚窟

图5 《道藏》本《云笈七签》中的《人鸟山形图》

洲,"洲上有大山形似人鸟之像,因名之为人鸟山"。后来则又演化出诸多此等状如人鸟的仙山,而且"不天不地,不沉不浮",愈加神异。于是,随之就出现了所谓《人鸟山形图》(图6)(其题作《太上人鸟山真形图》者,四周环绕有说明性文字,明显带有模仿佛教密宗陀罗尼经咒的痕迹,应当出现于唐代中期密教同类型陀罗尼广泛流行之后)。

在道教著述中,以所谓太上之口吻讲述此图的来历和功用说:"无数诸天,各有人鸟之山,有人之像,有鸟之形。峰岩峻极,不可胜言。玄台宝殿,尊神所居。林涧鸟狩,木石香花,芝草众药,不死之液,又难具陈。陈之无益于学,学者自应精寻。得一知万,了然究知。教须题名,是故标文。妙气结字,圣匠写之,以传上学,不泄中人。妙气之字,即是山容,其表异相,其跖殊姿,皆是妙气,化为成焉。玄达之思,闭目见之,周览既毕,行久有征。妙气既降,肉身能飞,久炼得妙,肉去妙充。其翔似鸟,出游三界之外;其神真人,入宴三清之中。总号'人鸟',学者游山,缘山至道,永保常存。自非至精,勿妄叩也。"又谓信众若能对其"敬而事之,存而念之,受而醮之,缮而带之,精而行之,和而密之,无致懈

图6 《道藏》本《玄览人鸟山经图》中的《太上人鸟山真形图》

息",则"在世行化,入山研方,出处自在,魔不敢当。于是朝致五岳,使役八溟,从三天之君,佩日月之精,知之不死,习之永生,谛之合智,究之同神"。若"道士有此山形及书文备者,便得仙度世,游宴昆仑。……自获升天矣。"⑩传世《人鸟山形图》在画法上与《五岳真形图》颇有神似之处,而与具体的山岳、甚至哪怕是抽象的山形,都已经全无关联,愈加凸显其宗教象征意义。若是再比照一下道士做法所用"雷火大将军"法印上与之形似的图形,⑫应当更容易理解其符号性质(图7)。

明此可知,在地图学史乃至地理学史研究中,与地图绘制的准确性和"科学性"相比,《五岳真形图》更大的价值,恐怕应该是在中国古代对待五岳等神圣山岳或宗教崇奉山岳的地理观念这一方面,而要想深入研究这一问题,就需要比较全面地掌握和分析相关的著述。在这一方面,小川琢治、井上以智为和曹婉如等人,事实上已经作出了重要努力,为我们奠定了很好的基础。至于编绘这类示意性地形俯视图的技术方法与当时社会上其他因素的联系,首先需要考虑的问题,恐怕应该是葬

图7 道士用"雷火大将军"法印

地选择中重视"形势"一派的观念和做法。

旧题郭璞撰著的《葬经》，特别强调"占山之法，势为难，形次之，方又次之"，譬如，其"势如万马，自天而下，其葬王者；势如巨浪，重岭叠嶂，千乘之葬；势如降龙，水绕云从，爵禄三公；势如重屋，茂草乔木，开府建国；势如惊蛇，屈曲徐斜，灭国亡家；势如戈矛，兵死刑囚；势如流水，生人皆鬼"，等等，㉙文中所描述的这些"山势"，都只能以凌空俯瞰的地势示意图明之，而这正是我们在《五岳真形图》之原始形态上所看到的表述方法，二者应该是互为表里的事情（图8）。

从小川琢治起，一般认为，在传世文献当中，《五岳真形图》最早见载于《汉武帝内传》。关于《五岳真形图》的绘制时间，曹婉如等人过去是援据《四库提要》的说法，将其定在魏晋之间。按照余嘉锡的考辨，《汉武帝内传》应当是东晋时期的道士葛洪所著。㉚前述葛洪在《抱朴子》中屡次提到《五岳真形图》的情况，适可进一步印证此说。由此可以明确，《五岳真形图》产生的时间，应该不得迟于东晋时期。至于更早会早到什么时候，由于缺乏直接记载，恐怕只能留待日后结合其他因素，再做更进一步的分析（图9）。㉛

小川琢治曾推测《五岳真形图》有可能是伴随着两汉道教的兴盛而出现的，㉜所说亦过于浮泛，没有多大实质性意义。从另一方面来看，中国古代专门记述某一名山的专书，大致即肇始于葛洪所生活的东晋时期，东晋徐灵期的《南岳记》，是这类著述当中较早的一种，徐氏便是

201

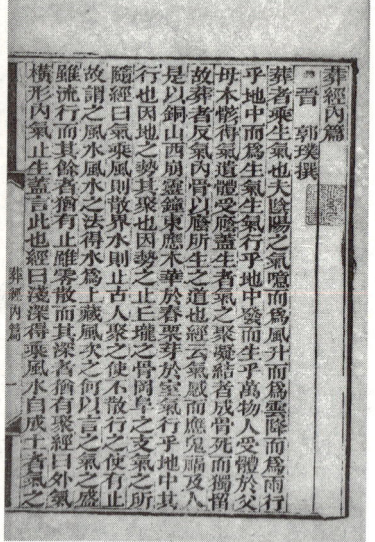

图 8　江绍原旧藏清光绪元年湖北崇文书局刻本《葬经》

图 9　宋建阳书坊编刻《地理全书》中的"吉鬼龙"图

一位有名的道士;传世最早的名山专志,是唐元和、会昌间人徐灵府纂述的《天台山记》,而这位徐灵府亦属一代著名道士。从而可见这类著述的兴起,同样与道教信仰日趋流行,特别是道教信徒对洞天福地的追求,具有密不可分的关系(图 10)。如果联系这一因素来分析,《五岳

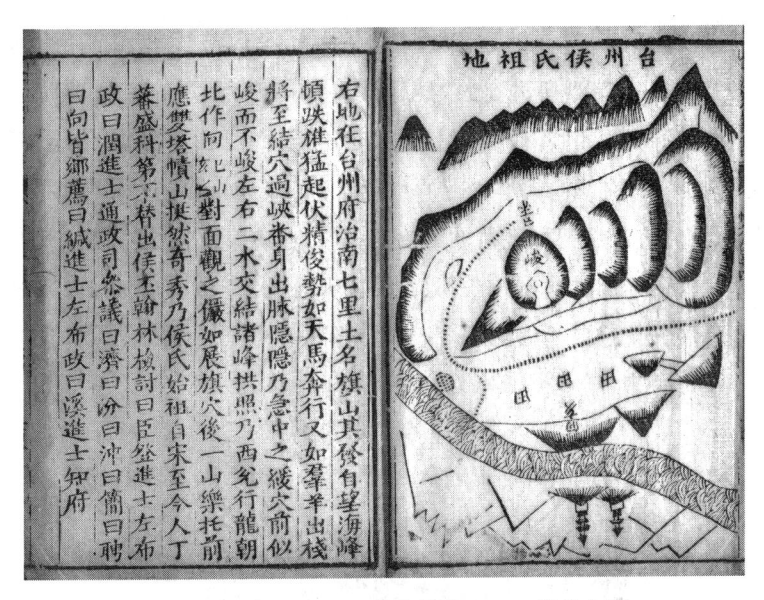

图10　明末刻《重刊人子须知资孝地理心学统宗》中
"势如天马奔行,又如群羊出栈"的山势

真形图》出现的时间,恐怕也不会比东晋早很多,甚至不排除出于葛洪之手的可能。我们看前面提到的所有有关《五岳真形图》的记述,最早都是出自葛洪的《汉武内传》和《抱朴子》,另外在葛洪撰著的《神仙传》里,也提到了此图,⑱这都显现出葛洪其人与《五岳真形图》的密切关系。

曹婉如等人在研究中已经指出,在宋人张君房编纂的道教类书《云笈七签》中,载录有一篇题作东方朔撰的《五岳真形图序》。东方朔是汉武帝时人,其时道教尚未兴起,且此文词句鄙陋,绝非出自西汉人手笔,"东方朔"云者当然出自后世依托。不过,要是想深入研究《五岳真形图》所体现的地理观念,它却可以说是一篇最为重要的史料。除此之外,这篇《五岳真形图序》的内容,对于研究有关五岳的一些基本问题,也会有所帮助。譬如,文中记述黄帝"察四岳并有佐命之山,而南岳独孤峙无辅,乃章词三天太上道君,命霍山、潜山为储君。奏可。帝乃自

203

造山，躬写形像，连五图之后"，联系《抱朴子内篇》"衡霍正岳"的说法，⑱以及同为葛洪所讲到的"吴越人或谓霍山为岳"的情况，⑲就会帮助我们更好地认识古代"南岳"前后所指不同的山岳及其变迁过程。2006年冬，我在山东大学举行的纪年《古史辨》创刊八十周年国际学术研讨会上，曾以《四岳、五岳的演变与古史地域扩张问题》为题，概要讲述过对这一问题的基本看法，只是碍于其他研究接踵而至，一直没有时间充分展开论述，把具体的分析过程，撰写成文。但愿在不远的将来，能够腾出手来，早日刊布相关的论证。

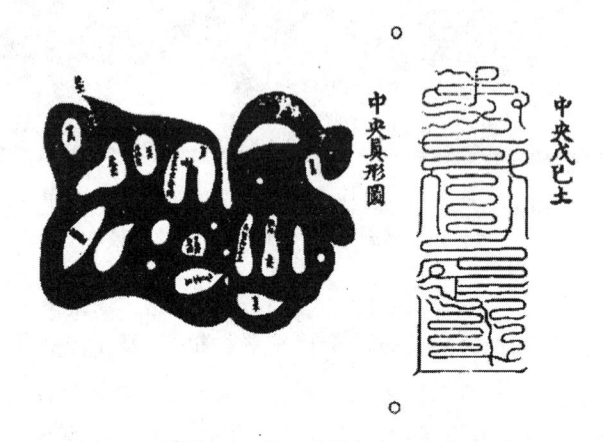

图11 《道藏》本《灵宝无量度人上经大法》之
《灵宝五岳真形图》中的《中央真形图》

《云笈七签》编纂于北宋真宗时期，书中载录的典籍，皆依据宋初古本，文献价值本来很高。遗憾的是其传世版本，最早只有明正统《道藏》之本，其他明清刻本，则无不出自于此（图11）。民国时自前清内阁大库佚出有一残缺不完的明初黑格写本，今存国家图书馆，可惜收录此文者不在存世篇帙之内。所以，仍然没有比正统《道藏》更早的写本。另外，在《道藏》中，还收录有一篇题作东方朔撰述的《洞玄灵宝五岳古本真形图》和佚名著《五岳真形序论》。《洞玄灵宝五岳古本真形图》的序文部分，与《云笈七签》载录者文字大体相同，而一一标绘有各个山岳的

204

图形;《五岳真形序论》当中则同样收录有这篇文字,题曰《五岳图序》,文字亦相近似。同样的序文,尚别见于《灵宝无量度人上经大法》的《五岳真形品》中,并且还和《洞玄灵宝五岳古本真形图》一样,附有各个山岳的图形,题作《灵宝五岳真形图》。这几种东西,相互之间,虽可勘比校订,但仍然属于同一年代。㊳

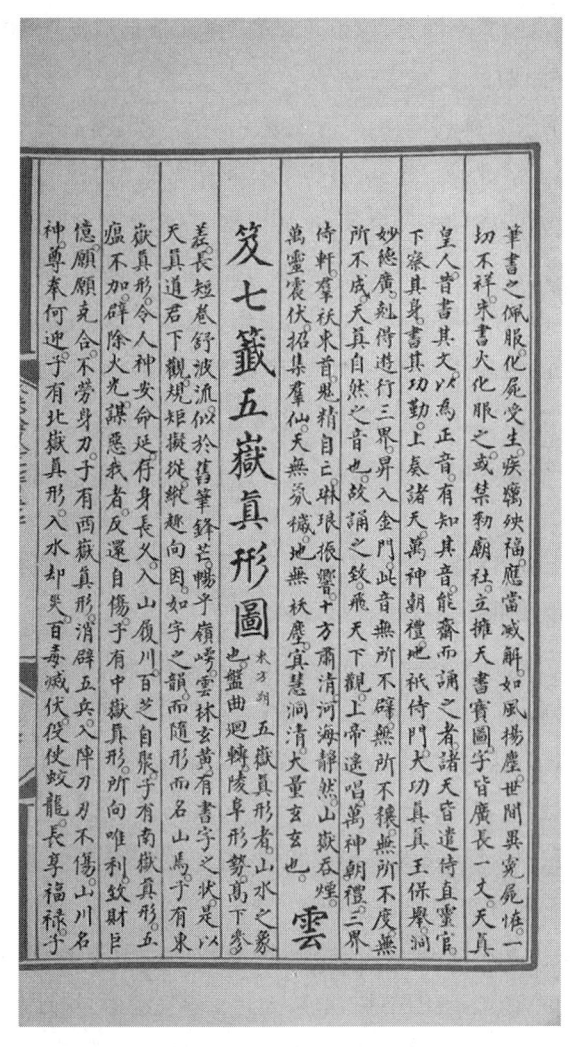

图12 《永乐大典》载录之《五岳真形图序》

令人欣喜的是，今年五月，国家图书馆出版社按照明代写本的原样，影印复制了美国哈佛燕京图书馆藏《永乐大典》卷七七五六至七七五七之十九庚"形"字等部分内容，这是中华书局过去仿真影印的《永乐大典》中没有收录的一册，其中恰好完整地从《云笈七签》中抄录有这一篇序文，从而使我们能够十分真切地随时目睹这部依据明初永乐年间写本转录文本的本来面目，这也可以说是《五岳真形图序》存世最早的一个写本（图12）。

　　如同《永乐大典》引录的所有文献一样，这个写本也有比较明显、甚至很低级的文字讹误。如讹"黄帝"为"皇帝"，讹"伺迎"为"何迎"。但也有一些地方，可以勘正《道藏》本的讹误。如《道藏》本"北逐獂鸞"讹作"北遂獂鸞"；又如"东岳泰山君"与"入经山林及泰山，诸山百川神，皆出境迎拜子也"，《道藏》本"泰山"俱书作"太山"，而此《永乐大典》本都能保持正确的写法。⑧即使是那些《道藏》本的文字与之完全一致的内容，得此写本印证，也可以进一步增强对其文字准确性的认可，从而更为有效地利用相关记载，开展研究。

【附】《云笈七签》所收旧题东方朔撰《五岳真形图序》（以《永乐大典》本校2003年中华书局出版李永晟点校本⑨）：

　　五岳真形者，山水之象也。盘曲回转，陵阜形势，高下参差，长短卷舒。波流似于奋【案："奋"《道藏》本与《大典》本皆讹作"旧"，中华本据他书改，应是】笔，锋芒畅乎岭崿。云林玄黄，有书字之状。是以天真道君下观规矩，拟纵【案：《大典》本"纵"字前另有一"从"字，疑衍】趣向，因如字之韵，而随形而名山焉。

　　子有东岳真形，令人神安命延，存身长久，入山履川，百芝自聚。
　　子有南岳真形，五瘟不加，辟除火光。谋恶我者，反还自伤。
　　子有中岳真形，所向唯利，致财巨亿，愿愿克合，不劳身力。
　　子有西岳真形，消辟五兵，入阵刀刃不伤，山川名神，尊奉伺【案：

《大典》本"伺"讹作"何"】迎。

子有北岳真形，入水却灾，百毒灭伏，役使蛟龙，长享福禄。

子尽有五岳真形，横天纵地，弥纶四方，见我欢悦，人神攸同。

黄帝征师诸侯，与蚩尤战于涿鹿之野，遂擒之。诸侯咸宗轩辕为天子，代神农氏，是为黄帝【案：《大典》本"黄帝"讹作"皇帝"】。天下有不顺者，从而征之，破山通道，未常宁居。东至于海，登丸山【案"丸山"《道藏》本与《大典》本俱讹作"太山"，中华本据《史记》改作"丸山"，应是】及岱宗；西至崆峒，登鸡头；南至于江，登熊湘；北逐【案："逐"《道藏》本讹作"遂"，中华本据他书改，今《大典》本不误，作"逐"】獯鬻，登符釜山，而邑于涿鹿之阿，迁徙往来，无有常处。察四岳并有佐命之山，而南岳独孤峙无辅，乃章词三天太上道君，命霍山、潜山为储君。奏可。帝乃自造山，躬写形像，连五图之后。又命拜青城为丈人，署庐山为使者，形皆以次相续，此道始于黄帝耳。

东岳泰山君【案："泰山"《道藏》本及中华本作"太山"，《大典》本作"泰山"，《道藏》所收题东方朔撰《洞玄灵宝五岳古本真形图并序》暨《五岳真形序论》中的《五岳图序》、《灵宝无量度人上经大法》之《五岳真形品》，同文俱作"泰山"，审下文"死者皆归泰山"、"泰山君服青袍"云云，知应从《大典》本为是】，领群神五千九百人，主治死生，百鬼之主帅也。血食庙祀所宗者也。世俗所奉鬼祠邪精之神，而死者皆归泰山，受罪考焉。诸得佩五岳真形，入经山林及泰山【案："泰山"《道藏》本及中华本作"太山"，《大典》本作"泰山"，《道藏》所收题东方朔撰《洞玄灵宝五岳古本真形图并序》暨《五岳真形序论》中的《五岳图序》、《灵宝无量度人上经大法》之《五岳真形品》同文俱作"泰山"，通观上下文用法，宜从《大典》本作"泰山"】，诸山百川神，皆出境迎拜子也。泰山君服青袍，戴苍碧七称之冠，佩通阳太平之印，乘青龙，从群官来迎子。

南岳衡山君，领仙七万七百人。诸入南岳所部山，山神皆出拜。南岳君服朱光之袍，九丹日精之冠，佩夜光天真之印，乘赤龙，从群官来迎子。

中岳嵩高君，领仙官玉女三万人。道士入其中岳所部，名灵皆来迎拜。中岳君服黄素之袍，戴黄玉太乙之冠，佩神宗阳和之印，乘黄龙，从群官而来迎子。中岳五土之主，子善敬之。太上常用三天真人有德望者以居之。

西岳华山君，领仙人玉女四千一百人。道士入其所部之山川，神并来迎。华山君服白素之袍，戴太初九流之冠，佩开天通真之印，乘白龙而来迎子。

北岳恒山君，领仙人玉女七千人。道士入其所部之山川，神皆来迎。北岳君服玄流之袍，戴太真冥灵之冠，佩长津悟真之印，乘黑龙而来迎于子。

青城丈人，黄帝所命也，主地仙人，是五岳之上司，以总群官也。丈人领仙官万人，道士入山者，见丈人服朱光之袍，戴盖天之冠，佩三庭之印，乘科车，从众灵而来迎于子。

庐山使者，黄帝所命，秩比御史，主总仙官之位，盖五岳之监司。道士入其山者，使者服朱诽之袍，戴平华之冠，佩三天真形之印，而来迎于子，亦乘科车。

霍山南岳储君，黄帝所命，衡岳之副主也。领灵官三万人，上调和气，下拯黎民，阅校众仙，制命水神，是峻险之府，而诸灵之所顺也。道士入其境，储君服青锦【案："锦"《大典》本作"绵"】之袍，戴启明之冠，佩道君之玉策，而来迎子。或乘科车，或驾龙虎。

潜山储君，黄帝所命，为衡岳储贰，时参政事，今职以辅佐者也。道士入其山者，潜山君服紫光绣衣，戴参灵之冠，佩朱宫之印，乘赤龙之车，而来迎子。

诸佐命山君，并辅弼岳君，预于位政。道士入其山，佐命服朱袍，戴仙华之冠，佩太上真形之章，而来迎子，所乘无常。

东方朔言：古书五岳真形首目者，乃是神农前世太上八会群方飞天之书，法始于鸟迹之先代也。自不得仙人译注显出，终不可知也。凡道士欲佩【案："佩"《大典》本作"飞"，似讹】图，进取山象，及书古文卷毕，以此题外面【案以下有阙文,据《道藏》本《洞玄灵宝五岳古本真形图并序》暨《五岳真形序论》中的《五岳图序》、《灵宝无量度人上经大法》之《五岳真形品》所收东方朔序文,此下当增补"然后盛之。带符,当得正月建寅斋七日,于斋中写符讫,醮如传授法,但易章中自说辞旨,可随人也。凡写书皆烧香于图左右"】。

2013年10月30日记
2013年12月11日修改定稿

注　释:

①小川琢治:《近世西洋交通以前の支那地圖に就て》,《地學雜誌》第贰拾贰年第二百五十捌号,第1—30页。案本文是明治四十三年(1910年)5月8日小川琢治在东京地学会总会所做讲演的讲稿。

②[英]李约瑟:《中国科学技术史》第五卷《地学》第一分册第二十二章《地理学和制图学》,《中国科学技术史》翻译小组:科学出版社,1976年,第129—130页、第189—194页。案李约瑟同时还引述相关文献,对比分析了这种地图所体现的宗教环宇观与西方宗教环宇观的相似性。

③如王庸:《中国地理学史》第一章第五节《地形图与地形模型》,上海:商务印书馆,1938年,第33—34页;又中国科学院自然科学史研究所地学史组主编:《中国古代地理学史》第八章第三节《传统制图学的继续发展》,科学出版社,1984年,第300页。案本书这一部分内容系由郑锡煌执笔撰写。

④曹婉如、郑锡煌:《试论道教的五岳真形图》,《自然科学史研究》1987年第1期,第52—56页。

⑤[明]王士性:《广志绎》卷一,中华书局,1981年,第13页。

⑥小川琢治:《近世西洋交通以前の支那地圖に就て》,第10—11页。

⑦《道藏》(文物出版社、上海书店、天津古籍出版社,1987年,影印正统藏、万历续藏本)之《汉武帝内传》,第51页。

⑧小川琢治:《近世西洋交通以前の支那地圖に就て》,第9页、第11页。

⑨井上以智为:《五嶽真形図に就て》,羽田亨编《内藤博士还历祝贺支那学论丛》,弘文堂书房,1926年,第8页。

⑩[晋]葛洪:《抱朴子内篇·遐览》,据王明:《抱朴子内篇校释》卷一九,中华书局,1985年,第336页。

⑪《道藏》之《汉武帝内传》,第51页。

⑫［晋］葛洪：《抱朴子内篇·遐览》，据王明：《抱朴子内篇校释》卷一九，第337页。

⑬《道藏》之《汉武帝内传》，第51页。

⑭［晋］葛洪：《抱朴子内篇·登涉》，据王明：《抱朴子内篇校释》卷一七，第299—300页。

⑮［宋］张君房：《云笈七签》卷七九《符图·晋鲍靓施用法》，中华书局，2003年，李永晟点校本，第1812—1813页。

⑯［晋］葛洪：《抱朴子内篇·遐览》，据王明：《抱朴子内篇校释》卷一九，第335—336页。

⑰《道藏》之《洞玄灵宝五岳古本真形图并序》，第737—743页；又《灵宝无量度人上经大法》卷二一《五岳真形品》，第736—739页。

⑱小川琢治：《近世西洋交通以前の支那地圖に就て》，第10页。井上以智为：《五嶽真形圖に就て》，第8—12页。

⑲王庸：《中国地理学史》第一章第五节《地形图与地形模型》，第34页。

⑳［明］高濂：《雅尚斋遵生八笺》卷八《起居安乐笺》，书目文献出版社，1988年，《北京图书馆古籍珍本丛刊》影印明万历十九年高氏原刻本，第234页。

㉑井上以智为：《五嶽真形圖に就て》，第12—14页。

㉒［清］叶昌炽：《语石》卷五，上海书店，1986年，影印清宣统元年原刻本，第106—107页。

㉓案传世较早的图形有两种，分别题作《人鸟山形图》和《太上人鸟山真形图》。前者见《道藏》之《云笈七签》卷八〇《符图·元览山人鸟形图》，第575页；后者见《道藏》之《玄览人鸟山经图》，第679页。

㉔《道藏》之东方朔《十洲记》，第52页。

㉕《道藏》之《玄览人鸟山经图》，第679页。

㉖［宋］张君房：《云笈七签》卷八〇《符图·元览人鸟山形图》，第1836—1838页。

㉗王育成：《道教法令印牌探奥》第五章第二节《道教法印印式集录》，宗教文化出版社，2000年，第64页、第74页。

㉘题晋郭璞著：《葬经》，清光绪元年湖北崇文书局刻本，第2页b。

㉙明官修《永乐大典》卷一四二一九"四霁"之"地"字"相地十一"引宋建阳书坊编刻《地理全书》，上海辞书出版社，2003年，《海外新发现永乐大典十七卷》影印本，第413页。

㉚余嘉锡：《四库提要辨证》卷一八《子部·小说家》"汉武帝内传"条，中华书局，1980年，第1130—1135页。

㉛案如前面的引文所见，中国科学院自然科学史研究所地学史组主编《中国古代地理学史》第八章第三节《传统制图学的继续发展》（第300页），将《五岳真形

图》的编绘年代定在唐朝,不知何据。因执笔者郑锡煌后来参与了曹婉如《试论道教的五岳真形图》一文的撰写,此说也可能是他早期的观点,后来对这一认识或许已经有所调整。

㉜小川琢治:《近世西洋交通以前の支那地圖に就て》,第 8 页。

㉝《道藏》之元赵导一:《历世真仙体道通鉴》卷三三《徐灵期传》,第 289 页。案徐灵期《南岳记》久佚,后有清人陈运溶辑本,见《麓山精舍丛书》,岳麓书社,2008 年,第 100—101 页。

㉞[宋]陈耆卿:《嘉定赤城志》卷三五《人物门·唐》,中华书局,1990 年,《宋元方志丛刊》影印清嘉庆二十三年刊《台州丛书》本,第 7556 页。案徐灵府著《天台山记》在中国早已失传,但日本存有古写卷子本,清末杨守敬曾将其刊入《古逸丛书》。此古卷子原本今存日本国会图书馆,属日本国家"重要文化财"。1983 年,日本国会图书馆用上好和纸将其影印行世,存古存真,远胜于《古逸丛书》刻本。

㉟[晋]葛洪:《神仙传》卷七《帛和》,台湾商务印书馆,1986 年,影印文渊阁《四库全书》本,第 3 页 b—4 页 a。

㊱[晋]葛洪:《抱朴子内篇·登涉》,据王明:《抱朴子内篇校释》卷一七,第 306 页。

㊲[宋]张君房《云笈七签》卷七九《符图·五岳真形图法并序》,第 1810 页。

㊳《道藏》之《洞玄灵宝五岳古本真形图并序》,第 735—744 页;又《五岳真形序论》,第 635—636 页;又《灵宝无量度人上经大法》卷二一《五岳真形品》,第 732—739 页。

㊴《道藏》之宋张君房撰《云笈七签》卷七九《符图·五岳真形图序》,第 561 页。明官修《永乐大典》卷七七五六之七七五七之十九庚"形"字下引"云笈七签五岳真形图"条,国家图书馆出版社,2013 年,《哈佛燕京图书馆文献丛刊》第七种《哈佛燕京图书馆藏〈永乐大典〉》影印明嘉靖录副本,第 27 页 a—28 页 b。

㊵见中华书局点校本《云笈七签》卷七九《符图·五岳真形图序》,第 1790—1794 页。

韩国山岳崇拜国家行为的历史变迁：
统一新罗时代至朝鲜时代

[韩]柳济宪 著
杨雨蕾 译

一、序论

当今散见在韩国各地的山岳崇拜是经历长期发展变化的结果。历史上的山岳崇拜作为国家统治或维护领土的重要手段，在不同时代形态各异。统一新罗时期，对山岳崇拜从护国的角度予以重视，国家将之作为直接祭祀的对象。之后，这一传统受外部与中国关系以及内部儒教理念普及的影响而出现变化。总体来看，统一新罗时期随着朝代的更替，国家越来越多地介入山岳崇拜，山岳的神圣性减少。本研究以历朝编纂的史料为文献基础，研究朝代更迭过程中国家越来越多介入山岳崇拜的现象，分析山岳崇拜制度和信仰在国家这个层面上是怎样变化的。

统一新罗时代之后，经过高丽时代，到朝鲜王朝时代以儒治国的理念越来越强化。在这种儒教化的趋势下，各朝代对有关包括山岳崇拜在内的山川崇拜的制度和信仰进行整顿，其整顿的依据是中国的祀典和礼制，同时在很大程度上也受到元和明的干涉。不同的时代，有关山

作者单位：韩国国立教员大学。译者单位：浙江大学历史学系。

岳崇拜的制度和信仰是折中传统风习和新传入内容的结果。特别是从高丽末到朝鲜王朝前期,政治文化环境的大变动成为传统山岳崇拜变革的契机。所以,分析有关山岳崇拜的制度和信仰在国家层面上是怎样变化的,对于考察朝鲜社会内外部状况,以及包含山岳在内的整个山川崇拜的变化是十分必要的。

二、统一新罗时代

统一新罗时代,相对于祭天仪式,山川神的祭礼被认为是祀典亦即祭祀礼典的中心。《旧唐书·东夷列传》"新罗条"有"好山之神"的记载,说明新罗以山神祭为中心。《三国史记·祭祀志》虽然按照宗庙、社稷、山川祭的顺序介绍新罗的祀典,但是国家的祭礼分明是以山川祭为中心的(申翼澈,2001:515—516)。对于宗庙和社稷的祭祀只是按照年代顺序简单说明,但对于山川祭,则细分大祀、中祀、小祀进行系统叙述。[①]

在新罗,山川神所具有的职能首先是护国的信仰对象。新罗的花郎游历名山大川的记录反映出山川神的面貌。而且当时祭礼的形式不是以儒教或佛教这些外来的思想为基础,而是依据三韩传统的仙风。花郎们原本就被认为是作为主持传统土俗信仰仙风的司祭集团而祭祀名山大川(申翼澈,2001:517)。《三国史记》明确具体记载以大祀、中祀、小祀区分名山大川及其它们的位置,所采用的是民族固有的祀典形式。

山川祭中最重要的对象是大祀的三山和中祀的五岳。新罗的三山被认为最初并非是《三国史记·祭祀志》中记载的奈历、骨火和穴礼,而是金刚山、仙桃山和含月山。[②]推测新罗的这三山类似于韩国传统的三神信仰。因为不仅中国的五岳没有三山,而且百济也有三山崇拜。所以最初的三山中,虽然不能确认奈历是否为金刚山(现位于庆州市),但是骨火和穴礼肯定分别与仙桃山、含月山的位置不同。推测新罗的三山以金刚山为中心神山,以新罗初期所征伐的部族国家的神山骨火和穴礼代替仙桃山和含月山。这是新罗根据扩张的领土改变神山的位置,以扩大范围所做的变动。

相比而言,新罗的五岳受到中国唐代五岳的影响,设置在国土的中央和四方。五岳在新罗统一朝鲜半岛之后设立,颇具有一种象征性意义。三山是新罗的核心,是用以保卫以庆州平原为中心的斯卢国,而五岳和四津、四海、四渎一起,守护的是统一新罗。五岳是东岳土含山、南岳地理山、西岳鸡龙山、北岳太白山、中岳父山(公山)。③土含山虽然在王都金城(庆州)的附近,但没有成为中岳,这是因为东岳不仅要设置在国土的东南方,而且还要用以防御倭寇侵入国境。地理山原本是伽倻西北的界山,是本伽倻的神山,真兴王二十三年(562年)仇衡王投降,之后设置五岳时,成为南岳。鸡龙山原本是百济的神山之一,文武王三年(663年),百济被征服,纳入新罗的领土,设置五岳时,成为西岳。太白山早先是逸圣王和基临王为了守护新罗的北部,举行望祭的对象,后来设置五岳时,成为北岳。④父岳,一名公山,又有八公山之称,原来是部族国家押督国的神山。新罗破娑王二十三年,押督国并入新罗,后设置五岳时,成为中岳。父岳(公山)在新罗初期是西北方重要的军事要地,统一新罗之后,想必是因为其在国土的中部,而设为中岳,如此推测是因为神文王九年(670年)新罗确实计划迁都公山所在的达句伐(大邱)。⑤

在统一新罗时代,被称为五岳的五座山具有如下共同的特征。首先,五岳各山是新罗再建时期新编入的,象征着一定的势力范围。五岳具有反映新罗收并和征服周边国家过程的意义。其次,五岳象征着新罗国家领土的中央和四方之地,显示出经过收并和征服其他国家,其领土在地理上的扩张过程。最后,在这种领土的扩张过程中,五岳因为国防上的重大意义而存在。将具有这些特征的五个山岳设为五岳是从什么时候开始的呢?虽然没有明确的文献记载,但肯定是在百济灭亡之后,因为那时才能得知鸡龙山的存在。百济灭亡之后,出现令人瞩目的神文王时代(李基白,1984:205—206)。神文王时代为了中央政治制度而设立九州、五小京等重要的地方组织,并为五庙制等礼仪制度的建立做准备。而迁都达句伐的计划或与五岳的设立有直接的关系。

在统一新罗时代,中祀的五岳、大祀的三山和小祀的名山都是国家的祭祀对象。然而从对自然山岳这样的祭祀来看,这是对被认为是山岳主宰者的山神的祭祀。《三国史记》卷四"真兴王三十七年"条记载花郎徒们"游娱山水",这里的"山水"想必就是"祭祀志"中"三山五岳以下名山大川"的"名山大川"。如果花郎徒的游娱具有巫术和宗教的意义,那么更可以证实上述看法。新罗国家性祭祀的山、川、津、海等都是花郎为了从事巫术和宗教仪式而游娱的对象(李基白,1984:209—210),五岳当然在其中占有重要地位。与三山和名山有所不同,五岳是维护国家安全而在各个方向设立,推测有具体的目的(李基白,1984:210)。东岳土含山神防御倭敌、北岳太白山神威震高句丽、西岳鸡龙山针对百济、南岳地理山则面对伽倻。如此,它们难道不是为了护国而各司其职吗?

新罗的山川祭,山神在民行祭中是类似于貊的虎山神,而在国行祭中它则是人格化的女性神和男性神。根据《三国遗事》,金庾信被间谍白石引诱前往高句丽时,给予帮助的三山神(奈历、骨火、穴礼)是女山神。[6]不只是新罗的三神是女山神,推测古代山神一般都是女山神。例如新罗初期,作为西岳崇拜的仙桃山的山神是神母,此外伽倻山是圣母,地理山是神母。仙桃山地仙不仅孕育了作为海东始祖的新罗始祖赫居世,而且据说阏英王妃也是她所生。[7]与此同时,新罗的男性有两位王和一位将军成为山川神。另外,令人瞩目的是脱解王和文武王成为东岳神和东海神。这看来是因为国防上要防御新罗王都金城(庆州)东南方倭寇的侵略。如此王作为新罗历史上的男性神成为山川神意味着那是需要护国的国家神的时代。在新罗,虽然一方面山川神出现被称作圣母或神母的女性神,但是另一方面也出现了国王成为护国的国家的英雄神,随着人格神的发达,神祠被设立。

215

三国统一后,新罗在祀典中确定以三山、五岳、名山大川的顺序在各地举行国行祭,这根本上反映出新罗王室将这些山川作为护国信仰,同时在政治上也具有让高句丽和百济的遗民承认新罗王权和领土的目的。不过有关山川祭祭主、祭期、祭仪的情况,因为文献资料没有记录而无法详考,但可能是由国王亲祭(金荣振,1996:52)。一般认为祭仪是由巫主持举行的神事,但祀典祭被认为是礼祭。之后随着佛教的受容,在土俗信仰和佛教融合的过程中,山川神一开始与佛神平起平坐,后来则逐渐从属于佛神(金荣振,1996:72)。

三、高丽时代

高丽始祖王建自开国元年(918年)将合祭天神、山神和龙神的八关会作为国行祭,使之成为常礼。同时因为太祖王建崇佛,将之作为国家宗教,所以留下将奉佛的燃灯会和八关会一起一直作为高丽两大国行祭的遗言,[⑧]这是因为太祖相信高丽开国是得佛和山川之助。如此太祖的护国佛教和山川崇拜的信仰在高丽时代延续下来。据研究,以八关会为祭名是因为主祭者是僧侣(金荣振,1996:76)。然而高丽末受到元的干涉,随着具有儒教理念的新兴士大夫阶层登场,出现有未举办八关会的情况。成宗六年(987年)10月,高丽确立中央集权制,不再遵循太祖遗训,停止举行八关会,而接受圜丘、籍田、宗庙、社稷这些中国礼制。[⑨]文宗之前,山川祭被正式编入祀典,春秋时告祭使被派遣到分散在全国10道的名山,举行外山祭(金荣振,1996:99)。

虽然八关会对统一新罗时代进行中祀的五岳继续进行祭祀,但却已经没有了对包含五岳在内的名山大川进行大、中、小祀的等级。高丽时期,国家祭祀的重大特征是设立了被称为"杂祀"的国家祭祀的类目(金澈雄,2001:137)。这与分岳镇海渎为中祀、山川为小祀的唐宋制度相比,颇为独特。八关会和燃灯会都被排除在《高丽史·礼志》的"吉礼"条下,而是列在《高丽史·礼志》的"杂祀"条下。[⑩]将国家祭祀区分为大、中、小祀是中国吉礼的编制方式,这种方式到朝鲜时代才完全接受。然而,"杂祀"是朝鲜王朝《高丽史》的编纂者们随意给予"未分等第的祭祀"的名称(金澈雄,2001:140)。在高丽时代,这种"未分等第"的"杂祀"确实和大、中、小祀同样是列入祀典的国家祭祀。虽然"杂祀"在祭祀体制上与具有儒教仪式的大、中、小祀不同,但是它和大、中、小祀具有同样的重要性,属于国家祭祀。特别是自文宗之前就已举行的由祭告使主持的地方山川祭具有小祀的重要性。

当时高丽接受唐代风习,山川信仰的一个特点是给山川加号,这种山川加号依据的是中国《礼记》中"天子祭天下名山大川,五岳视三公,四渎视诸侯"[11]的内容,予山川神以封建仪礼。高丽时代的山神都是受到外侵时经常具有神助的护国之神,所以每每对之加号,并设立神祠。在统一新罗时代,山川神出现有女性神和男性神,但是在高丽时代,只有那些历史性人物的男性神,而且高丽的山川神祠比统一新罗时代多,这是因为人格化山川神的进一步发展。这种山神的男性化受到从中国传来的父权本位思想的影响,同时也与新罗三国统一战争和后三国统一战争过程中男性的作用增大有关(金甲童,1993:50)。高丽时代在战斗开始前为了得到战争的胜利以及胜利后为了表示感谢,都对山神进行祭祀。早在宣宗四年正月,在山川庙祠进行祭祀,祈愿在战斗中得神兵之助。[12]恭愍王八年红巾贼侵入时也到山川神庙求助。[13]类似的战争中,因为男性比女性更能守护国家,所以国家守护神是男性山神。

高丽王朝以儒教的政治理念作为治理国家的基础,大、中、小祀的祀典体系反映出是以儒教的仪礼为中心的。但是在另一方面,高丽是明确以佛教为立国方针的王朝,同时它继承高句丽的北进政策。高丽的祀典看来都是依据儒教的祭礼,但是同时融合了佛教和仙风的仪礼。当时大、中、小祀依据儒教的祭礼,但八关会作为高丽代表性的祭礼和庆典融有佛教和仙风的仪礼。所谓"仙风"是指自新罗时代开始根据当地的巫俗信仰祭祀名山大川的行为。仙风的最终目的是沟通天和人,做到天人感应和相通。包括八关会在内的高丽时代的山川祭具有继承新罗时代致祭五岳三山这些国土守护神的意义(申翼澈,2001:525),不过高丽王朝山川祭的作用不只是意味着祭祀国土守护神,对山川的祭礼还有祈祷丰年和祈雨的重要作用(申翼澈,2001：525)。

从统一新罗时代开始,崇拜山神的另一个理由是为了祈雨。降雨本来靠的是天,但山岳被认为能作为媒介代理天神,所以山神也能带来降雨。最初祈雨祭的主要对象是天、川、渊、海、龙神等,但是后来山岳具有重要的意义。高丽显宗、靖宗、肃宗代在群望、北岳、松岳等地祈求雨停,[14]睿宗二年在松岳和东神祠祈求降雨。[15]如此可见,各地常常是同时举行祭祀,祈求雨停或者降雨。文宗、肃宗代曾在松岳、东神堂、诸神庙、山川、朴渊等地同时举行祈雨祭。[16]武臣政权成立后,召集巫师以山岳为对象祈求降雨的情况增加。[17]高丽时代同时进行佛教、道教的祈雨行事和巫师对山神的祈雨祭,毕竟人们相信山神存在于人间,是能够保护和可以带来丰收的神。

主管山岳的山神虽然是国家和邑城的守护神,但同时也是地方势力治理当地百姓时所需要的精神寄托。各地区的地方势力宣传山神是当地的保护神,以此集结当地的百姓。尤其是在以城隍祠为中心来维护自身势力的情况中,城隍祠的主神通常是出生当地的地方势力的代表。高丽中期之后,山神信仰和城隍信仰相互融合,而与此同时,围绕某个山神,国家和地方势力也出现有对立的情形(金甲童,1993：61)。特别是出现了山神祠经济资助者直接追封自己的祖上为山神的情况。所以高丽末期一方面将地方乡吏或百姓们的祭祀作为淫祀加以禁止,另一方面国家或国王直接派遣特别的官吏,或者由地方官专门对山神进行祭祀。[18]

高丽末期对山川祭进行大变革的要求并非来自于王朝自身,而是来源于明朝。[19]明太祖洪武二年(1369年),高丽的山川进入明的祀典。洪武三年(1370年),即恭愍王十九年,明派遣使臣致祭高丽的山川,理由是高丽是明的侯土,而天子对境内山川要举行祭祀。[20]明太祖派遣使臣祭祀高丽的山川,目的是为了确认高丽是明的封土。恭愍王十九年

(1370年)5月,明太祖封恭愍王为高丽国王,准许所有的仪式、制度和服饰依明俗。7月又派使臣到高丽,加号山川神和城隍神,替换原来的封号,并且要求禁止致祭未入祀典的淫祀。[20]如此山川祭的施行和称号都依照明太祖的规制,加上元干涉时期,八关会的地位已有所降低,高丽王朝山川祭的主体性和自主性被消损(申翼澈,2001:527)。这样的形势,再加上以性理学为理念的士大夫阶级的登场,传统祭礼的祭天和山川祭逐渐失去了意义,具有儒教理念的祀典体系被接受。到经过士大夫阶层易姓革命而建立的朝鲜王朝,这种体系进一步被确定下来。

四、朝鲜时代

朝鲜王朝成立后,八关会和燃灯会在太祖即位元年8月就被废止。几天后,圜丘坛的祭天礼因为是由天子举行的仪式,在礼曹的建议下也决定废止。太宗依据明代的洪武体制调整所有的祀典,并在太宗十一年(1411年)11月上送启文,奏请明朝以中国藩国仪式颁降礼制。与此同时,朝鲜开国初以"护国"对山川和城隍封爵,而为了延续高丽时代的山川信仰,逐渐将对山川神的俗祭礼制化,同时禁止百姓进行山神信仰(金荣振,1996:137—138)。祈福不是完全寄托在天命,而是自取人间所有,这种儒教的祀神观使朝鲜的山川信仰为仪礼所代替。如同天神祭象征天子的权威,山川祭维护王的权威,这是国家行为的一环。不过尽管如此,传统的山川信仰在民间依旧盛行,到今天民间的洞祭形成山神祭的主流。

禁止王以外的其他人对全国各地的名山大川进行祭祀,这样的措施使得人们对山川神没有亲身的体验。高丽时代举行山川祭的理由是其所具有的灵验性,没有了这样的基础,也就没有了对山神的敬畏。在儒教经典中,被称为基本"礼"的社会秩序要予以名分,表现礼的社会秩序要实现等级秩序,这种等级秩序应该与自然等级一致,是神的感应。那些违背礼的人类行为是阿谀奉承,那样的祭祀是淫祀,得不到赐福

(李煜,1998:134)。然而,受到传统山川神灵验性观念的阻碍,"礼"的意识不容易得到广泛认可。朝鲜王朝政府虽然打击对山川的祭祀求福,说这种行为是阿谀奉承,但是因为百姓对未来生死之路的无所适从,很难禁止他们去祠山求福。

例如,太白山从新罗时代直到现在都是国家和民间祭祀的对象,但是在国家的干涉下,主管祭仪的主体和祭仪的形式随时代变迁有所不同。在统一新罗时代,作为五岳之一的北岳,国家以中祀对其进行祭祀。在高丽时代,国家派外山祭告使进行太白山祭。[②]朝鲜王朝世祖时期,太白山被提议作为东镇进入祀典,但并没有被接受。之后虽然对其不再进行国家祭祀,但民间非常关心太白山祭。朝鲜时代对太白山的祭祀由特定的乡吏主持,同时百姓自主参与(金道铉,2012:102)。日帝强占前后,通过记录可以确定,以东学为首的新宗教在太白山举行祭天仪式。光复以后,大倧教教徒们在太白山顶祭天。如今自1987年成立的太白山天祭委员会每年10月3日举行天祭(金道铉,2009:68—112)。现在太白山天祭是临近太白山地区依照融合传统巫俗和儒教仪礼的程序而举行。

实际上,朝鲜前期通过批判淫祀整顿山川祭,并没有取消所有的淫祀。国家整顿山川祭的目的不是摧毁当时既存的信仰,而是确保根据礼而建立的新宗教空间,并给予官方权力,去除淫祀所立足的观念(李煜,1998:137)。世宗代对祀典所在的山川进行整顿,并不是取消所有既存的淫祀,只设立国家的山川坛,而是在现有的以及其他的场所建立新的圣所。由官吏代替在巫堂举行国家仪礼,以防止官权被其他的宗教行为所侵蚀。如此废止非儒教仪式的仪礼,是以外在的力量排除儒教之外的宗教势力,从而巩固等级制的社会秩序。

太祖二年(1393年),朝鲜王朝继承高丽的传统,依旧对名山大川、城隍和海岛之神封爵。[③]其中令人瞩目的是对统一新罗时期所崇拜五岳中的智异山神和鸡龙山神加封,奉为护国公。太祖四年(1395年)12月,升奉护国公白岳山神为镇国公,加奉南山神为木觅大王。[④]同时朝鲜太祖对山川、城隍、海岛之神封爵,祈愿他们能加护新开国的王朝。但是太宗十三年(1413年),礼曹认为明洪武制对朝鲜山川不封爵号,所以建议依照明制,只放置"谋山之神,谟海之神"的木主,并撤去神像。⑥这种措施是为了完全消除山川神所具有的护国性质,到世宗代,这种消除基本完成(金荣振,1996:163—164)。

太宗十三年(1413年),礼曹上启根据唐《礼乐志》和宋《文献通考》对国内的名山大川及之下的山川区分等第。据此,太宗十四年(1414年)8月,确定以岳海渎为中祀、所有的山川为小祀的等级制。⑦其中中祀有中岳三角山、西岳松岳山、南岳智异山、北岳鼻白山等四座,即四岳。小祀的山岳有木觅山、五冠山、鸡龙山、竹岭山、主屹山、锦城山、雉岳山等共11座。之后经过进一步讨论,朝鲜王朝的祀典在世宗代确立下来。在《世宗实录》所收录的大、中、小祀分类体系中,岳海渎为中祀、名山大川为小祀。下面是《世宗实录》所记录的大、中、小祀的分类体系:

大祀:社稷,宗庙;

中祀:风云雷雨(包括山川、城隍),岳海渎,先农,先蚕,云师,文宣王,朝鲜檀君,后鲜始祖箕子,高丽始祖;

小祀:灵星,名山大川,司寒,马祖,先牧,马社,马步,七祀,禜祭。

朝鲜时代是否定将人神格化的时代,山川神不是信仰的神,而是仪礼的神。在朝鲜时代,人物虽然作为俗神受到崇拜,但与高丽时代不同,他们不作为山川神受到崇拜。一直到高丽时代,山川神都是国难时具有神助的护国神,但是到朝鲜时代,没有这样的神助。高丽王建据说是得到山川的阴助得以开国,但人们相信朝鲜李成桂并没有山川的帮助,其开国是人间的力量(金荣振,1996:168)。另外,朝鲜时代虽然在举行国行祭和官行祭的山川都设有神祠,但是神祠中所奉之物是"谟山之神"和"谟海之神"的木主,也就是说,更换为牌位,而在民行祭中,神像作为所奉之物则同时存在(金荣振,1996:168—169)。

朝鲜王朝的国家祀典不像高丽时代将巫俗信仰神格化（申翼澈，2001：529—530）。朝鲜时代把对岳海渎和名山大川的祭祀与郡县制的调整结合在一起。与高丽时代以地方土著势力为中心举行祭祀不同，朝鲜时代是由地方郡县的守令主管当地山川的祭礼。与前代比较，朝鲜时代祀典中有等第的山川神的作用是为了农业丰收的祈雨，山川神所带有的国土象征意义有所减小（金荣振，1996：537）。国家祀典中分为中祀、小祀的所有山川神不是像高丽时代之前，将具体个别的山川作为祭祀的对象，而是由国家以"国内山川之神"的名称对全国的山川统一致祭。"国内山川之神"或"国内城隍之神"也不分别被致祭，国家正式将它们和中祀的风云雷雨神一起在祭坛合祀。

另外，世宗十一年（1429年）11月，各郡县守令利用祈雨祭和祈请祭的场所举行所主管的官行祭，其中名山包括华岳山、摩利山、天冠山、月出山、无等山、汉拿山、八峰山、白头山等167座。中宗代，除了延续世宗代存在的名山大川，还扩大到《舆地胜览》所记的灵验之地（李煜，1996：142—143）。山、树林、沟壑、丘陵等并非自然物本身，它们具有引发云雨的能力，在这个意义上，它们是神。通过这样的能力，山川有益于人间，所以在祀典中要对之进行祭祀。去除山川神人格化所具有的神人同形的要素，能否定所谓山川神具有"力量的人格化"。否定这种"力量的人格化"，就可以理解山川之所以可以引发降雨和赐予财物，是因为阴、阳两气的作用。所以虽然祀典体系认同传统的山川神具有降雨和赐予财物的功德，但是却主张这种力量并非人间的力量，而是阴阳两气内部良好作用的变化结果。

在这样的背景下，自统一新罗时代设立、经过高丽时代、到朝鲜王朝时代被完全废止的五岳制度，在旧韩末被提出要重新恢复。高宗二十一年（1881年）6月有上疏提出："我东之白头、金刚、智异、太白、鸡龙五岳，皆镇国名山，苟以至诚祷祈，则足以寿国脉祈天命也。"虽然对此高宗批答"省疏具悉"，但并没有实现恢复五岳制度。恢复五岳制度到大韩帝国建立（1897年）6年后，即高宗四十年（1903年）才被提起。

掌礼院禀报说："只有天子能对天下的名山大川祭祀,而至今没有祭奉五岳、五镇、四海、四渎,祀典不完备。"㉒高宗于是允许确定五岳、五镇、四海、四渎,当时确定的五岳与统一新罗时代不同,它们是中岳三角山、东岳金刚山、南岳智异山、西岳妙香山和北岳白头山(李海俊,2008:65—66)。

五、摘要和结论

统一新罗接受中国的祀典体系,将祭祀分为大、中、小祀,但其内容还是传统的对山岳的信仰。山岳神不是作为共通对象加以崇拜,崇拜的是当地具体的山岳神。所以人们所信仰的山岳神是由来已久的对象,并没有经由儒教观念的改变。也就是说,山岳神容纳了当地的信仰,两者没有矛盾。统一新罗时代只是将传统的山川信仰放入大、中、小祀的框架中,而高丽时代的山川神要打上括号,除了从中国传入的祭祀对象,其余的则具有自己的体制。虽然其山岳祭祀比新罗分大、中、小祀更靠近中国的祀典体制,但是祭祀内容并没有完全实行中国的儒教礼制。与此相反,朝鲜王朝时代的祀典体制与高丽时代的一个区别是,特别分类的山川祭被纳入大、中、小祀的框架,它们和其他的祭祀都采用儒教化的仪礼。

高丽末朝鲜前期,国家开始禁止民间的山川祭和淫祀,这样与神的关系发生了变化。通过等级制的社会秩序和血缘的关系与神进行沟通消除了以既存神异力为中心与神沟通的淫祀,这样就构筑了官权对山岳神的独占。当然如此不能满足百姓长期现实生活对山岳神力量的渴望。例如太白山的情况,从新罗时代到现在,民间对其的祭祀没有中断过。朝鲜时代在太白山的祭祀由乡吏主持,同时百姓自主参与。现在由太白山天机委员会每年10月3日在太白山顶以当地固有的巫俗结合儒教式仪礼举行天祭。

朝鲜时代废止了被认为是天子之礼的圜丘祭,不再有自然神信仰的秩序,但保留了山川信仰,而且一开始还以护国思想对山川神封爵。然而祀典制定后,确立了在中央设立山川坛合祭和由地方官吏致祭山川的官行祭,祭祀只是具有祈雨、祈请、饥穰的农耕祭仪的作用。如此朝鲜不再有山岳神具有护国作用的思想,于是在受到外侵或者国难时,没有了山岳神阴助的观念。祈福是人间自身的事,这种儒教的祀神观使山岳神从信仰的对象转而成为仪礼的对象,于是朝鲜的山岳神完全没有了灵验之说。结果,儒教国家朝鲜抛弃了天神,山岳神不再是信仰的对象,而成为仪礼的对象。

参考文献:

金道铉:《太白山天祭坛和摩尼山堑城坛的仪礼比较》,《东亚西亚古代学》第 23 号,2010 年,第 79—126 页。

金道铉:《从史料看太白山和天祭》,《江原道民日报·江原道·太白市》,2009 年。

金荣振:《韩国自然信仰研究》(《韩国民俗文化丛书》7),首尔:民俗苑,1996 年。

金海荣:《朝鲜初期祭祀典礼研究》(《韩国时代史研究丛书》13),首尔:集文堂,2003 年。

金澈雄:《高丽国家祭祀的体制及其特征》,《韩国史研究》第 118 辑,韩国史研究会,2001 年,第 135—160 页。

申翼澈:《大祀、中祀、小祀的实证研究:以天祭和山神祭为中心》,《人文科学》第 31 卷,2001 年,第 509—543 页。

李基白:《新罗五岳的设立及其意义》,西江大学校人文科学研究所:《人文研究专刊》第 11 辑,首尔:一潮阁,1994 年,第 194—215 页。

李煜:《朝鲜前期的山川祭》,《宗教学研究》第 317 卷,1998 年,第 125—144 页。

李海俊:《朝鲜朝鸡龙坛的文化史意义:以祭祀地和名称问题为中心》,《历史民俗学》第 41 号,2008 年,第 63—84 页。

金甲童:《高丽时代的山岳信仰》,载《韩国宗教思想的再照明 上》(震山韩基斗博士华甲纪念论文集),1993 年,第 41—67 页。

洪淳昶:《关于新罗的三山、五岳》,载新罗文化宣扬会主编:《新罗民俗的新研究》,1983 年,第 37—63 页。

崔锺成:《隐藏着的天祭:以朝鲜后期山间祭天资料为中心》,《宗教研究》第 53 辑,2008 年,第 63—84 页。

注　释：

①《三国史记》卷32,杂志1,祭祀条。

②《三国史记》中"三山"指"奈历、骨火、穴礼",而《东国舆地胜览》有"金刚山,新罗号北岳;仙桃山,新罗号西岳;含月山,新罗号南岳"的记载。

③《三国史记》卷32,杂志1,祭祀条。

④《三国史记》卷1,逸圣尼师5年10月条;《三国史记》卷1,基临尼师今3年3月条。

⑤《三国史记》卷8,神文王9年闰9月条。

⑥《三国遗事》卷1,纪异,金庾信条。

⑦《三国遗事》卷1,纪异,新罗始祖赫居世王条。

⑧《高丽史》卷2,太祖26年4月条。

⑨《高丽史》卷59,志13,礼1。

⑩"杂祀"没有记录祭祀的仪式和节次,它是对高丽时代大、中、小祀正式包含的祭祀之外的所有祭祀的历史记录。

⑪《礼记·王制篇》。

⑫《高丽史》卷10,宣宗世家条。

⑬《高丽史》卷63,礼志5,杂祀条。

⑭《高丽史》卷54,五行志2,五行三曰木。

⑮《高丽史》卷42,睿宗世家2年4月条。

⑯《高丽史》卷8,文宗世家11年5月条;卷54,肃宗4年8月条。

⑰《高丽史》卷19、20,明宗世家3年4月条,8年5月条,19年6月条。

⑱根据儒教经典,获得祭祀的神位和举行祭祀的主体之间形成固定的关系,所谓淫祀是指否定了这种关系的祭祀。

⑲明朝在建国初期自行修改了有关岳海渎和山川的祭祀方法,没有了对山川神的封爵制度。中国史学界对此的评价是对祀典的一大革新措施。

⑳《高丽史》卷42,恭愍王19年4月庚申条。

㉑《高丽史》卷42,恭愍王19年7月壬寅条。

㉒《高丽史》,列传17,诸臣,金方庆9年条。

㉓《太祖实录》卷3,太祖2年正月丁酉条。

㉔《太祖实录》卷3,太祖4年12月戊午条。

㉕《太宗实录》卷25,太宗13年6月乙酉条。

㉖《太宗实录》卷28,太宗14年8月辛酉条。

㉗《世宗实录》卷46,世宗11年11月癸丑条。

㉘《承政院日记》,高宗21年6月17日条。

㉙《高宗实录》,40年3月19日条。

七至十世纪西藏高原通其西北之路

——联合国教科文组织(UNESCO) "平山郁夫丝绸之路研究奖学金"资助考察报告

王小甫

1993年7月6日至9月20日,我受联合国教科文组织"平山郁夫丝路研究奖学金"资助,用两个半月的时间在蒙古、俄罗斯、乌兹别克斯坦、塔吉克斯坦、哈萨克斯坦、巴基斯坦等国和我国新疆西南的阿克赛钦地区及西藏西北的阿里地区考察古代交通(图1)。我这次实地考察的重点是七至十世纪西藏高原通其西北之路,包括:西藏最早通新疆之路,喀喇昆仑山区的古代交通,吐蕃(629~848年)西进中亚之路,葱岭山区的南北交通。考察的内容主要是交通路线的走向,即古代人通过的可能性。同时调查了一些古迹及民风民俗等与古代文化有关的材料。简言之,实地考察中我最注意的是山口、路口、河口、渡口,以及自然地理如山、河、路关系,气候、植被与经济生活关系等非到实地不能感觉到的情况。这样将实地考察所得与文献史料记载结合起来进行研究,使我对西藏高原西北的古代交通有了更为清晰的认识,解决了一些单靠文献史料不可能解决的学术难题。

作者单位:北京大学历史学系。

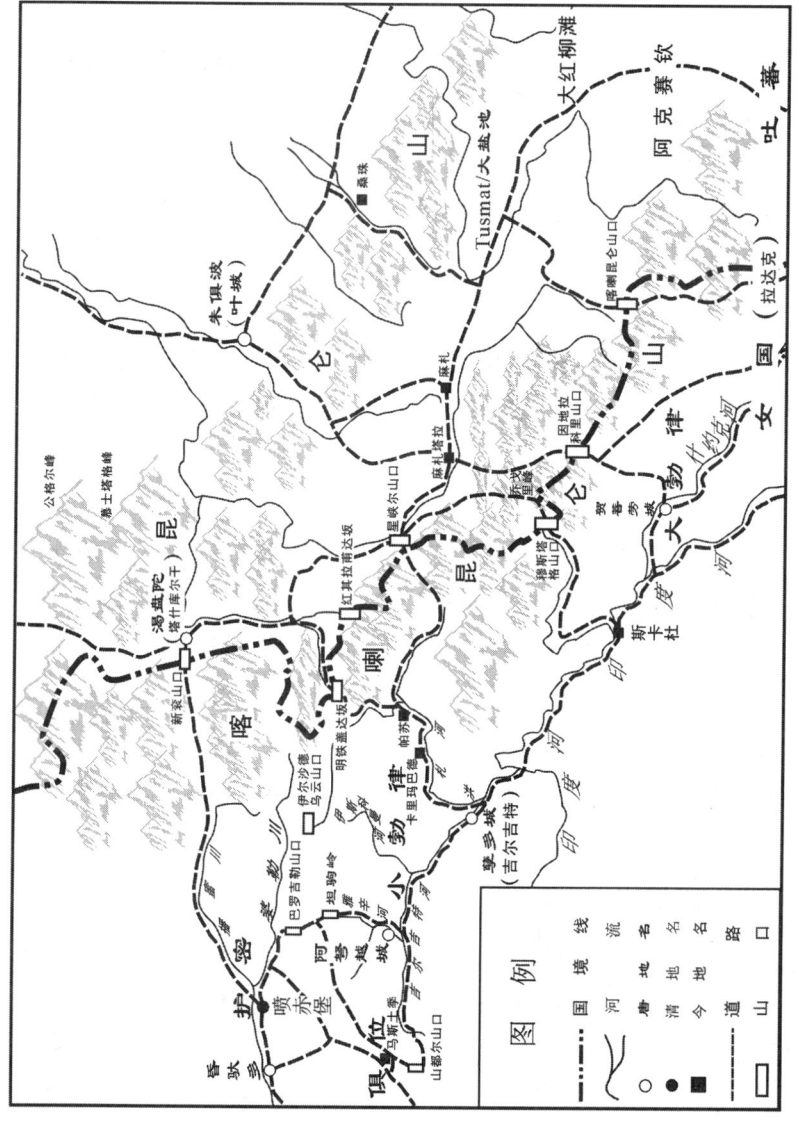

图 1　七至十世纪西藏高原其通西北之路（韩茂莉、罗毅绘）

一、西藏最早通新疆之路

由于自然地理的原因,古往今来从西藏高原通往其西北的道路主要有两条。

第一,向北去塔里木盆地。有两条路线:一条大致与今天的新藏公路所经相同,即穿越阿克赛钦(Aksai Chin,突厥语,意为"中国的白石滩")这片夹在喀喇昆仑山和昆仑山之间的荒漠;另一条经由今天印占克什米尔的拉达克地区向北,翻越喀喇昆仑山口、苏盖提山口到达赛图拉(Shahidulla)与前条路线相会。然后,或者转向西北直下塔里木盆地西南斜坡上的叶城绿洲(即唐代的朱俱波);或者向正北由桑株大坂翻越昆仑,再东去和田或西去叶城。

第二,向西跨越帕米尔。这条道路的主要一段是要经过古代的勃律(Palur)地区,相当于今天巴基斯坦所领有克什米尔地区之大部分。

现在学界公认,在公元七世纪上半叶,当吐蕃刚刚实现内部统一并开始向外扩张时,它还没有完全征服青海地区的吐谷浑(森安,1984:7、10,注 37、47)。所以,上述第一条道路实际上是吐蕃向高原以外发展的最早路线。但是,这条路的重要性长期不被学界所重视。特别是一些研究吐蕃与西域关系史的学者,他们或者直接就无视这条道路的存在(白桂思,1987:30),或者仅仅由于恶劣的气候和地理原因而将其排除在研究对象之外(森安,1984:60—61,注 18)。这些学者都认为,吐蕃一开始就是向西绕道葱岭(即帕米尔高原)进入西域的。但是,迄今所见有明确纪年的有关吐蕃人出现在葱岭以西的记载属于公元 704 年(塔巴里,卷 2:1153;白桂思,1987:66 及以下各页)。尽管不完全排除吐蕃人此前跨葱岭进入西域的可能性,但如果他们一直就是这样做的,那该如何解释能够明确断代的有关记载都集中在七世纪末以后而不是此前这一事实呢?恰恰相反,我们掌握的许多史料表明,在唐朝初年,吐蕃军队几乎总是越于阗南山(昆仑与喀喇昆仑)与西突厥余众连兵袭扰塔里木盆地缘边绿洲的(王小甫,1992:44及以下各页)。只是后来,唐朝于长寿元年(692年)重新收复安西四镇并戍以重兵(《旧唐书》卷198:5304),吐蕃才被迫向西开通绕葱岭进入西域之路的。

有关于阗之南存在这条道路的记载可以追溯到现存最早有关西藏高原与外部交通的汉文文献史料。据《隋书》记载,于阗"南去女国三千里"(卷83:1853)。至唐朝初年,玄奘说,东女国"东接吐蕃,北接于阗国,西接三波诃国"(《大唐西域记校注》卷4:408)。三波诃即今印占克什米尔之赞斯卡(Zanskar)地区。据《释迦方志》说:"东女国非印度摄,又即名大羊同国,东接吐蕃,西接三波诃,北接于阗。"(卷上篇4:37)。《唐会要》卷99和《通典》卷190都说大羊同东接吐蕃,北接于阗。可见,玄奘所说的"东女国"就是《隋书》记载的"女国"。

一般说来,汉文史料记载的"大羊同"就是藏文史料中的上象雄(山口瑞凤,1983:239—240)。据敦煌所出古藏文《大事记年》记载,吐蕃已于公元644年征服羊同并将其纳入治下。古代的羊同主要指今天西藏阿里和克什米尔的拉达克地区。所以,随之而来的吐蕃军队经由这里传统的交通路线向北发展是很自然的。

食盐曾经是这条路上贩运的主要商品之一。《隋书》说,女国"尤多盐,恒将盐向天竺兴贩,其利数倍"(卷83:1851)。另一方面,据藏文史料说,是朗日论赞从北方的突厥人那里得到了食盐(《王统世系明鉴》第8章:49;《藏族简史》第1部分第1节:20)。朗日论赞是吐蕃王朝第一代赞普松赞干布的父亲,他的活动时代当在公元六世纪。将汉藏史料有关西藏高原早期食盐的记载联系起来认识,可以认为朗日论赞的食盐也是从女国转贩来的。很可能,正因为女国地近北方的突厥人居地,它才成了北方所产食盐的重要转贩地。同时,朗日论赞的行动也表明,西藏高原本身的食盐资源开发并不太早。甚至直到20世纪60年代,著名的英国记者内维尔·马克斯韦尔还这样描写阿克赛钦:"虽然这个地区一片荒凉,人迹罕见,寒风刺骨,根本没有饲料和躲避风雨之处,然而,对人们来说,也还有它的重要意义。一条古时的商路穿过此地,在短促的夏季,中午前后几个钟头,溪流里的冰融化可供牲畜饮水时,载着生丝、玉石、黄麻、食盐、羊毛的牦牛队,就从现在的新疆经过这里前往西藏。"(马克斯韦尔,1971:18)我们注意到,当时食盐仍然是这条道路的主要商品之一。而且,正是在这里,在今天的新藏公路上的著名站点三十里营房往东,有两个连续的地名——小盐池、大盐池。1993年秋天,当我沿此路从新疆往西藏进行考察时,同行的一位家住狮泉河的藏族商人还在这一带询问购买食盐。据他说,狮泉河的人认为这里盐矿产的大粒盐(石盐)特别适于腌制用。只不过据大红柳滩开饭馆的人说,这一带虽有两个盐矿,都已经不正常生产了,只是偶尔有人去挖一袋来自己吃。

同商业活动一道,文化交流也沿这条路展开进行。在西藏最西北的日土县,曾经发现了大量岩画,其中不少内容与宗教有关。据研究,大部分宗教岩画都是关于古老苯教(Bon)的(侯石柱,1991:130—131)。苯教是西藏古代的一种原始宗教,大多数学者认为它是在原始萨满教的基础上接受波斯祆教即拜火教因素而形成的(噶尔美,1975:182)。日土苯教岩画的画面主要就是一系列不同的宗教符号,研究者认为可以反映日火崇拜在西藏发展的各个阶段(侯石柱,1991:131)。类似的日火崇拜岩画也发现于新疆和田地区桑株巴扎西南26公里处的桑株河谷中,当地地名叫"乌拉其",维吾尔语意为"指路者"(陈兆复,1991:158—160)。如前所述,桑株大坂自古就是西藏高原北通塔里木盆地的要道之一。因此,可以认为,那些古代波斯的宗教因素正是沿着这条道路从中亚传入西藏的。尤其是迄今为止在巴基斯坦北部所发现的传播波斯宗教的古代粟特商人的活动痕迹,很少超过印度河谷中的夏提欧(Shatial)东边(耶特玛,1989:44及以下各页)。夏提欧是印度河谷中著名的奇拉斯(Chilas)镇西面的一个地名,该地在印度河南岸,其对岸就是达列尔(Darel)河口与唐格(Tanqir)河口之间的山崖。达列尔河谷前人曾考定为古代的悬度,并将之比定为玄奘所记乌仗那旧都达丽罗川(《大唐西域记校注》卷3:297)。现在看来,所谓乌仗那旧都所涉及范围当不止于达列尔河谷（耶特玛，1989：37及以下各页）。不过我认为夏提欧这个地名倒很像是古汉语"悬度"（*γiwan dak）一名的遗存。

异质方产生交流的必要。正因为恶劣的自然环境成了文化发展的障碍，像阿克赛钦、帕米尔这些地方才成了不同文明联系的纽带！所以，当我们致力于文明史、文化交流史研究乃至文化遗产保护和环境研究工作的时候，有必要对这些地区给予更多的注意。这一现象也表明，开展和实现交流是人类文明不可逆转的趋向和不可缺少的因素。

很可能，古代穿过阿克赛钦在中亚与西藏之间开展的经济文化交流，同在欧亚大陆上许多其他地方一样，也是由粟特商人来承担的。例如，写于十世纪的波斯文佚名作者地理书《世界境域志》中提到一个叫做Tusmat的地方，位于于阗之南，与于阗相隔一道大山（米诺尔斯基，1937：93，259）。这就是说，Tusmat指的正是昆仑山和喀喇昆仑山之间的那片地区，即今天的赛图拉、苏盖提（三十里营房）一带。Tusmat很可能是一个合成地名，tus源自突厥语的tuz"食盐"，mat或math为波斯语"浆、汁"之意，二者合成意为"盐汁、盐卤"，用以指当地的盐池。这类合成地名在中亚屡见不鲜，它们或许是由于当年操东伊朗语的粟特人在突厥游牧部落中经商而产生，或许是在后来的民族融合过程中所产生。由此我就想到，可能正是从粟特（Sogd）这个名称产生了苏盖提（Suget）这种地名，这种地名在中亚也是屡见不鲜的。"苏盖提"一词在现代维吾尔语里意为"柳树"，但却不见于古突厥文碑铭（特勤，1968：365及以下页）；现代维吾尔语里更常用"塔勒"（tal）一词来称呼柳树。

许多学者都认为，藏人自称所用的族名"蕃"（Bod）就源自古代宗教名称"苯"（Bon），古藏文中这两种写法相通。唐代便称呼西藏第一个统一王朝为"蕃"或"吐蕃"。苯教是吐蕃王朝直到其全盛期都占统治地位的宗教。有理由认为，吐蕃之统一并兴起为一强大王朝与苯教接受袄教因素从而成为系统宗教有关。就现有资料来看，袄教（琐罗亚斯德教）的广泛流播主要是萨珊波斯（约公元224～651年）将其定为国教以后的事,尤其是中亚的滑国(Chionites)或者说嚈哒(Ephthalites)统治时期(约公元四世纪末至六世纪中)对祆教东传有很大推动,而这正好在吐蕃王朝兴起的前夜,因而很发人深省。有的学者认为,苯教产生于三四千年以前,受到外来文化影响从而形成系统宗教至少也发生在公元前3世纪(侯石柱,1991:115、129及155以下各页)。但是,如果真是这样,为什么这些重大事件没有对吐蕃王朝建立以前西藏地区的历史进程发生任何影响呢?我们不能接受这种仅仅基于传说的推测。

公元7世纪60~90年代,吐蕃与唐朝在西域进行了多次争夺。从史料记载可知,当时吐蕃人进入西域几乎总是首先进攻于阗(王小甫,1992:50及以下各页),这就清楚地显示了吐蕃进军的方向。当时,吐蕃大论钦陵曾把他在西域活动的道路称做"五俟斤路"(《通典》卷190:5175)。俟斤是西突厥五弩失毕诸部首领的头衔。五弩失毕部落的牧场分布在西突厥人居地的南部,所以又被称为西突厥十姓部落的右厢。因为突厥人以东方为前面,于是南方便成了右面(王小甫,1992:28—31;汤姆森1924)。由此可见,所谓"五俟斤路"就是翻越于阗南山,穿过昆仑、帕米尔和西部天山的山麓或山间草原,前往北部草原南缘的路线。将这条道路同古代吐蕃人获取食盐的道路连接起来,就形成了吐蕃人进入西域与西突厥余众连兵的主要路线。当然,这条路线肯定也能为商人尤其是粟特人所利用。

但是,692年唐朝收复安西四镇以后派遣汉兵三万前往镇守。在于阗地区,唐军配置的情况是:"于阗东三百里有坎城镇(今策勒县东北),东六百里有兰城镇(今民丰县东安迪尔/安得悦),南六百里有胡弩镇(*Ghunu 恐即 Kunlun 音转,地在今赛图拉),西二百里有固城镇(敦煌出土古藏文大事记年写做 Gu zan,指今皮山县桑株镇),西三百九十里有吉良镇(今皮山县西南克里央)"(《新唐书》卷93下:1150—51)。据唐朝兵制,镇下还有城、戍、守捉等驻防单位。在唐朝如此严密的重兵防守之下,吐蕃很难再从此道直接向北进入西域,于是,向西绕道葱岭便成为必要。公元十世纪成书的《世界境域志》说:"TWSMT(Tusmat?)之地,从前为汉人所有,现在属于吐蕃"(米诺尔斯基,1937:93),那虽然讲的是后来的情况,但也反映了从前唐朝与吐蕃在这一带的争夺。

在初唐,就有取经僧走过这条路(《大正藏》卷51:1、3—4;王小甫,1992:36)。就当时中国与印度间的交通而言,这条路是与吐蕃道(经泥婆罗)、迦毕试道(经吐火罗等地)并列的"北道"(注意,与《释迦方志》所谓"北道"不同)。作为商道,这条路直到近代还比从喀什去吉尔吉特一路利用率要高。1993年我沿此路进行考察,发现就通行而言,沿途自然条件要比想象的好得多。我从长年沿此路跑运输的藏族司机们那里了解到,这条路一年四季均可利用,只是冬天严寒造成一些困难。

过去有一种错误的看法,认为古代的吐蕃军队是从克里雅山口进入西域的。确实,有一条小路翻越克里雅山口从新疆进入藏北羌塘无人区,但诚如清末所修《西藏志》所言,其路"冬夏不可行",困难异常。著名的探险家如俄国的普尔热瓦尔斯基(1839～1888年)、英国的斯坦因(1862～1943年)以及日本的橘瑞超(1890～1968年)都曾想从这条小路翻克里雅山口前往西藏,但都没有成功(杜勃罗文,1978:346—347;斯坦因,1909;上原1937,下卷:765—775,813—816)。所以,说这样一条路在唐代就已存在并为吐蕃军队所利用是不可想象的。

二、喀喇昆仑山区的古代交通

在唐朝以重兵防守北道以后,吐蕃并未能立即打通经由整个勃律的西道。据汉文史料记载,吐蕃借道小勃律(藏文史料作Bru zha,即今巴基斯坦北部的吉尔吉特地区)攻四镇是开元(713～741年)初年才有的事(《新唐书》卷221下:6251;王小甫,1992:145)。但是,史料记载,还在694年,即唐朝克复四镇并以重兵戍守之后才两年,就有吐蕃军队到了北方的十姓可汗故地(七河地区,今哈萨克斯坦与吉尔吉斯斯坦毗连地带)并挟所立西突厥可汗(唐人呼之为"伪可汗")南侵。这次进攻被唐军击退后,唐朝的碎叶(地在今吉尔吉斯斯坦托克玛克附近)镇守使攻取了吐蕃的泥孰没驮城(《通鉴》卷 205:6493,参同页《考异》引《统纪》)。泥孰为西突厥右厢弩失毕部落联盟中两阿悉结部落之一,其牧地中心在千泉(今哈萨克斯坦塔拉斯附近)。没驮(Mati)古突厥语意为"忠诚,忠实"(特勤,1968:355)。泥孰没驮意为"忠诚的泥孰",质言之,这是吐蕃人在西突厥阿悉结泥孰部的一个据点。问题在于,在唐朝重兵封锁北道而吐蕃人自己又尚未开通经由小勃律的西道这种情况下,吐蕃军队何以能到达那样遥远的北方?看来,在北道与西道之间,西藏高原在古代还有一条通其西北的中道。

慧超《往五天竺国传》说:"其大勃律,元是小勃律王所住之处。为吐蕃来逼,走入小勃律国坐。首领百姓,在彼大勃律不来。"(《大正藏》卷 51:977)。汉文史料中的"大勃律"主要指今巴基斯坦所领克什米尔的巴勒提斯坦(Baltistan 一名当源自 Baluristan,意即勃律人所居地)。小勃律在古藏文历史文书中被称为 Bru zha,同一份文书中没有与之相对的地名,即没有相当于大勃律的地名,虽然后来藏文文献中有好些名称如巴勒提(Sbal ti)、波罗尔(Balor)、朗贡(Nang gong)等用来称呼巴勒提斯坦一地(弗兰克,1926:85、193)。这一现象表明,所谓的"大勃律"之地很早就已被吐蕃征服而纳入了自己的直接统治之下。正因为如此,这一地区在十世纪成书的波斯文佚名作者所著《世界境域志》中被称做"勃律之吐蕃"(Boloran Tibet),而其首府斯噶尔(Si dkar,今作 Shigar)在《拉达克王统记》里被归于"墨"(Smad)地(弗兰克,1926:32)。"墨"这个词在西藏地理中与另一个词"麻域"(Mar yul)一样,都意味着低地,而且总是用来指拉达克一带。也许就是这个原因,直到近代还有人把巴勒提斯坦叫做"小吐蕃",而把拉达克叫做"大吐蕃";甚至把它们分别称做第一吐蕃、第二吐蕃,而把西藏本身称做第三吐蕃(海达尔书,1972:135,注 2)。总之,勃律被分为大、小两部这一史实,反映了当初勃律王对吐蕃入侵的顽强抵抗。显然,向西开通勃律之路对吐蕃人来说并非易事。

从《拉达克王统记》的记载来看,吐蕃征服大勃律应是赞普贡松都杰(Gung srong 'du rje,汉文史料称器弩悉弄,676～704年在位)时期的事(弗兰克,1926:32、85)。据古藏文《大事记年》记载,686年,论钦陵率军赴突厥地,然而于吐蕃境外滞留。我认为,钦陵这次是已离吐蕃而未达突厥地,其受滞当与勃律有关。据汉文史料记载,就在这年年底,勃律国首次遣使至唐朝贡(《册府元龟》卷970)。这两件事发生在同一年,很难排除二者之间有某种联系,即吐蕃侵逼是勃律遣使唐朝的直接原因。然而到697年,史书中就有了大勃律首次朝唐的记载(《新唐书》卷221下:6251;《册府元龟》卷970)。由此可见,勃律之分为大、小只能是686～697这十年间的事。在这段时间中,如前所述,692年以前吐蕃进入西域的道路并不存在问题。就今所见各种资料来看,在692年与697年之间吐蕃只有694年这一次进入西域活动。所以,吐蕃征服大勃律实际上只是692～694两年间的事。这样,吐蕃就打开了另一条进入西域之路。

众所周知,巴勒提斯坦从前的或者说传统的首府在印度河以北的斯噶尔,而不是像今天在印度河以南的斯卡杜(弗兰克,1926:85、184—186;耶特玛,1989:40)。从斯噶尔有一条道路翻过喀喇昆仑山的穆斯塔格山口(在世界第二高峰乔戈里峰的西偏南)可通往和田。这条路与前述吐蕃通西域的北道相会于麻扎达拉(Bazar Darra)或稍东的麻扎(Bazar)。清代在麻扎达拉设有卡伦,我1993年考察时听麻扎兵站的一位军官说那里残垣仍存。麻扎(这里当地人的通俗叫法,其规范地名应叫巴扎,维吾尔语意为"集市")历来是商队食宿站所在,今天的新藏公路就经过这里。这两个地点都位于作为叶尔羌河上游主流的热斯卡木(Raskam)河北岸。热斯卡木河从东南向西北穿过喀喇昆仑山和昆仑山汇成的巨大山结,在这一段正好成为这两道山脉的自然分界。因此,热斯卡木河谷一直是西藏高原西北的一条重要通道,尽管这一路相对而言更为艰难。

我在这一带进行考察时从当地人那里了解到,除了穆斯塔格山口外,这一带还有一些重要山口有路可通,主要有以下几个。

一是星峡尔(Shimshal)山口。从麻扎达拉沿热斯卡木河而下向西北乘马或骆驼走三天,就可以到名叫九个泉(突厥语 Toquz Bulaq)的地方。在这里,有沙冈(Shaksgam,我国有的地图称"克勒青")河从西南而来汇入热斯卡木河。沙冈河有三条支流:第一条也是作为主流的一条来自东南,其发源地之一就在穆斯塔格山口北坡,因此它也被叫做穆斯塔格达利亚(darya 为突厥语里的波斯语借词,其源出自阿拉伯语,意为"河流")。显然,人们也可以直接从穆斯塔格山口沿河而下到达九个泉,1889 年,英国人荣赫鹏(F. Younghusband,1863~1942 年)就走过这条路(维瑞尔,1991:扉页地图)。

第二条来自西面,名叫布劳渡(Braldu)或泽拉夫善(Zerafshan)河。塔什库尔干的塔吉克老乡中流传着一首民谣:泽拉夫善河,你是产金子的地方(Zar-fishan,塔吉克语意为"散布金子"),你的源头在星峡尔。翻过星峡尔山口,向西顺星峡尔河而下,出河口对面就是巴基斯坦北部洪扎河谷中的著名村镇帕苏(Pasu)。从帕苏向北可经明铁盖(Mintaka/Ming tagh,突厥语意为"千山")达坂去塔什库尔干(但今天的中巴友谊公路走红其拉甫达坂),向南经海德奇石(Haldeikish,当地土语意为"雄羚羊之地")即所谓的"洪扎圣石"(Sacred Rock of Hunza)可到卡里马巴德(Karimabad)。卡里马巴德从前的名称是巴勒提特(Baltit),这里是洪扎地区的首府,扼两条重要的道路:一条傍洪扎河岸而下至吉尔吉特;另一条渡过洪扎河向东南溯纳加尔河而上,跨纳加尔河的源头希斯帕冰川(Hispar Glacier)有一条捷径抵达巴勒提斯坦的首府斯噶尔(达尼,1985:6—7)。

第三条来自西北,因发源于俄普朗(Oprang)山口,所以叫"俄普朗沟"(Jilgha,突厥语意为"山沟")。

二是俄普朗山口。翻过这个山口就到了著名的红其拉甫山口附近,如前所述,今天的中巴公路经过这里。但据我 1993 年往返两次沿中巴公路考察，红其拉甫山口巴方一侧山高水险加滚石不断，远非中国一侧可比。所以，塔什库尔干县政协副主席马达里汉先生断然向我否定了古道在红其拉甫经过的可能性，他说从俄普朗沟经星峡尔去巴基斯坦路虽迂回，但也比红其拉甫好走。

三是伊里苏（Illiq Su）山口。从九个泉沿热斯卡木河而下，沿途有一些村落，都属于塔什库尔干县的热斯卡木行政村，道路极为艰难，夏季根本无法通行，冬季也只有当地以山岭为惯常径路的村民才勉强能走出来。据塔什库尔干县地名办公室的张雄同志说，1992年他们到热斯卡木搞地名调查，雇上马、骆驼从麻扎沿河而下，顺此路到塔什库尔干共走了十五天。从九个泉走五天左右可以到热斯卡木河左岸的乌如克（Uzuk）村，这儿有一条小河从西北流来，在该村的北边汇入热斯卡木河。溯这条小河而上，经过最为困难的一段路程以后，可以到达伊里苏山口。翻过山口顺伊里苏沟向西北而下，很快可以到达中巴公路边的麻扎种羊场，塔什库尔干河从种羊场东边向北流过。

从麻扎种羊场有一条岔路拐向正西。沿这条路溯卡拉其库尔河而上，两边均为草场，先后有五个重要山口：北边先后有拜依克（Baiyik）山口、吐格曼苏（Tugman Su）山口向西北通往目前为塔吉克斯坦所据的小帕米尔；南边先后有明铁盖山口、奇里克（Kilik）山口通巴基斯坦北部的洪扎河谷；正西卡拉其库尔河的源头是柯克得鲁克（Kok Terak）山口，该山口西面即阿富汗的瓦罕帕米尔，因而又被称为瓦赫几尔（Wakhan Jira，清代译称倭海及蕊，意为"瓦罕溪谷"）山口。1895年俄英私分帕米尔，即以瓦罕帕米尔及小帕米尔一部分分给阿富汗，形成了所谓的"瓦罕走廊"。

在热斯卡木河谷的东北，几乎与其平行，隔山有另一条路从麻扎达拉向西北直通塔什库尔干。这条路在高山峡谷中上下穿行，在一个名叫皮勒（Pil）的地方跨过叶尔羌河，又在皮羌亚特（Pichanyart）附近翻过最后一个山口。不过，这条路想必是比其他道路更为艰苦困难，以至我从未听当地人提到这条路，而只是在一份地图上找到它。

所有上述这些山口除星峡尔之外都通向塔克墩巴什帕米尔。塔克墩巴什帕米尔是所谓帕米尔八个"帕"中最东南即最接近西藏高原的一个,塔什库尔干是其中心城镇,这里至少在托勒密(约 90~168 年)以前的时代就已是中西交通的丝绸之路上的著名枢纽之地了。托勒密《地理书》中提到的"石塔",据考即塔什库尔干之地(米诺尔斯基,1937:233),我国《汉书》称之为"蒲犁"(卷 96 上:3882 及以下页)。

大约在 727 年,慧超回国途经塔什库尔干之地,他说:"过播蜜川(今大帕米尔),即至葱岭镇(指今塔什库尔干——引者)。此即属汉,兵马见今镇押。此即旧日王裴星国境,为王背叛,走投土蕃。然今国界无有百姓。外国人呼云渴饭檀国,汉名葱岭。"(《大正藏》卷 51:979)土蕃即吐蕃。据《新唐书·喝盘陀传》记载:喝盘陀或曰渴饭檀,唐朝于"开元中破平其国,置葱岭守捉,安西极边戍也。"(卷 221 上:6234)又从《册府元龟·将帅部》立功十一的记载可知,开元十年(722 年)唐军方开葱岭,即应小勃律王之请与之合兵大破吐蕃,小勃律遂为唐之西门(卷 358)。可见渴饭檀国王裴星投靠吐蕃应是此前的事,甚至很可能是开元年代(713~741 年)以前的事。因为《新唐书·小勃律传》说,开元初年吐蕃已困迫小勃律,欲行借道之事(卷 221 下:6251)。这条西道一开,条件相对比较困难的中道利用价值就不大了。所以我认为,正是由于渴饭檀王裴星投靠吐蕃,才在 692~713 年给吐蕃军队提供了一条进入西域的新路线。然而这就削弱了唐朝重兵戍守于阗地区的意义,所以唐朝要进一步置镇葱岭,并最终以小勃律为国之西门(王小甫,1992:145 及以下各页)。

在这种情况下,我们就不难理解,为什么 704 年吐蕃军队能够不经小勃律而到达远在乌浒水(今阿姆河)北岸的怛密(今乌兹别克斯坦捷尔美兹)这一丝绸之路上另一传统的枢纽之地,而与突厥人、挹怛人连兵向大食守军发动进攻(塔巴里书,卷 2:1153;王小甫 1992:138—139)。与阿拉伯文史书的记载相对应,汉文史料也说:至少在 720 年以前,护密(今瓦罕)由于"地当四镇入吐火罗道,故役属吐蕃"(《新唐书》

卷221下:6255)。可能,作为"大食之门"(波斯语作Dar-i Taziyan)另一面的"吐蕃之门"(Dar-i Tubbat)这个地名就是在这种情况下产生的。该座"大门"位在今天阿富汗东北巴达克山省的吉尔姆(Jerm)和泽巴克(Zaybak)之间,即在巴哈拉克(Baharak)或扎尔迪吾(Zardiv)山谷,从而绾毂来自瓦罕及其邻近地区如巴基斯坦的奇特拉尔、吉尔吉特乃至中国新疆的交通(米诺尔斯基,1937:112、120、350、365)。当然,扎尔迪吾山口一带自古以来就是东、西方文化交流的一个重要孔道,同时它也曾长期是伊斯兰和非伊斯兰文化的分界。

最后应当强调的是,唐玄奘取经归国所经过的波谜罗川,以及慧超归国、高仙芝远征往返所经之播蜜川,都应该是指今天所谓的大帕米尔谷地,而不是从前有些学者所说的瓦罕帕米尔(斯坦因1921,卷1:73)。因为在唐代汉文文献中,瓦罕帕米尔或者说瓦罕河谷被明确地称为婆勒川(《旧唐书》卷104:3204;《新唐书》卷135:4577)。大帕米尔历来是最常用的一条通道。今天,站在塔什库尔干的"石头城"(唐代葱岭镇遗址)上,人们可以看到其正西有一个山口,据当地知名人士说,那叫新滚山口,其西边现为塔吉克斯坦所据有的地方叫新迪,正是通大帕米尔的道路所经之地。于是,我们就可以理解,为什么慧超说"过播蜜川即至葱岭镇"。另一方面,据当地人说,瓦罕河上游溪谷(所谓的"瓦赫几尔")深险陡峭,且缺乏草场,很不利于商队或稍多的人员通过。而且,瓦赫几尔/柯克得鲁克山口远距塔什库尔干180公里左右,这段距离恐怕不是慧超能过而即至的。

三、吐蕃西进中亚之路

吐蕃人在葱岭地区的成功促使他们更为积极地开通较为便利的小勃律之路。714年左右,吐蕃人以"非谋尔国,假道攻四镇"为条件得以通过小勃律,并很快到了葱岭以北的西突厥"十姓可汗故地"(今哈萨克斯坦与吉尔吉斯斯坦毗连的七河地区)(王小甫,1992:145—146)。

作为西藏高原通中亚道路的一段,在小勃律(即今天巴基斯坦北部除奇拉斯地区之外的吉尔吉特专区)可以有好些交通路线。

首先是经由洪扎河谷。我在上面提到从西藏高原西北有两条道路均可通达洪扎河谷:一条来自从前大勃律的首府斯噶尔(唐代的贺萨劳城?),由之向西北跨越纳加尔河源的希斯帕冰川,然后沿河而下到河口对岸的洪扎地区首府巴勒提特/卡里马巴德;另一条从星峡尔山口到洪扎河谷的帕苏。对于前往中亚的吐蕃人来说,除了南谋小勃律之国(都孽多城即今吉尔吉特)及北勾揭盘陀(今塔什库尔干)之外,洪扎河谷还有两条道路可供继续西去。

一是从帕苏北面的胡达巴德(Khudabad)出发。胡达巴德地在今中巴公路上巴基斯坦移民局所在地苏斯特(Sust)稍北,这儿有一条小路向西偏北溯查普桑(Chapursan)河而上直到其尽头,那儿在兴都库什山上有两座山口:伊尔沙德·乌云(Irshad Uwin)山口向西北通往瓦罕溪谷的朗加尔(Langar);奇林基(Chillinji)山口向正西,由此沿奇特拉尔河源头而下,可以到达巴罗吉勒(Baroghil)山口附近。巴罗吉勒山口是兴都库什山脉最重要的山口之一,它的北边就是著名的"瓦罕走廊"的中央,它的南方在兴都纳季山上有历史上著名的山口坦驹岭(Darkot Pass)。

二是从卡里马巴德西面的恰特(Chalt)出发。恰特村正好位于洪扎河由东而来向南拐去的拐弯处右岸。1993年8月,我在巴基斯坦西北奇特拉尔河上游的马斯土季(Mastuj)遇到一位名叫哈米德·阿合麦德的年轻医生,他供职在白沙瓦的某医学院,每年夏天都要邀伴到北部山区跋涉旅行。这位医生告诉我,前一年他与他的同伴们曾经从马斯土季溯奇特拉尔河上源雅浑(Yarkhun)河而上,直到巴罗吉勒山口附近;从那儿转向东南翻过坦驹岭,然后经过雅辛河、伊什科曼(Ishkoman)河的源头及上游地区,最后下到洪扎河谷的恰特。无疑,反之亦然。

史料中说,吐蕃人虽然声明"非谋尔国,借道攻四镇",但后来仍占领了小勃律的九座城堡并最终于 722 年围逼其都城(《新唐书》卷 221 下:6251;《册府元龟》卷 358)。考虑到小勃律的都城即今吉尔吉特城一带的地势,该城虽靠近吉尔吉特河与洪扎河的汇合处,但本身扼据吉尔吉特河狭隘的谷口,古代的吐蕃人若不占领吉尔吉特即消灭小勃律国,就只能经洪扎河谷前往中亚。换言之,史料所说 722 年以前为吐蕃所据有的小勃律九座城都应在洪扎河谷或与之相通的道路沿线。所以我们看到,当 722 年吐蕃人围攻小勃律都城时,唐军从葱岭镇(今塔什库尔干)赴援,与小勃律军左右夹攻,大破吐蕃,于是尽复九城故地(《册府元龟》卷 358;《新唐书》卷 221 下:6251)。此次唐军所经当即沿洪扎河谷而下。正因如此,后来天宝(742~756 年)初年小勃律与吐蕃联姻,吐蕃便以重兵防守这一线,才使得高仙芝远征时被迫绕道更西的识匿(Shig nig,今塔吉克斯坦什格南)。

实际上,由于自然地理的原因,吉尔吉特北部地区的道路几乎全都汇聚向巴罗吉勒山口,无论是来自洪扎河谷,还是吉尔吉特河谷(包括它的两条重要支流伊什科曼河与雅辛河),甚至作为奇特拉尔河上游主流的马斯土季河。因而我们就不难理解,为什么唐玄奘所记载瓦罕地区的一个古老地名叫做"达摩悉铁帝"。据考该名称为波斯语 Dar-i Mastit/Mastuj 的音译,其意为"马斯土季之门"。玄奘经过此地时,其首府还在昏驮多,其地即今罕杜特(Khanaut)村,正在大帕米尔河与瓦罕帕米尔河汇合处西南不远,由马斯土季北出瓦罕必经此地(《大唐西域记校注》卷 12:974—977)。如前所述,瓦罕本身是古丝路上的一个四达之地。正因为如此,当年吐蕃势力扩张到瓦罕以后,要派十万(此数字容有夸大,或为一万之误)大军去防守位据巴罗吉勒山口与瓦罕河之间战略要地的连云堡和婆勒城(《旧唐书》卷 104:3205,卷 109:3298;《新唐书》卷 135:4576—4577,卷 138:4615)。婆勒城因婆勒川即今瓦罕河而得名。Ghil 或 jilgha 为突厥语"山谷"之意,所以我认为,婆勒川其实是 Baroghil 的音义合译。正是在这里,天宝六载(747 年),唐将高仙芝率军远征小勃律时与吐蕃守军展开决战,大败吐蕃后便长驱直抵孽多城(今吉尔吉特)。

可能同勃律被逼分为大小两部分的情况一样,吐蕃重兵驻扎连云堡,迫使护密王不得不向西躲避。据《新唐书·护密传》记载,护密国都在塞迦审城(Sikashim)。塞迦审即今伊什卡什姆(Ishkashim),其地在故都昏驮多西南约80公里。无怪乎慧超说:"此胡密王兵马少弱,不能自护,见属大寔所管。"(《大正藏》卷51:979)胡密即护密;大寔即大食,指阿拉伯帝国。在古藏文《大事记年》中,护密被称为Ban 'jag nag po。这是一个合成地名,Ban 'jag是波斯语panjah"手掌"的音译,nag po为藏语"黑色"之意。这个地名当来自另一个合成地名Qara Pan-jah,qara是突厥语"黑色"之意。这后一个地名就是今天讹称为喷赤堡(Qala Panjah)之地,在护密故都昏驮多稍东,正在大帕米尔河与瓦罕帕米尔河汇流处南面。可以相信,在护密也同大勃律一样,在相当长时期内曾有过一个吐蕃的附属国。虽然在747年暂时遭到了失败,但吐蕃势力在唐朝因"安史之乱"于西域撤退劲旅之后很快便在葱岭以南地区重新建立起来。就在"安史之乱"的第二年即756年,据古藏文《大事记年》记载,就有Ban 'jag nag po(护密/瓦罕)、Gog(今巴基斯坦之马斯土季)和Shig nig(识匿,今塔吉克斯坦什格南)使者到吐蕃致礼(王小甫,1992:197,270及以下各页)。据塔巴里《年代记》卷3:841,811～812年,法德勒·本·萨赫勒被任命为"从哈马丹到识匿山和吐蕃"的大食东方省总督;十世纪下半叶成书的波斯文《世界境域志》也说:"昏驮多是一个有许多护密人佛寺的地方,有一些吐蕃人住在那儿。在其左面有一座吐蕃人的城堡"(米诺尔斯基,1937:121,366)。由此可见,护密之地曾长期是古代吐蕃人前往中亚的一个重要通道。据汉文史料记载,当高仙芝远征小勃律时,在识匿与连云堡之间有三条道路。

一是北谷道。顾名思义,此路当傍瓦罕河北岸而行。

二是护密道。护密国主要位于瓦罕河(及喷赤河)以南,故以其得名的道路也应在瓦罕河南岸。

三是赤佛(堂)道。从汉文史料的记载来看,这条路一方面连接识匿和连云堡，另一方面又是小勃律都城（今吉尔吉特）与连云堡之间的一段道路，因为高仙芝是走这条路班师，然后到了连云堡。符合这个条件的道路只有从昏驮多向东南，由奥赤勒（Ochil，一作 Anoshah）山口翻越兴都库什山到达奇特拉尔河另一支流图里霍（Turikho）河上游。溯图里霍河而上到其源头，从那里再向东翻越沙赫·吉纳里（Shah Jinali）山口，然后下到作为马斯土季河上游的雅浑（Yarkhun）河即奇特尔河正源。溯此而上，如前所述，人们可以到达巴罗吉勒山口与坦驹岭之间的战略要地"巴罗吉勒之野"（Dasht-i Baroghil）。

英籍探险家 A.斯坦因曾将赤佛堂比定为瓦罕溪谷中兰加尔与波咱拱拜之间的一座石砌小屋，当地人称"小栈"（Karwan-Balasi），据说有一小佛龛（斯坦因，1921，卷1：73）。但是，那个小栈地已在连云堡以东很远，邻近小帕米尔。高仙芝班师回安西都护府（今新疆库车），如果已经到了小栈，就没有必要再向西回到连云堡。所以我认为，如果赤佛堂真的意味着某座佛寺的话，那也应该在古代的连云堡以西尤其是昏驮多一带去寻找。再说，玄奘曾明确记载了昏驮多城的著名伽蓝："伽蓝大精舍中有石佛像，像上悬金铜圆盖，众宝庄严。人有旋绕，盖亦随转，人止盖止，莫测灵鉴。闻诸耆旧曰：或云圣人愿力所持，或谓机关秘术所致。观其堂宇，石壁坚峻，考厥众议，莫知实录。"（《大唐西域记校注》卷12：978）。前引波斯文《世界境域志》也说昏驮多在护密以其佛寺闻名。

不过我还是怀疑"赤佛堂"一名很可能是一个藏语地名的音译而不是一个汉语词汇，因为汉文史料中有时把"堂"这个词尾略去，而藏语的 dang（现在常音译为"塘"字）是一个地理通名。该地名本身恐仅为"赤佛"二字，《广韵》音可拟测为 *ts'iek biwat。设如确为藏语译音，其原文或许是 Rtse po ta la，意为"山顶渡口"或佛教中的"普陀山"（音译自梵文 Potala(ka)），今天西藏拉萨的布达拉宫即取名此意；或许其原文为 Chag po tang，意为"分立者所宅"。无论如何，该地名所指都应是吐蕃控制下的昏驮多，即所谓 Ban 'jag nag po 的首府。而《世界境域志》

243

恰恰记载了昏驮多"左面有一座吐蕃人的城堡",据研究者说,这里的"左面"即是指昏驮多对面的喷赤河北岸,也就是说,这儿正是一个渡口(米诺尔斯基,1937:121,366)。

无疑,对古代的吐蕃人来说,"瓦罕走廊"的作用并不仅限于军事意义,亦可用于商业活动与文化交流。例如,慧超就说过:识匿王"常遣三二百人于大播蜜川,劫彼兴胡及于使命。纵劫得绢,积在库中,听从坏烂,亦不解作衣著也。"(《大正藏》卷51:979)。兴胡或兴生胡即商胡,在唐代多半是指粟特商人。与慧超的说法相应,《世界境域志》第26节第18条记载,有一个名叫萨末鞬度(Samarqandaq)的地方,那儿住的有天竺人、吐蕃人、护密人,乃至穆斯林;该地为河中地的边界和最远处。据米诺尔斯基的看法,萨末鞬度这个地名表明,那儿有一个来自康国(Samarkand)的粟特人移居地,该地很可能就在瓦罕地区今天叫作萨哈得(Sarhadd,意为"边界")的地方,正好位于著名的巴罗吉勒山口对面,翻过这个山口可以前往吉尔吉特及其他邻区(米诺尔斯基,1937:121,369)。

与赤佛堂道有密切关系的另一个地点是马斯土季。如前所述,我们知道,护密又名达摩悉铁帝,意即"马斯土季之门",而所谓的"赤佛堂道"正好穿过马斯土季河上游河谷。从吉尔吉特前往马斯土季只需溯吉尔吉特河而上到山都尔(Shandur)山口,该山口东坡相当平缓;其西坡也不难攀登;翻过这个山口后沿山下一条河流向北,便可直到马斯土季镇。这条路便于通行,沿途河谷中村庄、农田不断。那些在路边随时可见的岩画显示出这条道路的历史悠久。1993年夏秋之际,我乘吉普沿此一线旅行,经常在路旁看到刻着岩画的巨石,例如,在凡达尔(Phandar)村一带,在山都尔山口附近,以及在马土斯季去奇特拉尔的岔路口以南,等等。那些岩画的画面几乎全是射猎场面,张弓搭箭的射手,长有长长弯角的羚羊等。

顺便说说,虽然岩画的内容看来反映了一种与现在当地占统治地位的农业完全不同的经济生活,我还是找到了一些在风格上与岩画相似的现在还活生生的图画。那是在邦布列特(Bumburet),奇特拉尔西南兴都库什山中卡拉什人(Kalash,巴基斯坦的一个非穆斯林少数民族,据说为古代亚历山大东征移民的后裔)的一个小山村,我在许多房屋的墙壁上都发现绘有图画。这些图画内容几乎全都是用木炭画出的单线条射手与大角羚羊形象,与岩画图案一模一样。特别是有一只刻在一片新木版墙上的大角羊,显然是钉子一类的尖锐物刚刻上去不久,图画线条实际上是一些连续的点,痕迹非常新鲜。因此,我很怀疑沿途所见那些岩画的创作与卡拉什人的祖先甚至他们自身有关,这涉及卡拉什人的起源,以及岩画的断代等问题,值得进一步深入研究。

另一方面我注意到,那些刻有岩画的巨石几乎是屹立在河边的路旁。因此使我想到,在岩画、河流与道路这三者之间有某种联系。如前所述,在西藏高原西北的丛山中,道路几乎总是顺着河流延伸,那么,岩画可能到处都是作为路标创作的。果真如此,这一现象或者说这种关系对确定古道的走向,对于探寻和保护岩画,乃至对环境变迁的研究都很有意义。

在汉文史料中,对古代的马斯土季一地有两组称呼:一组是商弥、双靡、赊弥等,另一种是俱位、拘卫、拘纬等。后一组名称大致是初唐以后才出现的,实际上最早见于8世纪20年代的慧超《往五天竺国传》。据我研究,该地地名的这种变化是吐蕃强盛时期在西藏高原西北进行积极活动的结果。在古藏文《大事记年》中有一个地名Gog,此地与护密、识匿同属所谓"上部地区/西部地区"(Stod Phyogs)。此名的另一写法为Kog yul,yul为藏语地理通名,意为地域、地区或地方,汉文音译为"域"。另一方面,唐代的"俱位"二字读音可拟测为*Kiwo ghwat或*giwo ghiwat,可信为藏语地名Kog yul或Gog(yul)的音译。汉、藏这两个地名无论从语音上,还是从地理上,或者所涉及的历史事件上均可勘同为一(王小甫,1992:270及以下各页)。

《新唐书·波斯传》后说:俱位"国人常助小勃律为中国候"。古藏文《大事记年》也说Kog yul曾驻有唐军。考虑到俱位(Kog/Gog yul)

即赤佛堂道所穿越的马斯土季地区,高仙芝远征小勃律去时分兵及班师回国均经由此路更是情理中事。以前有些学者如斯坦因曾认为"俱位"是奇特拉尔的语言名称 Khowar 的音译。然而,姑且不论这一比定的音韵学和地理学问题,仅是有关地名的历史变化它也是无法解释的。所以,我不接受这种臆测。

沿马斯土季河而下,人们可以到达另一个地区的中心城市奇特拉尔。公元 8 世纪末,取经僧悟空曾沿着这样一条路线由北向南而行:"次护密国,次拘纬国,次葛蓝国,次蓝婆国,次孽和国。"(《大正藏》卷 51:979)。蓝婆和孽和已被人们分别比定为今阿富汗的拉格曼(Laghman)和贾拉拉巴德地区,所以我认为处在拘纬与蓝婆之间的葛蓝,其地非奇特拉尔莫属。葛蓝一名当来自奇特拉尔河的另一名称库纳(Kunar),正如奇特拉尔的另一汉文名称揭师来自该河的又一名称渴师卡(Kashkar)。不过,实际情况更可能是河名来自地名。我很怀疑葛蓝国就是玄奘提到过的葛逻胡国(王小甫,1992:121)。

由奇特拉尔往西去,有许多山口可以翻越兴都库什山,其中最著名的当数多拉(Dorah)山口。翻过这个山口,人们可以沿桑里奇(Sanglich)河向北直到泽巴克(《大唐西域记校注》卷 12:973—974;米诺尔斯基,1937:367—369)。如前所述,从泽巴克向东北可去塞迦审城,即吐蕃据有昏驮多后护密王所迁新都;从泽巴克向西北即历史上著名的"吐蕃之门"或"大食之门"(米诺尔斯基,1937:350,365)。

现在,经过许多学者多年来对南迦—帕巴特(Nanga Parbat/Diamar)峰附近印度河谷地区历史文化的考察、研究,揭师阻断小勃律与箇失密(Kashmir)之间的交通而与吐蕃直接沟通的问题看来可以认为是解决了(耶特玛,1989:37—39)。无论如何,可以肯定,在吐蕃征服大勃律以后,从揭师到大勃律有一条直路:无须经过北边的小勃律,也不经过南边的乌苌,而是横穿所谓"乌苌国故地"的达丽罗川。但是,这里的达丽罗川绝不能简单地比定为今天的达列尔河谷(《大唐西域记校注》卷 3:295),而是指南迦—帕巴特峰四周的一大片地区。尤其是崩季(Bunji)经奇拉斯至夏提欧之间的印度河谷,对于这一带的交通特别重要(参前引耶特玛文),此一段即汉文史料所记古代的"悬度"所在(见前)。

有的学者认为奇特拉尔虽然曾被嚈哒征服,但仍然宗奉佛教;而且,羯师一名可能意味着该地曾是曷萨(Khasa)人之土,他们是一个强大的部族,曾远远地向东扩张(耶特玛,1989:39)。在奇拉斯地区曾经发现了大量公元5世纪的铭文,都是有关曷萨酋长的部落国家(Khasarajagana)的。于是,巴基斯坦的著名学者A.H.达尼博士说:"很明显,曷萨人曾定居此地,且至少从旃陀罗笈多(约公元前321至前297年)时代到公元5世纪在奇拉斯地区有他们自己的一个国家"(达尼,1991:117—118,142)。但是我认为,所谓的曷萨人或许可以同今天的卡拉什(Kalash)人勘同。我们前面提到,卡拉什人是生活在奇特拉尔西面兴都库什山中的一个非穆斯林少数民族,其起源由来迄今仍有许多争论。有一种传说认为他们是当年亚历山大远征军的后裔。确实,当1993年我考察他们的村庄时,见到这些金发碧眼皙面的山民,可以肯定是所谓"雅利安"人种。不过我想,他们也可能是其他白种人的后裔而不一定和亚历山大东征有什么关系。比方说中国古代史书所记的塞种(Saka),他们原是中亚的一个古代部族,约公元前2世纪向南迁徙,奇特拉尔正在他们南迁的道路上。如前所述,卡拉什人有可能是吉尔吉特河和马斯土季河上游那些岩画的主人,可见他们在古代也曾分布既远且广。但若果真如此,他们真的曾经信过佛教吗?因为我在邦布列特村曾见到卡拉什人的祭祀场所,那分明是一个拜火祭坛:石头砌成的方形祭坛上有大量烟熏火燎的痕迹,旁边还有几堆用于燃火的树枝。总之,这还是个值得进一步探讨的问题。

汉文史料说,在唐代,笛失密与中天竺曾扼制吐蕃向外交通的五条大道(《新唐书》卷221下:6256)。这五条大道除了上述大勃律经达丽罗川通羯师以及从女国(大羊同)经笛失密通谢䫻(Zabulistan,今阿富汗伽色尼一带)两道,加上吐蕃经泥婆罗或者经悉立(Se rib,今西藏亚

247

东)、章求拔(今锡金)通中天竺的两道,还应有"食盐之路"从女国至北天竺(今印度旁遮普邦贾郎达尔)一道。食盐之路本来毋须经由箇失密,但据慧超说:北天竺"为国狭小,兵马不多。常被中天及迦叶弥罗国屡屡所吞,所以依山而住"(《大正藏》卷51:976)。迦叶弥罗即箇失密。实际上,从吐蕃通北天竺至少有两条路线:一条从女国经三波诃(Zanskar)、洛护罗(Lahul)和屈露多(Kulu)等国(《大唐西域记校注》卷4:372—374、408);另一条大致循象泉河/萨特累季河而下,经过古格、毕底(Spiti)及西姆拉等地。唐初贞观末年,沙门玄照经西域去天竺,适逢其国内乱,遂远跨胡疆到吐蕃。待贞观二十二年(648年)王玄策以吐蕃、泥婆罗等兵马平定天竺之乱,玄照才由文成公主遣送北天(《大正藏》卷51:1)。玄照由吐蕃往北天阇兰陀(Jalandhar,即贾郎达尔)之路,恐即循象泉河而下一线(王小甫,1992:41—42)。

当然,并非所有这五条大道都适于为吐蕃军队所利用。据汉文史料记载,由于气候的原因,吐蕃的军事进攻几乎总是选在秋冬季节进行,一到春天便因时疫而退兵。后来抓了唐朝俘虏来作战,吐蕃在夏季也能发动进攻了(《旧唐书》卷196下:5256;《新唐书》卷下216下:6098)。显然,吐蕃人自己不适应炎热的气候。我曾在考察中遇到一个藏族牧人,他仍然认为在山下养不活牦牛和绵羊,所以他宁可住在高山牧场上,尽管那里经常笼罩在云雾之中。当我在巴基斯坦北部考察由奇特拉尔去白沙瓦时,才知道喜马拉雅山以南是何等的炎热:还没有完全出山,已经见到养水牛、种芭蕉,和我国南方一样,大概这就是在奇拉斯一带的印度河谷根本没有藏文铭文的原因(达尼,1983:132)。也就是说,古代的吐蕃人很少向南活动,他们在北印度的影响多半只是威慑性的。所以,对古代吐蕃与印度的经济、文化联系也不应估计过高。众所周知,吐蕃前弘期佛教最初还是从汉地传去的,而当时佛教在印度已经衰落了。而且,吐蕃佛教史早期的著名人物多半是传教的印度僧人,不像汉地佛教有众多舍生忘死的取经僧。所以说,历史表明,藏民族从一开始登上历史舞台,就主要是同祖国大家庭其他各民族在一个共同的地域内活动,并同各族一道共同创造了祖国辉煌灿烂的历史文化。

四、葱岭山区的南北交通

前面说过,吐蕃从一开始就几乎总是和西突厥余众连兵在西域活动的。尽管唐朝以重兵戍守安西四镇,吐蕃军队仍然绕道葱岭远远向北到了十姓可汗故地,那里是西突厥部众的中心,当然也是吐蕃与之连兵活动的中心。在这种情况下,连接葱岭南北的交通路线就成了"热线"(王小甫,1992:129—130)。

从突厥汗国时期起,在吐火罗与七河地区之间就建立了传统的联系(克里亚什托内,1964:143、144)。从吐火罗经河中地前往北部草原,本来有一条古代东西交往的大道,玄奘西天取经穿越中亚就走的这条路,后来又被阿拉伯古典地理学家们详细记载、描述,称之为"呼罗珊大道"。不过,对吐蕃人来说,考虑到大食人对中亚的征服,应该更多地注意从南向北穿越葱岭山区的交通路线。

据玄奘的说法,"葱岭者,据赡部洲中,南接大雪山,北至热海、千泉,西至活国,东至乌铩国,东西南北各数千里"。(《大唐西域记校注》卷12:964)活国(Walwalij)指今阿富汗昆都士,乌铩为今新疆莎车。但当慧超于727年经此回国时,骨咄(Khuttal,今塔吉克斯坦库利亚布)王虽为奉佛的突厥人,其国已属大食所管,"又从此胡国已北,北至北海,西至西海,东至汉国以北,总是突厥所住境界。此等突厥不识佛法"。(《大正藏》卷51:978)8世纪末,在悟空的回程中有这样一段:骨咄—拘密支—惹瑟知(Rasht)—式匿国(识匿)—疏勒(《大正藏》卷51:980)。看来,这是溯镬沙(Wakhsh)水而上穿越葱岭的一条路。这条路上的黄石(Sary Tash)是葱岭山中的一个十字路口:黄石本身地处大阿赖山山谷中,从这里向东可越葛禄岭去疏勒(今新疆喀什),向南越外阿赖山是五识匿诸国之地,向北翻过阿赖山进入拔汗那(今费尔干纳盆地)。由于这条路主要穿行于突厥人所据的高山牧场,无疑是为吐蕃所用的五俟斤路的另一条路线。

在这样一条路线中,拔汗那为必经之地,所以其地位特别重要。我们在塔巴里的《年代记》中看到,突厥可汗经常都是从拔汗那出发前往河中或吐火罗的。

据汉藏两种史料的记载可知,当赞普弃隶赞于712年成年亲政以后,吐蕃重新向西域展开了攻势:714年,支持西突厥十姓酋长都担反叛唐朝,都担被平定后,吐蕃亦于次年年初被击败;715年,吐蕃又支持大食人扶立的阿了达为拔汗那王,同年年底前再被唐军击败(王小甫,1992:146—149)。尽管节节败退,至少在公元716年吐蕃还控制着葱岭南部(《大正藏》卷50:291)。这些史实表明,古代吐蕃人前往北部草原的路线,正是穿越葱岭山区之路。不过我认为,吐蕃军队由南向北经过拔汗那的道路并没有进入盆地,而只是穿过了盆地附近的西部天山山区,或者最多也只是从盆地边缘的丘陵地带经过,如同今天吉尔吉斯斯坦从奥什至比什凯克(伏龙芝)的公路到塔什库梅尔这一段。

1993年夏天,当我乘车从塔什干经费尔干纳盆地前往奥什时,我发现尽管这一带的政治边界极为复杂(我经过了进出八道海关的检查!),但乌兹别克斯坦与吉尔吉斯斯坦两国的自然环境却有明显的差异。属于乌兹别克的领土是温暖甚至有些炎热的平原,适于经营农业;而吉尔吉斯方面则是凉爽的丘陵和山区,尽管也种着一片片的烟草,但看来更适宜于经营牧业而非农业。于是我恍然大悟,古代吐蕃人经过拔汗那的地方,正是今天划归吉尔吉斯斯坦的地方。如前所述,吐蕃人不适应炎热的气候。另一方面,吐蕃军队来到拔汗那附近时,大食人已经征服了那个地区,吐蕃人不经斗争也不可能进入大食人的领地。仔细比勘汉文和阿拉伯文史料的有关记载,可以肯定,吐蕃人只是在大食军队由于其名将屈底波去世而撤退以后才成为阿了达的支持者的。所以,当唐朝军队应拔汗那王之请进攻阿了达时,吐蕃人实际成了大食人的替罪羊(王小甫,1992:149)。

虽然在唐朝于720年左右取得优势,尤其是722年小勃律成为"唐之西门"以后,吐蕃不得不转而向塔里木盆地东南寻找进入西域之路,至少到8世纪末以前,从南向北穿越葱岭之路又被吐蕃王朝利用了起来。这个时期,尽管直到790年安西四镇仍在唐朝手里,北部草原的形势已经发生了很大变化。三姓葛逻禄于公元8世纪60~70年代之间从金山(阿尔泰山)地区南下,取代突骑施而成了"十姓可汗故地"的主人,他们与吐蕃、黠戛斯结成同盟,共同对抗漠北的回纥/回鹘汗国。据史料记载,由于担心遭到回纥抢劫,吐蕃派往黠戛斯的使者不敢径直前往,而要留在葛逻禄等黠戛斯来人护送(《新唐书》卷217下:6149)。当时,东部天山以北是回纥汗国的势力范围,而黠戛斯活动的中心在今俄国叶尼塞河上游地区。因此很明显,吐蕃、葛逻禄和黠戛斯同盟间的交通联系是经由穿越葱岭山区的路线来进行的。

我在本报告第一节的开头说过,限于自然地理的原因,古往今来,西藏高原通其西北的道路主要有两条,然而,实际上我在本报告中研究了以这两条道路为主干的一个交通网络,它们直到今天仍然存在并使用着。只不过,我的研究仅仅是一个初步的工作。对这些交通线沿途的古迹进行调查和保护的工作做得非常不够,我希望这些问题能引起有关方面的重视。

附注:本文完成于1994年3月,后来我对其中部分观点(主要是第二节)作了一些修改补充,见拙文《七、八世纪之交吐蕃入西域之路》,收在田余庆主编:《庆祝邓广铭教授九十华诞论文集》,河北教育出版社,1997年,74—85页;以及拙文"封常清伐大勃律之路",编辑委员会编:《张广达先生八十华诞祝寿论文集》,台北:新文丰出版公司,2010年9月初版,557—580页。

为拙文附图是韩茂莉老师的意见,感谢韩茂莉老师和罗毅同学惠意专门为拙文做的工作!

缩略语：

GJ = The Geographical Journal. London

MRDTB = 东洋文库研究部纪要，东京。

ZDMG = Zeitschrift der Deutschen Morgenlandischen Gesellschaft. Leipzig.

白桂思，1987 = Beckwith，Ch. I. *The Tibetan Empire in Central Asia*. Princeton University Press.

《册府元龟》=［宋］王钦若编：《册府元龟》，中华书局影印本，1988年。

陈兆复，1991 =《中国岩画发现史》，上海人民出版社。

达尼，1983 = Dani, A. H. *Chilas——The City of Nanga Parvat*（*Dyama*）. Islamabad.

同作者，1985 = ditto. "The Sacred Rock of Hunza". *Journal of Central Asia*, vol. Ⅷ, No.2(1985). Islamabad.

同作者，1991 = ditto. *History of Northern Areas of Pakistan*. 2nd ed. Islamabad：National Institute of History and Cultural Research.

《大唐西域记校注》=［唐］玄奘、辩机原著，季羡林等校注：《大唐西域记校注》，中华书局，1985年。

《大正藏》= 高楠顺次郎等编集《大正新修大藏经》，大正一切经刊行会（东京），1924—1934年。

杜勃罗文，1978 =［俄］尼·费·杜勃罗文：《普尔热瓦尔斯基传》（汉译本），商务印书馆。

弗兰克，1926 = Francke, A. H. *Antiquities of Indian Tibet*. Calcutta：*Superintendent Goverment Printing*.

噶尔美，1975 = Karmay, Samten G. "A General Introduction to the History and Doctrines of Bon". MRDTB 33(1975)：171—218.

海达尔，1972 = Haidar, Mirza Mahammad. *A History of the Moghuls of Central Asia*. Ed. By N. Elias, trans. By E. D. Ross. London: Curzon Press.

《汉书》=［东汉］班固:《汉书》,中华书局点校本,1983年。

侯石柱,1991=《西藏考古大纲》,西藏人民出版社。

《旧唐书》=［后晋］刘昫:《旧唐书》,中华书局点校本,1986年。

克里雅什托内,1964 = Kljashtornyj, S. G. Drevnetyurkskie Runicheskie Pamjatniki kak Istochnik po Istorii Srednej Azii. Moskva, 1964。

马克斯韦尔,1971=《印度对华战争》(汉译本),三联书店。

米诺尔斯基,1937—Minorsky, V. 1937. *Hudud al-'Alam*: ' The Regions of the World.' A Persian Geogeaphy, 372 A. H. /982 A. D. Trans. and expl. by V. Minorsky. London.

森安,1984=森安孝夫:《吐蕃の中央アジア進出》,金澤大学文学部論集・史学科篇,第4号,1984年3月刊,別刷。

山口瑞风,1983=《吐蕃王国成立史研究》,岩波书店。

上原,1937=上原芳太郎编:《新西域记》(大谷家藏版)上、下,有光社。

《释迦方志》=［唐］道宣:《释迦方志》,中华书局,1983年。

斯坦因,1909 = Stein, M. A. "Explorations in Central Asia, 1906 – 8". GJ, 34(1909):5 – 36, 241 – 271.

同作者,1921 = ditto. *Serindia. Detailed Report of Explorations in Central Asia and Westernmost China*, 5 vols. Oxford.

《隋书》=［唐］魏徵等:《隋书》,中华书局点校本,1973年。

塔巴里《年代记》= *Tabari*, al-. *Tarikh al-Rusul wa-l-Muluk*, 3 vols. (16 books). Leiden, 1964.

《唐会要》=［宋］王溥《唐会要》,中华书局排印本,1990年。

汤姆森,1924 = Thomsen, V. "Alturische Inschriften aus der Monglei, Ubersetzung und mit Einleitung", trans. H. H. Schaeder. ZDMG(1924):124 – 175.

特勤,1968 = Tekin, Talat. *A Grammar of Orkhon Turkic*. Bloomington: Indiana University Press.

《通典》=[唐]杜佑:《通典》,中华书局点校本,1988年。

《通鉴》=[宋]司马光:《资治通鉴》,中华书局点校本,1982年。

《王统世系明鉴》=陈庆英、仁庆扎西译注,萨迦·索南坚赞:《王统世系明鉴》,辽宁人民出版社,1985年。

王小甫,1992=《唐、吐蕃、大食政治关系史》,北京大学出版社。

维瑞尔,1991 = Verrier, Anthony. *Francis Young Husband and the Great Game*. London.

《西藏志》=《西藏志·卫藏通志》合刊,西藏人民出版社,1982年。

《新唐书》=[宋]欧阳修、宋祁:《新唐书》,中华书局点校本,1975年。

耶特玛,1989 = Jettmar, Karl. "Introduction". Ed. Karl Jettmar. *Antiquties of Northern Pakistan: reports and studies*. Vol. T: XI - LVII. Mainz.

《藏族简史》=《藏族简史》(中国少数民族简史丛书),西藏人民出版社,1986年。

无锡古城郭的空间构型与长期变迁*

——基于《无锡实测地图》(1912年)的历史形态学分析

钟翀 陈吉

引 言

当下的城市史地研究中,在对相关文字史料的系统整理与评价方面,可以说已取得较为一致的共识,而针对我国传统都市的具体历史形态,如城墙、城濠、子城,乃至坊、厢等组织构造与形成史的研讨,则尚未得出明确的结论,该领域还有待大比例尺城市个案研究的持续积累。

长三角城市群是现代中国的三大城市聚集带之一,并正朝大都市连绵带方向快速发展。该地区的城市起源甚早,而且一定是经历了复杂且颇为独特的演化过程。不过,目前对该地城市历史形态的研究,却往往限于沪、宁、杭、苏等少数一级中心地城市或古都,还缺乏对一般的府、州级(大致可认为是二级中心地)城市、县城及市镇的基础调研和系统考察,因此尚未能取得对该区域各类中心城镇的空间结构与演变历程的、具有发生学意义的完整认识。

作者单位:上海师范大学人文与传播学院。
* 本文为国家自然科学基金项目(41271154)、上海市哲学社会科学规划课题(2011BCK001)的阶段性研究成果。

笔者以为,地处江南腹地的无锡,因较少受都城规划等因素干预,其城市形态的时空演化历程,与该地区多数源于自组织发展起来的府州级城市更为相似,所以深入开展无锡的城市历史形态学研究,有着把握典型个案与阐明江南城市一般演化历程这样的双重意义。

以西方城市历史形态学的研究实践而言,聚落史地学鼻祖施昌特(O. Schlüter)以城市实测平面图为最重要资料,通过对城市形态中所谓"形态基因"的分析验证,回溯城市形态变迁史,由此建立起西方城市史地的形态学派。而正是在运用大比例尺城市古地图与中世纪以来丰富地籍记录的基础上,康泽恩(M. R. G. Conzen)提出了形态框架的分析手段,根据时空累积变化的形态比较,成功地揭示了城市的发展历程。此类研究无论是概念体系还是分析方法,对于深入开展我国城市史地研究都富有启发意义。[1]

在康泽恩的研究中,形态框架分析无疑是最重要的方法之一。所谓形态框架,是指城市中原有的平面特征、地形轮廓或一组轮廓,对后来的形态产生影响,使之与原有的形态大体保持一致。形态框架的概念,有效地归纳了城镇平面格局动态变化中的继承性现象,比如上海近代历史上的"填浜筑路",还有我国许多古城拆除城墙形成的环城马路,都是形态框架分析的很好的案例。

本文尝试利用大比例尺的早期近代城市地图,并配合文献记载与现场勘查,聚焦无锡古城郭,通过对某些特定形态框架的图上判读与历史回溯,探讨无锡城市形态中跟古城郭构型有关的围郭、濠郭配置、子城与复式城郭等基本问题。

一、《无锡实测地图》所见之古城郭构型

就无锡的地图史料留存而言,在笔者目前掌握南宋以来至 1949 年的 21 种无锡古旧地图之中,可以晚清同光时期杨昌祁绘制的《无锡县城图》(1881 年刊)作为古代绘图与近现代实测地图的分水岭,[2] 与在此

之前的方志类传统绘图相比,1881年以后的无锡实测平面图,其所反映的地物内容,无论是精确度还是丰富程度都产生了质的飞跃,这就使具体的空间结构分析成为可能;并且,对于无锡这样的城郭都市而言,墙濠、城门的拆除填埋等与空间格局重大变化有关的事件都发生在此后的1912~1951年,③所以,此类产生于晚清民初的早期实测图提供了传统城市在近代化转型之前的城郭原貌,具有较高的研究价值。

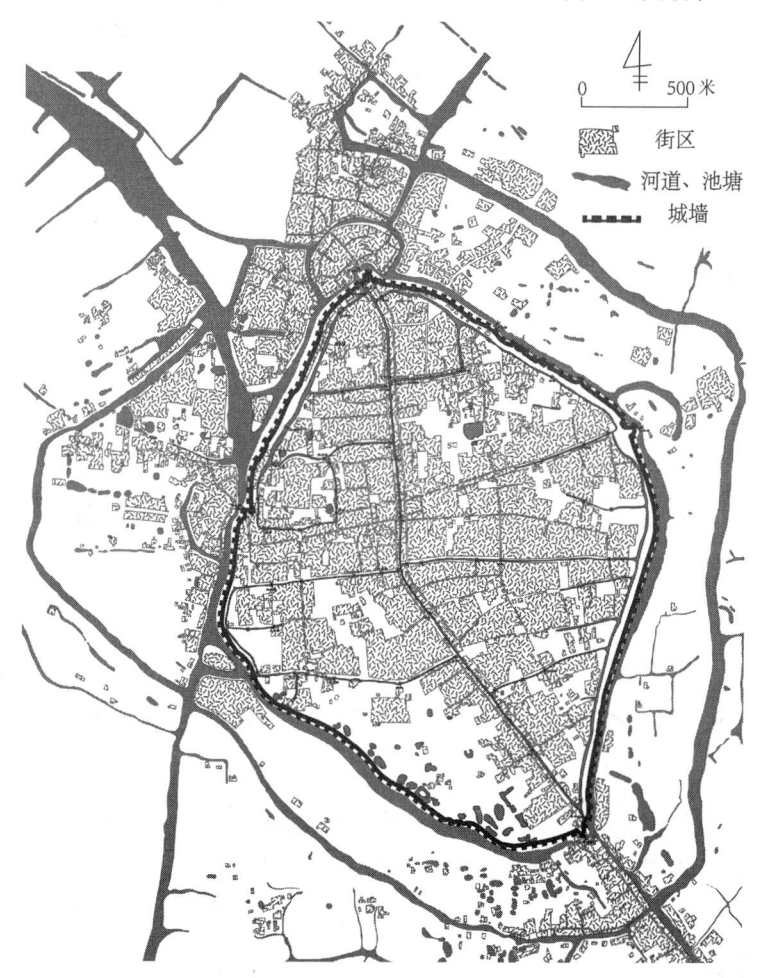

图1 1912年的无锡城(据同年刊《无锡实测地图》绘制)

1881年之后无锡出现了数种近代实测城市地图,其中又以民国元年的《无锡实测地图》(以下简称1912年图)的研究价值最高。该图为1∶2500的大比例尺实测地形图,由当时在南京陆军舆地测绘局的华锦甫等人主持测绘,图上详细反映了一个世纪之前无锡城市全貌,是无锡最早、最精确的大比例尺实测地图。

图1是笔者抽取这幅《无锡实测地图》中无锡城市部分、并省略一些地名文字后绘制的1912年地图,此图不仅展现了当时完整、封闭的无锡古城墙与护城河,而且,如果仔细审阅此图,还可发现有关该城独特构型的更多遗存,如紧贴城墙的内河、由城内西北隅的环形水道所呈现的古子城遗构,四门之外半圆形的古月城残存水道等,这些遗构在现代地图上几乎不能判读,但通过对1912年图上残存形态框架的分析,则可以在一定程度上得以确认甚至复原,并将其原型上溯中古甚至更早时代,下面笔者将作具体考察。

二、围郭的构型与变迁史

1912年图表现了保存完整城郭的无锡古城全貌,该城的围郭呈圆角菱形有如桑叶,此种接近圆形或椭圆形的形制与筑城时讲求经济性关系密切——因圆形具有最小周长围护最大面积的优势,至于最终形成近圆形而非标准圆形的形状,也是各地修筑城池之时出于经济考虑,充分利用自然地形的结果,如利用微地形上的起伏小丘来确定城墙的走向或利用自然河道来作为城濠等。此类古城在江南较为普遍,笔者统计大约要占该地区府县级城市的一半以上,典型的如嘉兴府城、宁波府城、上海县城、青浦县城、金坛县城等都是如此。

关于无锡城的构造与筑城史,可以从历史记载相对丰富的城周长度来做一分析。

首先从1912年图上测量,当时无锡城周长大约是5580米,这跟《无锡市志》记载1950年拆城修筑环城马路为5560米[①]的数据接近,而此前明清时代的城周,根据方志记载,主要有两次较大的变动。

较近的一次是明嘉靖三十三年(1554年)倭乱之际,县令松滋人王其勤曾对旧城进行较大规模的修缮改造,其时城周1783.61丈,若按明营造尺1尺约合0.311米折算则城周约为5547米,⑤清雍正四年(1726年)下分县令,"城之属无锡者九百九十八丈六尺五寸;属金匮者八百五十六丈三尺二寸",⑥则合计约1855丈,若按清营造尺1尺约合0.32米折算则城周约为5936米;以上数据考虑计、测误差以及清乾隆之前南方尺度的变动,并参照当地明清方志有关城墙修缮的连续记录,可以确认自嘉靖末年以来无锡城郭没有大的变化,其城周大抵应在5560米前后。

至于明嘉靖之前的情况,则以元末张士诚时期最为重要,此事自洪武《毗陵续志》、⑦弘治《无锡县志》⑧以来的历代方志均有记载,今引乾隆《金匮县志》卷四《城垣》所言:

> 元至正十五、十七年间,淮张扩地初基,营立城邑,畚土甃砖石,制极雄峻。凡周一千六百丈,高二丈。洪武初,又加缮治,乃历百五六十年而颓废略尽。松滋所筑,稍展张氏旧基一百六十余丈。

由此可知元末至正十五、十七年间,张士诚政权曾经有过较大的修治城池的工程,其时城周1600丈,若按元代的尺度可能约为5440米,⑨此数据跟嘉靖末王县令的修筑相去不远,这是因为嘉靖修筑仅"稍展张氏旧基",可以说大致因袭了元末规制。清华湛恩《锡金志外》评价说:"宋元旧城,张士诚广其制,东抱弓河。今城形不异士诚所广,王公仓卒备寇,七十日而城成。盖因士诚旧制而筑之,未尝变异旧城。"⑩诚如是也。

进一步上溯元代之前无锡城周的变化,目前可见的直接记载只有两种,分别引用如下。

《咸淳毗陵志》志三《城》:

> 城在运河西、梁溪东。《越绝》云:无锡城周回二里十九步,高二丈七尺。四郭周回十一里二十八步,高一丈七尺,门皆有屋。

《南徐记》云:"县,旧城基也。"乾兴六年,令李晋卿重修。

直接查阅《越绝书》,第二卷《越绝外传记吴地传第三》确载:

无锡城,周二里十九步,高二丈七尺,门一楼四。其郭周十一里百二十八步,墙一丈七尺,门皆有屋。

案:两书记载无锡的"城"当指子城(本文下详),而"郭"则为上面讨论的外郭城墙,《咸淳毗陵志》引《越绝书》的记载仅在外郭周长数据上脱一"百"字,若以《越绝书》记载为准,则按汉代的尺度计,十一里百二十八步约为 11 里×415 米/里+128×6 尺/步×0.23 米/尺=4742 米。

《越绝书》的成书背景较为复杂,但此书编订于汉代殆无疑问,则书中记载的无锡城周,当为汉代无锡县城的形态(《汉书·地理志》有"无锡县")。那么自汉以来,无锡城是否发生迁移呢?关于这一点,光绪《无锡金匮县志》卷四《城郭》作了一个精彩考证,限于篇幅,择要摘引如下:

《南徐记》:"县,旧城基也。"是南朝因之也。唐李吉甫《元和郡县志》:"无锡,汉旧县也",吉甫此志凡今昔有异者必详其古城之所在,此不言古城,明其城即故城也。是唐亦因之也。《唐书·地理志》:"泰伯渎,在县南五里",陆羽《惠山寺记》:"寺在县西五里",与今城合。然则自汉以来,城固未尝易处矣。①

由此推知,无锡古城至迟到在汉代既已修筑,而且并未发生城址迁移,《咸淳毗陵志》不记城郭的改筑,或许显示无锡汉城城址的稳定性,若此推测成立,则从城周长度来看,中古以前的围郭形制(约 4742 米),直到张氏据吴时期才有较为显著的改造(约 5440 米)。关于这一推测,可用 1977 年在环城河(即外城濠)的考古调查加以佐证。

1977 年无锡市环城河人防工程建设中发现了多口唐至明清时代的水井,这批古井分布在市区环城河东南一带,其中朝阳桥至槐古桥北一段的五口晚唐五代水井、槐古桥南的一口宋井,全部位于环城河底,根据报告的解释:"由于明代护城河的开凿和近代城市建设,水井的井口和周围居住址均已破坏无存,残存井口距地表深 2.8~5 米左右,井壁穿过深黄色黏土及青灰色亚黏土层,一直挖到距地表深8米左右的深青灰色流沙层。""井内上部堆积有大量井砖,排列较为整齐,似为水井废弃后人为窖藏在井内的。"[12]

按文献记载的上述筑城历史,那么位于环城河底的"无头"的唐宋古井,从年代上看其废弃时间更有可能发生在元末张士诚政权的大规模扩城时期,而非报告所言明代护城河的开凿,井中的人为窖藏也可以印证张吴政权扩展城池的计划性。关于元末拓展城池这一推论,还可引用光绪《无锡金匮县志》的议论来印证:

> 今城之制,皆谓始于张士诚,而《明志》称"张士诚筑城,废三偏门,存四正门。"……其七门,皆设于外城:新塘门在西、南二门之间;顾桥门、董家门在东、南二门之间。至张士诚废其三而少拓其西南隅。……《旧志》:"滕迈墓在新塘门外半里,元末凿濠,墓没焉",又其证也。[13]

综上所述,就无锡围郭的平面形态而言,1912年图上所见的无锡城郭,实际上就是16世纪中叶明嘉靖年间所修缮的城郭,该城不仅大致维持了14世纪中叶元末修筑城池以来的形制,甚至也在很大程度上反映了无锡汉城的规模与基本格局,其稳定性与继承性,对于深入研究江南古城历史形态发生史来说,都是一个颇具实证意味的案例。

三、濠郭配置中的"夹城作河"构造

以上从城周的角度论证了无锡古城的围郭平面构造与变迁史,本节将以上节论证的筑城史为时间标尺,再进一步探讨濠郭配置上的特点。

在1912年图上,可见墙、濠的保存都较为完整,不过值得留意的是该城在城墙之内,即菱形城墙的东北、西北、东南三面都有一条紧贴城墙的"里城河"存在(图2)。关于这一"里城河",笔者曾名之曰"内堑"(又可称作"里濠"),并有专文详述江南水乡都市的"夹城作河"构造。

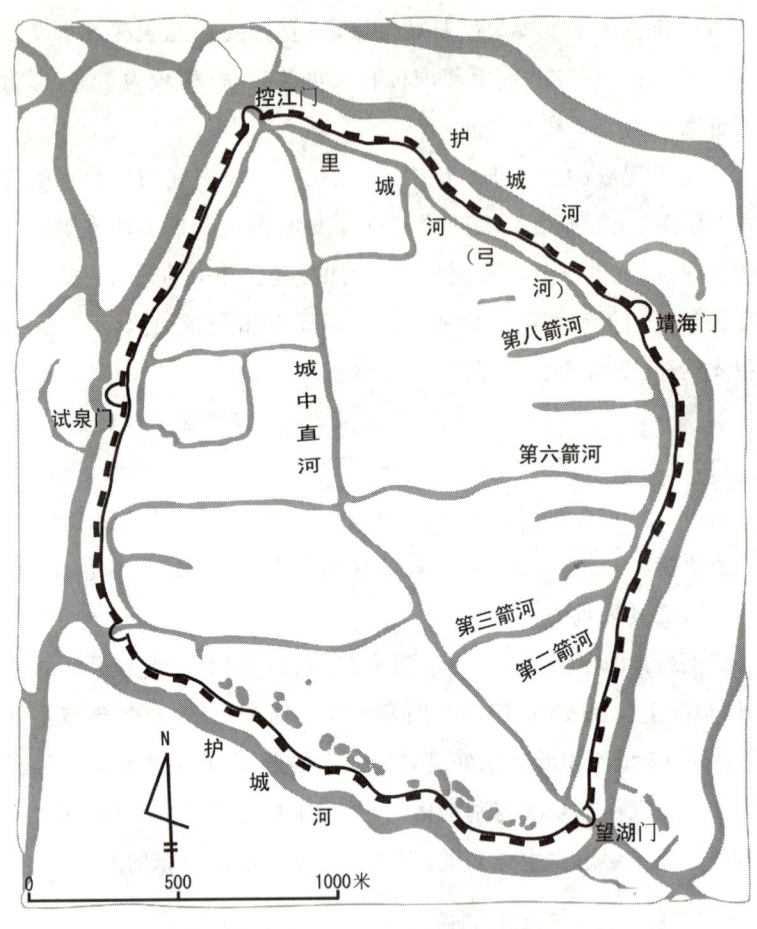

图 2　无锡古城郭要素的基本形态框架(1912 年)

此种构造是指某一城市的城墙,除通常所见一条"外濠"环绕于其外侧之外,在城墙内侧,还有一条"内堑"环绕的城池景观;这种在城市布局中,城墙被紧匝其周的"外濠"、"内堑"两重人工河道所夹,使城墙及其护坡部分形成看似环礁岛的环带状型式。该构造在江南地区较为常见,如苏州、嘉定、绍兴等城都可见到,究其原因,不外乎江南独特的水乡环境,使得筑城之初的工程需求、筑城后的防御需求以及交通或排水的维持都有必要开挖内堑。

1912年图上的"夹城作河"构造,也可从文献上得以印证,乾隆《金匮县志》卷四《城垣》中明言:"(城垣)内外皆有渠,内渠即弓河,外渠之广毓内渠十之三。"该处内、外渠即指内堑与外濠,而文中"弓河"正是"里城河"城东段,该河道在历代县志中均有记载,且名称沿用至今。[14]

不过在1912年图上,城内西南隅的内堑似乎缺失,使"夹城作河"构造显得不甚完整。关于这一现象,虽然现存文献无法查得明确记录,但笔者考虑西南面紧贴城墙内侧分布的成串池塘可以判读为内堑堙塞后的残余,况且直至1912年城西南隅还是城内偏僻之处——城内唯一的田园就在此处,所以,该处内堑的淤塞,应该是具有航运作用的内堑较早丧失交通功能所致的。

至于"夹城作河"构造的形成时间,由于《咸淳毗陵志》卷第十五就已提及"弓河,在县东运河侧旁,有九河号'九箭'",也就是说,弓河在南宋时显然具有联络城内东西向九条河道(自南而北依次名为"第一箭河"至"第九箭河",至1912年除第三、第六箭河保持完整之外,其余或部分淤塞或完全消失,见图2)的城内环路交通作用,可见城东的内堑河段——弓河起源甚早,由此推测"夹城作河"构造或许筑城之初取土建城墙之时即已形成,这一筑城工学上的推断并非没有实证案例,笔者曾在苏州、绍兴等城的"夹城作河"构造分析中加以证实,在此限于篇幅不再展开论述。[15]

四、元末张吴时代的月濠、月城遗构

城门是城防的薄弱部位,因此明代城池普遍构筑瓮城以加强实战防御能力。在1912年图上,可以看到四座城门的复合构造,其中控江、望湖二门(即北、南门)之外正对城门的护城河,由于瓮城的构建,还可见到明显向外凸出的河形,这四座瓮城是由明嘉靖知县王其勤主持修筑的,明清县志均有记载,至民国年间才陆续拆除。[16]

不过,1912年图上,在外凸的城门与瓮城这一复合构造之外,还有

靖海门(东门)　　　　　试泉门(西门)

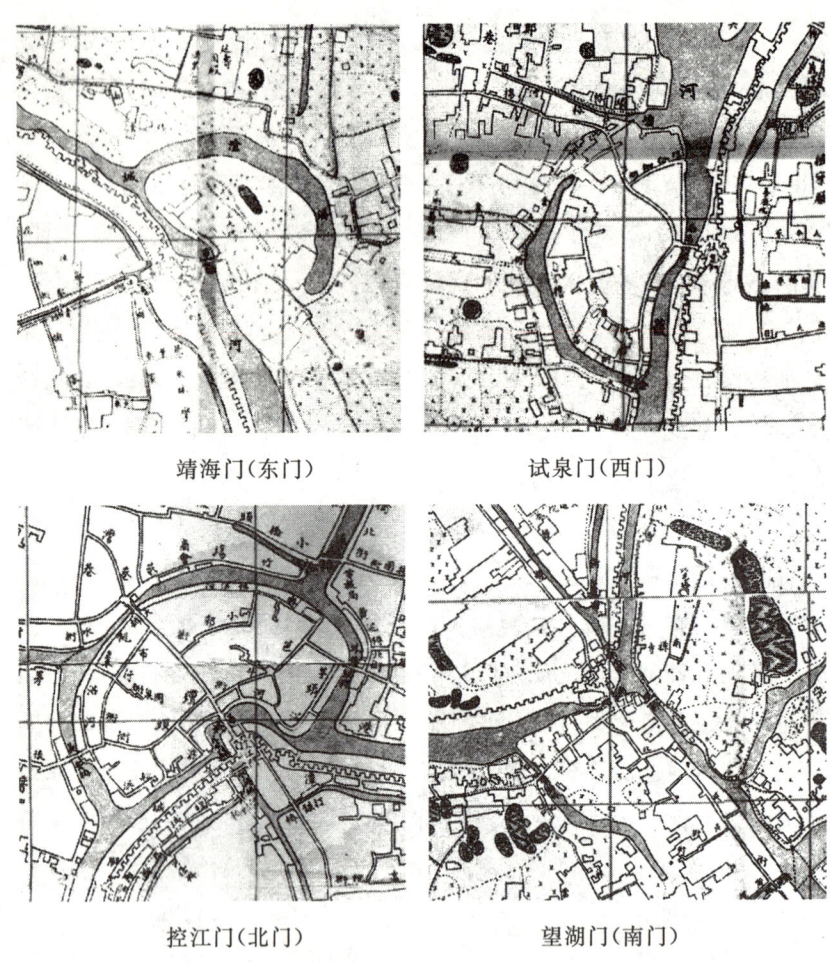

控江门(北门)　　　　　望湖门(南门)
图3　四城门外的环形水道遗存(1912年,图中方格每边长约270米)

另一种不为人注意的构造遗存——即位于四座城门外、半径约200米的四条半圆形环状水道(图3),笔者以为,这四条水道所呈现的如此强烈的对称性,且在大小、形态以及所处位置的高度对称性,显示其产生绝非出于自然水路,故推断应该是某种人工构造残余的"形态框架"。

从1912年图上看,这四条环形水道正处于四门之外,且每条水道的环护半径大体相当,若要构建环护城门的外围防御构造,则无论从它们所处的位置,还是从外凸的形状及对称性的结构来看都是理想的构型,所以初步推测是城门外侧的水濠遗存。由于现存的瓮城是明嘉靖修筑的,其规模较小(可看作是与四座正门组合而成的一体化建筑),且与这四条环形水道之间有着一定的距离。那么,这个半径达 200 米的大型防御构造,其原形究竟是什么呢?为此,笔者于 2011 年与 2013 年两赴现场勘查,虽然确认了北门外现存的水道,但由于市中心的大规模地产开发,在其他三处城门的微地形勘察方面并未得到有力的线索,看来只能通过历史文献来加以分析了。

关于这四条水道,在无锡几种常见方志及相关的古地图中没有明确记载,不过,有一种稀见的无锡县志——万历《无锡县志》,在该书卷一《舆地志》中谈及无锡县城时确实提到了四城门之外曾经存在名为"子城"的遗构,原文如下:

> 元至正十五年重修,十七年伪吴增广其制,甃以砖石,四门之外各有子城跨于濠外,岁久尽圮,仅如土岗。嘉靖间县令松滋王其勤撤而新之。

从 1912 年图上看,明嘉靖间县令王其勤所筑瓮城均在护城河之内,若要在这四座瓮城之外营建与四条环形水道规模相称的防御工事,则需构筑跨于护城河之外、紧贴这四条环形水道的大型瓮城,万历县志中所谓"四门之外跨于濠外"的四座"子城"正与此相合,并且舍此无他,所以,推断这四座子城应该就是元至正十七年(1357 年)张吴政权修筑的规模较大的瓮城,[17]而这四条环形水道应当是"子城"的外濠,此种防御构造不仅能加强城门的防御能力,还能加大城池的防御纵深。不过,由于"子城"的概念目前一般指城内修筑在衙署之外的"城中小城",在这里为区别明嘉靖时王知县主持修筑的瓮城,暂将张士诚时期所造瓮城称为"月城",而在其外侧、围绕月城并向外凸出的环形城濠或可称作"月濠"。[18]

至此,根据文献记录与残留的环形月濠反演得到元末大型月城的推论,那么,万历县志的记载就可以解读为:到明代中期,张吴政权时期修筑的大型月城因岁久倾圮,仅剩下残余的土岗,而嘉靖间王其勤重修无锡城时"撤而新之",则可解释为撤除旧月城,收缩城防营建更为紧凑的城门——瓮城一体化结构。

以上推断还可从资料批判的角度作一间接观察。万历县志叙述中的"四门之外各有子城跨于濠外,岁久尽圮,仅如土岗"这一句,在万历《常州府志》、康熙《常州府志》里也有记载,而且文本相同,应是抄录了万历《无锡县志》的结果。不过,康熙《无锡县志》及其后的本地县志却不载此句,这正好反映了该月城构造在明嘉靖重修城郭遭废弃,入清后已为当地人淡忘或忽略,因此相关记叙在县志中被删裁,而同一时期《常州府志》的编纂可能在属县风土采集的时效性方面不如无锡县志那么敏感,所以这一条珍贵记录反而在《府志》中得以保留。

从目前所查阅的相关文献来看,明郑若曾撰《江南经略》也记载了"无锡县城,……元至正末伪吴张士诚增广甃以砖石,国朝洪武初复加缮治,弘治戊午知县姜文魁重修,门仍其旧。四门之外各有子城跨于濠,岁久尽圮。嘉靖三十二年,……知县王其勤倡议修筑"。[19]《江南经略》大约成书于嘉靖四十三年(1564年),这是目前所见关于月城的最早记录了。

由此可见,1912年图上所见四门外的环形水道,实为元末张士诚所筑月城外濠遗存,由于年久失修,至明中叶倾圮成为土岗,到嘉靖三十三年的备倭修筑城池时更是遭到拆除,不过,即使是1912年图甚至在更为晚近的1949年《无锡城郊图》(以下简称1949年图)[20]上,仍可见到四条月濠的残留,而北门外月濠甚至留存至今。总之,无锡古城的月濠遗存,对于张吴时期筑城史的探讨和由类似外濠构造变化形成的形态框架及其变化速度等具体研究而言,均有典型个案的意义。

五、子城与"罗城"

1912年图上,在无锡城西近西门处可见一圈矩形水道,其每边长度大约270米左右,该处就是古代无锡县子城所在,也是历代无锡县衙

(或州衙)所在(图4)。

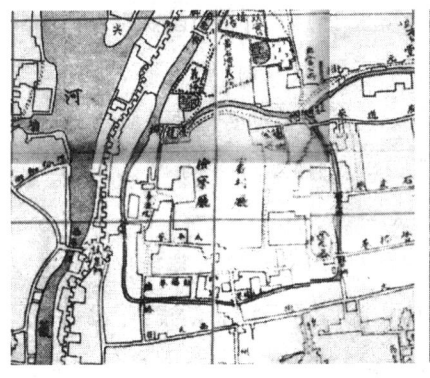

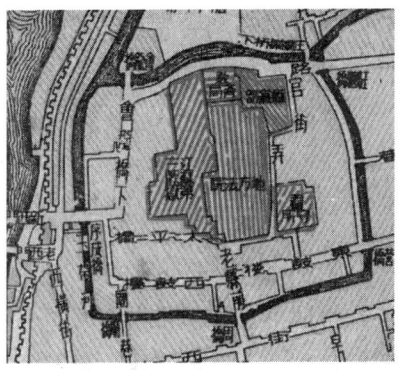

子城(1912年)　　　　　　子城(1949年)

图4　子城的形态框架

关于子城的历史,上述《越绝书》及《咸淳毗陵志》等均有载:

无锡城,周二里十九步,高二丈七尺,门一楼四。其郭周十一里百二十八步,墙一丈七尺,门皆有屋。

此处若按汉代尺度计约为860米左右,考虑到环濠在其外周略大于城周,则《越绝书》所载正与此处构造相合。该子城在此后的文献中也屡屡提及,如《至正无锡志》云:"宋乾兴初,县令李晋卿重筑旧子城一百七十七步,东接运河,西距梁溪。"考其位置东接运河(即城中直河,大运河无锡城内段)、西距梁溪(即外城濠西段)也与此构造一致,书中又云无锡州"州治在州城之中",反映该处的行政中心一直得以继承。永乐《常州府志》卷三引洪武《毗陵续志》所说的"赵宋乾兴间县令李晋卿重筑旧子城一百七十步,元因之,岁久而圮",则反映明初子城荒废的状况。

明清时期子城的情况,光绪《无锡金匮县志》卷四《城郭》考证最为详确,特录于下:

考县治之后有阜民台,为旧子城基。其上旧有观稼、睡花二亭。元《志》:"亭在旧子城基上是也"。又有土邱在县治之左,俗号察院墩者,亦当是子城遗迹。谯楼即其城楼,外有河周之,则其濠也。而县治适居其中。聂厚载《县治记》:咸平中,自城西南隅移就中位者,谓此城也。……以四周河形考其城制,截然而方。其方半里。其周二里。张士诚筑城……于是全乎为今之城,而子城则废不复治。《元志》称:"州城虽废,迹犹可见",亦指子城,又以"亭在旧子城基上"之语观之,盖其废久矣。

从以上考察可见,无锡子城起源甚早且长期稳定,其行政中心的功能在空间上也长期得以维持。不过,宋元以后子城逐渐荒废,显示其作为防御的功能已经衰弱。至于触发衰弱的具体事件,如光绪县志所言,应该发生在张士诚筑城时期,其时修筑了强固的外城大郭,"于是全乎为今之城"——也就是说,子城的体量不足以抵抗大规模军事进攻,城市的防御重点都转移到了大城上。无锡子城的这一时代变迁特点,与成一农归纳的子城出现于汉、衰弱于宋、消失于元的整体变化趋势相一致。[②]不过,作为一个古老的形态框架,子城固有的平面特征仍然长期影响着后来该地的形态,该地的地块性质也具有长期的继承性,这在1912年、1949年图上都有明确体现——两种地图上的环濠,以及环濠内部的审判厅、检察厅、县党部、地方法院等中枢机构的设置,都反映了该形态框架的稳定性与继承性。

此外,在1912年图上,护城河之外约300米更远处还可见到环绕古城郭的一圈河道,关于这一河道,文献中均无明确记载,不过从形态上看也不似自然水道,存在着外城之外"罗城"的可能性,光绪《无锡金匮县志》卷四《城郭》曾提出:"然今城濠之外,往往有城址存焉。相传伪吴筑城,池外有郭,此其是欤?"考虑到我国唯一的三城三河形制先秦城址——淹城遗址距此不远,也不排除在水域发达的吴越地区,张吴政权或更早的城市设计者因地制宜地营建复式围郭城市的可能性,此点对于探索江南古城郭的形成和原形来说颇具魅力,有待今后进一步的研究。

六、余　论

从本文对无锡古城郭的考察来看，像无锡这样具有悠久历史的江南府县级城市，其古城郭的规模在较早时期即已奠定基础，而就中古以来的筑城史来说，14世纪中叶的元末张士诚政权时期与16世纪中叶明嘉靖时期的城郭修建，显然对该城郭的独特构型产生较大影响，其中张士诚时期的影响更是超乎想象。

元至正十五年(1355年)冬，张士诚由通州渡江南攻，不久便奄有平江、松江、常州等江南富庶之地，无锡地方豪强莫天佑兴兵自保，《明史·张士诚传》云："莫天佑者，元末聚众保无锡州，士诚招之不从，以兵攻之亦不克，(至正十七年八月)士诚既受元官，天佑乃降。"不过，从至正十八年到二十三年，张士诚、朱元璋又在江南展开激烈争夺，双方大小数十仗，始终未分胜负。期间，朱军攻占了张士诚治下的常州、江阴、常熟等地，无锡成为暴露在两军交战最前线的突起部，形势极为险恶，但由于莫天佑的固守，朱军屡屡攻城不克，一座州城竟独自支撑了九年之久。此后直至至正二十七年(1367年)秋，《明史·张士诚传》云："平江既围，他城皆下，惟天佑坚守，士诚破，胡廷瑞急攻之，乃降，太祖以其多伤我兵，诛之。"

从至正十五年到二十七年的十二年间，在无锡城发生了多场争战，历时之久、战况之激烈，都是该地历史上所罕见的，这势必也对无锡城郭的构筑带来深刻影响。本文的考察显示，无锡城郭较大规模的整饬、大型月城的修筑都发生在这一时期，乾隆《金匮县志》卷四云："元至正十五、十七年间，(无锡)营立城邑，畚土甃砖石，制极雄峻。……明太祖之征吴也，胡大海攻无锡，士诚将莫天佑固守，久而后降，非城坚，何能尔尔？"所言不虚也。

参考文献：

[宋]史能之纂修：《咸淳毗陵志》，宋咸淳四年(1268)修，《宋元方志丛刊》据清嘉庆二十五年(1820)赵怀玉刻李兆洛校本影印。

[元]佚名纂修：《至正无锡志》，《宋元方志丛刊》据清乾隆四库全书本影印。

[明]佚名纂修：永乐《常州府志》，上海图书馆藏清嘉庆年间抄本。

[明]吴凤翔修，李舜明纂：弘治《重修无锡县志》，明弘治七年(1494)刻本，南京图书馆藏。

[明]周邦杰修，秦梁等纂：万历《无锡县志》，明万历二年(1574)刻本，上海图书馆藏。

[明]刘广生修，唐鹤征等纂：万历《常州府志》，明万历四十六年(1618)刻本，上海图书馆(胶卷)。

[清]徐永言修，严绳孙等纂：康熙《无锡县志》，清康熙二十九年(1690)刻本，上海图书馆藏。

[清]于琨修，陈玉璂纂：康熙《常州府志》，清康熙三十四年(1695)刻本，上海图书馆藏。

[清]王允谦修，华希闵纂：乾隆《金匮县志》，清乾隆七年(1742)刻本，复旦大学图书馆藏。

[清]裴大中等修，秦缃业等纂：光绪《无锡金匮县志》，清光绪七年(1881)刻本，上海师范大学图书馆藏。

注　释：

①M. R. G. Conzen, *Alnwick, Northumberland: A Study in Town - Plan Analysis*, Institute of British Geographers Publication 27. London: George Philip, 1960. 中文译本参见宋峰等译：《城镇平面格局分析：诺森伯兰郡安尼克案例研究》，北京：中国建筑工业出版社，2011年。

②关于1881年刊光绪《无锡金匮县志》所载《无锡县城图》的由来，秦缃业在该书《序》中提及："其旧图则讹舛兹甚，杨君昌祁曾在江苏舆图局，足履手量，不同沿讹袭故，受取其法，复周测量，绘为新图，视昔加密矣。"值得留意的是，杨昌祁曾经参与的江苏舆图局成立于同治初年，是代表当时国内测绘技术的制图机构之一。

③《无锡市志》第一卷《建置区划》第三节《城郭》，第一册，第125页。

④前揭《无锡市志》第一册，第125页。

⑤嘉靖修城及城周的数据见载于万历《无锡县志》、万历《常州府志》、康熙《无锡县志》、乾隆《金匮县志》等历代府县志。

⑥光绪《无锡金匮县志》卷四《城郭》。

⑦此志早佚,相关记载见于永乐《常州府志》卷三的征引。
⑧弘治《重修无锡县志》卷一《城》。
⑨关于元代尺度史籍缺少记载,这里据杨平的结论(1元尺约34厘米)推算。参见杨平:《从元代官印看元代的尺度》,《考古》1997年第8期,第86—90页。
⑩[清]华湛恩:《锡金志外》卷四《存疑·城郭》,道光二十三年(1843)刊本。
⑪光绪《无锡金匮志》对《越绝书》记载以来无锡城址稳定未动这一点进行了详细考证,参见该志卷四《城郭》。
⑫冯普仁:《无锡市环城河古井清理》,《文物》1983年第5期,第45—54页。
⑬光绪《无锡金匮志》卷四《城郭》,此处所引"《旧志》"尚待确认,然《至正无锡志》卷三《古迹》"唐刺史滕迈墓"条确载:"在新桥门外半里荒莽间,有二石兽,刻云'唐尚书刑部郎官睦州刺史滕公之墓'。""新桥门"当即光绪县志所云"新塘门",为元代无锡三偏门之一,至正以来县志均有记载。
⑭例如乾隆《金匮县志》卷三《水》之"弓河"条云:"自北水门内分流,趋东稍北,为沙盆潭。复东,绕城足,而南出便民桥合直河。就新邑言之,恍如里、外城河矣。"
⑮详见钟翀:《東南中国,吴越水郷地域における歴史都市の「夾城作河」構造について》,[日]《歴史地理学》2008年第1期,第34—52页。
⑯这四座瓮城在明清府县志中多有记载,其中万历《常州府志》所收《无锡县城图》还详细绘出各门的形制。民国年间陆续拆除了四城门与瓮城,参见前揭《无锡市志》第一册,第125页。
⑰成一农曾总结明清时期方志记载的"子城"有时就是指城门之外修筑的瓮城,参见成一农:《古代城市形态研究方法初探》,北京:社会科学文献出版社,2009年,第96页。
⑱施元龙主编《中国筑城史》,军事谊文出版社,1999年第1版,第31页。
⑲[明]郑若曾《江南经略》卷五上《无锡县城池考》,四库全书本。
⑳《无锡城郊图》,比例1:15000,图廓纵47.7厘米,横37.9厘米,上海国光舆地社1949年发行,上海J氏藏。
㉑前揭成一农《古代城市形态研究方法初探》,第94—125页。

佛教空间与明清江南妇女生活[*]
——以"三言二拍"为中心

张伟然 于淑娟

根据人类学经验,世界各大宗教的信众主体都是妇女,历史时期的佛教自不应例外。可是,中国古代女性生活情形极少见于载籍,因而对这一问题的揭示极为不便。当然这中间也存在区域差异。在文化不甚发达的边远之地,区域文献存量整体上有限,遑论妇女生活史料。而在江南,由于自中唐以降它一直稳居全国经济文化的首善之区,对这一问题展开讨论可谓具有得天独厚的条件,特别是明清以降。

众所周知,江南自唐后期成为全国的财赋重地,渐次形成"上有天堂、下有苏杭"的口碑,经历五代、宋元,到明代其经济文化发展上升到一个更高的水平。以往史学界习称之为"资本主义萌芽"。其空间表现即城市化水平大大提高,城市生活方式急剧向其附近的乡村辐射。由此形成一批以"三言二拍"为代表的、在当时颇具流行性的世情小说,其中包含丰富的女性生活史料。

就揭示传统江南妇女生活情形来说,这批世情小说完全具有第一手资料的价值。其重要性远超乎其他史料之上。目前存世的虽然有一些直接出自江南明清闺阁诗人笔下的文集,但那些大多是咏怀之作,记

作者单位:复旦大学中国历史地理研究所。

* 国家自然科学基金项目(41271156)、教育部基地重大项目(13JJD770009)、复旦大学第13批研究生创新基金项目研究成果。

事极为疏阔。另外有不少日记等日常生活史料，记事相对绵密，其中也会涉及女性活动，但毕竟出自男性笔下，记女性生活一般都欠缺系统性。要求得对当时妇女生活具有典型意义的记载和描述，反不如世情小说来得生动、具体。

以往学者对明清时期的女性生活已作过一些相关研究，包括妇女交游、信仰以及日常生活，具体如妇女劳动、进庙烧香以及出游等。[①]在关于女性佛教信仰行为的讨论中，女性行为与社会规范之间的冲突成为研究者普遍关注的焦点。[②]总体来说，这些研究是作为传统史学的对立面而出现的。虽然一些研究从传统中国社会规范揭示了儒家礼教对妇女日常生活的限制，但是不难看出不少学者认为明清时期，特别是晚明以来，江南地区的妇女生活内容较之以往有相当的扩展。

行为必然发生在具体的地理空间中，作为历史地理学者，考虑这一问题的出发点便天然地从女性的生活内容转而至其行为空间。借由这一角度，本文试图考察明清江南女性生活中的佛教空间，以及不同佛教空间在女性生活中的作用过程及其频度。需说明的是，本文"江南"的地域范围指太湖流域、宁绍平原及扬州地区。

一、"三言二拍"反映的时代与地域

"三言"（《喻世明言》、《警世通言》、《醒世恒言》）由冯梦龙（1574～1646年）撰集，分别刊刻于天启元年前后、天启四年和天启七年。"二拍"（《初刻拍案惊奇》、《二刻拍案惊奇》）由凌濛初（1580～1644年）分别撰成于天启七年、崇祯五年。

关于"三言二拍"内容的来源，文史学界已有深厚的学术积累。自1930年代以降，经过郑振铎[③]、孙楷第[④]、谭正璧[⑤]、胡士莹[⑥]等几代学者的努力，在文本考证层面已基本上形成一致意见。即，"二拍"是凌濛初创作的拟话本集，"完全是作者据野史笔记、文言小说和当时社会传闻创作的"；而"三言"的来源比较复杂，"其中一小部分是经过程度不等的修改乃至改编的宋元话本,又收录了一些已有流传的明代话本,还有像《杜十娘怒沉百宝箱》主要是把文言的《负情侬传》改成白话,变动不大;而大多数篇目是根据前代笔记小说、传奇、历史故事以及当时的社会传闻创作的。"⑦

尽管掺杂了一些宋元的资料,但毕竟多数是明代的现实题材。况且,冯梦龙及其他明代话本作者在对待源于宋元话本或先前的民间故事、轶闻等历史题材时,其实都做了不同程度的改写和再创作。一方面,保留了原有的主要情节和故事框架;另一方面,不可避免地已带有编纂者周遭的世情风貌。就是说,"三言二拍"中那些源自宋元话本或者民间故事的篇章,已完全被改写成具有明代社会风貌的作品了。尽管作者还声称是在讲宋元的故事。

试举一例以明之。《喻世明言》卷4《闲云庵阮三偿冤债》改写自《戒指儿记》,《西湖二集》卷28头回与《金瓶梅词话》第34回曾引及,《情史》卷3《阮华》亦记此事。其故事以北宋政和二年为背景,以西京为皇都,述及男主人公阮华"点报驸马,因使用不到,退回家来"。就此点,已有学者指出此必出于明人之手。因阮华作为商贩子弟公开报选驸马,只有在明代制度、风气下才有可能,宋代绝无此事。⑧这一故事的时间、地点虽放置在北宋,而其所反映的已完全是明代的社会生活逻辑。

与此相表里,还有一个空间的问题。就文本而言,"三言二拍"里的故事大多发生在江南,同时也有个别故事的背景在外地。就创作者而论,明代拟话本小说主要出自江浙,尤其苏杭两个中心城市,无论写作者还是刻书坊。有研究表明,苏杭已成为明代话本小说创作的两个中心,以冯梦龙为核心还形成了一个苏州作家群。⑨这些作家熟悉的主要是江南的社会生活,例如冯梦龙和凌濛初便主要活动于苏州附近。因此,即便"三言二拍"中个别故事标明的空间背景不在江南,对于研究江南其实也是完全适用的。

就历史进程看,江南自唐以后就得到持续的开发,宋代以后更是一直稳居全国经济文化最发达的所在。明清时期,随着商品经济的发展,江南社会各方面在宋元基础上进一步发展,但基本的人地关系,以及由此而影响到的社会状况、文化结构变化不大。就本文聚焦的宗教信仰而言,翻阅明清时期的江南方志,特别是其中的"风俗"、"祠祀"、"寺观"等部分,会发现由宋元至明清,乃至民国初年,江南地区的信仰环境大体相仿。所以,作为世情文学作品的"三言二拍",将其故事情节视为明清江南的社会实况看待应该是没有任何问题的。

以下即以"三言二拍"为考察范围,先将其中的相关信息提取出来。

二、资料中的信息与处理

本文定义的佛教空间指的是作为地理空间的佛教场所。在"三言二拍"共198篇话本中,关于妇女的佛教信仰活动以及妇女直接、间接接触佛教空间的情节十分丰富。将其中与佛门以及女性生活存在交集的相关信息筛选出来,条分时代、地点、人物、场所、日期、活动以及频度等属性,列为表1。

表1 "三言二拍"所见妇女生活中的佛教空间

编号	时代	地点	人物	场所	日期	活动	频度	出处
1	唐	长安	女子	香山寺	/	谢神	/	X18《施润泽滩阙遇友》
2	唐	京师	狄夫人	静乐院	亡兄忌日	设斋	一次性	C6《酒下酒赵尼媪迷花,机中机贾秀才报怨》
3	唐	长安	王家翁姥	家	被害人忌日	设斋	每年	C30《王大使威行部下,李参军冤报生前》
4	/	西洛	李氏	家中	/	请尼姑到家中诵经	经常	J29《宿香亭张浩遇莺莺》
5	北宋政和二年	河南府	夫人与小姐	闲云庵	四月八日	设佛诞道场	一年一度	Y4《闲云庵阮三偿冤债》
6	北宋政和二年	河南府	士女佳人	永福寺	上元令节	烧香	一年一度	Y4《闲云庵阮三偿冤债》
7	北宋政和六年	河南府	陈小姐	家	拣个好日	水陆道场	一次性	Y4《闲云庵阮三偿冤债》
8	宋徽宗时	东京汴梁	霍员外第八房姜	乾明寺	元宵	与情郎约会	一年一度	Y23《张舜美灯宵得丽女》
9	宋徽宗时	东京汴梁	霍员外第八房姜	乾明寺	次年元宵	与情郎幽会	一年一度	Y23《张舜美灯宵得丽女》

275

(续)

10	北宋	汴梁	皇甫殿之妻	大相国寺	正月初一	烧香	一年一度	Y35《简帖僧巧骗皇甫妻》
11	明永乐年间	仪真黄天荡	郑夫人	慈湖尼庵	/	路遇歹徒,投身庵中	偶然事件	J11《苏知县罗衫再合》
12	宣德年间	扬州府仪真县	邵氏	家	亡夫十年祭	七众僧人追荐	一次性	J35《况太守断死孩儿》
13	/	镇江	刘素香	大慈庵	正月二十二日	私奔走散,投靠尼庵	偶然事件	Y23《张舜美灯宵得丽女》
14	唐元和年间	建业上元县	谢小娥	妙果寺	/	遭难寄宿	晚上	C19《李公佐巧解梦中言,谢小娥智擒船上盗》
15	南朝齐	盱眙县	黄员外夫妇	寺院、尼庵	/	求子	经常	Y37《梁武帝累修归极乐》
16	南朝齐	盱眙	养娘	光化寺	孩子周岁	寄名出家	一次性	Y37《梁武帝累修归极乐》
17	南朝齐	盱眙	如翠	光华寺	/	求解脱	偶然事件	Y37《梁武帝累修归极乐》
18	南朝齐	盱眙县	黄员外	家	/	为儿子做法	一次性	Y37《梁武帝累修归极乐》
19	元至正年间	苏州	王氏	尼庵	/	路遇歹徒,投身尼庵	偶然事件	C27《顾阿秀喜舍檀那物,崔俊臣巧会芙蓉屏》
20	元	苏州	高夫人	城外尼院	/	诵经	/	C27《顾阿秀喜舍檀那物,崔俊臣巧会芙蓉屏》
21	元	苏州	高夫人	家	/	礼请尼姑供养	一次性	C27《顾阿秀喜舍檀那物,崔俊臣巧会芙蓉屏》
22	明景泰年间	苏州府吴江县	陈大郎与妻	南海普陀山	二月十九	求子	每年一次	C8《乌将军一饭必酬,陈大郎三人重会》
23	明正德年间	苏州府昆山县	宋敦妻	寺院、尼庵	/	烧香求嗣	经常	J22《宋小官团圆破毡笠》
24	明正德年间	苏州府昆山县	宋敦妻	家中佛堂	/	烧香求嗣	经常	J22《宋小官团圆破毡笠》
25	天顺	苏州府	施济夫妇	虎丘山水月观音殿	/	还愿	一次性	J25《桂员外途穷忏悔》
26	天顺	苏州府	施济夫妇	家	/	诵经求子	经常	J25《桂员外途穷忏悔》
27	明	苏州	徐丹桂	月波庵	七月初七	拈香祈福	一次性	E3《权学士权认远乡姑,白孺人白嫁亲生女》
28	明	苏州	孺人	月波庵	/	烧香	/	E3《权学士权认远乡姑,白孺人白嫁亲生女》
29	/	苏州府	大户女眷	功德庵	/	求子、学刺绣、做道场、做会、过夜	每天	C34《闻人生野战翠浮庵,静观尼昼锦黄沙弄》
30	明	嘉兴府	单氏	福善庵	/	装佛诵经祈求子嗣	经常	J5《吕大郎还金完骨肉》
31	明洪熙年间	湖州府东门外	杨家女儿	翠浮庵	/	被骗出家	偶然事件	C34《闻人生野战翠浮庵,静观尼昼锦黄沙弄》

(续)

32	明	湖州	某安人	昭庆寺	/	进香	/	C34《闻人生野战翠浮庵,静观尼昼锦黄沙弄》
33	南宋绍兴年间	临安府	吴红莲	水月寺	十二月	路遇风雨,投宿寺中	一次性	Y29《月明和尚度柳翠》
34	南宋	临安	柳翠	皋亭山显孝寺、水月寺	/	进香	/	Y29《月明和尚度柳翠》
35	南宋	临安	柳翠	家	/	化缘留斋	一次性	Y29《月明和尚度柳翠》
36	南宋	临安	柳翠	家	朔望	闭门念佛	每月	Y29《月明和尚度柳翠》
37	/	临安	众妇女	庆福寺净云房	/	求子	/	C26《夺风情村妇捐躯,假天语幕僚断狱》
38	/	杭州	刘素香	广福寺	上元节	拈香礼拜	/	Y23《张舜美灯宵得丽女》
39	明	杭州	闻人生之姑娘	家里庄上小庵	/	/	/	C34《闻人生野战翠浮庵,静观尼昼锦黄沙弄》
40	明	/	某安人	有家庵	/	/	/	C34《闻人生野战翠浮庵,静观尼昼锦黄沙弄》
41	明洪武年间	浙江盐官会骸山	仇氏夫妻	杭州三天竺	二月十九	求子	一年一度	C24《盐官邑老魔魅色,会骸山大士诛邪》
42	明洪武年间	浙江盐官	仇氏夫妻	家	(每日)	求子	朝夕	C24《盐官邑老魔魅色,会骸山大士诛邪》
43	明	婺州	巫氏	观音观	/	求子	一次性	C6《酒下酒赵尼媪迷花,机中机贾秀才报怨》
44	明	婺州	巫氏	家	(丈夫不在时)	做伴	有时	C6《酒下酒赵尼媪迷花,机中机贾秀才报怨》
45	明	婺州	巫氏	家	(每日)	诵经求子	朝夕	C6《酒下酒赵尼媪迷花,机中机贾秀才报怨》
46	宋英宗治平年间	宁海军	红莲	净慈禅寺	(半岁)	被收养	偶然事件	Y30《明悟禅师赶五戒》
47	南宋	全州	春娘	会胜寺	/	设筵	/	Y17《单符郎全州佳偶》
48	宋末	兴元府	白玉娘	昙花庵	/	出家	偶然事件	X19《白玉娘忍苦成夫》
49	/	四川成都府汶川县	杜氏	太平禅寺	/	避雨	偶然事件	C26《夺风情村妇捐躯,假天语幕僚断狱》

注释:①"三言二拍"均据凤凰出版社2005年版(下引版本悉同,仅注页码),表中Y指《喻世明言》,J指《警世通言》,X指《醒世恒言》,C指《初刻拍案惊奇》,E指《二刻拍案惊奇》。②出处栏中各代码后之数字为卷数。③排列以地点为序。④"频度"系指当事人的信仰行为。⑤"/"表示信息不明。

从场所和频度两个关键属性着眼,可以看出女性实现其佛教信仰的活动空间大体可分为两类:其一是作为公共活动空间的寺院、尼庵,其二则是私立的家庵或家庭内部的信仰场所。前者是向全社会开放的公共空间,女性作为信众前往进香,属于比较正式的信仰行为,势必受传统礼法以及香汛习俗的影响;因此,妇女出入该类场所的周期一般比较长,频次较低,以初一、十五和某些节庆日子较为集中。相对而言,女性在私人设立的家庵,以及自己家里进行吃斋念佛、诵经祈福等活动便自由得多,文本中多未明言当事人在此类场所活动的具体时间或频次。考虑到此类场所本来就是私密或半私密性质,女性出入此类场所自不必受香汛乃至时令节庆的限制。甚至可以说,此类场所设立的初衷本来就是为了便于妇女朝夕致其虔诚且避开其他各色人等,其活动频次自然要大大高于外出进庙烧香,这是不言而喻的事。

从活动内容看,除诵经祈福、求子、设斋供、办道场等正式信仰行为之外,妇女在外出遇到危难无处投身时,寺院、尼庵往往是其避难投靠的首要选择。而与这些行为相伴生的,则是在寺院、尼庵的群体活动当中,往往发生一些男女青年邂逅、约会乃至定情的浪漫事件。而女性与一些尼僧往来,也会扩大其社会交游面,以致有可能发生一些意想不到的故事。

总之,从空间角度审视"三言二拍"所刻画的明清江南妇女生活,可以发现佛教一方面丰富了妇女的生活内容,另一方面为妇女生活范围的扩展提供了一种社会空间。

三、明清江南妇女在各类佛教空间的活动

上述两大类佛教场所(公共场所、私人空间)进一步细化可分出四类,兹依次进行分析。

(一)家庭内部

不言而喻,家庭内部是绝大多数妇女进行佛教信仰活动最平常、也最频繁使用的空间。

请一尊佛、设一个龛,或挂一张佛像,家庭内部即可以形成一个小型的佛教信仰空间。这是佛教信众表达其信仰的最普遍的形式。妇女

平日在家礼拜、念诵、祈福,也就成为最基本的信仰行为。其诉求一般集中体现在"祈福"一事,而"求嗣"则是大多数女性的重中之重。一方面,女性本身肩负着生儿育女的重任,另一方面也出于中国传统对代际血脉传递的重视,所谓"不孝有三,无后为大"。相比之下,一般性的祈福或精神皈依就显得平淡很多。当然,不同对象的"求嗣"诉求也稍有差别。对于婚后经年无子的女性及其长辈来说,"求子嗣"自然成为其信仰活动的主动力。而对于已经育有子嗣,或夫亡守寡的女性来说,其信仰活动的意义更多地体现在一般性的祈福,精神寄托或平日生活的消遣。在表1所列近50条信息中,明确表示因"求嗣"而求神拜佛的有14处,另有2处则是为求孩子平安而请僧人做法或寄名出家,可以说也与子嗣相关。

以平日在家中祈福的频次为基准,活动频次稍低的信仰行为是延请僧尼到家中诵经。出于与妇女交接的方便,此类活动延请的多为尼姑。明清江南经济发达,文化繁荣,其中都有女性的参与,而且还有妇女结社出游、外出进香的行为。但那样的活动其发生频次毕竟有限,其花销也不是普通家境所能承担的。再者,传统礼教加之于妇女行为上的影响亦不能忽视。于是,请尼姑到家中诵经成为妇女在家表达其佛教信仰的另一重要活动形式。

《警世通言》卷29《宿香亭张浩遇莺莺》中,尼姑惠寂常进出莺莺家,为其母李氏诵经。惠寂同时又是张浩家香火院的尼姑,进进出出,对于两个府上的人事颇为熟悉,因而从中为张浩与莺莺传情递信(第272页)。"三言二拍"所载尼姑与豪门府上夫人、小姐交往事迹甚多,情形大体与此相仿。

不只豪门,一般家庭中也有延请尼姑诵经的。《初刻拍案惊奇》卷6描写婺州贾秀才妻巫氏与街上观音观的赵尼交往甚多,赵尼常到巫氏家中走动,然而巫氏却"一年也到不得庵里一两遭"。秀才不在家时,巫氏常留赵尼在家中做伴。平日巫氏只在家拜佛,"曾绣一幅观音大士,绣得庄严色相,俨然如生",叫秀才装裱了,"取回来挂在一间洁净的房里,朝夕焚香供养"。直至一天,赵尼告诉巫氏,求子须求白衣观音,念诵《白衣经》,巫氏才想要赵尼请来一卷到家中念诵(第57、59页)。

可见,不同阶层的家庭延请尼姑到家中念经的情形并不相同。虽然凌濛初在这一话本情节中有意强调巫氏居家门限之严、品性之端,而一般家庭请尼姑到家里念经的情况少于豪门富户,这也是定然的。不过,尽管发生频度不同,尼姑与豪门大户女眷的交往与她们同一般家庭妇女的交往并不存在实质性差别——都是以信仰之名,行闲暇交往之实。

再次,作为一种临时性的佛教空间类型,在家庭中进行的另一形式佛教活动即是做道场,或曰做法会。"三言二拍"所载在家中布设道场的故事情节有两类:一类是为亡者追荐,一类是一般性的祈福消灾。

"生死事大,无常迅速",对逝者的追思、悼念,一方面是人性、人情本然之体现,另一方面也反映人们对于彼岸世界的思考。传统中国礼教有"事死如事生"之说,建构、演绎出一整套礼教仪式实践其说法,宗教仪式之意义大体与此相同。布设道场追荐亡故人,作为宗教仪式,佛、道都有,这一点在"三言二拍"故事情节中也有体现。《喻世明言》卷4《闲云庵阮三偿冤债》记述陈府小姐在阮三郎死后第三年入了阮家门,到阮三墓前拜祭之后,就请高僧设了水陆道场,追荐亡夫(第56页)。《警世通言》卷35也载有一件类似的事,明宣德年间扬州府仪真县丘元吉壮年身亡,妻子邵氏立志守寡,闺门严谨。亡夫十周年时,邵氏因思念丈夫,托叔公丘大胜出面,请僧人在家中做了三昼夜道场。自己只昼夜出来拈香礼拜(第329页)。

至于祈福消灾,则多是由某一具体事件引发的。忧惧可能产生的恶果,因之恳请神灵佑护。具体情形大多是:亲友久出不归,盼其平安;或家人染恙,冀其平复、健康。

《喻世明言》卷37有一例证:盱眙县乐安村有一黄姓财主,乐善好施,四十余岁才得一子。只是"这孩儿生下来,昼夜啼哭,乳也不肯吃。夫妻二人忧惶,求神祈佛,全然不验。"百般无奈之下,承管家提醒,黄氏夫妻请了光化寺的长老到家中为小儿做法。长老只言语几句，小孩儿即不啼哭。众人惊异，黄员外许诺"待周岁，送到上刹，寄名出家。"（第333—334页）

相较于在家中祈福或请人诵经，在家中办道场、做法事有时可能由男性家长主持。但此类活动对于女性来说仍然十分重要。从表1所列信息来看，对于丧夫的妇女来说，不管是否由她出面经办，她总归是此类事件的主持者；而对于家里另有主事人的女性而言，即便不是主导者，她也势必是重要的参与人。因而将此视为与妇女有关的佛教活动并无不可。

上述诸情形均系就妇女参与的佛教活动而言，由于妇女参与佛教活动，接触僧尼，彼此往来渐多，随即便不可避免地产生一些拓展其生活空间的行为，诸如施舍僧人；供养寺院、尼庵，参与佛教以及公益设施的修造，乃至于与僧尼产生社交式的来往等。总言之，上述行为，一方面体现在妇女参与佛教活动，另一方面在妇女生活史上更具意义的是，妇女通过佛教而延伸其社会交往的人脉和空间。

（二）家庵

除了在家里供佛之外，"三言二拍"常叙及一些经济条件充裕的人家延请僧尼（以尼居多），开辟院落供养起来，同时也方便自家女眷供佛，这也就是所谓的"家庵"。显而易见，这种佛教空间也属于私人性质，不向社会开放。

《初刻拍案惊奇》卷34记述苏州府城有一豪家所造的功德庵，主事的王姓尼姑会写作、会刺绣、说话又颇得人心，大户女眷或到庵里就教，或请到家中来向她学习。"又不时有那来求子的，来做道场保禳灾悔的，他又去富贵人家及乡村妇女诱约到庵中作会"（第354页）。这便是一典型家庵的实际运作情形。前述为张浩、莺莺两下做媒的惠寂，也是张家香火院的尼姑，同时也去李家府上诵经。

可见，家庵（功德庵、香火院）虽属私有，同时也具有半公共空间性质。施主对进出人群主要只限制男性，邻居的女眷可自由出入。而对尼姑正常的社会交游更是不限制,由此也能延伸出新的社会空间。

从受众数量来看,家庵算得上家庭内部空间之上的一种佛教空间类型。尽管如此,它毕竟不同于向社会公众开放的寺庙、佛庵,相对而言,家庵的环境简单,活动较单一,主要还是以祈福、求子、布设小型道场为主。对于建有家庵的大户女眷来说,这就是她们平日进行佛教活动的主要空间,相当于一般妇女家庭内部的佛教空间。而对于邻居妇女而言,也为她们提供了一个新的活动空间。家庵中尼姑的行走范围,可以视为家庵的功能性辐射空间。

信仰活动之外,特别需要注意的是上文引例中苏州功德庵内教学刺绣以及庵中作会的情形。在这里,家庵俨然成为女性之间进行社会交往的一个专属公共空间。虽然以普通家庭为中心的佛教空间也可能存在妇女与尼姑的交往,然而这仅表现在具体行为上,无法落实到某一固定空间。家庵的活动方式不同于家庭,它可以吸引邻近妇女的参与,在一般的信仰活动之外,还延伸到了普通的社会生活领域,形成了一个性别取向明显的特定公共生活空间。

(三)寺院、尼庵

这是向全社会开放的常设佛教信仰空间,在女性生活中最具普遍意义。

江南自三国初被佛化以后,在南朝出现了一个佛教发展的高峰。唐人诗句所谓"南朝四百八十寺,多少楼台烟雨中",久已脍炙人口。当然再往后看,当时江南的佛教发展尚属有限。唐五代续有提高,并且出现了传承有序的寺院,但也还没有达到高峰。以吴淞江流域的情形来看,宋元时期,江南佛教才臻于极盛;明清以后,寺院分布的格局已基本上定型。[⑩]这应该可以反映整个江南佛教发展的基本轨迹。

尽管明政府为维持风教、杜绝不法情事发生而经常颁布妇女入寺烧香的禁令,[⑪]但从"三言二拍"中的描写来看,这些禁令完全形同虚设。表1中所列属此例的甚多。除部分条目借前代背景,如第6、7、8、10、34诸条将故事背景放在北宋;也有不少话本就直接将故事背景设置在明代,如第 22、23、25、27、28、30、32、41、43 诸条。毫无疑问这些故事都反映了当时的社会实情。

冯梦龙还在其编述的《山歌》卷 9"杂咏长歌"中专门收有一首《烧香娘娘》。这首民歌采用套曲的形式,唱白相间,描写在"春二三月暖洋洋"的季节,一位以"女丈夫"自命、一心要去还香愿的少妇,从她与丈夫、家公商量出行开始讲起,次第叙及她向邻居借首饰,向当铺典当衣物购置纸马牙香,梳妆打扮后乘船又坐轿,"先到穹窿山还子香愿,后到玄墓山看假山经堂;转来要到天池看看石殿,再到一云徐家坟上张张;还要看金山寺里坐关个和尚,天平山看范文正公个祠堂"。[12]其间对人情世态的描写,堪称一幅活生生的风俗画。

入清后,妇女入寺烧香的禁令仍得以继续。[13]虽然方志中不乏"诗礼之家不观戏,不入寺观"之类的记载,[14]但更普遍的情形恰好相反。乾隆《长洲县志》感慨:"妇人多不事女红,又往往藉入庙烧香以浏览名胜,此则习之最陋,固地方官禁令所必严。"[15]以致江苏巡抚陈宏谋在苏州所立《风俗条约》中,有一条便是:

> 妇女礼处深闺,坐则垂帘,出必拥面,所以别嫌疑、杜窥伺也。何乃习于游荡,少妇艳妆抛头露面,绝无顾忌。或兜轿游山,或灯夕走月;甚至寺庙游观,烧香做会,跪听讲经,僧房道院,谈笑自如。又其甚者,三月下旬以宿神会为结缘,六月六日以翻经十次可转男身,七月晦日以点肉灯为求福,或宿山庙求子,或舍身于后殿寝宫,朔望供役,僧道款待,恶少围绕,本夫亲属恬不为怪。深为风俗之玷。[16]

由此,陈氏提出要"出示庵观,有听从少年妇女入寺庙者,地方官即将僧道枷示庙门,仍拘夫男惩处"。说得虽然严厉,实际上并无效果。民国《吴县志》在岁时习俗中按时序记载了当地妇女的入寺烧香活动,正月、二月、三月、四月、六月、七月、八月、九月活动尤为频繁,该志还在叙岁首此类活动时概述道:"吴俗佞佛,岁首入庙烧香,必历十庙而止。"[17]这显然是从明清以降便定型的风俗。

非独苏州一地为然。光绪《归安县志》亦谓:"湖俗信鬼神,好淫祀,每至春间,妇女不分老幼,俱艳妆入庙烧香。当事非不禁,此风竟不能止。皆由尼姑以轮回因果之说蛊惑妇女,日浸日渍,遂引诱出外,名为念佛,听经受戒,斋僧布施。其间白雀、道场二处香火尤盛。画船箫鼓,士女杂遝。"⑱可见在明清的江南,入寺烧香是一种极为普遍的文化景观。

除了可设斋、求子、祈福,寺院、尼庵在传统时代还一直发挥着社会收容功能。弃婴、遗孤自不必说,妇女有难时前往投靠也是很自然的事。不过此种事例终究有限,在此可不置论。

(四)庙会、香市

庙会指的是以寺庙为依托,在宗教节日前后举行的集信仰、娱乐与贸易为一体的大型全民性群体活动,亦称香市。佛教庙会的兴起其来已久,到明清时已发育得十分成熟,在江南形成了一个由不同层级佛教圣地构成的香汛空间体系。

清中叶周庄方志《贞丰拟乘》的一段记载对此有着清晰反映:

> 此间男女最崇香信,远则越海而至普陀,不避风波之险。外此如武当、三茅、九华、天竺等处,亦岁必至焉。若虎丘、玄墓附近名山,不过资游览计耳。再或村姑里老,无力出乡,仅在马现庄、落霞浦野庙中,和南膜拜,作竟日之游,亦以为了却一年心事也。⑲

从中可以看到,按照对周围辐射能力的强弱,明清江南的佛教名山大体可分为三级:位于顶层的是普陀山、杭州天竺山,它们对整个江南乃至更大地域范围都有很强的吸引力;其次则是苏州虎丘、玄墓等区域性的名山,其影响力尺度稍小;最基层的则是各地的一些所谓"野庙",仅对附近居民产生影响。

作为观音道场,普陀山的佛教活动肇始于五代时期。后梁贞明二年(916年)建"不肯去观音院",是为该山最早寺院。宋元时其兴盛水平尚较有限,尽管发展势头颇为喜人。明代由于海寇骚扰而迭有起落,到万历时定名"普陀",与五台、峨眉、九华并称为四大佛教名山。从此成为"海天佛国",影响范围逐渐广被东南亚。

"三言"中并未出现与普陀山相关的佛教活动。"二拍"中出现两处,其中《二刻拍案惊奇》卷33《杨抽马甘请杖、富家郎浪受惊》的入话中只提及一句:"成祖皇帝御笔亲差"姚广孝"到南海普陀落伽山进香"(第368页);而《初刻拍案惊奇》卷8《乌将军一饭必酬、陈大郎三人重会》则通篇以普陀山进香作为故事背景。其中写到主人公"陈大郎只为做亲了数年,并不曾生得男女,夫妻两个发心,要往南海普陀洛伽山观音大士处烧香求子",是为故事缘起;到后来妻子走失,他在去普陀山进香后归途中与妻子重逢,自此年年去普陀进香。作者在交代进香理由时以主人公口吻说道:

> 今(二)月十九日是观音菩萨生日,何不到彼进香还愿?一来祈求的观音报应;二来看些浙江景致,消遣闷怀,就便做些买卖。(第80页)

可见其中是信仰、娱乐、做买卖三位一体的。不过故事中看不出去普陀山进香的香客规模。王士性《广志绎》中有一条重要史料:

> 补陀大士道场,亦防汛之地,在海岸孤绝,与候涛山隔,旦晚两潮。近日香火顿兴,飞楼杰阁,嶷然胜地。春时进香人以巨万计,舍货如山,一步一拜,即妇女亦多渡海而往者。[20]

此文内容颇为丰富,尤可贵的是足以反映普陀山香汛在明中叶以后的发展。

与普陀山可成对比的是,杭州的天竺山自宋代以降就香火极旺。天竺有三寺,就历史而言,下天竺最古,但就地位而言,最晚的上天竺反而最高。南宋时位居教院"五山十刹"之首,时人称之"钱塘上天竺,诸教寺之冠冕也"。[21]到了明代,其香汛规模更是层楼更上。"三言二拍"中多处写到天竺进香之事,《醒世恒言》卷3《卖油郎独占花魁》的故事且通篇以天竺一带为空间背景而展开。篇中写道:"就中单说天竺寺,是观音大士的香火,有上天竺、中天竺、下天竺,三处香火俱盛"(第42页)。《初刻拍案惊奇》卷24《盐官邑老魔魅色、会骸山大士诛邪》的入

285

话部分也写到天竺山的香火:

> 从来说观世音极灵,固然无处不显应,却是燕子矶的还是小可;香火之盛,莫如杭州三天竺。……三天竺中,又是上天竺为极盛。这个天竺峰在府城之西,西湖之南。登了此峰,西湖如掌,长江如带,地胜神灵,每年间人山人海,挨挤不开的。(第244—245页)

类似资料,最为人耳熟能详的是张岱《陶庵梦忆》卷7之"西湖香市"条:

> 西湖香市,起于花朝,尽于端午。山东进香普陀者日至,嘉湖进香天竺者日至,至则与湖之人市焉,故曰香市。……三代八朝之骨董,蛮夷闽貊之珍异,皆集焉。……岸无留船,寓无留客,肆无留酿。……如逃如逐,如奔如追,撩扑不开,牵挽不住。凡数百十万男男女女老老少少,日簇拥于寺之前后左右者,凡四阅月方罢。[22]

花朝为农历二月初二。从花朝到端午,每天"数百十万",绵延"四阅月方罢",这是一个极为骇人的规模。个中当然不全是香客,但香客无疑是人流的主体。而且从中可以看到,远道香客主要以普陀和天竺两处为目标;普陀的影响力已超出长三角,天竺的辐射范围主要在江南,而香客人数显然更多。

入清后,一度由于"普陀路绝"而导致"天下进香者皆近就天竺",以致其"香火之盛,当甲东南"。[23]但这一局面并未维持许久。康熙年间,普陀山的佛教活动就迅速恢复并臻于极盛。而天竺的香火却一直不衰。范祖述《杭俗遗风》中有多处叙及香市,其中"下乡香市"条云:

> 下乡者,下至苏州一省,以及杭嘉湖三府属。各乡村民男女,坐船而来杭州进香,……其船有千数之多。早则正月尽,迟则二月初,咸来聚焉。须于看蚕时返棹,延有月余之久。其能来者,均系乡下土财主,所带银钱无不丰足。……其进香,城内则城隍山各庙,城外则天竺及四大丛林,惟行大蜡烛,则天竺一处。[24]

个中内容很有说服力,它既概述了杭州香市的腹地范围,又突出了天竺在其中的作用。这一风气至民国不衰。相关资料极为繁夥，兹不赘引。

之所以在"普陀路绝"时能出现"天下进香者皆近就天竺"的局面，一个很重要的原因是这两处都是观音道场。观音生日有二月十九、六月十九、九月十九三次，因而香汛也就有三期。民国《吴县志》载：二月"十九日观音诞，僧尼建佛会，妇女炷香膜拜者尤众。自二月朔持斋至是日止，俗呼观音素。六月、九月亦如之"。㉖但究其实，夏秋两汛与春汛不能比。《杭俗遗风》谓："城中三百六十行生意，一年中敌不过春市一市之多。"民国时洪岳补辑亦云："观音圣诞共计三期"，而"其中香火繁盛，要以春市为最。"㉘由此可见其梗概。

观音诞之外，从表1中可知，元宵、四月初八佛诞也都是寺庙普遍举办庙会的日子。特别是元宵。由于时当新春佳节，除了拜佛烧香等信仰内容外，其游玩、休闲的性质特别明显。因而在元宵庙会上，女性除了烧香祈愿，更多的活动是散心、观景、品尝小吃，甚至有可能发生艳遇。《喻世明言》卷23《张舜美灯宵得丽女》便讲述了两对青年男女在元宵灯会上由邂逅而一见钟情、再私奔而终成美满眷属的故事。其入话部分将故事背景设定在北宋东京汴梁，正文的时间背景不详，空间背景则安放在杭州。显然，此类故事之所以演成话本，就是因为它在现实生活中发生的概率不高。但无论如何，女性在此类活动中由于接触到大量的陌生人，从而有可能扩大其社会交往圈子，并进而改变其人生命运，这种可能性终归是存在的。这可以说是女性由介入一个佛教空间而拓展其社会生活空间、实现人生理想的一个极方便的捷径。尽管这一捷径并非人人均可以走通，但它带给人的想象空间是无比巨大的。

值得指出的是，上述各级香汛庙会空间对不同阶层、不同地域女性的意义是有所不同的。普陀、天竺等顶级名山在当时妇女生活史上的意义虽然重大，但只要距离稍远、家境普通的妇女前往朝香的频次就不可能很高。而某一特定区域内的基层寺庙，即住处附近的寺院才是普通大众最常接触和最容易参与其中的佛教空间，这当然是不言而喻的。

四、佛教空间对明清江南妇女生活的意义

从以上分析中不难看出，明清江南妇女对于佛教活动有一种异乎寻常的热情。佛教已成为她们拓宽社会生活空间的重要、甚至可以说首要的途径。各种各样的佛教空间已经内化为她们生命史上的重要空间类型。

家、家庵、寺院（尼庵）、庙会香市这四种尺度有别、参与频次不同的佛教空间共同构成了明清江南妇女生活中的信仰空间体系。妇女与佛教空间之间经由信仰行为实现互动，或与佛门弟子互相交往，同时也是妇女以信仰活动为核心展开的社交网络的形成和拓展过程。从家庭内部到就近的家庵，再到公共的寺院、尼庵，及至某一特定时空的全民性的庙会香市空间，妇女走出家庭，接触更多的社会人员，涉足人际关系更复杂的社会空间，这对于妇女生活的意义是十分巨大的。

在中国传统社会里，按照儒家礼教，理想的妇女生活方式应该如上引陈宏谋所言："礼处深闺，坐则垂帘，出必拥面。"若果如此，妇女生活的地理空间必然十分狭小。除了在家劳作这一小片天地，余下便是走走亲戚，其中主要便是回娘家了。事实上，在很多地方，传统女性正是这样度过一生的。就连上坟的资格都没有，遑论出外游玩休闲。

然而在明清的江南，妇女生活空间终于出现了新生因素，即出外烧香。这可以说是女性唯一有正当理由突破其日常生活地理空间的行为。因为拜佛祈愿，不仅关乎女性己身，也关乎全家人的健康和运势；特别是如果其中包含求子的意愿，那更是关系到传宗接代的大事。在这样一种冠冕堂皇的理由面前，儒家礼教也须从权。而只要不背离此核心目标，其他游玩、休闲等目的也都可以顺带实现。从这一意义而言，可以毫不夸张地说，是佛教信仰大大地丰富了传统妇女的生活内容和行为空间。

毫无疑问，明清江南妇女之所以有如此的生活方式，与当地的经济

水平深有关系。毕竟,从行装、盘缠到布施,每次出行都是一笔不小的开支,没有足够的经济实力绝对无法支持。但这里面也有一个生活观念的问题。上引冯梦龙《山歌》中的《烧香娘娘》,其家境本来并不富裕。首饰要靠借,盘缠要靠典当,丈夫和家公都意欲对她加以劝阻。然而她一阵雷霆震怒,家里的男人就全都闭嘴。由此可见,明清江南妇女外出烧香的风气如此浓厚,还与当地家庭中的男女地位颇有关系。试想如果那位烧香娘娘家里由男人说了算,她再发狠耍赖恐怕也无济于事。这方面的内容很值得探讨,但限于主题,在此暂不展开。

女性出外烧香,一方面实现了其生活空间的延展,另一方面扩大了借由佛教空间产生的社会交往,从女性角度来说,这无疑反映了一种社会进步。然而传统礼教对此事的态度总是战战兢兢。如果妇女通过烧香扩大了眼界、增强了见识,同时净化了心灵,甚至还"求"来了子嗣,士绅精英自然是乐观其成;可是妇女社会交往空间扩大后,其交往对象和行为内容都趋于复杂化,又不免造成一些负面影响。其中最容易产生的便是有伤风化的事件出现。这也是一些地方官针对妇女入寺烧香屡颁禁令的主要原因。

"三言二拍"中有不少负面的故事。表1所列有7篇话本、12个故事,其中6个涉及和尚、尼姑奸淫之事,4个有尼姑从中做媒促成不合体统的男女私情,另外男女在公共佛教空间产生私情的故事2个。之所以如此,有可能是现实生活中确有此等情事发生,也有可能包含了一些市场需要。毕竟是市民文学。凌濛初还在作品中从传统礼教立场表达其劝世之意:

> 话说三姑六婆,最是人家不可与他往来出入。盖是此辈功夫有闲,心计又巧,亦且走过千家万户,见识又多,路数又熟,不要说有些不正气的妇女,十个着了九个儿;就是一些针缝也没有的,他会千方百计,弄出机关,智赛良、平,辩同何、贾,无事也诱出有事来。所以宦户人家,有正经的,往往大张告示,不许出入。其间一种最狠的,又是尼姑,他借着佛天为由,庵院为囤,可以引得内眷来

烧香,可以引得子弟来游耍。见男人问讯称呼,礼数毫不异僧家,接对无妨;到内室念佛看经,体格终须是妇女,交搭更便。从来马泊六、撮合山,十桩事到有九桩是尼姑做成,尼庵私会的。①

话虽如此,话本小说的作者们仍津津有味、乐此不疲地描写各式各样的妇女烧香拜佛、到寺庙或家里与僧尼交往的故事,刻画其中的人情事理,只能认为,他们从内心里恐怕还是认同其中有一定积极意义的。如果将其与当时妇女生活的总体形势联系起来,恐怕不能不认为,这里面有一种不可拒斥的驱动力,那便是人性的需要。

从这一角度,可以毫不夸张地说,地理空间完全可以称得上是社会生活的一个直接、有效的观测指标。要揭示一种生活方式及质量水准,一定要考察其行为内容的空间范围。若缺乏地理空间的支撑,泛泛地讨论社会生活将是毫无意义的。

注 释:

① 近年关于明清江南女性生活的研究,李伯重较关注江南妇女的经济活动,发表有《从"夫妇并作"到"男耕女织"——明清江南农家妇女劳动问题探讨之一》(《中国经济史研究》1996年第3期,第99—107页)、《"男耕女织"与"妇女半边天"角色的形成——明清江南农家妇女劳动问题探讨之二》,(《中国经济史研究》1997年第3期,第10—22页)等文。巫仁恕:《奢侈的女人:明清时期江南妇女的消费文化》一书(台北:三民书局,2010年)则着重探讨了明清江南妇女的消费行为,其中当然包括与佛教信仰有关的日常消费。此外,赵世瑜:《狂欢与日常:明清以来的庙会与民间社会》一书(北京:三联书店,2002年)虽然不聚焦江南,但其中《明清以来妇女的宗教活动、闲暇生活与女性亚文化》一文认为,明清妇女的宗教活动与闲暇娱乐活动是一体的,妇女可以、实际也是借口参加具有宗教色彩的种种活动,以满足她们外出参加娱乐活动的愿望。其结论颇具启发意义。

② 台湾学者简瑞瑶《明代妇女佛教信仰与社会规范》(台北:稻香出版社,2007年)利用墓志铭、明实录、大明律、笔记、公案小说等历史、文学材料,从明代统治阶级对民间社会佛教信仰的管理,讨论到公案小说中妇女信佛形象与士绅阶层对妇女信佛典范行为之间的差距,进一步探讨统治阶层规范妇女入寺行为的原因,以及妇女和佛教人员接触、进入佛教空间可能产生的社会问题。与此旨趣相似的还有衣若兰《三姑六婆:明代妇女与社会的探索》(台北:稻香出版社,2002年),以及孙歆《明清以来江南庙会与妇女生活》(苏州大学硕士学位论文,2007年4月)。

③郑振铎:《明清二代的平话集》,此文撰于1931年,载《中国文学研究》上卷,北京:作家出版社,1957年;又见《郑振铎文集》第五卷,北京:人民文学出版社,1988年,第330—431页。

④孙楷第:《三言二拍源流考》,《北平图书馆馆刊》5卷2号,1931年。收入《沧州集》,北京:中华书局,2009年,第106—138页。

⑤谭正璧:《三言两拍资料》,上海:上海古籍出版社,1980年。此书撰成于1959年。

⑥胡士莹:《话本小说概论》,北京:中华书局,1980年。

⑦章培恒、骆玉明主编:《中国文学史》下册,上海:复旦大学出版社,2004年,第337、333页。

⑧许政扬:《话本征时》,原载《南开大学学报》第4卷第1期,又见《许政扬文存》,北京:中华书局,1984年,第267—273页。

⑨傅承洲:《明清文人话本研究》,北京:人民文学出版社,2009年,第52页。苏州作家群的主要成员有冯梦龙、凌濛初、席浪仙、抱瓮老人等。

⑩张伟然:《吴淞江两岸寺院发展的时空过程》,《历史地理》第22辑,上海:上海人民出版社,2007年,第368—373页。

⑪参陈玉女:《明代妇女信佛的社会禁制与自主空间》,原载《成功大学历史学报》第29号,又见《明代的佛教与社会》,北京:北京大学出版社,2011年版,第322—380页。

⑫冯梦龙:《明清民歌时调集》上册,上海:上海古籍出版社,1987年,第418—424页。

⑬参何素花:《清初士大夫与妇女——以禁止妇女宗教活动为中心》,《清史研究》2003年第3期,第62—72页。

⑭周郁滨纂:《珠里小志》卷三《风俗》,上海:上海社会科学院出版社,2005年,第23页。

⑮卷一一《风俗》,《中国地方志集成·江苏府县志辑》第13册,南京:江苏古籍出版社,1991年,第98页。

⑯民国《吴县志》卷五二下《舆地考·风俗二》,台北:成文出版社,1970年,第879页。

⑰卷五二上《舆地考·风俗一》,上揭本,第870页。

⑱卷一二《风俗》,台北:成文出版社,1970年,第114页。

⑲章腾龙原本、陈勰增辑:《增辑贞丰拟乘》卷上《风俗》,《中国地方志集成·乡镇志专辑》第6册,南京:江苏古籍出版社,1992年,第404页。

⑳周振鹤编校:《王士性地理书三种》,上海:上海古籍出版社,1993年,第329页。

㉑林希逸:《前天竺住持同庵法师塔铭》,《竹溪鬳斋十一稿续集》卷二一,台湾

商务印书馆1986年影印文渊阁《四库全书》本,第1185册第765页。

㉒张岱:《陶庵梦忆·西湖梦寻》,北京:中华书局,2007年,第82页。

㉓张岱:《西湖梦寻》卷二"上天竺",《陶庵梦忆·西湖梦寻》,第158页。

㉔上海:上海文艺出版社1989年影印本,第9页。

㉕卷五二上《风俗一》,上揭本,第871页。

㉖上揭本,第9页、第8页。

㉗《酒下酒赵尼媪迷花,机中机贾秀才报怨》,《初刻拍案惊奇》卷六,第53页。

水域政区化与水上人的消失[*]

——江苏兴化县境水域的政治地理过程

计小敏

水域作为行政区域的组成部分,这在现代政治地理学理念中自然是毋庸置疑之事。《诗经·小雅·北山》有云:"普天之下,莫非王土;率土之滨,莫非王臣。"这句自古用来形容王朝疆域范围的话中,却只强调"土"、"土之滨",对于与"土"相对的水面语焉不详。事实上,水域纳入到"王土"范围是一个漫长的政治地理过程。虽然全国各地的具体情况稍有差异,但总体上国家意志对水域实现全覆盖是在1953年民船民主改革之后。以往的中国历史政治地理研究由于不考虑下垫面的差异,总是默认内陆地区的水域早已与其两岸的陆地连为一体,或者将其当作政区间分界的几何线,对水域和水上人一直缺乏足够的重视。

本文聚焦于江苏里下河地区,考察兴化县境水域的政区化过程。该地在20世纪50年代先后有水上乡和水上人民公社两种特殊政区的设置,到1966年又有所谓"连家渔船社会主义改造",终致不同水上人群都先后被迫上岸。这一过程可以集中而深刻地展现水域被纳入国家行政体系的一些关键步骤,同时也大有助于揭示传统政治地理观念对于水域作为一种特殊下垫面的固有思路。

作者单位:复旦大学中国历史地理研究所。
　[*]　国家自然科学基金项目(41271156)、教育部基地重大项目(13JJD770009)研究成果。

一、兴化县的水域结构

兴化位于江淮之间,地处江苏里下河腹地,地面高程一般在 1.5～3 米,地势低洼,素有"锅底洼"之称。全县总面积约 2393.3739 平方公里,折合 359.0061 万亩。境内河流纵横交错,湖荡星罗棋布,水域面积巨大。解放初期,在县年报和有关总结报告中,记载全县水域面积是 183 万亩;1958 年扬州地区水产资源调查勘察队,依 1.6 米的水位测量计算,水域面积是 84.7 万亩;1965 年江苏省水产资源勘察队调查面积为 63.8 万亩;1974 年兴化县水利局依万分之一的图纸计算水域面积为 65.2 万亩。[1] 上述各种测算相差甚远,因技术限制,实际误差都较大。

1986 年兴化县农业区划办公室、水利局组织 46 个监测小组,以村为单位,利用航片及新万分之一地形图,历时八个月,对全县土地资源进行精确测量。经计算,1986 年水域面积约为 92.22 万亩,占全县总面积 25.7%,比 1982 年修正后的水域面积减少 18603.1 亩,约少 0.51%。[2] 考虑到 60 年代以来各乡镇对湖荡地区的围垦,水域面积一直呈下降趋势的现况,新中国成立初期全县水域面积估计占 30% 左右。

进一步细分,兴化县的水域面积可分为河流、湖泊、滩地、池塘四种主要类型。据 1982 年的资料,其比例有如表 1。

表1 1982 年兴化县的水域构成

名称类型	水域 河流	湖泊	滩地	池塘	总计
面积(亩)	669767	85748.9	162704.8	22562.5	940783.2
占总面积百分比(%)	18.66	2.39	4.53	0.63	26.21

资料来源:兴化县农业区划办公室、兴化县水利局编《江苏省兴化县土地资源动态监测综合报告(1982.5—1988.10)》,第 1—2 页。

在表1列举了四类水域。①河流。主要有南北向的南官河、卤汀河、下官河、上官河、猪腊沟、渭水河、西塘港、东塘港、盐靖河、雄港、雌港、串场河,东西向的蚌延河、梓新河、车路河、白塗河、海沟河、兴盐界河。这些河流一般河床宽60～120米,常年水深1.8米左右,除县西北湖荡地区外,在全县分布较为均匀。②湖泊。境内湖泊众多,有大纵湖、得胜湖、吴公湖、平望湖、郭真湖、团头荡、乌巾荡、官庄荡、南荡、花粉荡等。主要分布在县西北部的沙沟、中堡、李健等地,城区及中部垛田、林湖等地亦有分布。③滩地。意为浅水湖荡,没有统一名称,主要分布在县西北部湖荡地区的沙沟、舜生、荡朱、东潭等地,中部垛田及北部海南等地亦有不等规模。④池塘。多为湖荡演化而来,全县各乡镇都有分布,但主要也集中于西北部湖荡地区,中部垛田、林湖及南部陈堡也有相当规模。

需要说明的是,上述四类水域并非一成不变,60年代围垦湖荡,使得湖泊面积要较先前有不同程度的缩小;70年代兴建鱼塘,对湖泊、池塘的构成比例亦有较大影响。③虽然缺乏精确的统计,但总体而言,在人工干预相对较少的50年代,河流、湖泊面积要较1982年广大,滩地、池塘面积则相对较小。

二、兴化县水上人群的构成

兴化是水网密布的水乡,"开门见水,迈步坐船",④日常生活、劳作都离不开舟楫,在20世纪90年代公路普及前,行路即是行船。历史上兴化一直生活着一些以水为生的水上人,《宋史》记载在县西北部的古射阳湖曾有"浮居数万家",⑤但民国以前政府对这一人群知之甚少。1919年,兴化县公署曾经调查全县户口,计总人口570537人,船户有1714人;1937年再次统计,全县总人口758671,船户2513人。⑥但对照1950年初对水上人群的调查数字来看,民国所了解的不过是冰山一角。

据1953年兴化县民船民主改革时的调查,兴化的水上人群主要分为五大类:渔户、运输船户、交通帮船户、行商船户和杂船户。

表2　1953年兴化县的水上人群及船只统计

船只类别	专业船只数	半专业船只数	船只总数	吨位/条	人数
渔船	4758	2239	6997	0.5~5	21899
运输船	928	594	1522	3~26	3235
交通帮船	51	96	147		710
行商船	1050	344	1394	5	2546
杂船					10000
总计	6787	3273	10060		38390

资料来源:《兴化县民船民主改革工作总结》(301-1-18)、《兴化县选举工作步骤与计划(草案)》(401-2-15)、《水上居委会情况初步调查丛报》(兴化市档案馆藏,601-3-20)。

注释:①"专业船只"指以船为家,岸上无土地的船户所使用的船只;"半专业船只"指既种田又水上经营的船户所使用的船只。②"杂船"一项,船只无精确统计,人数据《水上居委会情况初步调查丛报》。

渔户是兴化水上人群的主要组成部分,主要以捕鱼为生,按捕鱼工具形成若干帮,"有卡帮、网帮、罱帮、索帮、钩帮、罩帮、鸦帮各种之区别,而卡帮又分大卡、小卡;罩帮又分戳罩、笼罩;钩帮又分滚钩、靠钩、环钩、土线钩;网帮又分大网、跑网、箱网、洒网、捣网、丝网诸船,其余披风帮、摸鱼帮、捣鳖帮,以及张簖、张叉、扳罾、踢罾等无非以捕鱼为业"。⑦各帮多分散经营,取到鱼后一般是到农村以鱼换米,也有少数渔民在淡季到陆上帮助农民收割粮食补贴生计,总体上,渔户生活非常贫困。

运输船户在兴化的水上人群中也占有一定数量,一般是代客装运货物,1949年后也替政府部门装运粮食、砖头等物资。无固定地方,哪里需要就去哪里,主要流通在兴化、泰州、泰兴等地。船只最大吨位26吨,小的只有3~5吨。一般15吨以下的家里有几亩田,属于半专业运输船户。总体上,大船生活较好,小船生活困难些。⑧

交通帮船户是在城乡间往来以船载客的水上人,人数并不显眼,一般帮船"停泊地点多设于四郊以外;起讫之程长短各殊,行驶时间分逐日、隔日及不定期三种"。[9]专业的交通帮船户活动半径较大,并不限于本地,远至泰州、高邮、东台、邵伯、临泽等地;半专业帮船户则主要在县境内活动,很多以种田为主,不定期开船。

经营行商船的是拥有一定资金、从事货物贩运的船户,按1953年民船民主改革时的分类,这一人群"属于小商人范畴",[10]他们把兴化本地产的粮食、土特产品运到外地销售,又从外地购买布匹、杂货等物运回兴化投行出售,一般生活条件较好。[11]

除了上述四类水上人外,还有一类水上人在兴化水面占有较大的比重,约有10000余人,政府一般以杂船视之。此类人群主要从事手工业个体经营,分散在农村水面,以船为家,做生意时才挑一只担子上岸,靠代农民打制农具,做铜、锡器物,箍桶,订秤,扎制生活用具等维持生活。依行业类别,有铜匠、锡匠、箍桶匠、扎匠、订秤的、卖糖的、磨剪刀的等几十种帮别,流动性较大,除本地乡村外,在东台、大丰、泰州、江都、高邮、盐城等地频繁流动,远者甚至活动于苏南各地。杂船户中一般铜匠、锡匠生活最好,其他各帮生活较为贫困。[12]

三、户口与港籍:1953年民船民主改革

兴化的水上人虽然在历史时期长期存在,但往往游离于国家的行政管理之外。南宋时,县西北部的古射阳湖曾有"浮居数万家",但显现出的却是"家有兵仗,侵略不可制"的无政府状态。明代,据万历《扬州府志》卷四《赋役志》记载,兴化曾有河泊所之设,但具体编定的渔户数量不详,也很难推定其覆盖面有多大,考虑到河泊所侧重渔课征收,且正德十六年(1521年)兴化河泊所即被裁撤,[13]其对水上人的管制能力似不可高估。清代,包括兴化在内的里下河地区的水上人依然是一副逍遥景象,"时而捕鱼,时而觅食,行踪无定,来往自如",而官府却"漫无

稽查"。[14]

民国时期,兴化曾有两次水上保甲的编排。第一次在1934年,南京国民政府出于治安考虑,在江苏省江北的南通、盐城、东海、淮阴、铜山五个行政督察区实行保甲制,包括对水上流动的船户编排保甲。[15]其时兴化县属盐城行政督察区,亦有此举。第二次在1947年,为强化国统区的治安,再次编组水上保甲,到1948年在全县总共编组了10个水上保。[16]按十户为一甲,十甲为一保的编组原则,国民政府总共控制的也不过约1000户左右,效果非常差。

笔者父祖辈均为兴化船民,写作本文前曾向祖父(生于1930年)询问民国时期他及曾祖辈船民有无户口,得到的回答是否定的。其他年龄相仿的老船民答复也一致。这一点在1949年后的档案中得到了印证。据称1953年民船民主改革前,兴化的水上人是"既无户口清册,又无粮油供应证",以致政府对他们"不知底细"。[17]

1953年的民船民主改革是一场自上而下的、全国性的针对水上人的强制编户。据档案材料披露,1952年在陆上土地改革和镇反运动后,中央将注意力集中到水面,对全国做出了民船工作指示:

> 依靠船工和贫困的独立劳动者,团结一般真正船民(包括船主),打击反革命分子、封建把头、反动的帮会首领、逃亡的恶霸地主及走私贩毒主犯,以肃清反革命分子,打倒封建把头制度,同时进行爱国主义教育,提高所有船民政治觉悟,组织起来发挥运输能力。……在发动群众同时,着手建立水上户口工作,健全和加强水上公安工作。[18]

江苏省委在1952年11月29日向省内印发了《关于开展民船民主改革工作的初步计划》,同时抽调公安、工会、交通、银行、水产等有关部门组成"一级民船民主改革委员会",统一领导改革工作;此外另"抽调三百至五百干部成立工作队,由省直接掌握"下基层督导水上改革。时间安排上分两步,"一九五三年二月底以前,主要是摸情况,搞典型;三月以后分批开展民主改革",要求在1953年6月底基本结束。

1953年1月14日,兴化县委按照省委指示精神,抽调公安、水产、银行等单位人员成立了民改办公室,第一阶段先在全县水面开展轰轰烈烈的宣传教育活动。同时,宣传面也包括"与船民有来往靠近河边的陆上群众"。其后,进入第二阶段,在县城、戴南、周庄、大垛、沙沟、安丰和戴窑成立七个民船登记处,调查"船民中各种关系,尤其是封建关系及剥削关系,劳资关系等",要求做到"帮帮清"、"摸到底";与此同时,组织民兵等流动巡查,对过往船只"内外夹攻,使一般杂船不得漏网"。[19]

基本情况调查完毕后,则进入第三阶段——思想清理,输入革命思维。这一阶段是以开会的方式实现的。由于水上人群数量庞大,兴化分了十二批逐一过堂,少的3～4天,多的11天。开会流程分为四步,先进行教育,包括阶级教育和抗美援朝爱国主义教育;再对比新旧社会,开展诉苦运动;其次召开自觉坦白,识别水上匪特;最后培养积极分子,进行组织建设。

在整个民船民主改革中,虽然水上人普遍都有担心民改如土改最终"船归公家"的顾虑,但主动配合程度还是非常高的。起初笔者颇为不解,为何自由散漫惯了的水上人会尽入政府彀中?仔细研读档案材料后,才发现"民改证"和"户口证"在中间发挥了巨大作用。一位船民在开会时坦露:"民改证户口证就是饭碗证,没有民改证户口证就吃不到饭。"另一位船民则表示"我在这里就是烧粥吃,也要等民改证拿到手才走"。[20]这种现象绝非个案。一位余姓船民人在外地,为赶回兴化参加民改,居然两天两夜不睡觉,日夜兼程返乡。

从后来的实际生活看,民改证的重要性上述船民并没有夸大。1953年民船民主改革在全国各地全面铺开,水上人无论行船还是停泊都会被各地公安、航政部门要求出示民改证,没有民改证几乎寸步难行。由于江苏各地改革进程略有快慢,兴化船民在进展较快的外地已经遇到了盘查,所以主动配合,积极开会,对水上人而言不过是获得一个"硬正牌子"保住饭碗的必要姿态。相较高耸入云的革命理想,船民的想法很务实:"没得民改证手艺就不好做。"[21]

299

户口证的重要性也很要命。上引中央指示明确要求"着手建立水上户口工作",其用意无非是两点:清理水上匪特等"反革命分子",长效稳定地管理水上人。这一要求在兴化得到了严格的执行。在改革中为了弄清船民的来源,政府要求船民"至故乡陆上亲邻好友处打证明",㉒然后再由政府到各处核实。一位高姓船民谎称原籍是射阳县某村人,结果核实时被查出是滨海县某村人,身上背有血债。㉓据统计,到民改结束时总共清理出"反革命分子"132人。㉔水上的社会秩序得到了稳固。

对没有政治问题的广大水上人而言,获得户口证的意义不仅在于有了一纸清白的身份证明,同时还是一张吃饭的凭证。1953年改革后,凡获得户口证的水上人都发放了流动购粮证,㉕可在各处粮店凭证购粮。到1953年年底国家实行粮食统购统销政策后,户口证的重要性就更不言而喻了。

户口证还有一大功能,是由此确定水上船只的港籍。一般港籍与船主户籍地一致。这样等于给船只也上了户口,一有风吹草动都有案可查。

最终在1953年,兴化的水上人完成了一次"编户齐民"式的革命洗礼。领到户口,确定了港籍,与陆上人一样,凭证吃饭,终于成了法律意义上国家行政系统中的居民。

稍后,行商船户在统购统销政策的影响下退出了水面;剩下的水上人,国家又将其分为三部分,运输船户、交通帮船户合并组成木帆船协会,后改组为航运公司,归交通局管理,这部分人也走上了与传统水上生涯判然有别的道路。另外的渔户和杂船户也别有对策分而治之,这是下文要论述的重点。

四、水上乡的建立及管理

1953年民船民主改革后,水上人被大体清晰地识别出来。水上乡是在三年后设立的,理论上除河沟与小型河流外,境内渔民作业的水域都属于水上乡的幅员。

笔者第一次接触到水上乡时非常吃惊,因为它颠覆了传统的行政区划常识——水域一般是不单独作为政区的。起初笔者以为水上乡是一个随便的叫法,可能不是正式政区,但在1956年上报给江苏省民政厅的正式呈文中,水上乡作为全县92个乡之一赫然在目,为县直属乡。[⑮]1957年,由县民政科填报的《全国行政区划基本情况年报详表》中,水上乡也堂皇入列,只是全县其他乡都有自然村,水上乡辖下一个自然村都没有。[⑯]

水上乡辖下有两拨人:渔民与杂船户。其管理机构也分成两部分:渔民协会治理渔民,下辖八个分会;此外,单列第九居民委员会,单独管辖杂船户。

兴化的渔民协会在民国年间已经建立,但属自愿参加,会员很少。1949年以后经过逐步改造,到1954年全县渔民已全部纳入渔民协会组织;下辖分会,分会设分会长、生产委员和治安委员,共同负责日常事务。较之陆地管理系统,管理较为松散,只是定期召开例会宣传上级指示,平时渔民仍以卡帮、网帮、罾帮等帮别单独进行生产活动。为打破帮与帮之间的界限,加强生产管理,自1954年起政府逐渐在渔民内部植入新的组织方式——互助组与合作社,以取代旧时代自发形成的帮的组织。按江苏省委的口吻,实施这一措施是因为"有些地区总路线还未向渔民群众深入贯彻,各地渔民协会领导系统混乱,不能统一步骤地加强进行教育,部分渔民思想仍较落后",所以要强化"生产责任制,充分发挥工具、劳力的潜在力量"。[⑰]

显而易见,从民改到渔民协会,再到互助组、合作社,这是一个逐步组织化的过程。短短三年工夫,到1956年渔民的合作化程度已经从最初的32.3%提升到65%。正是在这样的基础上,该年渔民协会废止,水上乡建立。1957年,水上乡继续动员渔民参加合作社,覆盖率达到了76.2%,其逐年变化如表3。

表3　1954～1957年兴化县渔民合作化情况

年份	合作社情况 合作社数	合作社情况 合作社人数	互助组情况 互助组数	互助组情况 互助组人数	渔民协会 渔民总人数	覆盖率（%）
1954			206	5458	16965	32.2
1955	7	463	89	3015	16835	20.7
1956	36	1575	32	11222	19676	65.0
1957	35	11949			15677	76.2

资料来源:《江苏省扬州专区兴化县1954～1958年渔业发展概况(参考资料)》,兴化市档案馆藏,428-1-8。

水上乡管辖的另一拨人是杂船户。按政府的分类,这些都是从事手工业的水上人。从事的行业相当繁杂,诸如铜匠、锡匠、箍桶匠、扎匠、订秤的、卖糖的、磨剪刀的等,共达几十种之多,各行业一直都有自己的帮会,㉘彼此泾渭分明。1956年水上乡辖有杂船户658户,2924人,分属28个帮别。㉙

合并到水上乡前,杂船户经历了几番整治。1953年民改结束时,最初对杂船户的治理,政府采取了最为省事的消解手腕。半专业杂船户被县里按照省委"陆上有田地房屋,半做生意半种田,不以船为家的船只不予民改"的指示精神,下放回农村种田。㉚1954年,在兴化升仙荡召开动员大会,再次遣散杂船户,下放归农,最后只剩下600余户。对于剩下的杂船户,政府组建了大约12个小组进行管理,每组约50户;1955年改组为三个杂船会:"四匠杂船会(铜、锡、补锅、订秤匠),大小糖、木匠、箍桶、扎匠杂船会,磨剪刀、青货、走江湖、唱戏、杂技等杂船会",各会成员每三个月开会一次,归水上派出所管辖。㉛

1956年,三个杂船会划归水上乡新成立的第九居民委员会管辖,但管理非常松散。杂船户依然漂泊,平时都在县下各乡镇以及其他县做生意,与乡组织接触甚少,水上乡主要依靠小组进行遥控管理。按惯例水上乡一年只开会两次,农历正月初六才能大集中。采取这样的管理方式，政府当然是出于无奈。杂船户行业性质特殊，不像农民靠地吃饭，也不像渔民靠水为生，他们靠手艺，"小小舟船水上漂，五湖四海处处到"，⑩流动才是他们生存的保证。

此外，维持杂船户与水上乡联系的就是交税。杂船户每户每月需交公积金 0.7～0.9 元，行政管理费 0.2 元。但值得注意的是这笔钱由兴化水上派出所经手，杂船户并不需要与乡政府直接打交道。⑪由此可见，水上乡的功能并不能与陆上乡相提并论。

1958 年，随着人民公社化运动的到来，水上乡昙花一现。该年 10 月，水上乡被撤销，其下辖的两拨人分道扬镳。杂船户另成立水上居委会，划归城内的昭阳公社管辖；而渔民则在合作社的基础上成立水产大队，划归所在各地的农业人民公社领导。⑫

五、水上大跃进与水上人民公社

1958 年 8 月 29 日，《中共中央关于在农村建立人民公社问题的决议》通过，人民公社化的热潮席卷全国。⑬兴化的水上人民公社是在 1959 年 9 月 2 日正式成立的，按官方说法，是"在 1958 年大跃进的基础上，为了 1959 年加强水产捕捞事业的专线领导，以保证水产事业的高速度发展，在上级党委的正确指示和县委的统一领导重视下"设立的。⑭此时上距水上乡的撤销不到一年。

和水上乡一样，理论上县境渔民捕捞生产的水域都属于水上人民公社。不过二者也有差异，水上人民公社需要管理的只是渔民，"凡是常年捕捞的渔民，一律归水上公社统一领导，渔民归队后油、粮、户口应随同迁到水上公社"。⑮据统计，1960 年 2 月水上人民公社共有渔民 2537 户，11438 人，船只 3050 条。

水上公社的组织架构和陆地农业公社非常类似，分为三级：大队、生产队和作业组。刚成立时水上公社有 47 个大队，最终调整合并为 13 个大队：城北、城西、城南、中堡、沙沟、安丰、魏庄、戴窑、竹泓、高家、戴南、茅山、周庄；下设 67 个生产队,344 个作业组(表 4)。此外,针对"以前水上党支部工作比较薄弱和混乱的现象",建立了 12 个党支部。⑲模仿陆地农业公社,做到了党政合一。

表 4　1960 年 2 月兴化县水上人民公社基本情况一览表

大队	生产队	作业组	户数	人口	男	女	大船	中船	小船
城北	8	35	268	1255	697	558	14	206	93
城西	8	32	279	1192	591	601	83	129	113
城南	5	16	148	627	325	302	46	86	78
中堡	6	33	217	948	502	446	32	127	104
沙沟	9	40	351	1639	844	795	123	214	191
安丰	6	30	256	1163	634	529	80	146	34
魏庄	3	16	94	427	227	200	22	37	40
戴窑	5	27	170	691	378	313	90	48	30
竹泓	4	33	202	969	516	453	33	147	42
高家	2	13	134	558	297	261	5	71	87
戴南	5	16	121	554	298	256	30	68	53
茅山	5	41	204	987	444	543	57	157	21
周庄	3	12	93	428	228	200	34	65	14
总计	67	344	2537	11438	5981	5457	649	1501	900

资料来源:据《兴化县水上人民公社调整后各大队基本情况表》改编,兴化市档案馆藏,428-3-16。其中,1 吨以下为小船,1~2 吨为中船,2~5 吨为大船。

从档案材料来看,水上公社的管理非常刚性,"生产集体化,组织军事化"。公社一级设立捕捞指挥部,下辖分指挥部;各大队则为营部,生产队为连部,2~3 个作业组为排,小组为班。一般以排或连为单位统一行动,但公社组织声势浩大的大兵团突击捕捞以及誓师比武大会也是家常便饭,渔民无一例外强制参加。⑳

为了完成生产指标,水上公社制定了"以人定分,死分死记,按具定产,按产交钱,超产不奖,减产照赔"的方法,不同帮别分别划出了"四、六、百"的杠子,"小帮别要包日产40斤,中等帮要包日产60斤,大帮别日产要包100斤",一旦少缴定产则召开"赔产补报大会",督促渔民赔偿。而这条杠子据1961年整风整社时的材料披露,"一般都高出正常日产量的四倍以上,根本无法完成",但在当时"干部不补不过关,社员不补解疙瘩",所谓"解疙瘩"就是"组织小组轮流纠缠硬劝"。

为追求产量,水上公社在渔民的生产工具上也动足了脑筋。以13个水产大队之一的沙沟为例,因为大网捕鱼量大,公社在沙沟强制没收该队枪帮的打鸟枪支,并威胁"要按大网帮产量包产",结果该帮渔民一夜逃走了27户;丝网帮也未能幸免,要求"小眼(四指)丝网改大眼(六指)丝网,专捕大鱼",但结果渔民很不适应,"改后丝网轻飘不易下沉,大鱼捕不到,小鱼跑个光",反而导致"产量下降80%"。长期以来,卡帮渔民一直都没有捕虾的习惯,但公社强行发给每户350只虾笼,限定每百只虾笼每天要包产4斤,结果有7户渔民因怕完不成任务赔产,吓得将虾笼全部投入水中连夜逃走,损失近千元。

大兵团作战也是公社时代行政管理的一大特色。1960年1月,水上公社组织沙沟水产大队92户渔民,到蜈蚣湖破冰捕捞,搞了一个月,结果船小、网破,损失相当严重。同年5月,又调93户渔民到该湖搞大兵团作战,不论是适应大型水面的大网,还是适应小河小沟的捣网,一概集中赴阵,结果不少渔民产量下降约一半。捣网帮渔民虽然在大湖荡里无用武之地,为了服从命令,也只好在湖中凑热闹混了十几天。[41]这是公社化时代的寻常景象。

1960年10月,在中央整风整社运动的影响下,水上人民公社被撤销。[42]前后仅存在了一年时间,渔民损失惨重,且有不少渔户外流。仍以沙沟大队为例,"58年至60年先后外流过206户",到整社时"还有65户未回",[43]生动地反映了政府力量过强给居民带来的负面影响。

六、殊途同归:不同水上人群的上岸

水上人民公社撤销后,13个水产大队被拆分成32个水产大队回归农业公社领导(图1)。但渔民与农业公社之间,仍仅仅保持着一种若即若离的联系,"公社只顾农业,不管渔业好丑",㊹渔民"与农业队仅是交几个钱,拿钱买的粮油关系",㊺无异于挂着集体招牌流动单干。

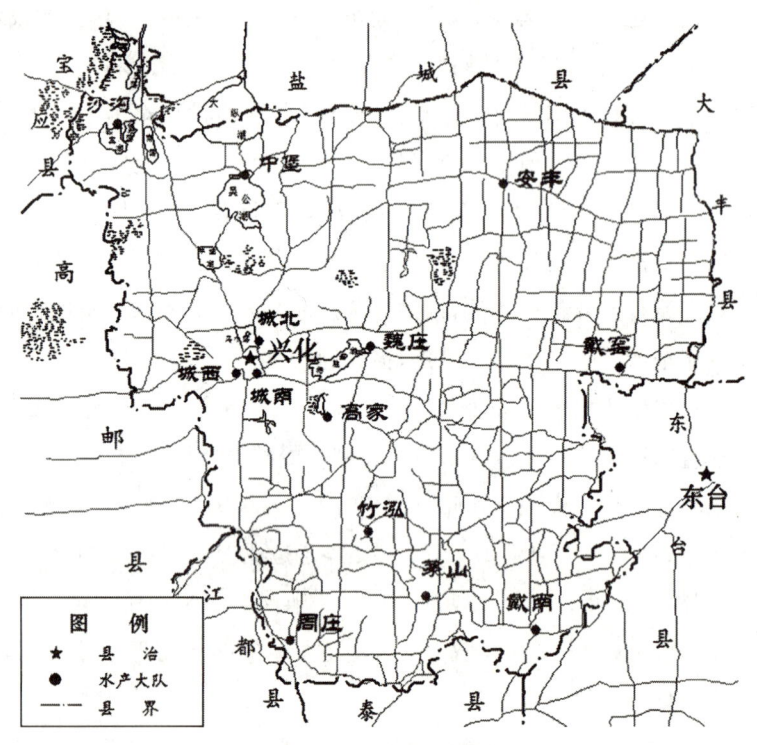

图1 兴化县水上人民公社及水产大队分布

资料来源:据《兴化县地名图》改绘,见:兴化县地名委员会编:《江苏省兴化县地名录》(内部资料),1983年。

渔民这种单干的日子并未持续太久。1966年2月,水产部党组向中央提出了"关于加速连家渔船社会主义改造的报告",指出:

由于连家渔船作业的流动性、分散性,由于领导缺乏足够的重视,至今全国还有十万多户连家渔船基本上处于单干状态。他们之中大部分虽然名义上入了社,但生产资料仍为私有,一船一户个体生产的方式也没有改变,经济上只是上交些公积金、公益金,也没有统一核算,生产队实际上只起分发票证和分配渔需物资的作用。㊵针对这一现象,水产部提出要在全国范围内开展连家渔船的社会主义改造运动,以达到"逐步实现陆上定居"、"彻底实现生产资料集体化"的目的。值得注意的是,报告中点名批评了"兴化县二千九百户渔民中有三百户借高利贷度日"的"资本主义剥削"现象。2月23日,江苏省委向省内转发了这份报告。很快兴化县成立了渔改领导小组,下设渔改办公室,并抽调48名干部组建渔改工作队直接督导"连改",轰轰烈烈的上岸运动在兴化县域的水面展开,前后持续了十二年。

上岸的核心问题是土地,表5对此有所反映。

表5　1968~1969年兴化"连家渔船社会主义改造"的土地划拨

定居对象	土地来源	土地性质(亩) 粮田	土地性质(亩) 荒地	总计	利用方式(亩) 建房用地	利用方式(亩) 生产用地
竹泓水产大队	竹泓公社赵家大队、竹一大队	424.37		424.37	24	400.37
合塔水产大队	合塔公社立新大队	48		48	4	44
大邹水产大队	大邹公社贾所大队	141	30	171	9.5	161.5
城南水产大队	城南公社北新大队、南新大队	207.43	50	257.43	9.8	247.63
永丰水产大队	永丰公社西营大队、新沈大队	39.9		39.9	8	31.9
刘陆水产大队	刘陆公社南余大队	71	60	131	9	122
安丰水产大队	安丰公社府李大队、丁扬大队	104	18	122		

资料来源:1968年4月2日至1969年9月16日《关于渔民陆上定居拨用土地的批复》,兴化市档案馆藏,401-14-4。

从表5来看,兴化的"连改"采用的是"各扫门前雪"的方式,将土地问题分解到公社,再由公社内部自行筹措本地"连改"所需的建房用地和生产用地。虽然按情理忖度,土地是农民的命根子,农业队一般不会同意让渡,但需要看到的是,"连改"是一项中央和省里下达的政治任务,是算不得经济账的。在兴化,通过宣传,"连改"已经变成了"不是上面要搞,而是自己要搞,非搞不可"的头等大事。[⑰]为落实土地问题,县里要求公社干部都要"表示态度"。县委书记宣称,问题不解决就要开会,"一个会不行,就开两个会,两个会不行,就开三个会,三个会再不行,你说怎么办?我说屁股就要打板子了"。[⑱]个中轻重农业队干部自然掂量得清。

除了划拨农业队的土地,围湖造田也是一些公社经常采用的让渔民"上岸"的方式。沙沟一带陆地较少,但湖荡面积很大,公社就组织水产大队男女老少在郭正湖上"用铁罱子捉湖泥,匡圩子、挑鱼池、打庄基",围湖造地建渔村。[⑲]林湖公社也把眼光钉在了社里"沟多塘大白水荒,既不长草又不长粮"的马家荒,动员水产大队自行开垦。由于马家荒地势低洼,定居三次才获成功。[⑳]

除了定居的"地"的问题,渔民怎样看待上岸也是影响"连改"成败的另一重要因素。就兴化而言,由于岸上的房屋并不是免费提供,需要渔民用船、渔具抵价,"多退少补,分年换清";[㉑]定居后又实行"劳力统一安排,船具统一使用,产品统一处理,收益统一分配"的"四统一"政策,因而渔民普遍排斥上岸,出现了不少诸如"定居是个牢,种田是个镣"、"上陆不如下水好"、"下水不如单干好"的不满言论。[㉒]为此,县里又采用了民船民主改革时的做法,召开诉苦会、批判会、学习班等多种形式,开展三比、三批活动,忆旧社会的苦,比新社会的甜,对渔民进行二次"洗澡"。

但即便如此煞费苦心,到改革开放前,按官方的说法,兴化的连家渔户也只定居了1750户,仅完成了定居任务的44.32%。[㉓]"连改"十二年也未能毕其功于一役。改革开放后,"连改"在兴化已不再推行,但借着市场化的东风,上岸变成了渔民自发的经济行为和生活方式。就笔者在当地的观察而言,2000年左右兴化的连家渔船户已非常少见,可以说渔民的上岸自此才算基本完成。

兴化杂船户的上岸走的是另一种路径。由于杂船户的水上户口类似城市户口,民改后挂靠的单位杂船会、第九居民委员会和水上居委会都直属县城,单位也一直挂靠在城里,所以杂船户的上岸是由城镇来解决的。据档案材料透露,早在1958年县里已经以办工厂的形式组织水上铜、锡匠上岸进厂,在城里定居,但工厂维持不长宣告破产,杂船户又悠游水上。即便在1966年"连改"如火如荼时也未受影响。1976年,针对杂船户越来越严重的"投机倒把,偷税漏税,跨巷跨业非法经营"的行为,县政府又盯上了这群水上人,提出了"迫切需要将水上船民实行陆上定居组织起来,走集体化道路,把他们所从事的行业纳入社会主义大道"。具体方式与1958年如出一辙。为此县里建起了园木厂、铸造厂、塑料厂、钣金铝制品厂,对口招人,总共安排了204人上岸,此后又陆续在城里以安排工作的方式将杂船户迁居陆上,杜绝流动。到90年代,随着杂船户销售市场的萎缩和传统手工业的式微,这一拨人基本退出了兴化的水面,上岸变成了城镇居民。

最后一拨上岸的水上人是运输船民。笔者父祖两代都经历了这一上岸过程。不同于渔民和杂船户,运输船民作为工人,拿着国家固定工资,领有类似城市户口的水上户口本,单位也挂靠在城里的航运公司,归交通局管理。运输船民总体上都非常珍惜自己的身份,不会外流单干;加之计划经济年代一直实行计划运输,即使外出运输,政府通过交通局也可以全程掌握船民动态,所以对这拨人的上岸过程政府最无须操心。

运输船民的上岸是一个自发过程。据家父回忆,1982年兴化运输公司的船民开始在城南边上一处淤出的荒滩上建固定住所,起初只是用破布、废竹木、旧塑料纸等简易材料搭棚定居,后来渐成规模,棚子一处连着一处。1983年终于引起了社会各界的关注,航运公司建成船民家属区——交通新村,解决了约 500 户船民的上岸。剩下的船民,除了自己购房外,单位又陆续购买城西、城南两块地建造家属区,其上岸过程在 90 年代初基本完成。

综上所述,兴化县域的三拨水上人上岸方式各有不同,时间节点也略有差异,但都经历了从水居到陆居的过程。就其生活方式的变化而言,可谓殊途而同归。

七、讨论:人与水

中国传统的行政区划向来讲究"量地度民"、"体国经野",就本文讨论的问题而言,如果 1953 年民船民主改革算是对水面上的"量地度民",那么 1956 年设立水上乡、1959 年演进为水上人民公社就是对水域的"体国经野"。

水上乡、水上人民公社都是以水域为辖境的政区,这种设计多少颠覆了既有的行政区划常识。客观来讲,政区不纯粹包括水域的传统做法是有很大道理的。以兴化为例,水分散在县境各地,有块状的湖泊、池塘,有细长的河流,还有随季节变化的滩地,整个水上乡呈现出支离破碎的形态。最要命的是所有水体都搭着农业乡的陆境,弯弯曲曲的岸线成为水上乡与农业乡的界线,这就意味着水上乡与其他所有乡都相毗连,而且其界线位置在不同季节是往复推移的。

维持这种政区形态的困难,突出表现为水上乡的渔民与农业乡的农民在水体利用上的矛盾。费孝通先生在 1957 年重访吴江开弦弓村时,曾对水面利用发表过看法:"我说水比陆地强,水有底有面,中间还有个体积,立体发展,地有一,水有三,水底的河泥已经利用了,水中可以养鱼,水面可以种水草作饲料。不是一举三得么?"他认为"过去谁都没有力量来管理这不能上门、又不能围墙的湖泊,谁种了东西保不住自己能收得到。现在有社,就可以管理得来"。但这种循序利用的愿景太过理想,在 80 年代水面定权之前,水面的物权非常含混,利益面前往往是不管不顾。不论最终吴江的水体利用有没有达到费先生的理想，但就兴化而言，从放菱、罱泥到养殖、捕捞，渔农之间一直争执不断，虽然县里一再强调"农民以小浅、小滨及小型的河道为主，渔民以一般的河边及可利用的小型湖荡"为主，但纠纷从未停歇。[⑤]

这种矛盾当然不是此时才出现。1949年以前，兴化可以通过"水面公租"达到渔农平衡，相安无事：

> 兴化地势低洼，河湖分歧，水势平衍，数百或数千亩田之庄，大都四面临水。习惯本庄之水面多有公租，泰半归本庄公有，如挖泥培田、种布菱茨、捕鱼取虾、栽芦作薪、驱鸭入田，秋成以后，俾食道粒等事，各须出有公租，始能相安无事。租率以产生利高下为定，或额定年租不一。[⑤]

1949年以后，兴化县政府完全废除"水面公租"，取消了农民的收益；农民并不买账，矛盾纠纷就此层出不穷。如1950年一张姓渔民在李建区杨家庄捕到大鱼，"农民即借要求水面租引起纠纷"，最终渔民被该庄干部及农民打伤。此种现象并非孤例，全县其他河荡也出现了诸多类似现象。[⑤]可以说，1949年以后政府打破了原有的物权利用惯例，却没有提供更好的制度，只是原则性地强调"到双方争执时，应按照'主业为主，副业为辅，副业让主业'的精神解决"。[⑥]这种暧昧的原则对近在水涯"开门见水"的农民完全缺乏约束。水上乡、水上公社继承下来的水面看似波平浪静，实则暗藏汹涌。

从水上乡到水上公社，中间仅相隔一年，但对我们理解水面收益、渔农关系乃至水陆关系都大有裨益。这一年间，渔民组织从合作社过渡为水产队，归并到了农业乡，粮、油、户口都随同迁入。不怕现官就怕现管，没有平级的水上乡出头，农业乡的干部理直气壮地要求水面分成，比如在周奋乡，渔民"每月都交四元五角"，此外还需"十天交四斤鱼给干部私吃私用"；[⑥]在沙沟，1958年10月底，公社要水产大队投资1.5万元，任务无法完成，就提出"死钱变活钱，支持工农业生产"的口号，发动渔民变产投资，强迫渔民出售金银首饰，铜、锡、铁器，如项圈、镯子、簪针、耳环、银索、戒指、铜盆、脚炉、铜勺和香炉烛台,有些社员没办法,连船上不可缺少的铁锚,都变价出售。⑥

水面成了利薮,渔民成为利源,在水上人民公社成立时,农业公社与水上公社间的紧张就变得易于理解了。大垛公社有44户渔民已参加水上公社,并已编制划分到竹泓渔业大队,但该乡陆书记不同意,威胁渔民队长"你们如果要归水上公社,你们的粮食我们不解决,跟水上公社去要粮吃";临城公社33户渔民已参加水上公社进行生产数日,但该乡冯乡长也坚决不同意迁出油、粮、户口,后来这些渔民又回到农业公社生产;大垛一华姓渔民要求参加水上公社后,兴西乡书记高某知道后,将华狠狠地批评了一顿,竟直接给他扣了顶"私通外国"的帽子,还罚其做了几天苦工。⑥在利益面前,政区之间竟有如敌国。

水陆之间既然关系如此微妙,为何还要划出以水为域的水上乡和水上公社呢?

以往,我们经常会把政区看成一个客观的实体,注重从自然、经济、文化等层面解释它的合理性,但这样的分析却是忽视了最为关键的一点——政区是由人设立的,其自身存在着很大的主观性,这一点张伟然师早已有精辟论述。⑥同理,兴化的两种水上政区也都是由当政者设计的,前者为了统一管理散居各处的水上人,后者则是大跃进理想在水面的直接呈现,二者设计的合理之处很明显,但过于理想的不现实之处也极为刺眼,这也是直接妨碍其存续寿命的根本因素。简言之,兴化的水上乡和水上人民公社只是一种因人而治的行政手段,只不过包上了一层政区的外衣。

1966年的"连改"是因人而治的另一种手法。"船底无根,到处乱奔",⑥兴化的案例表明,水上政区并不能定死流动的水上人,如何定人才是管理的核心。从这层意义来看,"连改"意义极为重大。通过人水分离,将水上人上岸陆居变成农民、市民一样的陆上人,"连改"终于取得了最稳定的长效。虽然上岸进展并不如设想的那般顺利,但借助改革开放后水上人自发的上岸,流动的人群变得固定可控,流质的疆域也终于毫无死角,水面的政区化最终以消解水上人的方式得到全覆盖。

就这一意义而言,"度民"(或曰"以人为本")永远是政治地理应该关注的核心。

注 释:

①《兴化县水产资源调查和区划》,兴化市档案馆藏,430-3-10(全宗号-目录号-卷宗号,下同)。

②兴化县农业区划办公室、兴化县水利局编:《江苏省兴化县土地资源动态监测综合报告(1982.5—1988.10)》(内部资料),1987年5月,第7页。

③中国科学院南京地理研究所编著:《江苏湖泊志》,南京:江苏科学技术出版社,1982年,第192页。

④兴化县地名委员会编:《江苏省兴化县地名录》(内部资料),1983年,第101页。

⑤《宋史》卷四七七《李全传》,北京:中华书局,2004年,第13841页。

⑥民国《续修兴化县志》卷七《自治志》,《中国地方志集成·江苏府县志辑》第48册,南京:江苏古籍出版社,1991年,第548—549页。

⑦徐存义编:《兴化地理》,兴化市档案馆藏,106-1-213。

⑧《兴化县民船民主改革工作总结》,兴化市档案馆藏,301-1-18;《兴化县民船民主改革第一批(运输)工作总结》,兴化市档案馆藏,301-2-32。

⑨民国《续修兴化县志》卷九《交通志》,第577页。

⑩《兴化县第四批民船(行商船)民主改革工作总结》,兴化市档案馆藏,301-2-32。

⑪兴化市交通志编纂委员会编:《兴化市交通志》(内部资料),1990年,第55页。

⑫《兴化县第九批民船(行商、运输、杂船)民革工作总结》,兴化市档案馆藏,301-2-32。

⑬参见尹玲玲:《明清长江中下游渔业经济研究》,济南:齐鲁书社,2004年,第185—190页。

⑭《陶云汀先生奏疏》卷三九《江督稿·查覆穷苦艒船带私设法查禁折子》。

⑮闻钧天:《中国保甲制度》第二十三章"各地保甲运动之现状",民国丛书第四编23,上海:上海书店,1992年,第388—389页。

⑯《施政报告》,兴化市档案馆藏,103-1-35。

⑰《水上居委会情况初步调查丛报》,兴化市档案馆藏,601-3-20。

⑱《关于开展民船民主改革工作的初步计划》,兴化市档案馆藏,301-3-27。

⑲《兴化县民船民主改革工作计划》,兴化市档案馆藏,301-2-32。

⑳《兴化县第三批民船(行商)民主改革工作总结》,兴化市档案馆藏,301-2-32。

㉑《兴化县第九批民船(行商、运输、杂船)民主改革工作总结》,兴化市档案馆藏,301-2-32。

㉒《水上居委会情况初步调查丛报》。

㉓《兴化县民船民主改革工作总结(第二批运输)》,兴化市档案馆藏,301-2-32。

㉔《兴化县民船民主改革工作总结》。

㉕《水上居委会情况初步调查丛报》。

㉖《呈报我县行政区乡名称一览表》,兴化市档案馆藏,448-1-8。

㉗《全国行政区划基本情况年报详表》,兴化市档案馆藏,448-1-8。

㉘《江苏省一九五四年水产初步总结与一九五五年水产任务及主要措施》,兴化市档案馆藏,428-3-4。

㉙汪曾祺先生是兴化邻县高邮人,在他的小说《大淖记事》中曾经非常形象地介绍过兴化的锡匠帮,汪氏称"这一帮锡匠很讲义气。他们扶持疾病,互通有无,从不抢生意"。《北京文学》1981年第4期,第20—29页。

㉚《兴化县水上乡人民委员会关于水上杂船各行各业组织安排的报告》,兴化市档案馆藏,301-7-20。

㉛《兴化县第十一批民船(杂船、行商、运输)民主改革工作总结》,兴化市档案馆藏,301-2-32。

㉜《水上居委会情况初步调查丛报》。

㉝《关于对新兴镇水上手工业服务社有关情况的调查》,兴化市档案馆藏,601-3-43。

㉞《水上居委会情况初步调查丛报》。

㉟《兴化县水产局1958年水产工作总结》,兴化市档案馆藏,428-1-8。

㊱张乐天:《告别理想——人民公社制度研究》,上海:上海人民出版社,1998年,第68页。

㊲《兴化县水上人民公社关于五九年水产捕捞工作总结》,兴化市档案馆藏,428-3-16。

㊳《兴化县水上人民公社关于渔业生产存在几个主要问题和解决初步意见的报告》,兴化市档案馆藏,428-3-16。

㊴《兴化县水上乡委员会关于首次党员扩大会议的总结和今后工作意见》,兴化市档案馆藏,428-3-16。

㊵《兴化县水上人民公社关于五九年水产捕捞工作总结》。

㊶《兴化县沙沟公社水产大队正风正社运动试点工作总结》,兴化市档案馆藏,428-1-11。

㊷《沙沟公社水产大队财物工作总结和今后工作意见》,兴化市档案馆藏,428-2-20。

㊸《兴化县沙沟公社水产大队正风正社运动试点工作总结》。

㊹《沙沟公社水产大队财物工作总结和今后工作意见》。

㊺《关于农村分散渔民情况的初步调查》,兴化市档案馆藏,2-114-256。

㊻《水产部党组关于加强连家渔船社会主义改造的报告》,金湖县档案馆藏,710-1-18。

㊼《多种经营管理局参加专区召开渔民陆上定居试点单位会议材料》,兴化市档案馆藏,428-3-21。

㊽《抓纲治渔 大干快上 进一步掀起渔业学大寨的新高潮》,兴化市档案馆藏,428-2-25。

㊾《自力更生学大寨 围湖造地建渔村》,兴化市档案馆藏,428-2-25。

㊿《实行陆上定居 办好水上大寨》,兴化市档案馆藏,428-3-27。

(51)《以党的基本路线为纲 巩固和发展"渔改"成果》,兴化市档案馆藏,428-3-27。

(52)《抓纲治渔加速"连改" 水乡渔业深入学大寨》,兴化市档案馆藏,428-3-25。

(53)《抓紧"连改"工作,发展水产事业》,兴化市档案馆藏,428-3-25。

(54)《水上居委会情况初步调查丛报》。

(55)《水上服务社情况汇报》,兴化市档案馆藏,601-2-196。

(56)费孝通:《重访江村》,收入《江村经济——中国农民的生活》,北京:商务印书馆,2006年,第270页。

(57)《对有关放菱问题的通知》,兴化市档案馆藏,628-3-3;《兴化县1958~1962年的水产工作规划》,兴化市档案馆藏,428-3-9。

(58)前南京国民政府司法行政部编:《民事习惯调查报告录》第八章"江苏省关于债权习惯之报告",中国政法大学出版社2005年,第409页。

(59)《兴化县水产调查报告》,兴化市档案馆藏,428-1-1。

(60)《兴化县1958~1962年的水产工作规划》。

(61)《兴化县水上人民公社关于渔业生产存在几个主要问题和解决初步意见的报告》。

(62)《兴化县沙沟公社水产大队正风正社运动试点工作总结》。

(63)《兴化县水上人民公社关于渔业生产存在几个主要问题和解决初步意见的报告》。

(64)参见张伟然师:《归属、表达、调整:小尺度区域的政治命运——以"南湾事件”为例》,《历史地理》第二十一辑,上海:上海人民出版社,2006年,第172—193页。

(65)《抓紧“连改”工作 发展水产事业》,兴化市档案馆藏,428-2-25。

成府顾寓和禹贡学会

顾潮

1929年9月,父亲始任燕京大学国学研究所导师、历史学系教授。燕大是教会学校,为教职员工免费提供宿舍和水电费用。当时父亲一家先住在成府蒋家胡同九号,一年后迁至蒋家胡同三号,这些校园围墙外的民宅都是燕大租下来做教工宿舍的。三号第一进院为燕大职员刘先生一家居住,第二进院为父亲寓所,有北屋7间(包括两侧耳房),父亲全部作为书房安置藏书;东屋3间作客厅,西屋3间作家人住室,这即是如父亲所说"书居正屋而人居厢房";尚有旁屋4间,用作厨房、佣人住房以及储物间。

因为父亲藏书多,每逢西方各国的汉学家到燕大参观,如埃伯哈特、魏特夫等,主持哈佛燕京学社的美国人博晨光就带他们来这里看书,看父亲的学术工作。哈佛大学常派研究东方学的学生来燕大留学,其中卜德(1933年来)、顾立雅(1934年来)由校方安排父亲做他们的导师。顾立雅的论文"释天"、卜德的论文"左传与国语",都经父亲修改后,在《燕京学报》发表。

燕大教授有互相在家中客厅设宴的风气,父亲将东屋布置一番,经常在此宴请客人,其情景正如钱穆先生《师友杂忆》中所言:"余初到校即谒颉刚。……其家如市,来谒者不绝。……然待人情厚,宾至如归。常留客人与家人同餐。"父亲招待的客人中有当时任北大文学院院长的

作者单位:中国社会科学院历史研究所。

胡适先生。据父亲日记，1932年6月21日是燕大第十六届毕业典礼，邀请胡先生来校演讲；中午父亲在家中宴客，同席有胡先生夫妇、钱玄同先生，还有容庚、商承祚、郭绍虞、顾廷龙等先生。廷龙先生是我父亲的族叔，1931年考入燕大研究院国文系（导师是容庚先生），就住在父亲家中。一年后完成论文，于该日受硕士学位。他在席间以自己所撰《吴愙斋先生年谱》稿向胡先生请教，因胡先生之父守三先生与廷龙先生外叔祖王胜之先生当年同在吴愙斋（大澂）处任职，二人为知己，廷龙先生早已从他外叔祖那里听到守三先生的事迹。翌日他得到胡先生提供的《吴愙斋致胡守三手札》一册，为《年谱》增入不少珍贵史料。此次宴毕大家在正屋后面的园中合影，可惜照片在"文革"中被毁。

父亲招待的客人中还有美国著名汉学家拉铁摩尔，据父亲日记及《燕京大学校刊》所载，1937年5月26日，父亲与冯家昇先生（燕大研究院毕业生，时任燕大历史学系讲师、禹贡学会专业研究员）去北平城内大阮府胡同接拉铁摩尔来校，为边疆问题研究会演讲新疆旅行的感想。该研究会是1936年9月燕大师生鉴于国内局势日趋严重而组织的，父亲与冯先生均为理事，他们常请各方人士来介绍边疆与民族问题。拉铁摩尔时任太平洋学会秘书兼太平洋时事季刊主笔，曾遍访中国的西北边疆，并深入中亚细亚地区考察，对西北草原民族与中国历史上的关系很有研究。他的一些著作，我父亲曾请侯仁之先生翻译，刊于《禹贡》半月刊。是日拉铁摩尔到校后，父亲先在家中设午宴招待，陪客还有梅贻宝、侯仁之、雷洁琼、顾廷龙等先生。下午拉铁摩尔演讲完毕，父亲又送其返城。侯先生晚年时常和我谈起这些情况。

父亲自1931年秋始任北大史学系兼课讲师。1932年，他在燕大、北大开"中国古代地理沿革史"课，讲授《尚书·禹贡》，迫切感到绘制地理沿革图的重要。次年春，他请吴志顺来家中绘制《地图底本》，院内北屋西耳房即为吴氏住宿和工作的场所。绘制地图不久即成为禹贡学会的一项工作，绘图者也增加了二人，该图由父亲和郑德坤先生编纂，谭其骧、冯家昇、侯仁之先生校订,出版了三种缩尺、三种色彩的最新分幅地图,用以作全国历史地图的准备。侯仁之先生日后称这项工作是学会"最值得注意的"学术活动之一。

1934年年初,父亲和谭其骧先生因在燕大、北大、辅仁三校同学的课卷中屡见佳作,但可惜没有机会出版,不能公诸同好,于是商定创办《禹贡》半月刊,以三校同学的作业为基础,并欢迎校外的投稿,期望在公开讨论中养成研究学问的兴趣,推进学业的进步。随即又筹建禹贡学会,制订具体工作计划,包括整理中国地理沿革史,绘制地理沿革图,编辑中国历史地名辞典,整理历代地理志,辑录地理书籍中各种文化史料作专题研究等等。会址就设在三号院内东屋。经费主要由父亲和谭先生承担。3月1日,《禹贡》半月刊第一期出版。父亲编辑此刊,不仅亲自为学生分发题目,而且为他们的处女作或不成熟的稿件核对补充材料,修改甚至重作。他这种培育人才、弘扬学术的苦心,不知感动了多少人!此时侯仁之先生是燕大历史学系二年级学生,1980年他谈到自己当年在此刊上发表的首篇文章时说:"经过了颉刚老师的修改、补充和润饰,竟使我难于辨认是我自己的写作了。这件事大大激励了我,我决心去钻研古籍,就是从这时开始的。"

是时顾廷龙先生在燕大图书馆任职,并与我父亲同编《尚书文字合编》,稍有余暇也投入《禹贡》半月刊的工作。是年8月,父亲因其继母逝世去杭州服丧,廷龙先生在此操持该刊事务。1935年春,父亲为安葬继母事再次南归,半月刊本由谭先生接编,但因其住在城里,在编了三卷一期之后,又忙于其他事情,未能到蒋家胡同来。为使半月刊不脱期,父亲写信请廷龙先生和钱穆先生相助。廷龙先生晚年多次对我谈到当日情形:当时钱先生在北大任教,并在清华大学兼课,每周到清华上课时,就在三号父亲家中住一两夜。钱先生每次来,不仅将廷龙先生所交之稿审定,还为此刊写稿,有的稿子以"梁隐"之笔名发表。在父亲返平接手编辑三卷六期之前,廷龙先生和钱先生等人为此刊的顺利出版作出了自己的贡献。

不久谭先生往广东执教,半月刊改由冯家昇先生协助父亲编辑。此时由于边疆问题日趋严重,父亲已将该刊的内容从研究沿革地理逐步转到以研究民族演进史、边疆历史和现状为主。最初半月刊每期仅二三万字,从事撰稿者不过20多人;不到两年,会员即增至200人,每期篇幅也扩充至七八万字。这时该刊早已超出发表学生习作的范围,而成为社会上颇有声誉的学术刊物,学会的工作也不断获得社会的支持。1935年前教育总长张国淦先生将西四小红罗厂一处房产捐与禹贡学会,这年11月,父亲把绘图及编辑部门迁入该处,正式挂出禹贡学会的牌子,而发行组仍留在蒋家胡同三号,因为半月刊是在位于成府的燕大引得校印所印刷(直至1937年6月下旬,发行组才迁入城内会址)。同年9月,父亲利用燕京大学休假一年之机,任北平研究院史学研究会历史组主任,为便于办公迁入城内居住,原成府寓所则请廷龙先生一家入住,代为照看("七七事变"后父亲为躲避日寇追捕而离开北平,他在成府寓所的藏书由廷龙先生与侯仁之先生安置在临湖轩司徒雷登住宅的地下室,廷龙先生一家也于1939年夏赴沪)。

1936年5月,禹贡学会正式成立,选举父亲为理事长,于省吾先生为监事长。此时会员已达到400多人,其中包括不少学术界有成就的学者。在父亲等人的努力下,学会得到管理中英庚款董事会的补助,设置各项人员以开展工作,其中有冯家昇、张维华、白寿彝、赵泉澄、韩儒林、史念海等任专业研究员。为集中讨论问题,半月刊自第五卷始陆续编辑出版了许多专号,如西北、东北、康藏、察绥、南洋、后套水利、回教与回族等,其中有不少是首次向学术界提出的问题或资料,对这些问题的研究起了很大的推动作用。当1937年半月刊创办三周年时,每期字数已增至14万,印数也从起初的500册增至1500册,该刊迄"七七事变"发生而停刊之时,共出版七卷八十二期,发表文章700余篇。学会胜友如云,成果剧增,在中国现代史学史上堪称盛事,以致引起日本学界的注意,被其称为"禹贡学派的人们"。

这样一个以私人力量组织的、靠着父亲的捐款(以北大兼课薪水支付半月刊印费)、会员的会费及社会上的资助而维持下来的学会,在短短三年多时间里取得如此进展,首先是学会的工作能够跟上时代步伐,适应于当时救亡图存的需要。再者,父亲一贯倡导的平等讨论的学风,以及他质朴、热忱的君子之风,吸引团结了一大批"同声相应,同气相求"的人们,为半月刊和学会开辟了许多新园地,为我国学术史孕育出新生命,可以说从这里培养了历史地理学整整一代人才,影响广远。父亲去世后,谭其骧先生对我谈起往事,十分怀念当日的盛况,他说,应该在蒋家胡同三号大门口挂一块"禹贡学会筹备处"的牌子以示纪念。以后由于北大的扩建,三号院子危在旦夕,侯仁之先生多次对我说,这个院子是中国历史地理学的"根",有保存的历史价值,一定要留下来。经他多方呼吁,三号院父亲所住的内院,整体搬迁至二号院的后身,总算是不幸中的万幸了。

成府蒋家胡同老三号院

岳升阳

1934年顾颉刚先生创办了著名的《禹贡》半月刊,在刊物封面上的地址栏中,写着"蒋家胡同三号"的字样。蒋家胡同三号是《禹贡》的创刊地,也是顾颉刚先生在燕大任教时的旧居,今天这所院落虽被保留下来,但已离开了它的原位。

一、蒋家胡同三号院的历史

蒋家胡同位于成府村,成府村原在北京大学东校门外,东邻清华大学。60年前,成府曾是一个有数百户居民的村庄,到1990年发展成占地75万平方米,居民1300户,3461人的街区。[①] 2002年,为建设北大科技园,成府村完成搬迁,此后北大将其改为教学科研用地,成府旧址成为校园的一部分。

成府村形成于明代,在北京西郊的西山脚下,有一批以"府"为名的村庄,如香山脚下的杰王府、娘娘府等,它们都是明代皇族的墓地,埋葬的多是早死的王或公主。《成府村志》的作者金勋先生据此推测,成府应该是明代成王墓地,原称成王府,简称成府。[②] 而清代志书中也把它写作"陈府",究竟是"成府"还是"陈府",至今仍是个谜。清代成府村地处西郊皇家园林旁,村北与圆明园三园之一的绮春园隔河相望,绮春园

作者单位:北京大学城市与环境学院。

的附属建筑就建在村中。东北是熙春园和内务府包衣三旗营房,今天已成为清华大学校园。东面不远处有圆明园护军正蓝旗营房,南面有晚清时期的治贝子园,西面紧邻和珅的淑春园以及鸣鹤园、镜春园、朗润园。成府村成为服务于园林的重要商业点,村中聚集了众多的店铺和作坊,有繁华的商业街。1860年英法联军焚毁西郊诸园,有名的商家纷纷离去,成府随之衰落。20世纪初,随着清华、燕京两所大学在村子的东西两边兴起,成府又渐渐有了些元气。尤其是1926年燕京大学由城里迁入村西的淑春园旧址后,成府成为许多燕大教授和员工的寓居之地,照相馆和书铺等也相继出现了。

蒋家胡同是成府村中部一条东西向的胡同,长仅100多米,由十余所院落组成(图1)。蒋家胡同在清末称安家胡同,因安姓人家占据了大半个胡同而得名。后安家搬走,胡同也改了名称。蒋家胡同中最好的建筑位于胡同北侧,据金勋《成府村志》记载,清末蒋家胡同路北共有五个门户,东头一户为赵歪子,专精于正骨。中间三座大院,均为天利木厂主人安姓的住宅。西头一院为洪姓,正蓝旗人。胡同南侧除安家的马圈外,还有吴姓、李姓等住户。安家为东安县人,经营天利木厂,东家安联魁曾于清同治年间参与重修圆明园中路九洲清晏的工程。工头安鹏性好武,曾中武举人。[3]安家在蒋家胡同的宅院约建于同治年间,距今已有100多年的历史。

安家的三个院落为北京地区典型的两进式四合院,院落宽阔、舒展,三院并列相互之间有游廊连接,东面和中间的两座院落后面各有一座花园(图2)。作为《禹贡》旧址的三号院位于中间,由大门、南罩房、垂花门、游廊、正房、耳房、东西厢房和后花园等部分组成,共有房屋20多间。三号院大门南向,门前为垂带踏跺的高台阶,台阶两侧各有一座简易的上马石。门框下有一对精美的门墩,在"文革"中被砸毁。大门与南罩房并排共11间房,大门东侧为3间房,西侧为7间房,大门内迎面为一座精致的砖影壁。内院大门为垂花门,门内有游廊连接东西厢房,垂花门和门两侧的游廊大约在20世纪40年代被拆除了。正房面阔3间，两边各有耳房2间，东西厢房各3间，正房与厢房之间有抄手廊连接。在正房和厢房的廊下两侧，装饰有园林彩绘，似乎画的是圆明园中的景物。像北京的许多四合院一样，庭院中间有一口大水缸，可以存消防用水，也可以种植莲花，院子里栽种有海棠树和竹子。正房的后面有一座花园，园内堆有土山，园子的西南角为厨房，有过道通到内院，园子北面有一排堆放杂物的后罩房。

1926年，燕京大学迁至燕园后，购得原安家的三个院落作为教职工寓所，当时东边的院子为蒋家胡同二号，中间的为三号，西边的为四号。那时的门牌号排列方法是东西向胡同由东向西沿街北侧院落按序号排列，到胡同西头后再转到胡同南侧，由西向东排列，所以胡同东口路北的门牌号最小，路南的门牌号最大。1965年北京实行门牌单双号改革，东西向胡同路北为单号，路南为双号，皆由东向西排序，于是二号院变成了三号院，三号院变成了五号院，这一变化差点给今人造成错认。

二、《禹贡》半月刊旧址

1929年，顾颉刚先生就任燕京大学历史系教授，居住于蒋家胡同的燕京大学宿舍。他初落脚于蒋家胡同路南的九号院，一年后迁入蒋家胡同路北的三号院（图2），在此一直居住到1935年秋。

顾颉刚(1893～1980年)是中国著名的历史学家，又是中国历史地理学的奠基者、中国民俗学的倡导者。他曾在20年代初提出"层累地造成中国古史"观，对中国近代的历史学产生巨大影响，以他为代表的一群学者被称为"古史辨学派"。他是一位敢想、敢说、思想活跃的学者，1934年2～3月，他在成府村的一家小饭馆里策划出《禹贡》杂志，随即在蒋家胡同三号院创办刊行了《禹贡》半月刊，开展对中国历史地理的研究。1935年以后《禹贡》编辑部虽迁往城内小红罗厂胡同，但蒋家胡同三号仍是它的发行所。1937年"七七事变"后，《禹贡》被迫停刊,共发行七卷八十二期。

《禹贡》一诞生就成为当时中国历史地理学研究的主要刊物,围绕着它产生了一批致力于历史地理研究的学者。当年经常出入于蒋家胡同三号院的谭其骧、侯仁之、史念海,后来成为中国历史地理学界的三大家。今天中国的历史地理学工作者大多是《禹贡》一系的后学,将《禹贡》视为现代中国历史地理学的摇篮当不为过,而蒋家胡同三号院就是它的发源地。

当时三号院前院的南房,一部分由燕京大学电灯厂职员刘廷佐居住,一部分用于堆放杂物。顾颉刚先生居住于内院,他把院中地位最高的正房辟为书房,自己则住在厢房,他形容这是"书居正屋,而人住厢房"。为了办刊物,他将东厢房腾出来用做《禹贡》半月刊的办公场所,自己一家人则蜗居在西厢房。东厢房里除了《禹贡》外,还有他主办的通俗读物编刊社,他将大量民间的唱词编辑印刷出来,广为散发,希望通过民间说唱的形式向普通民众宣传爱国精神,以此来反抗日本军国主义的侵略。到1937年"七七事变"时,他们共出版各种唱词等通俗读物近200种。正房的西耳房是绘图员吴志顺的居室,吴氏于1933年春来到燕京大学,在此帮助顾颉刚先生绘图,曾绘制顾颉刚等编纂的《地图底本》。东厢房后面与二号院之间是一个夹道,夹道内有一间房屋用来做《禹贡》半月刊和通俗读物编刊社的库房。正房后面的花园,当时已成一片空地,胡适先生来访时曾在园中与顾颉刚先生合影留念。1935年秋,顾颉刚先生迁入城内居住,将蒋家胡同寓所交给其亲属顾廷龙先生代为照看,西厢房由顾廷龙一家居住,顾廷龙之子顾诵芬先生也曾居住于此(图3)。

蒋家胡同三号还是中外学术交流的场所,一些国外学者在此与顾颉刚先生会面,其中一位是美国的中国问题专家拉铁摩尔(Oven Lattimore),侯仁之先生曾应顾颉刚先生的要求在《禹贡》上翻译其著作。1937年拉铁摩尔先生去延安访问,成为同情中国革命的友好人士。

三、蒋家胡同三号院的保护

　　2002年,北京大学的科技开发公司准备在成府建设科技园,对成府进行拆迁改造,蒋家胡同也在拆迁之列。得知此消息后,侯仁之等数十位教授联名向学校呼吁保护蒋家胡同三号。由于科技公司是企业,学校不好直接干预,遂请科技公司解决。此时公司的开发规划已经做完,蒋家胡同三号院所在地被规划为绿地。于是公司向政府绿化部门提议减少绿地面积保留三号院,这一要求被绿化部门拒绝,因为政府对绿地面积的比率是有明确规定的,要想保住三号院只能减少其他建筑的占地面积。公司又向规划审批部门申请通过增加楼房高度,减少楼房占地面积,实现绿地面积的平衡,这一提议遭到规划部门的拒绝,因为当地处于建设控制地带,对建筑高度有严格的控高要求。公司自身更不愿意为此而减少建筑面积,最后想出了折中的办法,将顾颉刚居住的蒋家胡同原三号院内院搬迁到原二号院后面,组成一座三进四合院,在原三号院的位置建设绿地。

　　在保留蒋家胡同三号院的过程中,侯仁之先生起了至关重要的作用,他积极向学校呼吁,并多次到现场调查。由于开始时人们把老三号院与新三号院搞混了,保了老二号院而忽略了老三号院,为了向学校进一步说明保护老三号院的理由,侯先生让我制作了老三号院位置图和平面图,并附上文字说明。虽然遗产保护的愿望最终没能抵过规划的刚性规定和开发者对建筑面积的刚性需求,但人们毕竟采纳了变通的办法,对《禹贡》半月刊旧址做了异地保护,这也算是不幸中的万幸。

　　蒋家胡同三号院迁建后不久,成府旧址由科技开发用地转为北大的教学科研用地,北京大学历史地理研究中心为此向学校建议,将迁建的后院给历史地理研究中心使用,以继承《禹贡》的学统,但是面对学校提出的1000万元的使用经费,中心的老师们不得不放弃这一想法。后来在院落使用单位法学院的支持下,历史地理研究中心在院门前设立

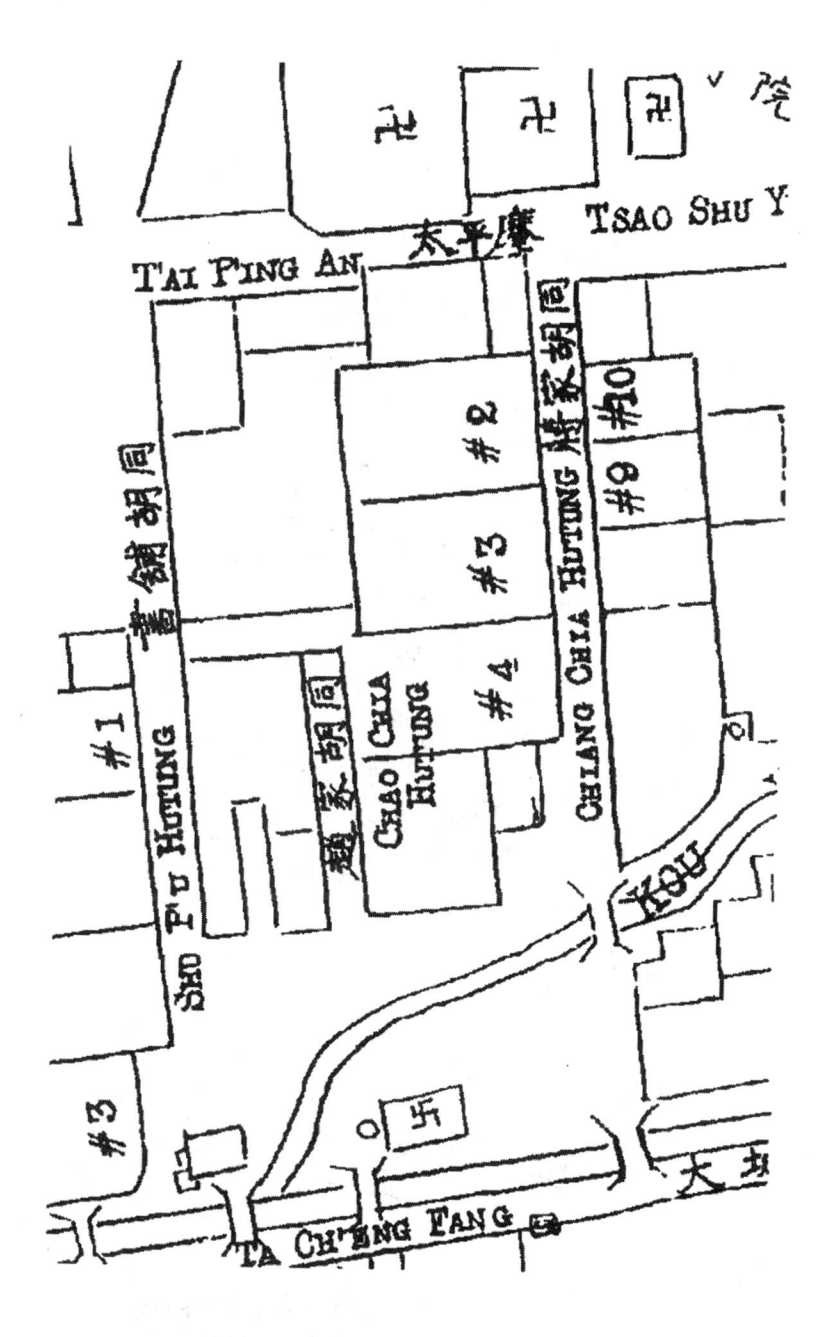

图1 20年代燕大校园图中的蒋家胡同

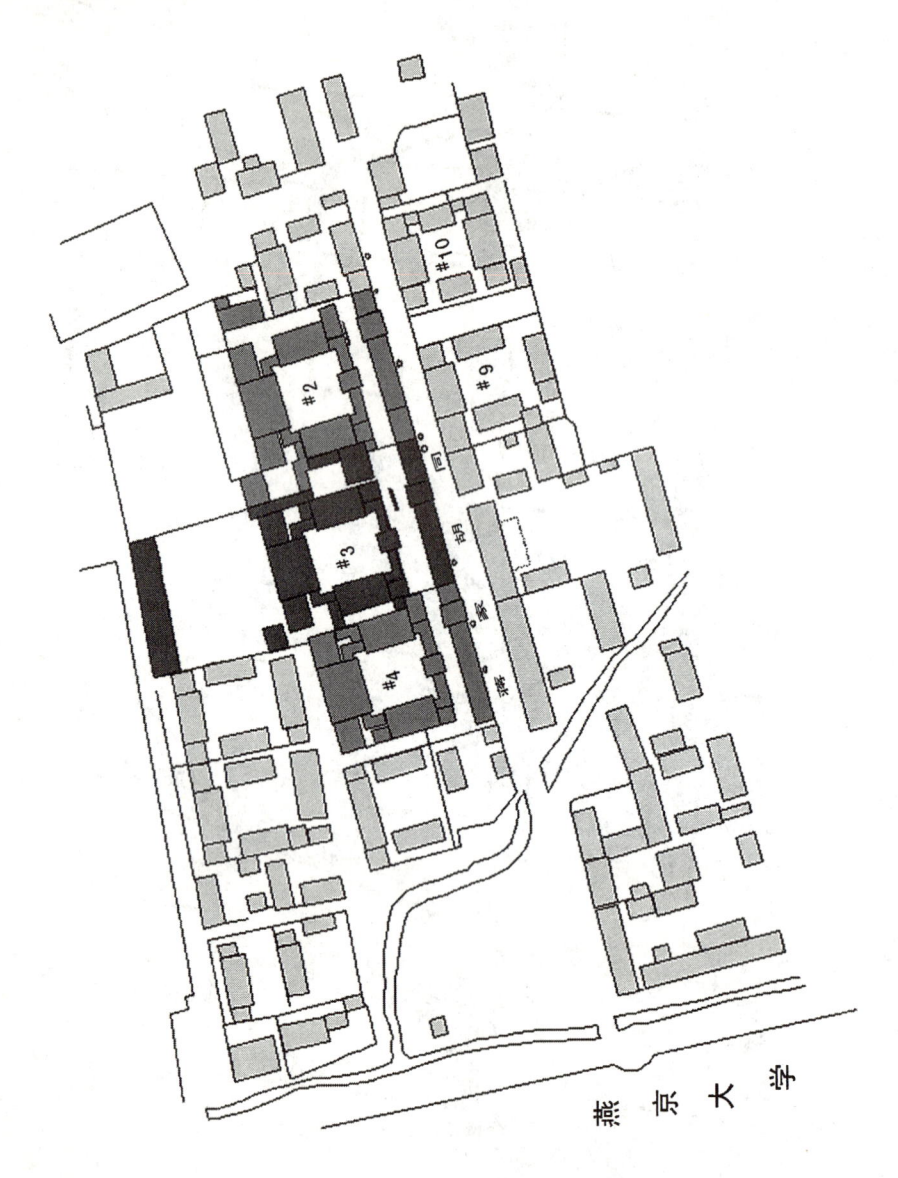

图 2　成府蒋家胡同三号院（据 1/2000 地形图复原）

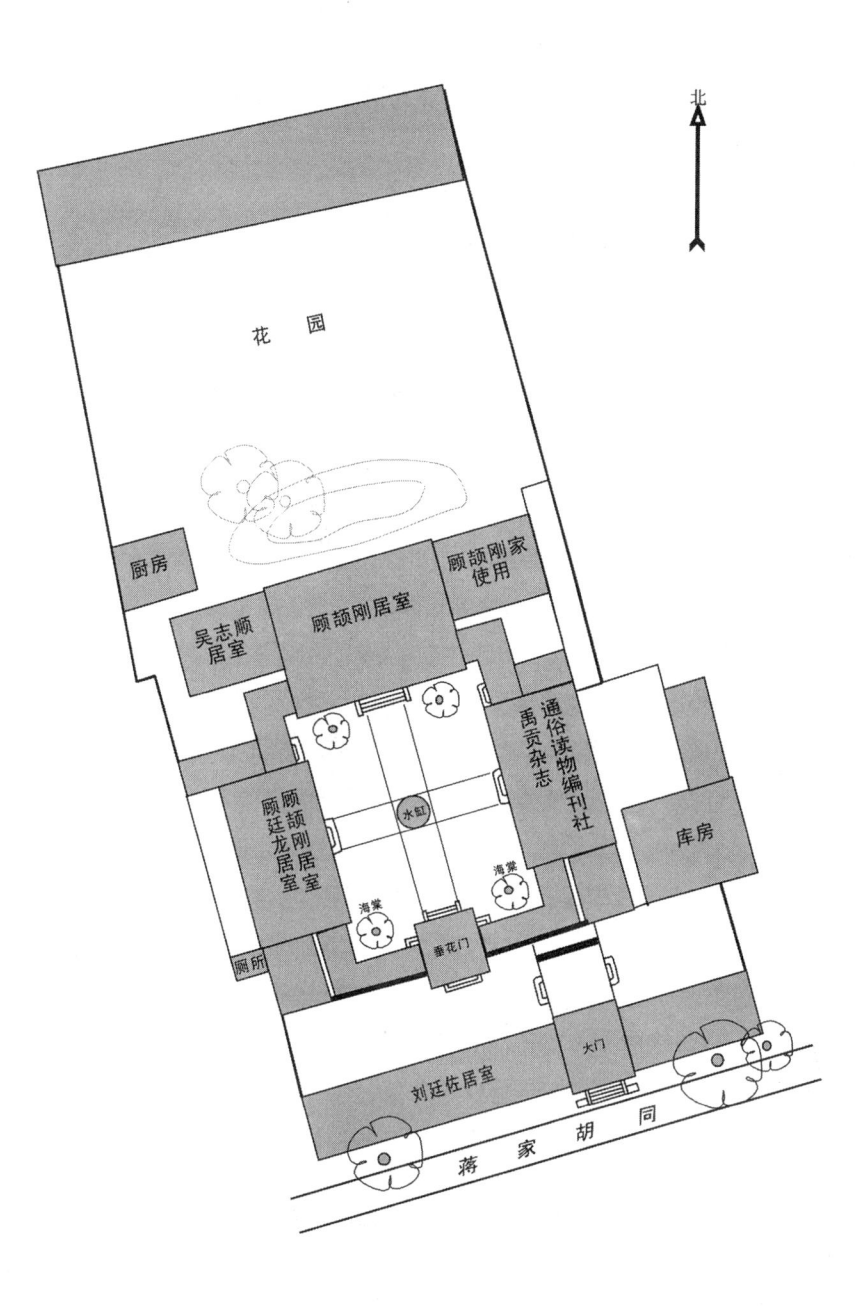

图3 成府蒋家胡同三号顾颉刚故居（根据顾颂芬先生口述绘制）

起标识牌,告诉人们这里曾是《禹贡》的旧址,也是顾颉刚先生的旧居。

注 释:

①《海淀区地名志》编辑委员会:《海淀区地名志》,北京:北京出版社,1992年,第89页。

②金勋:《成府村志》,中国地方志集成·乡镇志专辑29,南京:江苏古籍出版社,1992年。

③金勋:《成府村志》,中国地方志集成·乡镇志专辑29,南京:江苏古籍出版社,1992年。

北京大学"地理学思想史"课程作业选登

按:这里刊登了一组同学们的课业论文。课程是我在北大给研究生上的"地理学思想史"。本以为这门课比较偏,是把脚踏实地的地理学往虚了讲,同学们听听就罢了,不指望他们有多少发挥。不想这是低估了他们的热情和能力。期末作业交上来,才看到同学们是蛮用功的,水平也是蛮不错的。有些问题,我在课上并没有讲,是他们自己在读书过程中摸出来的。看到这样的作业,做老师的当然高兴。同学们做作业如此认真,仅仅给个高分,总觉不够,应当把这样的学习精神和成果交流出去。正好,《九州》第五辑开始编了,于是就决定选出几篇同学的课业论文登在上面。这一辑《九州》刚好赶上禹贡学会80年纪念,想到顾颉刚先生当年编《禹贡》半月刊时,就有选登同学课业作品的做法。现在《九州》也来刊登同学的作业,可算是一种对禹贡学会的纪念吧。(唐晓峰)

作者信息(按选课时间先后排列):

张新宇:2008年春季学期选课,时为中央民族大学2007级硕士研究生,现任职于国家图书馆中文采编部。

陈筱:2010年秋季学期选课,时为北京大学考古文博学院硕士研究生,现为北京大学考古文博学院博士研究生。

罗翔中:2010年秋季学期选课,时为北京大学2010级自然地理学硕士研究生,现在多伦多大学地理与规划系攻读博士学位。

周雯:2010年秋季学期选课,时为北京大学历史学系硕士研究生,现为北京大学历史学系博士研究生。

金毅:2012年秋季学期选课,时为北京大学社会学系硕士研究生,现为北京大学社会学系硕士研究生。

石芳:2012年秋季学期选课,时为北京大学历史学系博士研究生,现为北京大学历史学系博士研究生。

从"治理节点"到"治理对象"

金毅

一、导言:"城市观"概念的界定

所谓"城市观",即人们对城市——包括现存城市及通过种种渠道留存下来的关于城市过去的记忆与想象——的观照与认识。产生这些认识的主体,即观照城市的主体,既包括在城市中居住的分阶层居民(如官员、商人、文人、其他普通居民、客居者),也包括级别更高的官员、城市的设计师与建造者、旅行者等。这些群体体验、认识和理解城市的不同方式,构成了城市观的丰富内涵。城市史家卡尔·休斯克(Carl Schorske)在考察欧洲思想史中的城市观时认为,社会变化引起的观念和价值转型,比社会本身的变化还要多样;因而对城市观进行探讨,则能为考察人、社会与文化的本质,提供多样的概念和价值。[①]另一方面,城市观也将影响人们基于城市的其他行为,如在社会治理和政策制定时是否区分城乡,如何通过城市规划具体实践反映政治经济权力集团的宇宙观和城市观等。

城市在中国起源很早,但对中国古史地理中观念的研究,较倾向于关注古人的宇宙观、国家观,以及对山川、河流等自然地理事物的认识。[②]对于古代城市的专项研究,就物质形态而言,通常注重结合多种史料以考辨城市位置、城址沿革、城墙及城内街道布局等;而对于观念的研究,则较为注重从城市的建成形态来考察规划思想,以及其中蕴涵的宇宙论和世界观。[③]事实上,人们将特定的宇宙观行诸城市建设实践,势必受到了某种城市观影响(本例中,即将城市视为展演宇宙秩序的场所)。本文即为对中国古代的城市观的一种尝试性探讨。通过简要梳理正史地理志中对城市行政管理机构设置(即城市治理体制)的记载,试图从侧面对官方城市观加以推断。本文认为,在汉代以降的治理实践中,城市大体经历了由"治理节点"到"治理对象"的演变。所谓"治理节点",即城市主要作为管理领土和人口的各类治所集中之地,充当着统治秩序中的节点,城市本身的独特治理需求尚未凸显;而所谓"治理对象",则是将城市作为区别于乡村的、需要采取特殊治理模式的对象。治理实践的变化,体现了官方城市观对城市本身变化的因应。

二、汉代的治理模式与体现的城市观

《周礼·地官·载师》载:"邑外为郊,离城五十里为近郊,百里为远郊。"④已经对"邑"与"郊"作出了一定的空间界分。⑤而在正史中纳入"地理志"专篇的编撰体例,则是由班固在《汉书》中首创。周振鹤先生指出,《汉书·地理志》与此前的《山海经》、《禹贡》、《职方》等地理学作品不同,后一类著作一般以山川为主体,而《汉志》则体现了"以人文地理为中心"的新地理观,以行政区划为枢纽,将其余自然地理和人文地理现象都分系于相关政区之下。⑥这里权以长安和成都为例,讨论《汉书·地理志》的著述形式及反映的城市观。

长安:京兆尹,故秦内史,高帝元年属塞国,二年更为渭南郡,九年罢,复为内史。武帝建元元年分为右内史,太初元年更为京兆尹。元始二年户十九万五千七百二,口六十八万二千四百六十八。县十二:长安,高帝五年置,惠帝元年初城,六年成。户八万八百,口二十四万六千二百。王莽曰常安。⑦

成都:蜀郡,秦置。有小江八,并行千九百八十里。《禹贡》桓水出蜀山西南,行羌中,入南海。莽曰导江。属益州。户二十六万八千二百七十九,口四百二十四万五千九百二十九。县十五:成都,户七万六千二百五十六。有工官。⑧

京兆尹既是首都三辅⑨之一的政区名,也是这一政区的长官名。《三辅黄图》所录《公羊》之说:"京,大也;师,聚也。天子所居。"⑩谭其骧先生认为,"兆"与"师"其意并无二致,首都为大众所聚之处,故称"京兆"。⑪据此而言,在汉代,首都并非一座孤立的城市(长安城),而是包括长安县在内、由京兆尹管理的整个区域,及左冯翊和右扶风铃辖之区。京兆尹的治所在长安城南尚冠里,左冯翊、右扶风亦皆治长安城内。⑫从《汉志》的记载看,长安城建造了城墙,具备了城市的建成形态;王莽时代还设置了"六乡"来统领长安城外范围广大的郊区,⑬城、郊分野得以明确。但长安城仍设县来进行管理,与其他地区无别,《汉志》当中更仅以寥寥数言提及长安县的建置时间、城墙营建时间及户口数量,并未就长安城的具体形态,城内格局等多加叙述。而成都虽为蜀郡郡治,同样置成都县进行管理,与其余地区无别,《汉志》中更是仅言及成都县的户数及"有工官",对于成都城的情况也一概付之阙如。由此而言,在汉代的官方观念中,城市主要是以某一特定区域治所的形式存在的,对辽阔疆域内数量众多的人口进行有效管理,维护王朝统治秩序,并及时征缴钱粮赋役才是统治者关注的核心议题。作为"治所"存在的城市是统治秩序中的重要节点,因而其存在的意义便不在于城市自身。

三、唐代的城市治理模式与城市观

与《汉志》相比,两唐书《地理志》对城市的录述则有了一定程度的变化。仍以长安与成都为例。唐时,长安虽仍隶属府县管辖,但新旧《唐书》均专列首都条目:

《旧唐书》京师:秦之咸阳,汉之长安也。隋开皇二年,自汉长安故城东南移二十里置新都,今京师是也。城东西十八里一百五十步,南北十五里一百七十五步。皇城在西北隅,谓之西内。正门曰承天,正殿曰太极。太极之后殿曰两仪。内别殿、亭、观三十五

335

所。京师东有大明、兴庆二宫,谓之三内。有东西两市。都内,南北十四街,东西十一街。街分一百八坊。坊之广长,皆三百余步。皇城之南大街曰朱雀之街,东五十四坊,万年县领之。街西五十四坊,长安县领之。京兆尹总其事。东内曰大明宫,在西内之东北,高宗龙朔二年置。正门曰丹凤,正殿曰含元,含元之后曰宣政。宣政左右,有中书门下二省、弘文史二馆。高宗已后,天子常居东内,别殿、亭、观三十余所。南内曰兴庆宫,在东内之南隆庆坊,本玄宗在藩时宅也。自东内达南内,有夹城复道,经通化门达南内。人主往来两宫,人莫知之。宫之西南隅,有花萼相辉、勤政务本之楼。禁苑,在皇城之北。……⑭

《新唐书》上都,初曰京城,开元元年曰西京,至德二载曰中京,上元二年复曰西京,宝应元年曰上都。皇城长千九百一十五步,广千二百步。宫城在北,长千四百四十步,广九百六十步,周四千八百六十步,其崇三丈有半。龙朔后,皇帝常居大明宫,乃谓之西内,神龙元年曰太极宫。大明宫在禁苑东南,西接宫城之东北隅,长千八百步,广千八十步,曰东内,本永安宫,贞观八年置,九年曰大明宫,以备太上皇清暑,百官献赀以助役。高宗以风痹,厌西内湫湿,龙朔二年始大兴葺,曰蓬莱宫,咸亨元年曰含元宫。长安元年复曰大明宫。兴庆宫在皇城东南,距京城之东。开元初置,至十四年又增广之。谓之南内,二十年,筑夹城入芙蓉园。京城前直子午谷,后贞龙首山,左邻灞岸,右抵沣水,其长六千六百六十五步,周二万四千一百二十步,其崇丈有八尺。⑮

两唐书对京城的描述虽各有侧重,但区别不大。京城作为具有独立性的城市,被两唐书的编撰者给予了特别的关注,但除却名称沿革、城墙周广及坊的基本格局外,仍以皇室居处之地(宫城、禁苑)为主要记述内容。就京城的管理体制看,前列《旧唐书》引文明确记载,以皇城南大街为界,以东由万年县管辖,以西则由长安县领属。从两唐书的有关记载来看,两县皆为京兆府所辖,与汉代类似,除两县外,京兆府还领属咸阳、兴平等十八县。长安县治所在直怀坊,万年县治所在永乐坊,而《新唐书》在两县条目下,并未再叙述城内的情况,而主要记载了城周边的宫殿、陵墓等的分布状况,如长安条目下有"南五十里太和谷有太和宫,武德八年置,贞观十年废,二十一年复置,曰翠微宫,笼山为苑,元和中以为翠微寺。有子午关"[16]的记载。以班固在《汉志》中开创"行政地理志"这一著述体例推断,太和宫所在的城南五十里之地,也当隶属长安县辖。京城虽然在志书中以专门的条目进行著录,但实际的行政管理仍然没有将城市、郊区与乡村区分开来。在同属京兆府的高陵县条目下,有"西四十里有龙跃宫"这样的表述,亦可见"县"既可以指县辖境全域,又可专指县城,城与乡的分野并没有通过管理体系清晰体现出来。

但也正是在唐代,县的分等制度得到进一步完善,将政治地位和户口土地作为对县进行分等的双层次指标,[17]西晋时初创的"赤县"制度被确立下来。据《通典》记载:"大唐县有赤、畿、望、紧、上、中、下七等之差。京都所治为赤县,京三旁邑为畿县,其余则以户口多少资地美恶为差。"[18]西京的万年、长安,东京的河南、洛阳和北都太原府的太原、晋阳共六县为赤县,而在长安城周边,咸阳、兴平、高陵等县则为畿县;事实上在赤县与畿县之间,还有"次赤县"一级,长安周边的云阳(在今泾阳北)、三原、昭应(今临潼)、富平等县即为次赤县。而在地方,与皇室有关的节度使驻地(如河东道河中府的河东、河西,剑南道成都府的成都、华阳等县)亦定为"次赤县",次赤县附近有"次畿县"。"赤县"的概念由来已久,《谷梁传·桓公五年》:"九州之内名赤县。"《史记·孟子荀卿列传》载,齐人邹衍分天下为八十一州:"中国名为赤县神州。"对县进行分等的做法始于秦时,主要是依据治理的难易程度。"赤县"本为国家的别称,而在为县分等时,将天子所居的、级别最高的县定名为"赤县",一方面反映了以局部象征来投射国家的整体政治秩序,展现"家国同构"的国家观念;另一方面,与前述城市描述主要关注皇室的日常活动场所和陵墓类似,突出都城而忽视其他城市,其实是将城市作为政治体系的

舞台、政治实践的背景,城市本身并没有真正成为一种独特的治理对象受到官方关注。两唐书对成都的记载可进一步说明这一观点:

> 《旧唐书》成都:汉县,属蜀郡。汉朝成都一县,管户一万六千二百五十六。蜀,三代之时西南夷国,或臣或否。至秦惠王既霸西戎,欲广其地,乃令其相张仪、司马错伐蜀。取其地,立汉中、巴、蜀三郡。蜀王本都广都之樊乡,张仪平蜀后,自赤里街移治于少城,今州城是也。蜀城,张仪所筑。华阳:贞观十七年,分成都县置蜀县,在州郭下,与成都分理。乾元元年二月,改为华阳。[19]

> 《新唐书》成都,次赤。有江渎祠。北十八里有万岁池,天宝中,长史章仇兼琼筑堤,积水溉田。南百步有官源渠堤百余里。天宝二载,令独孤戒盈筑。华阳,次赤。本蜀,贞观十七年析成都置,乾元元年更名。[20]

唐代中期以后,成都由于偏处西南一隅,受兵燹战乱波及相对较小,社会经济得到长足发展,素有"扬一益二"之称。但城市经济的发展并没有见诸正史地理记录,《唐书》编修仍然注重行政建制的沿革,除《旧唐书》提及成都城为张仪所筑外,对于成都城内格局、形制均无记录。而《新唐书》地理志还涉及政府在城外筑堤灌溉的史事,进一步说明尽管县的官署设在城内,但治理范围仍兼有城和乡。因而,从某种意义上可以认为,唐代的官方地理观(也包括唐以后正史地理志编撰者的地理观)较汉代没有明显变化,城市仍是作为"治所"存在的统治秩序中的重要节点。

四、宋代的城市治理模式与城市观

研究者们通常认为,传统中国的经济发展到宋代曾一度达到高峰。城市中出现了"坊廓户",他们拥有城市居民的身份,并且缴纳房产税,"坊廓户"的出现是城市和农村开始分离的标志,这一时期,城市职能虽然仍以行政功能为主,但以里坊(闾里)制和官办市肆为主要特征的传统封闭式城市逐渐被打破,中国城市的性质、功能、土地利用和空间结构上出现了一系列创新,渐渐和其所处的农村地区区别开来。[21]观念可以作为行动的先导,但观念本身也是在某些实践经验的基础上逐渐形成及演变的。宋代打破了唐代城市坊墙对商业活动的限制,同时为了因应城市管理的复杂化,开始在城内设立"厢","都厢制"被一些研究者认为是中国最早的建制城市。[22]不过在正史地理志记载中,区分城乡的治理实践与重视城市经济功能的观念,并没有得到具体体现。与两唐书类似,《宋史·地理志》在具体录述过程中,也将京城(包括东京开封府、西京河南府、南京应天府、北京大名府及行在临安)单独列在最前,而记载的内容除都城整体的建置沿革外,主要是宫城的城墙规模、城门建设时间及名称变化,宫城内各宫殿的布局、名称沿革,宫城内的苑囿等其他设施,并简要记载了与这些建筑有关的部分史事,以及皇城、京城的规模和城门命名沿革。[23]而对于城市的其他职能,尤其是当代研究者已经达成共识的城市经济功能区的变化,则一仍前例付之阙如。就治理实践而言,一是继续实行不区分城乡的县制,东京城由开封、祥符二县分治,南京应天府城由宋城县辖领,西京河南府城由河南、洛阳两县钤辖,北京大名府城则仅设元城一县(熙宁六年大名县改镇并入),南宋时升钱塘、仁和二县为赤县,为了进行具体管理,又在县下设厢,管理城市及郊区事务;[24]另外,宋代袭用唐代确立的对县进行分等的政策并作出了一定调整,仍以都城所在之县为赤县,而都城周边县份则全为畿县(部分为次畿),另将路治所在且具重要军事和经济意义的一部分县定为"次赤",如真定、阳曲(今太原)、长安、河东、天兴(今陕西凤翔)、上元、江宁(二县同治今南京市)、江宁、成都、华阳(二县同治今成都市)、南郑(今陕西汉中),"次赤"县周边又设"次畿"。因而,以城市为分级节点的行政管理体系得以完善,但作为节点的地方城市本身,仍未受到关注。仍以成都为例:

  成都府,次府,本益州,蜀郡,剑南西川节度。太平兴国六年,降为州。端拱元年,复为剑南西川成都府。淳化五年,降为益州,

339

罢节度。嘉祐五年,复为府。六年,复节度。旧领成都府路兵马钤辖。建炎三年,罢兼利州路。绍兴元年,领成都路安抚使。五年,兼西路安抚、制置大使。十年置宣抚,罢制置司,知府带本路安抚使。十八年,罢宣抚,复制置司;乾道六年,又罢,并归安抚司,知府仍带本路安抚使。淳熙二年,复制置司,罢宣抚司。未几,两司并置;后罢宣抚,仍置制置大使。嘉定七年,去"大"字。崇宁户一十八万二千九十,口五十八万九千九百三十。贡花罗、锦、高纻布、笺纸。县九:成都,次赤。华阳,次赤……⑤

对于成都这样的地方性城市,虽然地位也相对较高(府治有二县,地方城市今成都、江宁二例,且均为次赤县),但《地理志》的著录仍以建置沿革为主,提及户口数量、特色贡物,成都、华阳二县由于没有行政区划调整,仅标示等级。

五、辽金元时期的城市治理模式与城市观

宋代实际发生的城市革命虽然在中原王朝的治理实践中体现得较为隐晦,但仍然潜移默化地改变了时人的城市观,并且在同一时期北方民族政权的行政管理中首先得到彰显,其主要表现形式即"都市警巡院"的设置。根据韩光辉先生的研究,辽代的五京均已设立了警巡院,并可能已经上升为地位不低于赤县及京县的独立机构,隶属于各京府;《金史》也同样明确记录了金代的警巡院设置情况,有金一代曾先后在其中都、南京、上京、东京、北京和西京六个都市设置过八个警巡院;警巡院设警巡使一名,品秩为正六品,高于赤县县令的从六品;执掌则与赤县县令区别不大,但职权范围限制在城市内,因此主要是民事、司法与治安等,不包含劝课农桑、兼管常平仓等针对乡村的职能;不过警巡院主要还是在政治地位最高的各个都城设置。⑥辽金两代开创的在都城设警巡院的制度,在两代统治后期由于部分都城因战乱凋敝而曾一度废止,但到元代又得以重新确立起来。《元史·地理志》对大都的记

述中不仅明确包含了警巡院,其体例亦较前代有所区别:

> **大都路**,唐幽州范阳郡。辽改燕京。金迁都,为大兴府。元太祖十年,克燕,初为燕京路,总管大兴府。太宗七年,置板籍。世祖至元元年,中书省臣言:"开平府阙庭所在,加号上都,燕京分立省部,亦乞正名。"遂改中都,其大兴府仍旧。四年,始于中都之东北置今城而迁都焉。京城右拥太行,左挹沧海,枕居庸,蔂朔方。城方六十里,十一门……。海子在皇城之北、万寿山之阴,旧名积水潭,聚西北诸泉之水,流入都城而汇聚于此,汪洋如海,都人因名焉。恣民渔采无禁,拟周之灵沼云。九年,改大都。十九年,置留守司。二十一年,置大都路总管府。户一十四万七千五百九十,口四十万一千三百五十。用至元七年抄籍数。领院二、县六、州十。州领十六县。**右警巡院**。**左警巡院**。初设警巡院三,至元四年,省其一,止设左右二院,分领市民事。县六,大兴,赤。**宛平**,赤。与大兴分治郭下。……㉑

从上述记载可见,在元代的治理实践中,由赤县一应管理都城内及郊区事务的传统治理模式被改变,设置在大都的两个警巡院独立于赤县及大都路的其他县份,并且将其职责明确为"分领市民事",在统治者的治理结构中,"市民"成为一种独特的人群——尽管这一"市民"概念与今天被赋予了"公民社会"意义的市民不尽相同,但其在正史地理志中出现,则标志着官方城市观的一种重大转变得以确立。另一方面,上述引文中对大都的记述其体例虽与前代没有大的区别,但全然未录注宫殿分布状况及沿革,"京城右拥太行……拟周之灵沼云"一段,从宏观上把握大都的山形水势,又细腻地将积水潭的由来、得名及"都人"的有关活动,虽然不能说明有宋一代的商业繁华推动了市民社会兴起,却也至少表明普通民众一度受到史官重视,这可能也与前述城市观的变化有所关联。

与在都城设立警巡院类似,地方城市的治理结构自金代起亦发生了重要变化,即在诸府节镇设立录事司,"掌同警巡使";在防刺州设置司候司,亦主要负责城市的民事,与属县和附郭县平行地隶属于防刺州。㉘元代也沿袭了这一制度,在路府驻地城市设立录事司,仍以成都为例:

> 成都府,上。唐改蜀郡为益州,又改成都府。宋为益州路,又为成都府路。元初抚定,立总管府,设录事司。至元十三年,领成都、嘉定、崇庆三府,眉、邛、隆、雅、威、茂、简、汉、彭、绵十一州,后嘉定自为一路,以眉、雅、黎、邛隶之。二十年,又割黎、雅属吐蕃招讨司,降崇庆为州,隆州并入仁寿县,隶本府。户三万二千九百一十二,口二十一万五千八百八十八。至元二十七年数。领司一、县九、州七。州领十一县。**录事司**。县九:**成都**,下,唐、宋为成都府治所。至元十三年,以本县元管大城内西北隅并入录事司。华阳,下。㉙

由"以本县元管大城内西北隅并入录事司"一文可见,录事司承担的即是管理原来由县领属的各路、府治所城内的相关事务,城与乡在治理体系上走向了分离。而在对中书省保定路的记载中,尚可于清苑县条目内见"中。附郭"㉚之语,附郭县概念的出现亦说明治理结构中"县"的角色已经转变,县的治理范围逐渐退出了由城墙所界定的"城"的范围,成为"附郭县"。我们可以据此推断,在时人的认识中,城市已基本走向了与周边郊区及农村的分异,获得了其独立地位。

六、明清时期的城市治理模式与城市观

明代建立了以里、甲为单位的户籍管理体系,不过自辽代起逐步确立的以警巡院、录事司等为代表的城市体系,在明代并没有继续沿用。从《明史·地理志》的相关记载来看,明代的城市治理模式似乎又出现了一定的反复;此外,《地理志》中除仍记载州府沿革外,城市的观念似乎更为淡化,而侧重于记录县境之内的山川河流,唐宋时对县进行严格分等的制度亦不见于《明史》记载。仍以首都顺天府属县和成都府

为例。

> **顺天府**：……领州五，县二十二。……**大兴**，倚。东南有大通河，亦曰通惠河，水自玉河出，绕都城东南，下流至高丽庄，入白河，即元运河也。又有玉河，源自玉泉山，流经大内，出都城东南，注大通河。**宛平**，倚。西山在西。有桑乾河出山西马邑县，流千里入京师宛平县境。出卢沟桥下，又东南分为二……西又有沿河守御千户所，有卢沟、王平口、石港口、齐家庄四巡检司。㉛

> **成都府**，元成都路。洪武四年为府。领州六，县二十五。**成都**，倚，洪武十一年建蜀王府。**华阳**，倚。北有武担山。又有外江，自灌县分流经城北，绕城西南，一名清远江。又有内江，亦自灌县分流经城南，绕城而东，亦名石犀渠。合流南注于大江。此府城之内，外江也。东有宁州卫，洪武十一年四月置。东南有马军寨巡检司。㉜

北京城内以棋盘街、北安门街为界，以东由大兴县管辖，以西由宛平县管辖，两县除管理城内事务外，也兼领城外郊区，似乎又回归了唐制；成都、华阳二县如之。不过大兴、宛平、成都、华阳等县皆标明为"倚"，从字面上解应为附郭之县。另据《宛署杂记》和《春明梦余录》等文献记载，京城虽设顺天府二县，但"地方分为（东、西、南、北、中）五城，每城有坊，……每城设御史巡视。……元设巡警院，分领坊市民事，即今巡城察院也"，城内一干民事由五城兵马司管理，宛平、大兴二县没有实际管理权。㉝由此可见，尽管从正史地理志中具体体现出的城市观有所反复，但城市治理的日益繁剧，尤其是由外地人开设的商铺充斥京城，㉞使得实际的管治工作必须对城市、郊区和农村地区作出必要的区别。

清代基本承袭了明代的城市治理模式，城墙所圈定的范围即为北京城的范围，大兴、宛平二县仍为倚郭京县，县衙均设在城内，但其实际管理范围则明显缩小。清王朝定都北京之后，满族统治者圈占了京师内城，而将原来居住在内城的汉官、汉民及商人等驱逐到前三门以南的外城居住；康熙十三年（1674年）起由步军统领提督内城一应民事、治安事务；同时由于清朝统治者在京西北郊区大修皇家园林，出于管理需要，又于雍正五年（1727年）划定了京师五城之间的界线，以及城属与周边州县（包括大兴、宛平二倚郭京县及昌平、通州等州）的界线，明确将"城属"的范围作为城市郊区。⑧城属并未设置独立的机构进行统一管理，而是由布列于京师内外的巡捕营汛具体负责治安事务；但之所以要划定城属与周边州县的行政边界，正是因为未勘界之前，外围州县与城属之间管辖范围犬牙交错，不利于"稽查奸宄"、"肃清辇毂"，因而需要借此防止各管理机构推诿责任、竞争利益。⑨不过京城与外围州县的政治地位毕竟不同，因此，边界的划定主要是出于卫戍京师的需要；虽然京城内与郊区仍由同样的机构进行管理，但此前具体负责治理事宜的"赤县"或京县，其本位仍为自秦代起便建立起来且仍管理着广大乡村地区的"县"；而从清代京师的案例来看，至少在京城，"县"在实质上已经退出了京城和城市郊区的治理。从某种意义上，这也反映出官方城市观的某些变化，即城市的独立性得到进一步注意；但仍然强调传统政府机构对城市的治理实践，城市功能的整体性没能得到充分体现。

七、总结与讨论

吴松弟在其对近代中国行政区划的研究中提出："自秦始皇在全国范围内实行郡县制以来，我国向来只存在着一种政区模式，即地域性政区。它是一种面状的行政区划，即省是国家的区划，县是省的区划，乡是县的区划，点状的城市始终不是政区的一种。"而根本性的变化，则是民国以来受舶来因素影响，"市"作为一种独立的行政区划被正式设置。⑩不过前文对警巡院、步军统领衙门等城市治理模式的考察已表明，尽管城市名义上隶属县铃辖，但在行政治理实践中，"点状"区划早已显露端倪，吴氏的观点或有待商榷。但城市治理模式亦多有反复，传统管治机构从来没有完全退出城市治理，这或许与人们的城市观尚未发生根本性变化有关。

学者们对帝制晚期中国城市治理模式的变化,以及体现在相关治理实践中的城市观,仍聚讼不已。王笛在其对清末成都街头文化的研究中认为,清代中国的城市缺乏市政管理,街头的主要控制者是邻里组织和保甲系统,他将造成这一局面的根源归结为政府结构,即:"清代最基层官僚机构只设到县级,衙门的正式官员有限,无法满足控制辖区内庞大而分散人口的需要。"以成都为例,成都由成都、华阳两县共治,除了成都城外,两县还要治理城外庞大的农村地区,各种事务令县管理者无暇他顾,他们对城市事务则鲜有兴趣,由此造成的城市治理真空,需要由地方精英努力填补。㊳直到1902年,具有"负责地方安全、进行城市管理、推行社会改革"的警察机构正式在成都建立,才标志了专门针对城市的独特治理模式开始出现,奠定了日后市政管理机构之基础。�439从深层上讲,地方的行政机构的设置是国家的最高统治者在某种城市观的影响下作出的制度选择。由城乡一应事务归县衙负责推断或可推断,在制度设计时左右统治者的观念,并没有对城市和乡村作出明确界分。

牟复礼进一步将城乡之分的消失追溯到了伴随周代古典文明的崩溃而来的社会结构的变化。在他看来,自那时起,古代中国社会便在理论上和社会实践上成为了一个开放的社会,人们有权自由占有土地、迁移住址并改变生活方式,乡村地主城居和城市官员因谪降而乡居都是这一模式的具体体现,这一模式因而强化了城乡的有机统一;当然,强调城乡的有机统一并非夸大城市和乡村在生活方式、文化活动等方面都达成了一致性,但相对于欧洲城市而言,中国的城市从来没能取得一种相对于乡村的傲态和优越感。㊵在《中华帝国晚期的城市》中,施坚雅及许多研究者也都通过对区域经济体系、书院分布、宗族体系等议题的研究,确证了"城乡连续统一体"的实际存在,㊶从而为对城市与乡村未加区分的观念提供了现实依据。

另一派学者,如约翰·瓦特则认为,虽然城乡事务一应由县衙管理,但"除了衙役常被派遣索税或逮捕嫌疑分子外,衙门官员不再直接受理乡村民间生活事务。衙门官员在任职期间(在有些情况下是相当长的),总是住在衙门内,不许他们外出。这样,衙门(所在地)在许多方面就跟人口众多的乡村隔离开了"。[42]从观念方面考察,姜士彬(David Johnson)则更是将"市民"观念在中国的出现前溯至唐代:

"由于城市社会和经济生活变得日益复杂,真正的城市文化开始出现。……人们开始对城市和乡村的差别习以为常;'城市'的概念(相对于长期以来为人们所熟悉的'帝国'不同层次的行政首府而言)被纳入了公共语汇之中。……就城市自身而言,'城市'这个概念,首先是远离人们熟知的乡村村庄世界的一种表现形式;与此密切相联系而且同样重要的是:它意味着城市居民不同于农民。"[43]

罗威廉语带保留地对这一观点表示了支持。他通过对19世纪汉口的个案研究表明,向"市民"身份的过渡并没有消解之前建立起来的基于同乡、宗教或生意关系之上的身份和内聚力。在他看来,城市内的阶级认同感尽管相当微弱,却并不是完全缺乏,而已处于萌芽阶段,而正是这些要素,共同构成了"市民意识"与"市民心态"的重要内涵。[44]

考察非政治性精英群体及普通民众的城市观并非本文主旨,但上述争论也充分展示了在中国语境下研究"城市观"议题的复杂性。本文的讨论着眼于通过以正史地理志为主的史料来呈现中国古代城市治理实践的主要变化,并且借此一窥官方的城市观念。可以大致得出如下结论。

(1)从汉代到清代,中国的城市治理实践的确呈现出一定的变化,城市最早是作为统治秩序的重要节点,即帝王和钤辖帝国领土的各级官署所驻之地,其治理模式没有明显体现出与乡村的区别;然而随着人口的增长和社会经济的发展,城市事务日趋繁杂,因而其治理在帝国的整体统治秩序中开始逐渐占据独立地位。"城市革命"发轫于宋代,并在此后逐渐对城市的治理模式形成影响,自辽代肇创、由元代在全国范围内确立的"警巡院—录事司—司候司"体系,是最早针对城市设立的独特管理机构,城市从"治理节点"开始逐渐转变为"治理对象",这种分城乡而治的观点也延续到明清之际。

(2)城市观的变化具体体现在城市治理体制的演进中,但又不如后者的变化明显,城市没有与农村彻底脱离,"城乡连续统"也未走向彻底断裂,但城市作为一种具有独特性的聚居环境逐渐获得官方认可(具体体现在治理体制上),不过与西方城市相比,中国官方城市观中占据主导的仍是政治性因素,对这一实体加以"管治"是官方城市观的主要内涵。

(3)都城系帝王居处的首善之区,因而除了要强化管治外,还需要通过特定的办法(如在建设前进行规划、以"赤县"之称为京县命名)来模拟特定的宇宙观和天下秩序,都城始终是治理体系的首位城市,因而按照施坚雅的说法,其"城市性"则最多,省城、府城、县城的城市性依其在行政层级中所据有的位置递减[45],从历代正史地理志对不同级别城市(本文主要以京城和成都为例)的着墨力度和记述重点,亦不难推断出此一观点。

城市观与城市治理实践是互构的统一体。官方对城市的治理实践会受其城市观所影响,但新的实践所造成的治理结果也会转而赋予城市观以新的内涵。本文的讨论主要通过正史地理志,考察官方这一主体。当然,对于城市观的讨论,以官方编修的正史作为史料具有一定局限性,后代在编修史书时,往往因袭前代志书确立的叙事模式,某些城市治理的新实践可能没有体现在正史地理志中。其次,正如前文所言,城市实践的参与者还有许多主体,如地方士绅、商人群体、文人墨客、普通市民,甚或"浮末"、"游侠",城市是他们日常生活的"地方",他们会形成自己独特的对城市的认识,并且通过日常实践展现出来,进而影响官方的城市观。大量的都邑志、城市文学作品(包括直接对城市进行描写的文学作品,如张衡的《两京赋》、左思的《三都赋》,以及以都市生活为背景的"市民文学"),都可作为研究素材,同时兼顾经济史讨论,可以进一步明确官方城市观演化的历史动因。

注　释：

①Carl E. Schorske, The Idea of the City in European Thought: Voltaire to Spengler, in *Thinking with History: Explorations in the Passage to Modernism*, Princeton University Press, 1998, p. 37.

②参见唐晓峰：《从混沌到秩序：中国上古地理思想史述论》，北京：中华书局，2010年。

③例如[德]阿尔弗雷德·申茨著、梅青译：《幻方——中国古代的城市》，北京：中国建筑工业出版社，2009年。

④《周礼·地官·载师》。

⑤关于周代的"邑"与"郊"及周秦之际的变化问题，参见杜正胜：《周代城邦》，台北：联经出版事业公司，1979年；[日]斯波义信著、布和译：《中国都市史》，北京：北京大学出版社，2013年，第3—17页。不过由于越出本文讨论时代的上限，权存而不论。

⑥周振鹤：《代序：班固及其〈汉书·地理志〉》，载周振鹤：《汉书地理志汇释》，合肥：安徽教育出版社，2006年，第1页。

⑦《汉书·地理志第八·上一》。

⑧《汉书·地理志第八·上三》。

⑨三辅：京兆、左冯翊、右扶风。

⑩何清谷：《三辅黄图校注》，西安：三秦出版社，2006年，第10页。

⑪同上，第12页。

⑫同上，第10、14页。

⑬据《三辅黄图》的记载，六乡"置帅各一人"，管辖的范围是：渭城、安陵以西，北至旬邑、义渠十县；新丰以东至湖十县；霸陵、杜陵以东至蓝田，西至武功、鬱夷十县；茂陵、槐里以西至汧十县；长陵、池阳以北至云阳、祋祤十县。大抵相当于今天的整个关中地区。据林尹注，是拟古法"王城之外百里之地，近城五十里为近郊，近郊外五十里为远郊"而设置的。见前引书，第16—20页。

⑭《旧唐书·地理志第一八·地理一·关内道》。

⑮《新唐书·志第二七·地理一·关内道》。

⑯同上。

⑰马春笋：《县分等的历史研究》，《华东师范大学学报》（哲学社会科学版）1996年第2期。

⑱《通典》卷三三。

⑲《旧唐书·志第二一·地理四·剑南道东西道九 岭南道五管十》。

⑳《新唐书·志第三三·地理六·剑南道》。
㉑薛凤旋:《中国城市及其文明的演变》,北京:世界图书出版公司,2010年,第201页。
㉒韩光辉、林玉军、王长松:《宋辽金元建制城市的出现与城市体系的形成》,《历史研究》2007年第4期。
㉓参见《宋史·志第三八·地理一·京城 京畿路 京东路 京西路》。
㉔韩光辉、林玉军、王长松:《宋辽金元建制城市的出现与城市体系的形成》。
㉕《宋史·志第四二·地理五·福建路 成都府路 潼川府路 利州路 夔州路》。
㉖韩光辉:《金代都市警巡院研究》,《北京大学学报(哲学社会科学版)》1999年第5期。
㉗《元史·志第一〇·地理一·中书省·大都路》。
㉘韩光辉、林玉军、王长松:《宋辽金元建制城市的出现与城市体系的形成》。
㉙《元史·志第一二·地理三·四川等处行中书省·成都路》。
㉚《元史·志第一〇·地理一·中书省·保定路》。
㉛《明史·志第一六·地理一·京师 南京》。
㉜《明史·志第一九·地理四·四川 江西》。
㉝参见韩光辉:《明清时期北京地区户籍制度研究:兼论北京城市户口的隶属关系》,北京市社会科学院历史研究所编:《北京与中外古都对比研究》,北京:北京燕山出版社,1992年,第362—379页。
㉞《宛署杂记》:"京城铺户,多非土著,两县未易制也"。同前引。
㉟韩光辉:《清代北京城市郊区行政界线探索》,《地理学报》1999年第2期。
㊱同上。
㊲吴松弟:《市的兴起与近代中国区域经济的不平衡发展》,《云南大学学报(社会科学版)》2006年第5期。
㊳王笛著,李德英、谢继华、邓丽译:《街头文化:成都公共空间、下层民众与地方政治,1870—1930》,北京:中国人民大学出版社,2006年,第31—32页。罗威廉在对汉口的研究中亦有类似观点,参见[美]罗威廉著,鲁西奇、罗杜芳译:《汉口:一个中国城市的冲突和社区(1796—1895)》,北京:中国人民大学出版社,2008年,第421—422页。
㊴同上,195页。
㊵[美]牟复礼:《元末明初时期南京的变迁》,[美]施坚雅主编,叶光庭等译:《中华帝国晚期的城市》,北京:中华书局,2000年,第112—175页。
㊶施坚雅:《导言:中国社会的城乡》,《中华帝国晚期的城市》,第301—326页。
㊷[美]约翰·瓦特:《衙门与城市行政管理》,《中华帝国晚期的城市》,第418—468页。

㊸Johnson, David. 1985. "The City-God Cults of T'ang and Sung China", *Harvard Journal of Asiatic Studies*, Vol. 45, No. 2, pp. 363–457.

㊹[美]罗威廉著,鲁西奇、罗杜芳译:《汉口:一个中国城市的冲突和社区(1796—1895)》,第19页。

㊺施坚雅:《导言:中国社会的城乡》,《中华帝国晚期的城市》,第307页。

"八风"考述

周雯

一、《淮南子》记载的"八风"及高诱注考辨

据《汉书》记载,《淮南子》一书为西汉时期,淮南王刘安"招致宾客方术之士数千人"所作,其中"《内书》二十一篇,《外书》甚众"。①《淮南内》(亦即现在所称《淮南子》或《鸿烈》)中《墬形训》一章记载山川薮泽,地之所载,开篇即云:

> 墬形之所载,六合之间,四极之内,照之以日月,经之以星辰,纪之以四时,要之以太岁。天地之间,九州八极,土有九山,山有九塞,泽有九薮,风有八等,水有六品。

又云:

> 何谓八风?东北曰炎风,东方曰条风,东南曰景风,南方曰巨风,西南曰凉风,西方曰飂风,西北曰丽风,北方曰寒风。②

东汉人高诱为《淮南子》作注,在各风后有注云:炎风,"艮气所生,一曰融风也";条风,"震气所生也,一曰明庶风";景风,"巽气所生也,一曰清明风";巨风,"离气所生也,一曰恺风";凉风,"坤气所生也";飂风,"兑气所生也";丽风,"乾气所生也,一曰阊阖风";寒风,"坎气所生也,一曰广莫风"。③可以看到,西南风凉风、西风飂风后均没有同其他风名一样另注别名。

刘文典作《淮南鸿烈集解》,发现《北堂书钞》于飂风(按《北堂书钞》飂风作飚风)后有注云"一曰阊阖风",④应据以添补。杨树达认为《淮

351

南子》书中于各风名下皆有高诱之注，不应独于飂风之后缺，而高诱的注解是基于本卷下文出现的风名所作：

> 诸稽、摄提，条风之所生也；通视，明庶风之所生也；赤奋若，清明风之所生也；共工，景风之所生也；诸比，凉风之所生也；皋稽，阊阖风之所生也；隅强，不周风之所生也；穷奇，广莫风之所生也。⑤

其中，杨树达以为条风为融风之误，景风为恺风之误，飂风另名阊阖风，西南风凉风后无注解源于下文亦作凉风，故没有注解之必要。⑥但是这样一来，飂风与丽风均另名阊阖风。

至于飂风、丽风为何皆名阊阖风。于丽风之后，《淮南鸿烈集解》云《北堂书钞》所引为"一曰不周风"，⑦杨树达也考辨说下文中出现的不周风的注曰："乾为不周风。"而西北风丽风，注亦曰："乾气所生也。"所以，丽风另一个名字应该叫不周风，而非阊阖风。丽风与寒风均名阊阖风，是因为注解与原文之间的次序在文本流传的过程中出现了讹误。⑧

基于以上分析，我们可以看到表1《淮南子·墬形训》中"何谓八风"中的高诱注释。

表1 《淮南子》和高诱注释中的八风

	《淮南子·墬形训》	高诱注
东北	炎风	融风
东方	条风	明庶风
东南	景风	清明风
南方	巨风	恺风
西南	凉风	无
西方	飂风	阊阖风
西北	丽风	不周风
北方	寒风	广莫风

而近人何宁作《淮南子集释》，却说"此文举八风多误"。⑨理由是《淮南子·天文训》中也有"八风"之名，与《墬形训》中"何谓八风"一段的注及下文之风名大致相同。《天文训》记载如下：

何谓八风？距日冬至四十五日条风至，条风至四十五日明庶风至，明庶风至四十五日清明风至，清明风至四十五日景风至，景风至四十五日凉风至，凉风至四十五日阊阖风至，阊阖风至四十五日不周风至，不周风至四十五日广莫风至。⑩

此段"八风"之名为条风、明庶风、清明风、景风、凉风、阊阖风、不周风与广莫风，这与《墬形训》正文中"诸稽、摄提，条风之所生也"一段所出现的八风名称一致，所以何宁认为高诱注中所谓融风亦是条风，而不应如杨树达所说条风为融风之误。东方之条风，据《天文训》中"条风至四十五日明庶风至"可知条风与明庶风是两种风，所以条风不应另名明庶风，他援引《吕氏春秋·有始览》一卷中出现的"八风"之名，其中所谓"八风"为：

何谓八风？东北曰炎风，东方曰滔风，东南曰熏风，南方曰巨风，西南曰凄风，西方曰飂风，西北曰厉风，北方曰寒风。⑪

认为条风应改做"滔风"。这一论点乍看上去好似很有道理，但是仔细分析却发现问题更多，因为《吕氏春秋》中所列举的"八风"之名与《淮南子·墬形训》中多有不同，如果条风按《吕氏春秋》改，那么其他几种风改不改呢？

实际上，《淮南子·墬形训》中"九州"、"九山"、"九塞"、"九薮"、"八风"、"六水"（按《吕氏春秋·有始览》中作"六川"）等概念均与《吕氏春秋》同源，而其具体所指的内容，检今之整理本，除"六水"外，其他均有所不同。《淮南子》与《吕氏春秋》之间存在差异，不能根据一个而径改另一个。

《淮南子·墬形训》中"八风"的注解，其实另有来源，而不是如杨树达认为的那样是高诱用同卷后的内容作注。东汉时许慎所作之《说文解字》云："风，八风也。东方曰明庶风。东南曰清明风。南方曰景风。西南曰凉风。西方曰阊阖风。西北曰广莫风。东北曰融风。"⑫其名与《淮南子·天文训》中的稍有不同，但和《墬形训》中"八风"的注解完全一样。许慎也曾为《淮南子》作注，全本现已不存，仅有零散的几条散入

353

高诱的注中,近人余嘉锡论之甚详。[13]故此段注解应该是许慎所注。

二、从"四方风"到"八方风"

马宗霍提出《天文训》与《墬形训》中的"八风"之不同,他说《天文训》主时则而言,而《墬形训》主方位言。[14]为了方便区别起见,我们不妨把主时则言的"八风"称为"八至风",[15]把《有始览》和《墬形训》中主方位言的"八风"称为"八方风"。

所谓物有专名,这种以方位定风名的办法,可以追溯至商代。现存世有两方著名的"四方风"甲骨,[16]胡厚宣最早著文释读其文字,此段卜辞曰:

> 东方曰析,凤(风)曰劦。南方曰因,凤(风)曰岂。西方曰彝,凤(风)曰韦。北方曰宛,凤(风)曰殳。[17]

而《山海经·大荒东经》云:"有山名曰鞠陵于天、东极、离瞀、日月所出。名曰折丹——东方曰折,来风曰俊——处东极以出入风。"《大荒东经》云:"有人名曰鹓,北方曰鹓,来之风曰狘,是处东极隅以止日月,使无相间出没,死其短长。"《大荒南经》曰:"有神名曰因因乎,南方曰因乎,夸风曰乎民,处南极以出入风。"(按郭璞认为此处应该是"有神名曰因乎,南方曰因,来风曰民。")《大荒西经》云:"有人曰石夷,来风曰韦[18],处西北隅以司日月之长短。"[19]因其文句与甲骨文有相似之处,胡氏便推断卜辞四方风即是《山海经》中所提到的俊风、狘风、民风和韦风。[20]

在其他早期文献里,也可以找到和四方风相关的记载。比如,《尔雅》中有"南方谓之凯风,东风谓之谷风,北方谓之凉风,西风谓之泰风",[21]《诗经》中有"凯风自南"之句,毛传认为"南风谓之凯风"。[22]除凯风,《诗经》中亦出现风名——谷风和泰风,还有"北风其凉"这样的语句。[23]众多学者致力于把早期文献中的记载和《吕氏春秋·有始览》及《淮南子·墬形训》中的"八方风"相联系。如南方巨风,清代学者俞樾

354

认为"巨"是"凯"的坏字,高注云一曰恺风,《诗经》中又说"凯风自南",而古凯、恺、凯三字通用,凯字上半阙坏,故讹为"巨"㉔。是说甚为牵强,凯字即使阙坏,其字形与巨字也不很相像。于省吾指出巨是恺的假借字,巨、恺双声,所以可以通假。㉕杨树达更是把四方风甲骨中的凯,读为凯。㉖需要注意的是,《尔雅》中的四方风的风名,以及《诗经》中出现的风名,和后来《吕氏春秋·有始览》、《淮南子·墬形训》中东西南北四方风名差别很大。

李零在研究中国古代的"式"时,发现式图结构有两个系统,一个系统是四分、八分和十二分;另一个是五分和九分。据此,他推断甲骨文、《诗经》和《尔雅》中的"四方风"属四分系统,而《吕氏春秋》和《淮南子》中的"八风"属八分系统,㉗这一提法是极有见地的,有助于我们更好地对认识四方风的意涵以及中国古代的宇宙模式。"四方风"甲骨昭示着古人很早就有四方的观念,"八方"观念的产生理应不会太晚,那么"八风"之提出应在"八方"观念产生之后。

虽然早在春秋时期,史书《左传》和《国语》中已有"八风"的记载,但是细看其上下文,可知其与自然之风毫无关涉。《左传》隐公五年,曰:

> 天子用八,诸侯用六,大夫四,士二。夫舞所以节八音而行八风,故自八以下。㉘

《左传》襄公二十九年,曰:

> 五声和,八风平,节有度,守有序,盛德之所同也。㉙

《左传》昭公二十年,曰:

> 声亦如味,一气、二体、三类、四物、五声、六律、七音、八风、九歌,以相成也。㉚

《左传》昭二十五年,曰:

> 为九歌、八风、七音、六律,以奉五声。㉛

《国语·周语》曰:

> 臣闻之,琴瑟尚宫,钟尚羽,石尚角。匏竹利制,大不逾宫,细不过羽。夫宫,音之主也,第以及羽。圣人保乐而爱财,财以备器,

355

乐以殖财,故乐器重者从细,轻者从大。是以金尚羽,石尚角,瓦、丝尚宫,匏、竹尚议,革、木一声。夫政象乐,乐从和,和从平。声以和乐,律以平声。金、石以动之,丝、竹以行之,诗以道之,歌以咏之,匏以宣之,瓦以赞之,革木以节之。物得其常曰乐极,极之所集曰声,声应相保曰和,细大不踰曰平。如是而铸之金,磨之石,系之丝木,越之匏竹,节之鼓,而行之以遂八风。㉜

胡厚宣认为甲骨文中的"四方风"必是《左传》、《国语》记载的"八风"之滥觞,㉝但是从字面意思上看,文献中所提到的"八风"却是与音、声、律、歌等并列,应是与音乐有关的概念,无一例外。《礼记·乐记》亦有云:"五色成文而不乱,八风从律而不奸。"㉞王引之怀疑此处八风应为八音,因为此段都在讲"作乐之效",不应该忽然提及风,而且八方之风无一时并至之理,所以王氏以为"古者八音谓之八风",㉟此说甚有见地。

风与音乐的紧密联系,文献中还可以见到很多例子。《吕氏春秋》中有颛顼做乐的记载:

  帝颛顼生自若水,实处空桑,乃登为帝。惟天之合,正风乃行,其音若熙熙凄凄锵锵。帝颛顼好其音,乃令飞龙作效八风之音,命之曰承云,以祭上帝。㊱

《淮南子》中亦有云:"乐生于音,音生于律、律生于风,此声之宗也。"㊲但是,《吕氏春秋》和《淮南子》,相较于《左传》和《国语》,成书时代相对靠后,只能帮助我们理解,却无法从根本上解释为什么早期"八风"的用例指的是音乐而不是自然的风。

冯时认为将律吕与八风互相匹配的做法,是中国古代候风法的体现,此说很有道理。㊳《周礼·春官·保章氏》,云:

  以十二有辰风,察天地之和,命乖别之妖祥。㊴

有人认为此段是对候风之法的记载,但是郑玄注曰:"十有二辰皆有风,吹其律以知和不,其道亡矣。"㊵郑玄为东汉人,东汉时期风角之术正大行其道,可见郑玄并不以此段为候风之记载。孙怡让以为此十二辰风

为十二律之气,应是指吹律之法。㊶吹律之法应即所谓侯气之法,系用律吕定侯的一种方法,可惜早已失传。㊷

但是,依据《左传》和《国语》的记载,可以确定的是"八风"这个概念至少在春秋时期便已出现,而由"四方风"发展而来的"八方风",所用的风名应为后起,并且可能在一定时期内还没有定型。

胡厚宣氏后又对甲骨文"四方风"的意义进行阐释,认为殷商有浓厚的宗教信仰,把自然现象都看作一种神灵,而风与平时的农业生产很有关系,故设祭祀,"风为帝使,在帝左右,父与云雷雨诸神,来自四方。殷人把四方和四方风当做了受帝驱使的农业神"。㊸《周礼》中亦有祭祀风之记载,云:"以烟祀祀昊天上帝,以实柴祀日、月、星、辰,以槱燎祀司中、飌师、雨师。"㊹飌为古文风字。杨树达在考释"四方风"甲骨时,认为各个方向的神名与四时是有联系的。㊺李学勤也同意杨氏的观点,更进一步阐释说:"古代人民正是从农业生产的需要出发,建立了当时的天文历象学,认识了四时和年岁,并知道四方风的季候性质。"㊻杨氏对神名和四时的联系的考释本就十分曲迂,仅仅凭字面意思,得到此结论未免过于牵强,且殷商时期,是否有四季之概念,学者还有争论。㊼陈梦家便认为四方风名就只是从四方演化而来,㊽严一萍也主张四方风名得自地名,㊾还有如连劭名以为四方风代表八卦的卦位。㊿冯时则以为卜辞中的四方神代表着二分二至之神,而四风神则是四气之物候象征。㉛从后来的八风对应八节的情况来看,冯时的说法可能更有道理,可是,对卜辞中风名之意义似不能求之过深。虽然文献中确实有风按季节变化而来的记载,如《国语·周语》中有"先时五日,瞽者告有协风至"语句,即是瞽者根据来风,告知君王耕种的时节。《战国策》中的记载更清楚,曰:"甘露降,风雨时至,农夫登,年穀丰盛,众人喜之。"㉜由此可知,风应时节而来的观念起源应该较早,但是,"四风"、"八风"作为一个整体与各个时节相配,却还没有明确的体现,直到《淮南子·天文训》中"八至风"。

357

三、"八至风"系统的兴起

"八至风"这一系统的风名在现存西汉以前的典籍中并无线索,它的首次出现便是在《淮南子》中。《墬形训》开篇所说"九州"、"八极",九州在前已有了解释,而却一直没有提八极,直到篇中,才说:

> 凡八纮之气,是出寒暑,以合八正,必以风雨。八纮之外,乃有八极:自东北方曰方土之山,曰苍门;东方曰东极之山,曰开明之门;东南方曰波母之山,曰阳门;南方曰南极之山,曰暑门;西南方曰编驹之山,曰白门;西方曰西极之山,曰阊阖之门;西北方曰不周之山,曰幽都之门;北方曰北极之山,曰寒门。凡八极之云,是雨天下,八门之风,是节寒暑。⑥

由上段可知,所谓"八风"亦指的是"八门之风",它们分别是:苍风、开明风、阳风、暑风、白风、阊阖风、幽都风和寒风。这个"八门之风"实际上与《天文训》中的"八至风"非常之相似了,如表2所示。

表2 《淮南子》和《五行大义》中的八风

八方	八至风	八门风
东北	条风	苍风
东方	明庶风	开明风
东南	清明风	阳风
南方	景风	暑风
西南	凉风	白风
西方	阊阖风	阊阖风
西北	不周风	幽都风
北方	广莫风	寒风

隋代萧吉所作《五行大义》中亦论及"八至风"的命名:云:

> 东北方曰苍门,生条风;东方曰开明门,生明庶风;东南方曰阳门,生清明风;南方曰暑门,生景风;西南方曰白门,生凉风;西方曰

阊阖门,生阊阖风;西北方曰幽都门,生不周风;北方曰寒门,生广莫风。

其中更是把"八门"与"八至风"直接连接到一起。这是当时对风的一种看法,认为风从山中来。《诗经》中有云:"大风有隧,有空大谷。"郑玄曰:"大风之行,有所从而来,必从大空谷之中。"所谓八门,很可能指的是山谷。

而"八至风"中的凉风、不周,亦是山的名称。如,"西北三百七十里曰不周之山"。"昔者共工与颛顼争为帝,怒而触不周之山,天柱折,地维绝。""倾宫、旋室、县圃、凉风、樊桐在昆仑阊阖之中。""昆仑之丘,或上倍之,是谓凉风之山,登之而不死。"故《墬形训》中有"旁有九井玉横,维其西北之隅,北门开以内不周之风"这样的说法。既然"八门风"中的西北风又可叫做"不周风",那么西南风也可叫做"凉风"了。

淮南属楚地,淮南王刘安的宾客中应不乏由楚地而来之人,而协助完成《淮南子》一书的伍被,即是楚人。顾炎武早已注意到《淮南子》中多用楚语,另有台湾学者从语言学的角度对这一观点加以论证。"八至风"中"阊阖"一词系"天门"之名,《说文解字》"阊"字条云:"楚人名门曰阊阖。"由此可以推测,"八至风"这一系统的风名可能受了楚文化的影响。

《淮南子·天文训》除了记录"八至风"次序,还记载了"八至风"来时应做的事:

> 条风至则出轻系,去稽留。明庶风至则正封疆,修田畴。清明风至则出币帛,使诸侯。景风至则爵有位,赏有功。凉风至则报地德,祀四郊。阊阖风至则收县垂,琴瑟不张。不周风至则修宫室,缮边城。广莫风至则闭关梁,决刑罚。

此段内容应出于阴阳家之手,司马谈论六家要旨,曰阴阳之术"序四时之大顺","四时、八位、十二度、二十四节各有教令",顾颉刚以为阴阳五行思想"虽不详其发生时代,但其成为系统的学说始自战国,似可成定论"。故"八至风"系统可能是战国时期,阴阳五行学说产生和兴盛的产物。

《淮南子》一书成于众手,高诱叙中说:"于是遂与苏飞、李尚、左吴、田由、雷被、毛被、伍被、晋昌等八人,及诸儒山人、小山之徒,共讲论道德,总统仁义,而著此书。"⑩其中包含的思想驳杂,故刘向、刘歆校订图书时,列此书于杂家,班固评论说:"杂家者流……,兼儒、墨,合名、法,知国体之有此,见王治之无不贯,此其所长也。乃荡者为之,则漫羡而无所归心。"⑪据此可以推测,《天文训》与《墜形训》两章的内容或掺杂了来自不同系统的内容。"八方风"有很早的起源,而"八至风"则可能出现得稍晚。

台湾学者魏慈德认为《诗经》、《尔雅》中的风名与《吕氏春秋》、《淮南子·墜形训》的风名即本文所谓"八方风",为两个系统,并强加解释《淮南子》内部"八方风"与"八至风"的意义是一致的,但是其解释的依据均为更晚的文献。⑫其实,这种观点是沿袭了自西汉哀、平以来,谶纬之学的说法,颇为牵强。正如前文所论述的,如果把"八方风"与"八至风"视为一个系统,那么两种"八风"中都出现"条风"的问题便无法解决。况且,单音节的字在流传过程中更容易出现字的讹误,或者受不同地域方言的影响,出现不同的写法,但是单音节词变成双音节词则是一件不容易想到的事。所以理解两种"八风"各有其单独的起源更为合理。

"八至风"系统发展到后来,已经开始替代"八方风",占据绝对的主流。例如,大约成书于哀、平之后的纬书《易纬通卦验》、《春秋考异邮》便完全继承了《淮南子》"八至风"这个系统。⑬西晋杜预注"八风"为"八方之风",但是所标的各个风名却用的是"八至风",杜预云:"以八音之气,播八方之风,手之舞之,足之蹈之,节其制而顺其情。……八方之风,谓东方谷风、东南方清明风、南方凯风、西南方凉风、西方阊闾风、西北方不周风、北方广莫风、东北方融风。"⑭唐代陆德明作《经典释文》解释《左传》中的"八风"亦引易纬《通卦验》,注"八至风"这一系统的风名。⑮可见,对后代影响最大的八风系统为"八至风",这可能由于汉代崇尚阴阳五行学说;同时也是语言自身发展的结果,如同中国开始翻译外语词汇,虽然音译的词汇先有,但是最终还是意译的词语占据优势,语言发展的趋势便是旧有的词汇被摒弃,新的词汇在发展。

四、"八风"与阴阳五行学说

因"八至风"具有阴阳五行的性质,到东汉时期,儒生们开始把更多的元素附会于"八风"之上。便在高诱注中就可以看到"八至风"配"八卦"、"八音"[⑤],如表3所示。

表3 八风与八卦、八音

八风	卦位	八音
条风	艮卦	笙
明庶风	震卦	管
清明风	巽卦	柷
景风	离卦	弦
凉风	坤卦	埙
阊阖风	兑卦	钟
不周风	干卦	盘
广莫风	坎卦	鼓

而反映东汉经学思想的《白虎通义》对"八风"之配物则有更系统的描述:

风者,何谓也?风之为言萌也。养物成功,所以象八卦。阳立于五,极于九。五九四十五,日变,变以为风,阴合阳以生风也。距冬至四十五日条风至,条者,生也。四十五日明庶风至。明庶者,迎众也。四十五日清明风至。清明者,青芒也。四十五日景风至。景者,大也。言阳气长养也。四十五日凉风至。凉,寒也。阴气行也。四十五日昌盍风至。昌盍者,戒收藏也。四十五日不周风至。不周者,不交也。言阴阳未合化也。四十五日广莫风至。广莫者,

361

大莫也。开阳气也。⑰

不仅是八卦、八音,"八风"还与阴阳、春生、夏长、秋收、冬藏等阴阳五行观念相匹配。相较之下,《淮南子》中的"八方风"则显得更为朴素,也更为原始。

《史记·律书》所谓"律历,天所以通五行八正之气,天所以成熟万物也"更是进一步把"八至风"与星次、月份、律吕、天干、地支相配合,如表4所示。⑱

表4 《史记·律书》中的八风

八风	意义	星次	月份	律吕	天干	地支
条风	主出万物。条之言条治万物而出之,故曰条风。	箕、尾、房	正	太簇		寅
明庶风	明庶者,明众物尽出也。	氐、亢、角	二、三	夹钟、故洗	甲乙	卯辰
清明风	主风吹万物而西之。	轸、翼、七星、张、注	四、五	中吕、蕤宾		巳
景风	景者,言阳气道竟,故曰景风。	弧、狼			丙丁	午
凉风	主地	罚、参、浊、留	六、七、八	林钟、夷则、南吕		未由申
阊阖风	阊者,倡也;阖者,藏也。言阳气道万物,阖黄泉也。	胃、娄、奎	九	无射	庚辛	戌
不周风	主杀生。	东壁、莹室、危	十	应钟		亥
广莫风	广莫者,言阳气在下,阴莫阳广大也,故曰广莫。	虚、须女、牵牛、建星	十一、十二	黄钟、大吕	壬癸	子丑

因《史记》这一部分早已佚失,现在看到的《律书》为后人所补,可以看到,此时"八至风"与音律、天文、气候等各个元素的相配已经非常之全面。

362

沈祖绵所著《八风考略》，说："八风之说，实与《易》之卦位相表里。"㉝但是，沈氏所做的工作仅是把文献中提到和"八风"有关资料一一列举，没有注意到文献与文献间的时间顺序，从而把后人附会的说法加诸"八风"之上，忽略了这个配物系统实际上是逐渐丰富发展而来的这一过程。

顾颉刚云："自从有了阴阳家之后，天象和人事经过一番系统的整理。"㉞此套配物系统，在战国时期已经发展得相当全面，《吕氏春秋》中便有所记录。而"八风"这一观念在汉代逐渐兴盛起来，之后才以"八风"为中心，建立起这样的配物系统。

《淮南子·时则训》中记载十二月之中应做之事，与《墬形训》一般，亦从《吕氏春秋》而来，但是其中却有细微的差别。比如，《时则训》在叙述"天子衣青衣，乘苍龙，服苍玉，建青旗，食麦与羊"后，有"服八风水"一句，而此句是《吕氏春秋·十二纪》中所没有的。高诱注曰：

> 取铜盘中露水服之，八方风所吹也。㉟

王莽更是把服八风水一事付诸实践，《汉书·郊祀志》云：

> 莽篡位二年，兴神仙事，以方士苏乐言，起八风台于宫中。台成黄金，作乐其上。顺风作液汤。㊱

三国时期如淳为《汉书》作注，说："《艺文志》有《液汤经》，其义未闻也。"㊲与《淮南子》对照来看，《汉书·郊祀志》中所说"液汤"应就是"八风水"，在当时人的观念里，服用"八风水"与服苍玉一样，有羽化升仙之功效。

近年出土有与"八风"相关的汉代文物，亦可管窥此观念在汉代的流行情况。1972年，山东临沂银雀山汉代武帝时期墓地有题篇名为"天地八风五行客主五音之居"竹简，其书写形式特殊，系于十二枚竹简之上绘制八条朱红色线条，向八方散射，象征八风，一年十二个月分成四组，置于四角，用类似篆书的字体书写。其中，八风的名称为：大刚风、暂风、刚风、凶风、暂周风、𣹑风、生风、弱风。㊳此处出现的风名，与《五行大义》卷四《论八卦八风》、《乙巳占》中的"八风暴风占"大体相

363

同,⑯都是用于占卜的,即所谓的侯风之术。

关于侯风的记载,见于《史记·天官书》:

> 汉魏鲜集腊明正月决八风。风从南方来,大旱;西南,小旱;西方,有兵;西北,戎菽为,小雨,趣兵;北方,为中岁;东北,为上岁;东方,大水;东南,民有疾疫,岁恶。故八风各与其冲对,课多者为胜。多胜少,久胜亟,疾胜徐。旦至食,为麦;食至日昳,为稷;昳至餔,为黍;餔至下餔,为菽;下餔至日入,为麻。欲终日有云,有风,有日。日当其时者,深而多实;无云有风日,当其时,浅而多实;有云风,无日,当其时,深而少实;有日,无云,不风,当其时者稼有败。如食顷,小败;熟五斗米顷;大败。则风复起,有云,其稼复起。各以其时用云色占种所宜。其雨雪若寒,岁恶。⑰

此处的记载,并未提及风名,饶宗颐注意到《史记》的这段记载,谓其为"四方风"卜辞之延续。⑱但是,无论是卜辞抑或《天官书》,都是官方对农事活动进行占卜的活动。虽《天官书》中说风从西方来,"有兵",但其主要占验的对象还是农业生产,与银雀山简的性质不尽相同。魏鲜应是属太史之属官"灵台待诏四十一人,其十四人候星,二人候日,三人候风,十二人候气,三人候晷景,七人候钟律"⑲中的侯风之人。

银雀山汉简中的"天地八风五行客主五音之居",从性质上看,是归属于兵阴阳一类。银雀山汉简最初的整理者之一罗福颐判断此篇简文性质,云:"据《六韬·王翼章》说将有股肱、羽翼七十二人以应天道、七十二人中有天文三人、主司星历、候风气、推时日、考符验、校灾异、知天星去就之机,则是天官时日阴阳向背之说,自古军旅有所不废。今日此简及阴阳、灾异、杂占与诸兵书同出汉墓者,其来亦有自矣。"⑳同为银雀山汉墓中出土的,还有如《孙膑兵法》、《尉缭子》、《晏子》、《六韬》等《汉书·艺文志》中属于子部兵类之书,另外墓中出土两件漆耳杯,底部刻隶书"司马"二字,可知墓主可能是一位与军事有关的人物,其墓中出土占验军事的术数书也就不足为奇了。与银雀山汉简中出现的八风相似,《五行大义》与《乙巳占》中关于"八风"的记载也均是兵阴阳的内容,可见其由来有自。

《汉书·艺文志》中出现所谓阴阳五行说的,分布在诸子略阴阳家、兵书略兵阴阳和术数略三处。《淮南子》中对"八风"的记载、《史记·天官书》中描述的风占和银雀山汉简中的"天地八风五行客主五音之居"正是《艺文志》中对阴阳五行说分类的体现。《淮南子》的记载,反映了当时阴阳家对宇宙的看法,是一种形而上的学说;而《史记》的侯风之术则是阴阳家的具体实践,偏重应用;银雀山汉简的"八风"虽然也用于指导实践,但是其指导对象,却更加专门,所以划入另一个大类。相信随着出土竹简的增多,再结合传世文献,能为我们更好地理解阴阳五行思想提供更加具体的例证。

注　释：

① 《汉书》卷四四《淮南王传》,北京:中华书局,1962年,第2145页。
② 《淮南子·墬形训》,据刘文典:《淮南鸿烈集解》卷四,北京:中华书局,1989年,第130—132页。
③ 刘文典:《淮南鸿烈集解》卷四《墬形训》引高诱注,第132页。
④ 刘文典:《淮南鸿烈集解》卷四《墬形训》,第132页;虞世南:《北堂书钞》卷一五一,北京:中国书店,1989年,影印光绪十四年南海孔氏刊本,第647页。
⑤ 《淮南子·墬形训》,据刘文典:《淮南鸿烈集解》卷四,第154页。
⑥ 杨树达:《淮南子证闻　盐铁论要释》,上海:上海古籍出版社,1983年,第34—35页。
⑦ 刘文典:《淮南鸿烈集解》,第132页;虞世南:《北堂书钞》卷一五一,第647页。
⑧ 杨树达:《淮南子证闻》,第35—36页。
⑨ 何宁:《淮南子集释》,北京:中华书局,1988年,第319—320页。
⑩ 《淮南子·天文训》,据刘文典:《淮南鸿烈集解》卷三,第92页。
⑪ 《吕氏春秋·有始览》,据许维遹:《吕氏春秋集释》卷一三,北京:中华书局,2009年,第280—281页。
⑫ 许慎:《说文解字》卷一三下,北京:中华书局,1963年,第284页。
⑬ 参余嘉锡:《四库提要辩证》卷一四"淮南子二十一卷"条,北京:中华书局,1980年,第825—833页。
⑭ 马宗霍:《淮南旧注参正　墨子间诂参正》,济南:齐鲁书社,1984年,第

53 页。

⑮按《北堂书钞》中引《淮南子·天文训》中"八风"一段的词条便作"八至风",第 647 页。

⑯参《甲骨文合集》,北京:中华书局,1999 年,第 14294、14295 页。

⑰胡厚宣:《甲骨文四方风名考》,初载于《贵善半月刊》第 2 卷第 19 期。此据作者改定稿《甲骨文四方风名考证》,收入作者文集《甲骨学商史论丛(初集)》,成都齐鲁大学国学研究所,1944 年,第 369—382 页。

⑱按此处《山海经校注》作"章",郝懿行:《山海经笺疏》第一六《大荒西经》(台北:艺文印书馆,2009 年,影印嘉庆十四年阮氏琅嬛仙馆刻本,第 422 页)作"韦",《山海经校注》以《山海经笺疏》为底本,故"章"应为"韦"之讹,可能是排字产生的错误。

⑲《山海经》,据袁珂:《山海经校注》,上海:上海古籍出版社,1980 年,第 348 页、第 358 页、第 370 页、第 391 页。

⑳按在这里我们姑且不详细讨论具体字的考释,可参考曹锦炎:《释甲骨文北方名》、《中华文史论丛》1982 年第 3 期;裘锡圭:《释南方名》,收入作者文集《古文字论集》,北京:中华书局,1992 年;林沄:《说飘风》,《于省吾先生百年诞辰纪念文集》,长春:吉林大学出版社,1996 年,等等。

㉑《尔雅·释天》,据郝懿行:《尔雅义疏》卷八,北京:中国书店,1982 年,影印咸丰六年刻本,第 11 页。

㉒《诗经·国风·凯风》,据孔颖达:《毛诗正义》卷二,台北:艺文印书馆,2007 年,影印嘉庆二十年江西南昌府学刊《十三经注疏》本,第 85 页。

㉓《诗经·国风·北门》,据孔颖达:《毛诗正义》卷二,第 104 页。

㉔俞樾:《诸子平议》卷二九《淮南内篇》,北京:中华书局,1954 年,第 593 页。

㉕于省吾:《双剑誃诸子新证》,北京:中华书局,1962 年,第 349 页。

㉖杨树达:《甲骨文中之四方风名与神名》,收入作者文集《积微居甲文说》,上海:上海古籍出版社,2006 年,第 84 页。

㉗李零:《中国方术考(修订本)》,北京:东方出版社,2001 年,第 155—156 页。

㉘《左传》隐公五年,据杜预《春秋经传集解》卷一,上海:上海古籍出版社,1988 年,第 34 页。

㉙《左传》襄公二十九年,据杜预《春秋经传集解》卷一九,第 1122 页。

㉚《左传》昭公二十年,据杜预《春秋经传集解》卷二四,第 1464 页。

㉛《左传》昭公二十五年,据杜预《春秋经传集解》卷二五,第 1517 页。

㉜《国语·周语》,据徐元诰:《国语集解》卷三,北京:中华书局,2002 年,第 110—111 页。

㉝胡厚宣:《甲骨文四方风名考证》,第 376—377 页。

㉞《礼记·乐记》,据《礼记郑注》卷一一,台北:学海出版社,1992 年,影印宋绍

熙建安余氏万卷楼校刊本,第 490 页。

㉟王引之:《经义述闻》卷一五“八风从律而不奸”条,南京:江苏古籍出版社,2000 年,影印道光七年本,第 369 页。

㊱《吕氏春秋·仲夏纪》,据许维遹:《吕氏春秋集释》卷五,第 123 页。

㊲《淮南子·主术训》,据刘文典:《淮南鸿烈集解》卷九,第 296 页。

㊳冯时:《殷卜辞四方风研究》,《考古学报》1994 年第 2 期,第 135 页。

㊴《周礼·春官·保章氏》,据孙怡让:《周礼正义》卷五一,北京:中华书局,1987 年,第 2125 页。

㊵孙怡让:《周礼正义》卷五一《春官·保章氏》引郑玄注,第 2125 页。

㊶孙怡让:《周礼正义》卷五一《春官·保章氏》,第 2127 页。

㊷参冯时:《侯气法钩沉》,收入作者文集《中国古代天文考古学》,第 260—263 页。

㊸胡厚宣:《释殷代求年于四方和四方风的祭祀》,载《复旦学报(人文学科)》1956 年第一期,第 81—82 页。

㊹《周礼·春官·大宗伯》,据孙怡让:《周礼正义》卷三三,第 1297 页。

㊺杨树达:《积微居甲文说》,上海:上海古籍出版社,2006 年,第 77—84 页。

㊻李学勤:《商代的四风与四时》,《中州学刊》1985 年第 5 期,第 100 页。

㊼参于省吾:《岁、时起源初考》,《历史研究》1961 年第 4 期,第 100—106 页;陈梦家:《殷墟卜辞综述》,北京中华书局,1988 年,第 226—228 页。

㊽陈梦家:《殷墟卜辞综述》,第 588—594 页。

㊾严一萍:《卜辞四方风新义》,《大陆杂志》1957 年第十五卷第一期,第 110—116 页。

㊿连劭名:《商代的四方风名与八卦》,《文物》1988 年 11 期,第 40—44 页。

(51)冯时:《殷卜辞四方风研究》,原载《考古学报》1994 年第 2 期,此据作者文集《中国古代天文考古学》,中国社会科学出版社,2007 年,第 227—259 页。

(52)《战国策》卷一八“赵收天下且以伐齐”条,上海:上海古籍出版社,1985 年,第 606 页。

(53)刘文典:《淮南鸿烈集解》卷四《墬形训》,第 138—139 页。

(54)萧吉:《五行大义》卷四“论八卦八风”条,上海:上海古籍出版社,2006 年,《续修四库全书术数类丛书》影印宛委别藏日本刻佚存丛书本,第 255 页。

(55)孔颖达:《诗经正义》卷一八《大雅》引郑玄笺,第 657 页。

(56)《山海经·西山经》,据郝懿行:《山海经笺疏》卷二,第 61 页。

(57)《淮南子·天文训》,据刘文典:《淮南鸿烈集解》卷三,第 80 页。

(58)《淮南子·墬形训》,据刘文典:《淮南鸿烈集解》卷四,第 134 页。

(59)《淮南子·墬形训》,据刘文典:《淮南鸿烈集解》卷四,第 135 页。

(60)《淮南子·墬形训》,据刘文典:《淮南鸿烈集解》卷四,第 133 页。

(61)参刘文典:《淮南鸿烈集解》附高诱《叙目》,第二页。

(62)《汉书》卷四五《伍被传》,第 2167 页。

(63)顾炎武:《日知录》,据黄汝成:《日知录集释》卷二九"方言"条,上海:上海古籍出版社,2006 年,第 1649 页。

(64)陈丽桂:《淮南多楚语——论淮南子的文字》,载《汉学研究》第二卷第一期,1984 年 6 月,第 167—184 页。

(65)《说文解字》卷一二上,第 247 页。

(66)按吕子方亦有相似观点,参作者文集《中国科学技术史论文集》下册,成都四川人民出版社,1984 年,第 317—318 页。

(67)《淮南子·天文训》,据刘文典:《淮南鸿烈集解》卷三,第 92 页。

(68)《史记》卷一百三十《太史公自序》,北京:中华书局,1959 年,第 3189 页、第 3290 页。

(69)顾颉刚:《秦汉的方士与儒生》,上海:上海古籍出版社,1998 年,第 2 页。

(70)刘文典:《淮南鸿烈集解》附高诱《叙目》,第二页。

(71)《汉书》卷三〇《艺文志》,第 1741—1742 页。

(72)魏慈德:《中国古代风神研究》,台北:台湾古籍出版社,2004 年,第 132—155 页。

(73)参《太平御览》卷九《天部》引,北京:中华书局,1960 年,影印宋刻本,第 43—44 页。

(74)杜预:《春秋经传集解》卷一,第 34 页。按此处风名与《天文训》中的"八至风"稍有不同,东风为谷风而非明庶风,但是应与"八至风"同属一个系统,也许是不同家法所传,与许慎注的情况相似。

(75)陆德明:《经典释文》卷一九《春秋左氏音义》五,上海古籍出版社,1985 年,影印宋刻宋元递修本,第 1122 页。

(76)刘文典:《淮南鸿烈集解》卷三《天文训》引高诱注,第 92—93 页。

(77)《白虎通义》,据陈立:《白虎通疏证》卷七《八风》,北京:中华书局,1994 年,第 341—343 页。

(78)《史记》卷二五《律书》,第 1243—1249 页。

(79)沈祖绵:《八风考略》,原载《章氏国学讲习会学报》1937 年第一号,即《制言半月刊》第卅七、卅八期合刊,第 1—26 页,此据《周易研究》1995 年第 2 期,第 3 页。

(80)顾颉刚:《秦汉的方士与儒生》,第 25 页。

(81)刘文典:《淮南鸿烈集解》卷五《时则训》引高诱注,第 159 页。

(82)《汉书》卷二五下《郊祀志》下,第 1270 页。

(83)《汉书》卷二五下《郊祀志》下如淳注,第 1270 页。

(84)银雀山汉墓竹简整理小组编:《银雀山汉墓竹简(贰)》,北京:文物出版社,

2010年,第232页。

㉟参萧吉:《五行大义》卷四《论八卦八风》,第255页;李淳风:《乙巳占》卷一〇《候风法》,上海:商务印书馆,1936年,《丛书集成》初编排印十万卷楼丛书本,第172页。

㊱《史记》卷二七《天官书》,第1340页。

㊲饶宗颐:《谈银雀山简〈天地八风五行客主五音之居〉》,原为关西大学汉简会议论文,此据《简帛研究》(第一辑),北京:法律出版社,1993年,第118页。

㊳孙星衍辑:《汉官》,收入《汉官六种》,北京:中华书局,1990年,第2页。

㊴罗福颐:《临沂汉简所见古籍概略》,载中国古文字研究会、中华书局编辑部编《古文字研究(第十一辑)》,北京:中华书局,1985年,第44—46页。

"阊阖"何在?

——阊阖门名及其兴废所反映的地理学思想浅析

陈筱

略读文献可知,南北朝时期的洛阳城内一共有两座阊阖门(图1)。一座是阊阖宫门,它北与宫城正殿太极宫相对,南与内城南北轴线铜驼街相接,是宫城的正门。2001~2002年中国社科院考古所曾对这座城门遗址进行了清理发掘,其遗址由两侧的子母夯土阙台与中央的城门建筑围拢而成,每座阙台遗址的规模约29米见方,两两间距达41.5米,中央城门建筑遗址的台基面阔44.5米,进深24.4米,为典型的阙门形制,气势宏大(图2)。①另一座阊阖城门,位于内城西垣偏北,即"阳渠水南暨阊阖门,汉之上西门者也",②这座门址的规模也已基本探明,门洞缺口宽约47米、进深约58米,中间有一堵隔墙,似为两个缺口,北口宽21米、南口宽13米。③据上,同一座城市内两座名号相同的门址却在位置、规模和形制上有所不同,本文试图探讨的正是这些差异的来源及其反映的问题。

在"阊"、"阖"二字中,对"阖"的解释较为明确统一,若作名词,意为门扇,若为动词,意为关闭;"阊"的含义就不那么清晰了,《说文解字》十二篇"门部"有载:"阊,天门也。一曰楚人名门曰阊阖",见《史记·律书》又有:"阊者,倡也",即阊与倡字相通,作昌盛之义。后世文献从前一解释较多。值得注意的是,古苏州城、④古成都城、⑤古淮安城⑥等一些位于长江流域的地方城市都有修建阊(或作"倡")门的记载,然而它们在城市中的方位未见定制,除古苏州城的阊门外,其余四座阊门似并无特殊含义。如考察连缀成词的"阊阖",大致有两重含义,略陈于下。

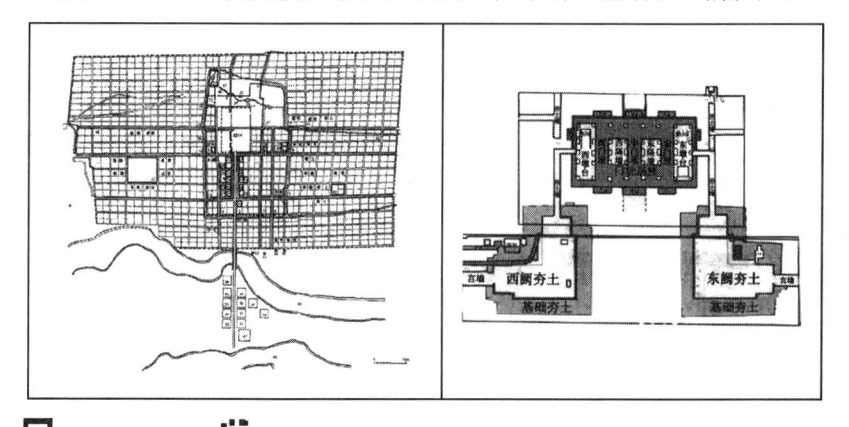

▢ 阊阖宫门　▣ 阊阖城门
图1　阊阖门在北魏洛阳城复原图中的位置
资料来源:傅熹年主编《中国古代建筑史》第2卷《两晋、南北朝、隋唐五代建筑》,85页图2-1-4北魏洛阳城平面复原图。

图2　北魏洛阳宫城阊阖门平面示意图
资料来源:钱国祥:"汉魏洛阳故城40年的考古勘察收获",《汉代考古与汉文化国际学术研讨会论文集》,第87页。

一、"阊阖"的两重含义

"阊阖"的第一重、也是最为人们所熟知的含义是暗喻通往天庭的"天门"。

关于"天门",最早见于先秦文献,其以"门"的出入功能来类比天道万物出入之处。以"阊阖"指代"天门",最早见于游仙诗的源头《楚辞·离骚》:"吾令帝阍开关兮,倚阊阖而望予。"东汉王逸注:"阊阖,天门也。"在汉赋中,作为天门之义的"阊阖"仍是频频出现,如汉初遗作《远游》:"命天阍其开关兮,排阊阖而望予。"司马相如的《大人赋》有:"排阊阖而入帝宫兮,载玉女而与之归。"此后班彪的《览海赋》作:"廱天阁以启路,辟阊阖而望余。"需要指出的是,这些词赋中的"阊阖"只是一个抒发文人自由畅游情怀的虚指概念,使"阊阖"具有方位、朝向、形貌等具

371

体特征,有赖"阊阖"进入古天文学和昆仑神话系统。

中国古代的天文学家为了区分恒星,将星空划分成三垣二十八宿。紫微垣位于三垣的中央,是天界的中心。由于紫微垣中"左枢"、"右枢"两星之间好像关闭的形状,这个位置又被称作阊阖天门。[7]至晚到西汉初年,"阊阖"与西王母等概念一道进入了昆仑神话系统,"阊阖"被视为西方昆仑山的"始升天之门",见载于《淮南子·原道训》:"昔者冯夷、大丙之御也,……经纪山川,蹈腾昆仑,排阊阖,沦天门。"东汉高诱注:"昆仑,山名也,在西北。其高万九千里,河之所出。排,犹斥也。沦,入也。阊阖,始升天之门也。天门,上帝所居紫微宫门也。"[8]需要指出的是,在古天文学中,天门居于西北,古人观察群星运动发现,东宫苍龙在秋冬之交于西北方始潜于地,此方为苍龙星以及群星由天入地之门户,因而有"西北为天门,东南为地户"之说;在昆仑神话中,众神居住的昆仑山同样位于西北。所以,阊阖天门是与真实地理方位中的西方紧密联系在一起的。很有可能正是如此,作为天门之名的"阊阖"逐渐具备了指示西方的作用,是为"阊阖"的第二重含义。"阊阖"作为西方的代名词,最典型的例子是八风概念中的阊阖风。

有学者指出,殷商时期的四方风概念是八风概念的滥觞。[9]存世四方风卜辞明确显示,四方风的风名与方位有着固定的对应关系,学者一般认为这些风名应与神灵、占卜有关,是将空间方位神灵化观念的体现。[10]殷商的四方指东、南、西、北四个正方向,后世并之东北、东南、西北、西南四维,就出现了八方,八方与风相配,便构成了八风。八风概念同样最早可见于先秦时期的文献,如《左传》隐公五年所载:"夫舞,所以节八音而行八风。"关于八风的名称,不同文献的记载略有不同(表1)。早期如《吕氏春秋·有始》、《淮南子·地形训》[11]都以单字命名八风,显示出相应风向的冷热缓急等自然特征,同时《淮南子·天文训》还记载了另一套八风名称,[12]它们多以双字为名,强调了不同风向与季节变化的关系。阊阖风出现在以双字命名的八风中,代表着西风,并有"阊阖风至则收悬垂,琴瑟不张"[13]一说,同时期或稍后的典籍《史记·律书》、

《说文·风部》《左传》陆德明释文均以双字风名的记载为多，以阊阖风指代西风渐成定制。

表1 古代文献中对八方之风称谓的比较

古籍篇目	东北	东	东南	南	西南	西	西北	北
吕氏春秋·有始	炎风	滔风	熏风	巨风	凄风	飂风	厉风	寒风
淮南子·地形训	炎风	条风	景风	巨风	凉风	飂风	丽风	寒风
淮南子·天文训	条风、明庶风、清明风、景风、凉风、阊阖风、不周风、广莫风							
史记·律书	条风	明庶风	清明风	景风	凉风	阊阖风	不周风	广莫风
说文·风部	融风	明庶风	清明风	景风	凉风	阊阖风	不周风	广莫风
左传 陆德明释文	融风	谷风	清明风	凯风	凉风	阊阖风	不周风	广莫风

综上可知，在中国古代文化传统中，"阊阖"既是通达天界中心的天门之名，象征着中央，从更大范围来说，又指示着地理方位中的西方。故而，南北朝时期洛阳城内两座阊阖门的含义就比较清晰了，阊阖宫门象征着通达天界中心的天门，以此来象征天子为天所立并被委任统御天下的政治理想；阊阖城门即内城西门，城门名称示意着城门的方位特征，表明该座城门是西来之门。事实上，阊阖门并非仅仅出现在上述曹魏、北魏洛都，下文将分别梳理两类阊阖门名的兴废及其所反映的地理观念的变化。

二、阊阖宫门兴废及其反映的地理观念变化

早在西汉初年修建的未央宫中，似已将"阊阖"用于命名宫殿东阙内的重要门址，如《水经注》卷十九载："高祖在关东，令萧何成未央宫。……北有玄武阙，即北阙也。东有苍龙阙，阙内有阊阖、止车诸门。"[13]公元前104年（汉武帝太初元年），武帝采纳越巫建议，在长安城西墙外新筑建章宫以"厌胜"。建章宫正门设在宫城南墙，取名"阊阖天门"，《三辅黄图》云："（建章）正门曰阊阖天门，高二十五丈，亦曰璧门。"[15]另见《水经注》卷十九"渭水"条引述汉武帝故事："（建章）南有璧门三层，

373

高三十余丈。中殿十二间,阶陛咸以玉为之。铸铜凤,五丈,饰以黄金,楼屋上椽首,薄以玉璧,因曰玉璧门也。"[16]

东汉洛阳城内有南北两宫,宫门名分别是朱雀门、雉门,并未采用"阊阖"之名。220年,曹丕代汉,建立魏朝,舍邺迁洛,重新启用洛阳城。227年曹丕死,其子曹叡继位,是为魏明帝。魏明帝在位期间,在洛阳城大兴土木,废弃南宫,重建北宫,将城市主轴线西移到宣阳门—北宫正门、正殿一线,北宫正门改名"阊阖",北宫正殿改名"太极",即如曹植《毁鄴城故殿令》记:"汉氏绝业,大魏龙兴,支人尺土,非复汉有。……故夷朱雀而树阊阖,平德阳而建泰极。"此后,又将洛阳城南的委粟山定为皇帝祭天的南郊圜丘,将宫城正门阊阖门至都城正南门宣阳门之间的主干道两侧安置一系列官署,并把长安城中汉代所铸铜驼搬到洛阳,放在阊阖门外的十字街口,洛阳城的格局已全面改观。可见,阊阖门的定名只是魏明帝改造洛阳城的一个方面,他最终希望打造的是一条叙事性的轴线:天子在城市中轴线南端的圜丘祭拜上天之后,在铜驼神兽的加护和引导下,经过天门、天阙,最终登入轴线北端的太极仙境。需要指出的是,这一场景与从同时期墓葬材料所见的"升天"或"天门"图像颇具可比性,有学者指出,这些牌饰图像通过一些相对固定的要素,描绘出墓主在徜徉的神兽、羽人与缭绕的云气的加护、导引下,步入矗立的双阙天门,从而登临天庭,最终成为仙界一员的场景(图3)。[17]

从西晋覆灭到隋朝统一全国,中国历史陷入了长达两百余年的分裂动乱,南北方相继建立了多个政权。一些政权为了标榜自己是正统王朝汉晋的继承者,即使基地环境不同,都城格局有别,也尽量从建筑和街道的名称上追符洛阳、邺城的旧有制度,取得政治威慑力。在北方,后赵石勒在曹魏邺城的基础上大建邺宫,将宫城正门由南止车门改名阊阖门,迁都邺城后,又将原洛阳城内的铜驼、翁仲、九龙等搬运至门前大道陈列。后赵覆灭后,前燕,后燕等政权相继以邺为都,沿用此制。夏赫连勃勃在今陕西靖边建统万城,宫殿的正门沿用阊阖门,门外并建双阙,又铸铜鎏金的大鼓,飞廉、翁仲、铜驼等列于宫前,如《统万城铭》

图3　重庆市巫山县土城坡东井坎汉墓壁画
资料来源：黄晓芬《汉墓的考古学研究》，第240页。

载："闾阖披霄而山亭，象魏排虚而岳峙"。[18]北魏孝文帝将都城从平城迁至洛阳后，再次重建洛阳城，宫殿正门延用魏晋以"闾阖"为名的制度，逐渐恢复了太极殿—闾阖门—宣阳门的城市轴线，如《水经注》卷十六谷水条记北魏洛阳宫："今闾阖门外夹建巨阙，以应天宿，虽不如礼，犹象而魏之，上加复思，以易观矣。"[19]东魏建邺南城，沿用"闾阖"为宫门名，[20]北齐政权继承未变。在南方，当东晋对建康城作第一次大规模建设时就新筑双重宫垣，外重城垣开五门，闾阖门仍设于南城垣。但是，闾阖门的位置和地位有了一些变化，按照傅熹年先生的复原意见，它不再是宫城正门，仅作侧门。此后，南朝的宋、齐、梁、陈四朝都以建康为都，基本沿用东晋原有宫殿，闾阖门一直被保留到梁（图4）。

需要指出的是，同时期兴建的另一些都城不再采用"闾阖"为宫门名称。例如，十六国姑臧城取五城五宫格局，以端门为宫城正门；西魏北周标榜依周制立国，其正殿称寝殿，宫城正门称应门；南朝的最后一个政权陈朝改南宫墙上闾阖门为端门。[21]事实上，正是这些政权代表了历史发展的方向，隋唐长安或洛阳的宫城正门不再以"闾阖"命名，这个词汇再次回到了文人笔下，如王维在诗作《和贾至舍人早朝大明宫之

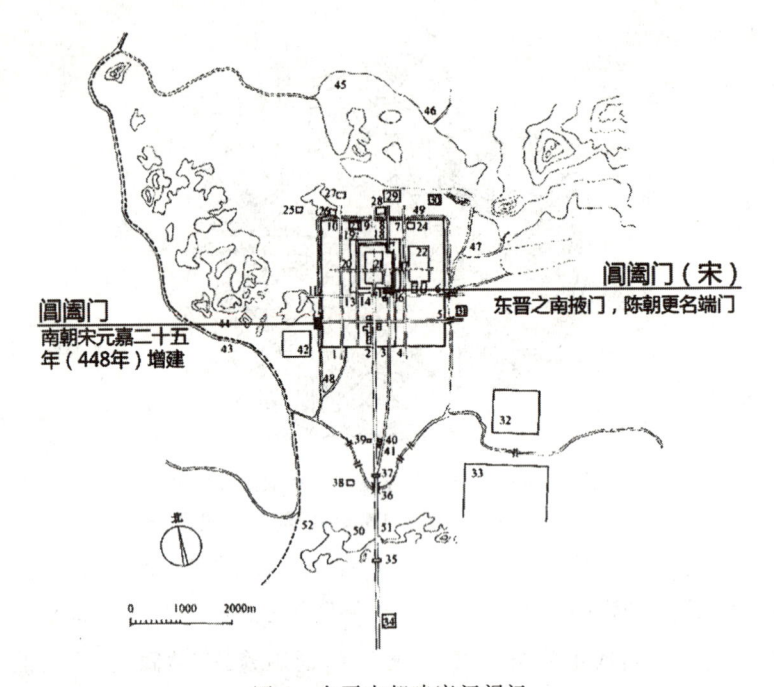

图 4 东晋南朝建康阊阖门

资料来源:据傅熹年《中国古代建筑史》(第2卷)图2-1-3改绘。

作》写道:"九天阊阖开宫殿,万国衣冠拜冕旒。"借"阊阖"来描绘大唐宫殿门阙的宏伟,但事实上大明宫门已不再称阊阖门。

南北朝以后的历代都城,仅有契丹辽政权修建的中京城和朝鲜王氏高丽政权修建的开京仍取"阊阖"为宫城门名。辽中京始建于1007年,是继上京临潢府、东京辽阳府之后,辽人新建的第三座都城,其在宫城建置等许多方面都体现出对汉地都城规制的借鉴与模仿。时隔数百年之后,"阊阖"再次成为宫城正门的名称。辽中京的阊阖门南对阳德门、朱夏门,三门连线恰是辽中京的中轴线所在。如《乘轺录》所载:"契丹国外城高丈余,东西有廊,幅员三十里。……自阳德门入,一里而至内门,内阊阖门凡三门,街道东西并无居民,但有短墙,以障空地耳。阊阖门楼有五凤,壮如京师,大约制度卑陋。"[②]918年,泰封国弓裔王的部

376

将王建推翻弓裔建立高丽国,史称王氏高丽王朝,并在自己的家乡松都建立都城,改称开城,随后修建壮丽的宫殿,史载闾阖门为开城皇宫的宫门之一。该城门建于高丽时代初(相当于北宋初年),至1078年北宋派使者出访高丽,高丽文宗国王命太子诣顺天馆,导宋使下马的地点正是在闾阖门前。

隋唐以后,宫城正门多作承天(唐长安)、广天(唐洛阳)、应天(金中都)、崇天(元大都)、奉天(明南京)、天安(明清北京)之名。宫门不再是升天之门,天子仅行"承天"、"应天"、"奉天"之事。最终,天子与天渐行渐远,仅祝"天安"而已。

综上所述,共有六座都城、14个政权采用了闾阖宫门。我们认为,闾阖宫门的始终很有可能反映的是西汉至南北朝时期天人关系思想的变化。汉代从武帝时期开始就进入了中国历史上一个天人关系讨论的高潮,与之相伴的是东汉时期升天思想的具体化和普及化,至今仍能看到那个时期大量的有关升天、成仙的艺术作品。至魏晋洛阳宫的修建,时人对天界之所在的信赖和认识程度达到了一个前所未有的高度,墓葬壁画中呈现的升天过程被完整地在城市空间中塑造出来。随后的南北朝世事纷乱,人们不再关注遥遥在上的天界、天门、天路,转而陶醉在自然山水之间,天人关系思想也出现了巨大的转变。唐晓峰先生注意到,经由三国两晋南北朝时期儒学独尊的地位被破除后,到了南北朝时期思想呈多元化发展,在诸多的思想流派中,出现了以法治国、务实求治的主张和无君论等价值的观点,也产生了消极颓废、遁世游仙的思想,文人志士对山水的审美观逐渐发展为一种自觉的山水审美活动,山水诗、山水画、山水园林大量涌现,代表着这一时期山水审美意识的觉醒,人们理解的"天"已经变为自然山水,人与天的关系已经转变为人与自然的关系。[③]故而,以"闾阖"命名宫门的历史或正是随着山水审美观念的兴起、流行,而基本告一段落。

三、阊阖城门兴废及其反映的地理观念变化

以"阊阖"命名城门和宫门的历史时期比较接近,相较而言,阊阖城门出现的时间略晚,涉及的都城较少。

将阊阖作为都城西门始自魏晋洛阳城,延续至北魏洛阳城,即洛都内城西垣偏北之门。随后的北朝诸政权,无论西魏、北周或东魏、北齐,都不再以"阊阖"命名城门。南朝东晋按照魏晋洛阳的模式来改造吴建康城业已形成的城市格局,在都城六门中,宣阳、开阳、清明、建春、西明五门都沿用了魏晋洛阳的门名,或因城门有限,没有沿用阊阖城门。[⑧]刘宋取代东晋之后,城内新开阊阖、广莫、开阳三门。[⑨]阊阖门就此成为都城西南位置的城门,并与东面的清明门相对,两门之间铺设道路,作为城内第二条东西大道。这一设置,至南朝结束,未曾改变。隋朝在兴建东都洛阳时,恢复了魏晋以"阊阖"为城门名称的传统,将洛阳宫城西侧的西隔城的内外两重门分别命名阊阖门和阊阖重门。

到了北宋汴京,将内城(即里城)西门称为阊阖门。北宋东京有宫城、内城和外城三圈城垣,内城原是唐代的汴梁州城,后经后周改扩,内城西面有两门,北面一座俗称西门,史载这座城门始建于唐建中二年,本名"梁门",五代时期称"乾家门",宋代改称"阊阖门",门内外多食肆,如陶谷《清异录》记:"阊阖门外,通衢有食肆,人呼为'张手美家'。水产陆饭,随需而供,每节则专卖一物,徧京辐辏,号曰'浇店'。"[⑩]王安石有诗亦云:"虎士开阊阖,鸡人唱早朝。"

此后,作为指示西方含义的"阊阖"就完全退出了都城城门的命名系统。

综上,共有四座都城、9个政权采用了阊阖城门。阊阖城门的使用与否或与特定历史时期特殊的方位价值观有关。如前所述,殷商时期,方位多与神灵相联系,是神灵方位价值观的体现;随着地理认识的增多,方位转而与自然属性的价值关联在一起,故而出现了以"阊阖"一类

具有方位指示意义的词汇来指代。宋代以后，城门命名更多的与仁义道德、安定团结等人文概念有关，城门的命名系统或经历了一次较大的变化，如元大都之文明门、和义门、安贞门、崇仁门等，又如明清北京之宣武门、崇文门、德胜门、安定门等。元明清都城城门命名方式的这种变化，反映了这一时期方位价值观的转变，这种变化很有可能与宋代新儒学宇宙生成观念的出现有关。有学者指出，宋代新儒学将宇宙的生成与仁义挂钩，将世界的本性概括为"立人之道，曰仁与义"，自然退居世界的背景，人文的价值成为衡量一切的指标。[２]综上，阊阖城门体现的是以自然地理属性为核心的方位价值观，上承殷商时期的神灵方位价值观，下启宋代以降将人文道德属性作为方位价值评判标尺，是南北朝时期特有的地理价值观念的体现。

四、小结

总的说来，以"阊阖"一词来命名都城正宫正门以及都城西门都始自魏明帝对洛阳城的改造，并对此后约半个世纪中国都城相应城门的称谓产生了深远影响。如前所述，"阊阖"一词所具有的暗喻天门和指示西方的两重含义是受到先秦两汉天门思想的影响，被使用于城门的命名或与汉代升天思想的兴盛有关，其废止很有可能与自然审美以及人文价值观的发展存在一定联系。从某种角度来说，阊阖何在，取决于天及天道何在。李约瑟曾记述过他所感知的中国建筑的特色："自古以来，不仅在宏伟的庙宇和宫殿构造中，而且在疏落的农村或集中的城镇居住建筑这种，都体现出一种对宇宙格局的感受和对方位、季节、风向和星辰的象征手法。"[③]从探究阊阖门名的语境及使用变化，我们同样可以看到中国古代城市规划活动中存在的非常丰富的地理观念内涵。

更为重要的是，我们应当从阊阖宫门和阊阖城门在城市中不同的空间位置看到中国古人对自然秩序的早期认识与随后建立的人居秩序之间存在的分歧。从考古发掘的实物材料来看，至晚到商周时期，坐北朝南、以南向为尊的宫殿秩序就已基本形成,后世绝大多数都城和大型建筑群遵循这一秩序,故而将通达天子所居正殿的宫城正门设于南城垣正中。然而,这一"以南为尊"的人居秩序与前述上古时期认定的"天门居西"自然秩序是截然不同的。最终,在都城规划中,暗喻天门的"阊阖"一词原本的地理意义淡化,转而趋从人居秩序的礼仪需要,矗立在宫城的南城垣之上,获得了新的空间坐标。最终,"天地之门"与"天子之门"重合,对自然秩序的既有认识经过转换、调整,融入了人居秩序的营造。

前文主要是从文献出发梳理阊阖门名的变化,事实上,阊阖门在南北朝时期都城中的空间位置同样值得重视。南北朝时期的洛阳城内城沿用了东汉洛阳的城址,501年,宣武帝决定在内城四面修建外郭城,关于外郭城的范围,《洛阳伽蓝记》卷五明言:"东西二十里,南北十五里。"中国社科院考古所对汉魏洛阳城的考古工作始于20世纪60年代,到1992年前后基本确定了外郭城残垣在东、北、西三个方向的位置。如以宫城正门阊阖门的位置为基点进行测定,宫城正门距离东、西外郭城的距离同样都是接近5000米,距北外郭城的距离约3000米,如以既往学者将外郭城南界限定在洛水之北为参考,距洛河故道北界约3100米,这也就是说,阊阖门址基本位于北魏时期修筑的外郭城的几何中心。㉓此外,位于今河北、河南交界处的邺城遗址包括北城和南城两部分。其中,北城是曹魏政权利用东汉时州郡城改建而成,经过考古工作的验证,北城东西2400米,南北1700米,金明门和建春门之间的东西大道将城分为规模相近的南北两区,中阳门大道北接宫殿区又形成南北向轴线,宫门位居邺城城垣的几何中心。东魏迁都邺城之后,以邺北城的南墙为北界,修筑了邺南城。根据考古报告的记载,邺城南城东西2800米、南北3460米,城址北部中央为宫城,其东西620米、南北970米,城内现已确认南北大道和东西大道各三条。经过测量可知,宫城城门与东、西城垣的距离相等,都接近1750米,与南北城垣的距离相等,大约是1400米,这也就是说,城址南北中心大道与宫门前大道交点的位置同样接近邺南城的几何中心。③

综上,目前能够最好地反映南北朝时期城市规划设计的几座都城普遍遵从宫殿正门恰好位于同时期修筑的城垣的几何中心这样一个空间分布规律。同时,这座位于中心的宫门往往又被命以"阊阖"之名,它暗喻着天门,象征着通往天界的中心。这也就是说,城门的空间特征与城门名称的地理含义是非常吻合的。由此,我们是否可以总结南北朝时期城市规划的特点,又是否能够更为深化地理观念与城市规划两者相关性的研究,有待另著文进行探讨。

附记:本文原为2010年秋选修唐晓峰先生在北京大学开设的研究生课程"地理学思想史"的课程作业。唐先生及首都师范大学田天老师为本文的修改提供了许多宝贵建议。研究中的一些重要观点及材料承蒙导师孙华先生的启发与提醒,谨此致以谢忱。

注 释:

①钱国祥:《汉魏洛阳故城40年的考古勘察收获》,《汉代考古与汉文化国际学术研讨会论文集》,济南:齐鲁书社,2006年,第87页。

②郦道元著、陈桥驿校证:《水经注》卷一六谷水条,《水经注校证》,北京:中华书局,2007年,第397页。

③钱国祥:《汉魏洛阳故城40年的考古勘察收获》,《汉代考古与汉文化国际学术研讨会论文集》,第82页。

④周春生:《吴越春秋辑校汇考》卷四载:"子胥乃使相土尝水,象天法地,造筑大城。周回四十七里。陆门八,以象天之八风。水门八,以法地之八聪。筑小城,周十里,陵门三。不开东面者,欲以绝越明也。立阊门者,以象天门,通阊阖风也。立蛇门者,以象地户也。阖闾欲西破楚,楚在西北,故立阊门以通天气,因复名之破楚门",上海:上海古籍出版社,1997年,第39—40页。这里的阊门既象征天门,也可通西来阊阖之风,还暗喻着战胜西边的楚国,是多重象征意义的整合。但从后文对"阊阖"含义演进的研究来看,以"阊阖"指代西来之风大致到西汉才成为一种定制。因而,阖闾城中阊门的含义是否确如《吴越春秋》所言,鉴于《吴越春秋》常被当作一本介于史家与小说家之间的作品,笔者表示有所怀疑,因而本文暂未将古苏州城的"阊门"纳入本文的主要讨论范围。

⑤[清]顾祖禹撰,贺次君、施和金点校:《读史方舆纪要》卷六七载唐成都城的罗城有门址十座,其中"又有东闻等门,大顺初年王建攻陈敬瑄,营于东闻门外是也",北京:中华书局,2005年,第3137页。

⑥《读史方舆纪要》卷二二载淮安城"北门曰闻门",第1073页。

⑦陈遵妫:《中国天文学史》,上海:上海人民出版社,1980年,第290页。

⑧刘文典撰,冯逸、乔华点校:《淮南鸿烈集解》,北京:中华书局,2010年,第7页。

⑨参看冯时:《殷卜辞四方风研究》,《考古学报》1994年第2期,第133页及第152页参考书目(1)—(3)。

⑩唐晓峰:《从混沌到秩序:中国上古地理思想史述论》,北京:中华书局,2010年,第187页。

⑪刘文典:《淮南鸿烈集解》,第132页。

⑫刘文典:《淮南鸿烈集解》,第92页。

⑬同上。

⑭[北魏]郦道元:《水经注》卷一九渭水条(三),《水经注校证》,上海:上海人民出版社,第455页。

⑮佚名撰,何清谷校释:《三辅黄图》"汉宫"条,《三辅黄图校释》,北京:中华书局,2005年,第123页。

⑯郦道元著:《水经注》卷十九渭水条(三),《水经注校证》,上海:上海人民出版社,第451页。

⑰黄晓芬:《汉墓的考古学研究》,长沙:岳麓书社,2003年,第239页。

⑱房玄龄等:《晋书》卷一三〇,(载记)三〇,赫连勃勃,中华书局标点本,1974年,第3210—3211页。

⑲郦道元著:《水经注》卷一九谷水条,《水经注校证》,第398页。

⑳魏收:《魏书》卷一二《孝静纪》:"〔天平四年〕六月,……壬午,闾阖门灾。"中华书局标点本,1974年,第301页。

㉑傅熹年主编:《中国古代建筑史》第2卷《两晋、南北朝、隋唐五代建筑》,第59—67页。

㉒贾敬颜:《〈乘轺录〉疏证稿》,中国地理学会历史地理专业委员会《历史地理》编辑委员会编《历史地理》第4辑,上海人民出版社,1986年,第200页。关于辽中京的勘察和研究可参看,秦大树:《20世纪中国文物考古发现与研究丛书:宋元明考古》,北京:文物出版社,2002年,第45—49页。

㉓唐晓峰:《从混沌到秩序——中国上古地理思想史述论》,第68—71页。

㉔许嵩撰,张忱石点校:《建康实录》卷七"晋成帝咸和五年九月、六年十一月"条,中华书局标点本,1986年,第179页。

㉕许嵩撰,张忱石点校:《建康实录》卷十二"宋文帝"条,第446页。

㉖陶谷:《清异录》,上海师范大学古籍整理研究所编《全宋笔记》第一编(二),郑州:大象出版社,2003年,第107页。

㉗唐晓峰:《从混沌到秩序——中国上古地理思想史述论》,第64页。

㉘李约瑟:《中国科学技术史(第4卷:物理学及相关技术 第3分册土木工程与航海技术)》,北京:科学出版社、上海:上海古籍出版社,2008年,第64页。

㉙考古数据参见杜金鹏、钱国祥主编:《汉魏洛阳城遗址研究》,北京:科学出版社,2007年。

㉚考古数据参见徐光冀、顾智界:《河北临漳邺北城遗址勘探发掘简报》,《考古》1990年第7期,第595—600页、676页;徐光冀、朱岩石、江达煌:《河北临漳县邺南城遗址勘探与发掘》,《考古》1997年第3期,第27—32页;朱岩石、何利群、沈丽华、郭济桥《河北邺城遗址赵彭城北朝佛寺与吴庄佛教造像埋藏坑》,《考古》2013年第7期,第49—68页。

"四天子说"与"女魔仰卧"
——文成公主传说中的地理想象

张新宇

一、文成公主入藏和亲的传说

《旧唐书·吐蕃传》记载,唐贞观十五年(641年),松赞干布遣使禄东赞赴长安向唐太宗请婚,迎娶宗室女文成公主。江夏郡王、礼部尚书李道宗持节护送文成公主入藏。松赞干布亲赴柏海迎接,受封驸马都尉、西海郡王。

文成公主入藏和亲是西藏历史中的重大事件。关于吐蕃使者请婚的过程,汉文史料付之阙如,文成公主入藏后的情形,也仅有寥寥数语。如上引《吐蕃传》所载松赞干布为文成公主"筑城邑,立栋宇以居处",公主不喜欢吐蕃人"赭面"风俗,松赞干布下令废除等。

相比之下,藏文文献的记载就显得异彩纷呈。文成公主入藏的历史事件经过四个多世纪的沉淀和层累,在11~16世纪,也就是西藏佛教的后弘期实现了从历史事件到佛教传说的转变,最终完成了经典化的过程,比较完整地体现在以《柱间史》、《西藏王统记》、《贤者喜宴》为代表的藏文文献中。[①]

根据藏文文献的记载,吐蕃请婚使团抵达长安城时,早已有天竺佛法之王(rgya gar)、大食财宝之王(stag gzig)、冲木格萨尔军王(khrom ge sar)的请婚使团各百人汇集京城。吐蕃使团备受冷落。对于选谁做驸马,皇帝一家莫衷一是。皇帝崇尚智慧,主张嫁给印度佛法之王;皇后喜爱财富,主张嫁给大食财宝之王;太子痛恨吐蕃"败我军旅,戮我将士,掠我河山",期望富国强兵,主张嫁给格萨尔军旅之王;公主在乎幸福,属意威武英俊的格萨尔王;并无一人喜欢赞普。皇帝最终决定以考试智慧的形式确定驸马人选。经过数轮比试,吐蕃使者禄东赞胜出,文成公主最终远嫁吐蕃。

文成公主入藏后,为松赞干布大妃尼泊尔赤尊公主所妒。赤尊公主想要先于文成公主修建佛寺,但屡被神魔毁坏,得知文成公主善于卜算,便以重金请文成公主为其推测建寺地址。文成公主依据中原历书堪舆卜算,得知西藏的地形,像罗刹女魔仰卧,拉萨平地的卧塘湖为女魔心血聚集之地,四肢为卫藏四如之地,肩肘髋臀等关节都需要建寺镇伏。松赞干布遂在女魔四肢关节部位,修建了镇魔十二寺,作为制伏女魔的十二颗不移之钉,最后填平卧塘湖,在其上修建大昭寺,以镇压女魔心胸。

藏文文献对文成公主传说的记载,虽然版本和详略各有不同,但是内容高度一致,都包含了"诸方使团请婚"和"文成公主堪舆"这两部分内容。与吐蕃使团一同遣使请婚的天竺、大食、冲木格萨尔,加上汉地,以这五个政权为主构成了吐蕃王朝所处的世界。在这个世界体系中,吐蕃王朝居中,其他政权分居四方,这种方位观念被伯希和以来的东方学家称作"四天子说"。在吐蕃"四天子"的世界体系中,汉地是卜算之地,汉地的公主自然也就精于占卜打卦,因此得以占卜出西藏的地煞,并一一将其镇伏,这就有了文成公主堪舆的传说。

"四天子论"和"女魔仰卧"的地形是西藏地理观念中的重要内容。法国藏学泰斗石泰安在《西藏的文明》中有专门章节对这两个概念进行介绍。[②]对于四天子说,学者大多从文化传播的角度,考察这一概念的流布过程;对于女魔仰卧的形象,学者大多从神话学的角度,关照其象征意义。[③]相比之下,国内学者对西藏地理观念的研究侧重于具体问题。[④]本文以地理学思想史的视角,探讨这两个地理概念背后的事实基础和观念变迁。

二、边地雪国与"四天子说"——吐蕃王朝的天下观

"四天子说"是国外东方学家对亚洲流传的一类方位观念的称谓，最早为伯希和提出，石泰安、麦克唐纳女士也提到这种观念在吐蕃的流传。他们认为，这种观念发源于印度，吐蕃流传的"四天子说"乃是中亚伊斯兰作家与商人把印度的说法重新传播的结果，东方汉地类似思想对吐蕃似无直接影响。孙林认为，吐蕃"四天子说"作为一种方位观，是在外地流行的几类思想的基础上逐渐民族化的结果，不能将其思想源流单独归放于某一方面。从藏译《阿毗达摩》开始，"四天子说"转化为成为地道的吐蕃方位观，并为以后的藏文文献不断引用并改造。[5]

晚于《柱间史——松赞干布遗训》成书的《西藏王统记》中，请婚的使团由四个变成五个，增加了白达霍尔（bha ta hor）王，同时详细描述了五个使团在京城下榻的方位。这是西藏北方民族变迁的体现。藏文文献中，格萨尔（ge sar）和霍尔（hor）所指均不明确。格萨尔是藏史中十分复杂的一个问题，藏文记载有多个格萨尔，其中冲木格萨尔（khrom ge sar）有可能指包括沙洲在内的河西走廊一代。霍尔（hor）在藏文中用法也并不规范，吐蕃时期有时候专指回纥，有时泛指突厥和回纥，在后期藏史中则用来指称蒙古人。[6]《西藏王统记》写作时，蒙古刚刚退居漠北，对藏区依旧保持强大的影响力，在请婚使团中增加霍尔王，也是现实政治的一种反映。

四天子说代表了欧亚大陆之上同时存在的重要文明，以吐蕃为中心，四方四大天子为边界的地理划分正是吐蕃强盛时期的产物。西藏史家认为吐蕃处于由各国组成的一个四方形的中央，并以此为基础构建吐蕃与周围各政权部族之间的关系。这种观念集中体现在15世纪成书的《汉藏史集》中（表1）。[7]

表1 《汉藏史集》中的诸方王统

	方位	诸国属性	诸王属性	族源	语言
印度	南	教法之国	选任之国	天神	桑支达
汉地	东	卜算之国	选任之国	龙	噶支达
大食	西	财宝之国	选任之国		
冲木格萨尔	北	军旅之国	选任之国		
吐蕃	中	有雪之国	突然出现之国	猴与岩女魔	阿巴支达
蒙古				非天	阿速支达

在《汉藏史集》所构建的世界图景中,有汉地、大食、印度、冲木格萨尔、吐蕃、蒙古,"南赡部洲"中最重要的国家尽列于此。他们族源不同,语言不同,国王选任的办法也不同,且各具不同的法力。他们分别环绕在雪域吐蕃的四周,但因为每个国家都有自己独特的一面,很难断定谁更殊胜。藏族史家在叙述历史传说时,认为当时吐蕃与四方之国是大致对等,不分轩轾的。这种不执其一端的公允态度十分难得,与中原强调"华夷之限",将华夏之外的周围的政权部族统统视为边鄙蛮荒之地的天下国家观截然不同。

但是,与这种地理上的"中心"相矛盾,在文成公主的传说中,吐蕃的请婚使团自始至终是被边缘化的。他们饱受轻慢,处处晚人一步:最后抵达长安;在城中四隅都被占据的情况下,下榻在霍尔与天竺的使馆之间的东北方向,最后受到召见,且没有一个人喜欢。这种边缘化的描述同样体现在其他藏文文献中。在这些描述里,西藏被形容为"边地雪国",是没有受到佛法沐浴的"黑暗之地"。⑧

藏文名著《颇罗鼐传》开篇称将藏地形容为"神圣、美妙的高原圣地鬼邦九苑",⑨将这种正反两极的表述呈现出来。地理上的中心与文化上的边地同时并存,构成了一组看似矛盾的概念。实际上四天子说在吐蕃本土化的过程,即是将对已知世界的认识纳入到佛教的宇宙观中的过程。为了突出佛教的教化之功,佛教传入之前的藏地被后世史家形容为"黑暗之区"、"边地雪国"。正如石泰安指出:"吐蕃人从来没有

387

停止自认为是一些居住在世界北部的蒙昧人,同开化的佛教相比较,他们自认为是愚笨、蒙昧和迟钝的。"⑩另一方面,这种姿态也表现了著史者缅怀王朝极盛时期的荣耀与接收自朗达玛灭佛以来吐蕃日趋式微的政治现实这两种心态相混合后的一种矛盾。吐蕃王朝武功赫然,《旧唐书·吐蕃传》载,7世纪中叶吐蕃"尽收羊同、党项及诸羌之地,东与凉、松、茂、嶲等州相接,南至婆罗门,西又攻陷龟兹、疏勒等四镇,北抵突厥,地方万余里,自汉、魏已来,西戎之盛,未之有也"。《贤者喜宴》中也提到,吐蕃盛时,统治了三分之二的世界。唐穆宗长庆会盟之前,从唐蕃双方的军事力量对比来看,吐蕃完全占据上风。在唐蕃历次交战中,唐朝一方总是负多胜少,甚至有广德元年京师长安陷于吐蕃的败绩。吐蕃王朝灭亡后,西藏陷入常年内战之中,地方势力先后争雄,直到16世纪前期,西藏地区在政治上从未以一个相对独立统一的力量存在过,后世之著史者感于西藏的政治现实,在转述先朝的事迹传说时融入自己的感情也是不可避免的。

三、女魔仰卧——吐蕃王朝的地理图景

文成公主利用中原汉地的历算知识,占卜出西藏的地形是罗刹女魔仰卧。20世纪90年代,西藏自治区文物管理委员会在整理罗布林卡文物时,发现两幅《西藏镇魔图》的唐卡,再现了罗刹女魔的姿态(图1)。⑪唐卡上的女魔,头部朝东,裸体仰卧,四肢舒展,全身遍布相传为公元7世纪修建的12座镇魔神庙。

《汉藏史籍》向我们展现了吐蕃王朝时期一幅雪域女魔的地理图景(表2)。⑫四如神殿(ru gnon)、魇胜寺(mthav vdul)和再魇胜寺(mthav vdul)的镇魔寺体系,在藏文文献中有多种译名。如"魇胜寺"、"再魇胜寺"、"分魇胜寺"、"镇肢寺"、"镇节寺"、"边压"、"再压"、"镇肩臀寺庙"、"镇肘膝寺庙"、"镇手足掌寺庙"等,寺庙的名称及位置也不尽相同。但这幅地理图景都是通过代表各区域的寺庙以同心圆的方式向外辐射的

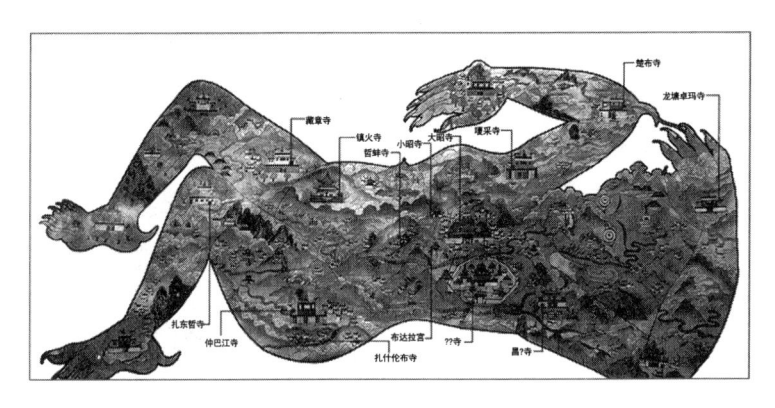

图 1　西藏镇魔图

模式表现出来的,它的产生与吐蕃王朝时期"三轨制"的政治体系若合符契。[13]

表 2　《汉藏史籍》十二镇魔寺

	身体位置	名称	古地	今地
四如神殿(ru gnon)	右臂	噶菜寺	伍茹	山南地区乃东县
	左臂	昌珠寺	约茹	拉萨墨竹工卡县
	右大腿	臧赞寺	叶茹	日喀则地区南木林县
	左大腿	仲巴江寺	茹拉	日喀则地区拉孜县
魔胜寺(mthav vdul)	右肘	工布琼寺	工布	林芝地区林芝县
	左肘	洛扎科顶寺	洛扎	山南地区洛扎县
	右膝	可噶扎寺		
	左膝	桑顿孜寺		
再魔胜寺(yang vdul)	右手掌	菜吉龙南寺	羌塘	
	左手掌	龙塘准美寺	朵康	四川省邓柯县
	右脚掌	强真寺		
	左脚掌	本塘杰尔琼寺	门	

"三轨制"体系是吐蕃王朝政权架构在地理空间上的体现。吐蕃王朝最早将其本部分为四个如(ru),包括了今天西藏自治区境内的雅鲁

389

藏布江、拉萨河、年楚河、雅隆河流域,历史上一直是西藏社会经济最为发达的地区。其中,伍如(dbu ru)和约如(gyo ru)为卫(dbus)意为中心部分,叶如(gyas ru)和如拉(ru lag)为藏(gtsang)意为雅鲁藏布江上游南北两岸地区。卫藏(dbus gtsang)合称,表示吐蕃王朝的本部。第二层级是藩国,如工布、娘布,主要位于今天的山南和林芝地区。其三为殖民地,如吐谷浑、勃律、新疆地区、河陇地区。分属青海、四川、新疆、甘肃等省区。吐蕃王朝在战争中征服的青藏高原的北部、东部,被称为多康(mdo khams),多(mdo)意为路口、河谷口,昌都的"都"即为mdo的对音。康(khams)意为区域,故多康意为吐蕃王朝向外发展的通道和基地,同时亦有外国地区之意。随着吐蕃王朝向东北方向的武力扩张,多康的范围逐步扩大,后来又把黄河上游到河湟谷地的地区称为朵思麻(mdo smad),即多康地区的下部,又称安多(a mdo)地区。多康的其余部分仍沿用多康的名称,即后来所说的康区(khams)。外围是吐蕃王朝周边的政权部族,即吐蕃"四天子"说中所示诸国。

如表2所示,位于女魔四肢的镇寺分别与卫藏四如相对。女魔右臂处的噶菜寺位于伍如,左臂处的昌珠寺建在约如,叶如的镇寺是在女魔右大腿处的藏赞寺,左大腿处修建的仲巴江寺代表如拉。位于四肢节的镇寺则大体与"藩国"这一层次相对。如女魔右肘处的工布琼寺和位于山南洛扎县的女魔左肘处的洛扎科顶寺。而女魔四指节的镇寺,分别位于羌塘(那曲西北部、日喀则的北部以及青海省西部)、朵康(即多康,mdo-khams)和门隅(雅鲁藏布江下游的平原区),显然可以代表后来征服的地区。在这里,位于女魔身体不同部位的寺庙分别与吐蕃王朝政权体系中的不同层次相对应,其整体覆盖的区域也早已超越了松赞干布统治时期的吐蕃疆域,大致与吐蕃王朝8世纪中叶鼎盛时期的疆域范围相当。吐蕃王朝的政权架构通过这样一种观念形式表现了出来。

由于地处"女魔心血聚集之处",圣城拉萨的核心地位被明显突出了。在西藏的地理划分中,拉萨属于卫地,本身就是中心的含义。《贤者喜宴》称,拉萨和桑耶是吐蕃的中轴核心,而叶尔巴又是拉萨、桑耶的中轴核心,并引述莲花生大师的说法:"逻娑(拉萨)是吐蕃之核心,逻娑之核心是叶尔巴,如果叶尔巴之佛塔不毁,则逻娑之佛教将永存。"[13]叶尔巴寺是刺杀吐蕃末代赞普朗达玛的拉垅贝吉多吉(lha lung dpal gyi rdo rje)长期居住的地方,因为对西藏佛教有恢复之功,因此在追述吐蕃史事的时候,以预言的形式将其地位置于吐蕃政治中心拉萨和第一座佛寺桑耶寺之上。拉萨作为西藏政教中心的地位,在吐蕃王室衰微之后,曾经一度被后藏的桑珠孜(即日喀则)和萨迦所替代,直到清初格鲁派确立了在西藏的统治权,拉萨的政教地位才重新得到确立。此后的藏文文献中,更是随处可见拉萨作为政治、文化中心的例证。如著名的《颇罗鼐传》中记载,1697年,颇罗鼐九岁时,随父兄前往拉萨朝拜藏王,"路过许多城邑、村镇、高山、大川,最后来到中土拉萨。"[15]

镇魔寺的修建过程,充满了反复和波折,这是佛教和本(bon)教两大宗教系统不断争斗的痕迹。本教产生于西藏西部,长期以来作为吐蕃唯一的宗教。松赞干布时期引入佛教,开始了佛教本教并存的时期。两者相互排斥吸收。8世纪中叶,墀松德赞赞普采取兴佛灭本的政策,本教一度沉寂。直到9~10世纪才开始复兴。[16]传说中,文成公主虽然将地煞占出,但魔鬼感慨雪域西藏本是他们的领地,赞普引入佛法,抢了它们的地盘,断了他们的路,发誓要"加害供奉三宝者之性命,阻止善行,降石雨摧毁寺庙"。[17]因此,寺庙屡次兴建,屡次被毁。佛教传统在吐蕃确立的曲折过程在此表露无遗。

由于阻碍了佛教的传播,女魔仰卧的地煞也被认为是祸乱之源。根据《如意宝树史》记载,成吉思汗的后裔中各出一代阎摩狱主等的化身,一度有过灭教的行径,"卫藏之地形,状若罗刹女仰卧,因地煞作祟和有时清净法规被废,邪法和不同宗派掺杂佛教,护法与鬼类混合依止,先后多次发生内乱,毁坏三所依,屠戮僧伽,以及放咒致病及其他情况多有发生。自奥松以后直至现在,卫藏常多战事,首领们几乎都死于刀枪"。在松巴堪布看来,世间的祸乱无非"天灾"、"人祸"、"地煞"和

"清净法规被废",则是这一切的根源。

女魔仰卧的图景是两种截然不同的宇宙观象征性的部分整合。一种作为本土信仰存在的本教系统,另一种是以征服者姿态出现的作为外来宗教的佛教。[18]由一系列同心圆所描绘的女魔的形象,划分了吐蕃王朝的内部区域和外部边界。女魔周身四至的范围大致与吐蕃王朝8世纪中叶鼎盛时期的疆域范围相当,这种克服了青藏高原地区性的观念只有在青藏高原民族一定程度的统一的前提下才会存在。藏文文献将开创之功系于神圣赞普松赞干布一身,这点与"茫茫禹迹,划为九州"的传说相类似,只是其中充满了反复与波折。松赞干布修建寺庙的事件,厘定了吐蕃王朝的文化地理疆界,镇伏女魔的过程,则反映了吐蕃政教历史的变迁。在此过程中,文成公主堪舆发挥了关键性的作用。

四、结论

地理观念是一种文化中最具民族特质和区域特色的内容,对这一内容的深入了解有助于我们更加贴近一个民族的内心世界。藏民族世居高原,与周边几大古老文明为邻。独特的地理和文化环境造就了一套独特的概念体系,"四天子说"和"女魔仰卧"的地形是其中重要的两个内容。这套概念体系,是杂糅本教传统和佛教传统,吸收周边文化独自阐发的成果。与中国古代的王朝地理学传统强调秩序和统一的政治价值不同,[19]藏族先民对地理环境的认识,始终包裹着浓厚的宗教色彩,所呈现给我们的是一幅经典化的神圣地理图景。其地理思想的发展过程,大体上等同于解释体系佛教化的过程。

注　释:

①《柱间史》,又称《松赞干布遗教》,为11世纪掘藏,汉译本名《西藏的观世音》,卢亚军译,兰州:兰州人民出版社,2000年;《西藏王统记》成书于1328年,索南坚赞著,刘立千译注,北京:民族出版社,2000年,另有陈庆英等译:《王统世系明

鉴》,沈阳:辽宁人民出版社,1985年;《贤者喜宴》成书于1564年,巴卧·祖拉陈瓦著,本文所引汉译本名《贤者喜宴——吐蕃史译注》,黄颢、周润年译注,北京:中央民族大学出版社,2010年。

②[法]石泰安著,耿昇译:《西藏的文明》,北京:中国藏学出版社,2005年。

③前者如伯希和:《四天子说》,中译本载《西域南海史地考证译丛》第三卷,北京:商务印书馆,1999年;麦克唐纳女士:《四天子理论在吐蕃的传播》,中译本载《国外藏学研究译文集》第二辑,拉萨:西藏人民出版社,1990年;后者如 Martin A. Mills, Re-Assessing the supine demoness: royal Buddhist geomancy in the Srong btsan sgam po mythology, *Journal of the International Association of Tibetan Studies*, Issue 3, 2007 以及 Janet Gyatso, Down with the demoness: reflections on a feminine ground in Tibet, *The Tibet Journal XII*(4)(1989)。

④如首都师范大学谢继胜教授对藏族的山神神话及土地神和方位神的相关研究,中央民族大学才让太教授对本教文化及冈底斯山神崇拜的研究等。

⑤孙林:《对吐蕃宗教方位观念的比较研究》,《西藏民族学院学报》(社会科学版),1990年第3期。

⑥《贤者喜宴——吐蕃史译注》,第39页,注释8;第43页,注释16。

⑦达仓宗巴·班觉桑布著,陈庆英译:《汉藏史集》,拉萨:西藏人民出版社,第86页。

⑧如《西藏王统记》中提到,南赡部州中央印度地方,如同被锦缎华盖覆盖,是珍宝之洲;阻卜、于阗地方,形状像马车,是丰盛之洲;蒙古、汉地像莲花开放,是稀有之洲;有雪的藏地,形状像女魔仰卧,谷深多鬼,山黑岭险,为一黑暗之区。

⑨多卡夏仲·册仁旺杰著,汤池安译:《颇罗鼐传》,拉萨:西藏人民出版社,2002年,第6页。

⑩同②,第25页。

⑪图片来源:http://tibetanplateau.blogspot.com/2010/05/damming-tibets-yarlung-tsangpo.html。

⑫同⑦。

⑬林冠群:《唐代吐蕃的节琛(rgyal phran)》,载《唐代吐蕃史论集》,北京:中国藏学出版社,2006年,第42页。

⑭同⑥,第329页。

⑮同⑨,第43页。

⑯王尧主编:《西藏历史文化辞典》,杭州:浙江人民出版社,1999年,第25页。

⑰同⑥,第67页。

⑱Martin A. Mills, Re-Assessing the supine demoness: royal Buddhist geomancy in the Srong btsan sgam po mythology, *Journal of the International Association of Tibetan Studies*, Issue 3, 2007.

⑲ 唐晓峰:《从混沌到秩序——中国上古地理思想史述论》,北京:中华书局,2010年,第299页。

从学术刊物分析 1909～1949 年中国地理学科学化进程

罗翔中

一、引言

16世纪以来,伴随着地理大发现和工业革命,新的知识和需求推动了西方地理学的近代化,[①]并发展出探险、环境决定论、区域综合等地理学研究体系。[②]而直到19世纪中叶之前,中国地理学则一直处在自己的"王朝"体系下,并没有近代化的需求。鸦片战争以后,各国纷纷派遣考察人员深入考察我国的地理、地质和资源情况,并且撰写了许多关于中国的高水平报告。[③]在国外的刺激下,中国也出现了一批介绍新地理知识的著作,如林则徐的《四国志》、魏源的《海国图志》、徐继畬的《瀛环志略》等。这些著作对世界各国的疆土、沿革、技术、物产等做出了描述,它们使得中国人重新认识了自己的地理位置。但以上这些工作仍属于旧地理学烦琐记录的研究模式。对此,竺可桢曾提到李特尔的说法,"若专举事实,曰某国有若干省,曰某省有若干县,陈列各国人口之多寡,疆域之大小,而对全世界人类之进化,以及气候、地形对于人类之影响,一切置之度外,则地理学直一种琐碎庞杂之表记耳,安能称之科学哉"。[④]可以看出,此时中国的地理学还不算是科学。

甲午战败后,有志青年更加认识到了国家的落后,学习西方的科学技术和先进思想刻不容缓。各种外文翻译图书与日俱增,同时也掀起了一股留学风潮。正是在这样一种氛围下,地理学的近代化开始了。张相文首先对地理学做出了改变,他以教育为职业,刻苦自学,积极引进西方近代地理学,成为最早将地理学作为科学来看待的中国学者。[5]他撰写了我国最早的一批地理教科书,如1901年初版的《初等地理教科书》二册,1901年出版的《中等本国地理教科书》四册,1908年上海文明书局初版的《地文学》一册。与此同时,第一批留学生中的丁文江、章鸿钊、翁文灏等也正在国外积极学习地理学的理论知识,他们在1909年后回国,将为中国地理学的科学化进程作出贡献。

参照西方国家的定义,一门学科建立的标志是要有提供该学科专业培训的教育机构。[6]以此标准考察中国近代地理学的建立则颇为不妥。早在1867年京师同文堂就已开设了地理必修课,而德国柏林大学也才仅仅于1820年设立地理学教授职位。其后北京大学于1909年成立了地质门,北京高等师范学校于1913年成立了地理门,1919年南京高等师范学校也成立了史地门,这些机构聘请一些知名学者和留学回国的专门人才来教授地理学课程。但是直到1920年竺可桢回国后改组南京高等师范学校地理系,近代意义上的地理学培养机构才算成立。参照近代地理知识被国内一批地理学家所认可、运用和传承的时间,则我认为1909年是一个关键的节点。1908年,代表中国旧式地理学——舆地学的邹代钧先生逝世,同年张相文《地文学》一书出版,本书从自然地理学的视角对地球表层要素系统进行了考察。[7]1909年由张相文组织,中国地学会在天津成立,组成一支我国最早研究地理学的队伍,有力地推动了我国萌芽状态的现代地理学逐步向前发展。[8]因而,1909年当为中国地理学学科建立的起点。

二、研究方法及数据

托马斯·库恩在《科学革命的结构》提出一个学科是由使用同一范式的人组成的,而范式代表了这些科学家有统一的哲学框架,在工作中有一致的理论重点,并使用公认的方法程序。⑨从库恩的观点出发,对于地理学的发展情况可以从当时的学术团体、学术成果的研究中加以考察。正如哈特向所提出的,地理学就是地理学家所做的事情。他们的思想共性和关注热点在学科专门刊物上明显会有体现。

本文选取的刊物包括《地学杂志》、《地理学报》和《地理》。《地学杂志》由中国地学会主办,创刊于1910年,至1937年因抗战兴起暂时停刊止,历28年,共刊181期,共载文1600余篇;⑩《地理学报》创刊于1934年,由中国地理学会主办;《地理》杂志则是由中国地理研究所主办的战时地理学期刊,从1941年延续至1949年,是当时影响较大的战时地理期刊。⑪笔者整理了1949年前三份刊物的目录和内容,进行了归纳和分析。而对学术团体的分析,则以年代和背景对中国地理学家进行归类,希望通过主流地理学家的教育背景得出其思想源流。

三、结果

(一)地理学期刊论文的目录统计

1.《地学杂志》的目录分析(1910～1937年)

分析1910～1937年的《地学杂志》期刊目录,可以按学术水平分为旅行游记、通识介绍、国事讨论、调查报告、学术研究等若干类别。其中旅行游记以路边见闻记录,胜迹游览为主,不包括深度的探讨和分析;通识介绍则重于地理基础知识的普及,包括地方志、世界各地地理奇闻等内容;国事讨论则包括时事分析,政府文件报告,名流见解和政策探讨之类;调查报告主要针对各种具有科学团体性质的考察,比如灾情报告、矿产勘探一类而言;而学术研究则是层次最高的一部分,主要是通过一定的理论依据和方法来解决地理问题。从调查和学术研究两大类别的论文更能体现出地理学的科学性质。笔者通过数据分析,列出了各类文章所占比重的年际变化趋势(图1)。

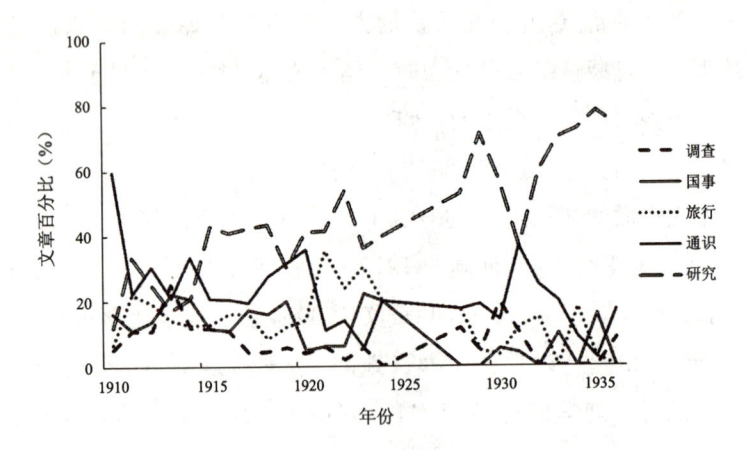

图 1 1910～1937 年《地学杂志》上各类文章所占比重的年际变化（缺 1924～1927 年数据）

可以看出,最明显的趋势是研究型文章在《地学杂志》中所占比重的不断加强,说明在这段时期内中国地学工作者的基础地理知识水平在不断提高,已经逐步摆脱了初期的记录和叙述的传统,转而向更高层次的地理现象背后的理论原因的探索。从地理学家组织的调查来看,存在两个高点。1925 年之前,科学调查主要从实用出发,集中在国家疆界的划清、灾情考察方面。疆界类考察满足了民国建立后现代国家的需求,比如朱仕清先生的"新疆备考"、邹代钧先生的"中俄界记"是此类考察代表作;灾情考察则有针对 1910～1921 年长江、淮河流域几次洪水而进行的调研,如 1913 年的"江皖水灾调查"。1925 年以后,学术性的考察成为主体,最具代表性的是 1927 年斯文赫定组织的中国西北考察团。旅行和通识两类文章没有多少研究性质,而以知识的记录和积累为主要目的。从整段时期来看,这两类文章的数量虽然始终波动变化,但一直维持在一个稳定的水平,说明地理知识的积累是一个不断渐进过程。国事类文章则反映了地理学家对于社会热点的关注,从民国初期的行政区划改建到一战前后对于山东权益的关注,都有地理学家的身影,如"巴尔干问题之研究","直隶同胞亟宜注意中日密约之济顺铁路"。

专门分析《地学杂志》中的研究型文章,按照部门地理学的定义对其进行归类,可以得出如下结果(图2)。

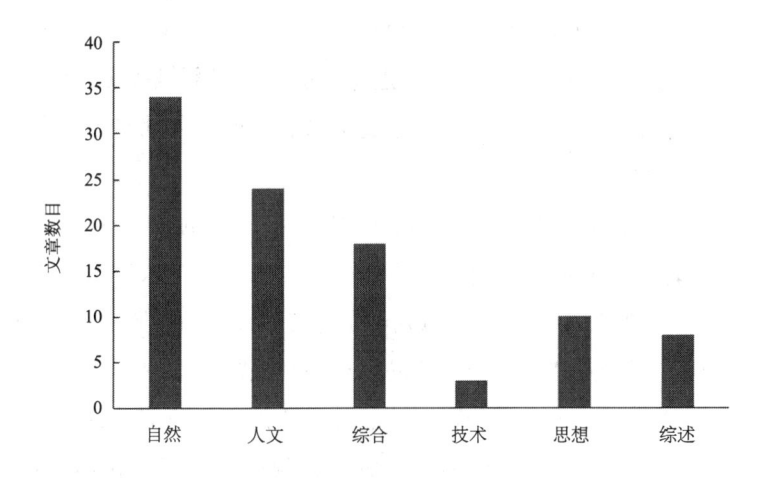

图2 《地学杂志》各类研究型文章的数量

在西方国家,早期的地理学科学化常以自然科学为主,但是从各类研究型文章的数量可以看出,在中国地理学建立的早期,人文地理学门类反而在研究领域显得更为活跃。尤其是历史地理学的蓬勃发展可能与中国学者的考据传统有关,其受到国外的冲击力较小,在理论领域不需要大规模重建。中国的史料也较之自然科学充足很多,便于开展这方面的研究。在传统的考据和历史地理学之间,没有明显的划分,代表性的文章有丁谦的"水经注正误举例",翁文瀚的"中俄国界史地考"等。

其次就是地方志的编写和区域综合研究,这项工作也是与中国地方志编写传统紧密相连的,代表性的文章是"大中华地理志序列"。城市、经济、产业地理的发展与当时现代化国家的需求紧密相关,除此以外,地质构造、矿产分布、水文水利的研究也都是与社会实践要求结合起来而展开的。

文化地理学和人类、人种、民族地理学的盛行是达尔文主义进入地理学界的具体表现，尤其是在20年代初期，"五四运动"的推动以及汉译本达尔文著作（马君武）的出现，使得进化论在中国的传播又一次进入了高潮，这一时期连续出现了《地球及生物之进化》、《说地球生物之始与水之咸淡》等理论文章。由此进一步引发了对环境决定论的思考，姚存吾先生就此发表了多篇批判性文章，如《从历史上观察地理变迁与人生之关系》。

值得注意的是，对于地理学理论、方法和思想的关注也没有被忽视。值得注意的时间节点是1919～1920年，思想、方法、理论类的文章有90%以上都出自这段时期以后，如"改造后之新地理"、"人地关系论"、"地理学之解释"、"希腊与罗马之地理学"、"地理教授与地理实习"等文章都是出自1920年之后的两三年间，这是我国地理学界理论探讨的第一个高峰。"五四运动"对于西方理论的引入有巨大作用，"科学"这一名词开始被广泛提出。客观地讲，这一时期"环境决定论"占据着某种主导地位。虽然很多学者提出了批评，但是其至少作为一种科学思想，对于地理学的科学化有着巨大的促进，从此，中国的地理学家开始反思自己所研究的内容。

2.《地理学报》(1934年至今)和《地理》(1941～1945年)的目录分析

而要考察1937年以后的地理思想变迁，则要从《地理学报》(1934年至今)来分析。地理学报是由南方以竺可桢为首的一批地理学家创建的，作为一门学术性的刊物，其内容基本上以研究报告为主。按照其文章内容，笔者将文章划分为自然地理、人文地理、综合、技术、思想等类型(表1)。其中自然地理研究包括气候、土壤、水文、地形地貌等自然要素的研究，人文地理包括经济、产业、交通方面的研究，综合研究主要是指将人文和自然要素统一起来的区域研究，技术在本阶段主要指制图技术的提升，思想则是关于地理学理论建设方面的探讨。

表1 《地理学报》1934～1949年文章类型分类统计(缺1945年、1949年数据)

年份	技术	人文	思想	自然	综合	总计
1934	1	3	1	10	2	17
1935	2	7	4	13	1	27
1936	2	5	2	18	1	28
1937	0	1	3	1	4	9
1938	0	1	0	4	1	6
1939	0	4	1	0	1	6
1940	1	0	0	3	0	4
1941	0	2	0	1	1	4
1942	1	1	0	0	2	4
1943	0	3	1	2	0	6
1944	0	1	1	3	1	6
1946	0	0	1	2	2	5
1947	0	4	4	3	3	14
1948	0	2	3	1	4	10
总计	7	34	21	61	23	

从文章类型来看,这段时期《地理学报》的学者群体更加关注的是自然问题,这一领域的文章书目远远超过人文、思想和综合部分。代表性著作包括吕炯的《渤海之气温与水温及其与海水垂直运行之关系》、涂长望的《中国高空气候的初步检讨》、杨怀仁的《贵州中部之地形发育》等。但是自抗战胜利1945年以后,自然领域的文章便不再一枝独秀,而与其他几个领域的文章达到了平衡。从年际变化来看,战时的地理学发展似乎受到了影响。但地理学报刊登的若干篇思想理论类文章也预示着正是这一时期,国内学者开始跟上国外学者的思想进展,比如李旭旦《评哈特向地理思想史论》、任美锷的《工业区位的理论与中国工业区域》、徐近之的《评葛德石〈亚洲之土壤与人民〉》都是写于这段时期。

参考战时重庆地理研究所主办的《地理》杂志(1941～1945年),观察其文章种类,也可以发现战时地理学理论探讨升温的趋势(图3)。

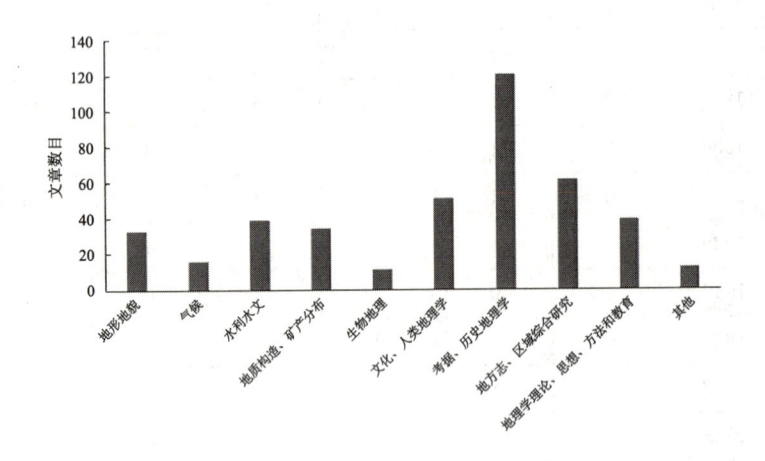

图3 战时重庆《地理》期刊各类文章数量

战时的地理研究以西部地区的区域综合考察为指导,进行了一系列的工作。包括对四川东部的大巴山考察,新疆北部的考察,云贵、广东广西的区域性考察。而很大一部分文章都是以此为基础做的研究。以四川东部大巴山考察为例,其学术成果包括《广元属大巴山冰川地形》、《川黔边境经济树木之分布与其地理环境》、《川东平行岭谷区之自然与人生》、《大巴山地理考察简报》、《大巴山东段第四纪冰川地形》、《川东地理考察简报》、《大巴山之几个地形问题》。

就地理学思想和理论研究方面,周立三的《地理学的对象与任务》、徐近之的《美国地形学的思潮与进步》、谢觉民的《评兰顿工业地理》、高永源的《麦金德及其政治地理学说》、吴传钧的《土地利用的理论与研究方法》等都做了很好的探索,既有从国外引入,也有自身实践而引发的思考。虽然身处战时,但是相对浓厚的研究环境为地理学的理论建设提供适宜的土壤,在《地理》杂志1945年第2期,发表了《气候》、《地形》、《土壤》、《聚落》、《人口》、《土地利用》、《农业》等一系列专题性综述文章,详细总结了地理学各个领域的理论和进展,可视为中国地理科学的里程碑式标志。

(二)地理学家的教育背景分析

对于中国地理学界思想变迁除了从著作来考察,还应考虑到地理学者的教育背景。中国的近代地理学是外来地理学,[12]早期起重要作用的学者都有过学习西方的经验。本文以1920年竺可桢归国为线,来考察不同时期地理学家的教育背景。

1910年初活跃的地理学家分为两类,一类以张相文、白眉初为代表,他们没有出国经历,地理学思想的转变主要是通过阅读国外地理书籍而形成的;一类以丁文江、章鸿钊为代表,他们有着出过留学的经历,但并不是纯粹的地理科班出身。丁文江赴英国留学,受到的是地质学教育,章鸿钊赴日本留学,也是地质学出身,而当时日本的地理学思想主要源自德国。[13]以上几人都是中国地学会的骨干成员,丁文江和章鸿钊还一同参加了中国最早的地质调查局,做了很多地形、构造、矿产方面的工作。可以说,这段时期的近代地理学处于草创期,甚至很少有学者受到过西方正统的地理学教育,因而早期的中国近代地理科学呈现出很强的地质学特征,这与主导的几位学者的背景紧密相关。这一特征在《地学杂志》早期的文章内容上也能清楚地体现。

1920年竺可桢归国后在南京高等师范学校建立了真正意义上的地理系,中国地理学人才才有了培养基地。竺可桢毕业于哈佛大学气象系,有着系统的西方自然地理背景。为了更加确切地分析中国近代地理学家的学术思想源流,笔者依据选取了33位近代时期活跃的地理学家,[14]进行了教育背景分析(图4)。

所分析的这批科学家都出生于1900~1910年左右,大部分都在国内接受过初步的地理教育,然后出国深造而成。进入国内高校的时间都在1920年以后,国内培养的以中央大学、中山大学和清华大学最多。而在出国选择上,基本上都是传统的西方地理强国。可以看到,苏联地理学此时并不在国内学者的考虑范围之内。

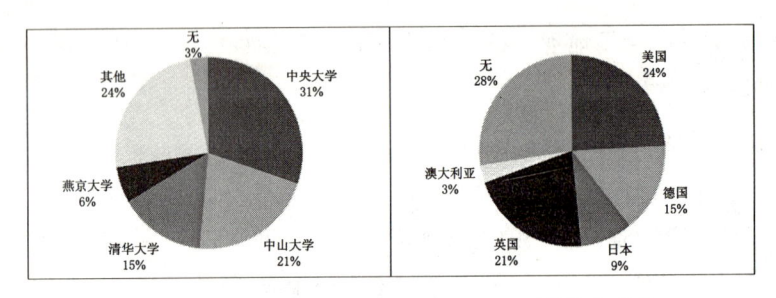

(a)国内教育背景 (b)国外教育背景

图 4 近现代中国地理学家教育背景比重(以中国地理学会表彰的 33 名老地理学家为样本)

这批学者的活跃期从 30 年代才开始,因而避过了环境决定论最为喧嚣的 20 年代。学者之间的教育背景并没有对其思想造成太大的不同,具体的研究与当时国际上通行的区域范式接轨。尤其是 40 年代的战时理论建设阶段,随着专门的区域综合考察的进行,区域的研究才正式形成一套体系,此时中国的地理学思想成熟起来。需要说明的是,在 40 年代中期"二战"结束前后,很多学者都选择去美国进修,如胡焕庸去马里兰大学、周庭儒去加州伯克利大学、周立三和严德一去威斯康星大学进修。而回国以后,他们的地理学思想将主导新中国成立后一系列的地理工作。

四、结论和讨论

本文通过考察 1909～1949 年地理学家团体的教育背景和研究内容,试图找到中国地理学学科建立的轨迹。在具体的研究方法中则以数理统计的方式为主。最终,作者将中国近代地理学思想的沿革分为三个阶段,每个阶段之间就是中国地理学理论建设的节点。

第一阶段是 1909～1920 年。这一阶段地理学的工作是在一批地质学家的努力下展开的。地理学的研究以引入国外基础的地理知识和国内实地旅行、调查的形式为主,仍处在地理知识的积累阶段。由于缺乏专门的地理人才,对于地理问题也不能够做专业的分析。这一时期地质、地貌、水文、交通、矿产等地理学的研究领域都有涉及。

第二阶段是1920~1937年。随着"一战"结束,"五四运动"爆发,达尔文主义和环境决定论又被重新提出。"环境决定论"促进了地理学者对于科学分析地理问题的思考,人地关系成为研究重点,这一时期的民族、文化、人口、生物地理学发展很快。在1924年以后,第一次关于地理学理论建设的探讨逐渐结束,地理学进入了一个平稳发展的阶段。在前面一段时期发展的基础上,地理学的科学体系被建立起来。同一时期,第二、三批地理学留学生归国。他们具备完整的地理学素养,倡导的是区域研究范式,在国内从事各类地理实践工作,为我国地理学的理论建设打下基础。

第三阶段是1937~1949年。抗战爆发,地理学的发展起先进入了一个低潮,然后在西南地区又重新活跃起来。这一时期的研究氛围最为浓厚,伴随了几次西部地区的综合考察,区域范式在中国确立下来,并总结了各地理要素的研究理论和方法。与此同时,地理学者积极引入国外地理理论,并自己加以探讨,著述成果也颇为丰富。战后部分学者赴美国进修,他们的思想决定了新中国成立后地理工作的走向。

中国近代是一个激荡的年代,在各种外力和内力的促进下地理科学诞生了。和其他科学门类一样,近代地理学有着很强的外来性。由于起步较晚,地理思想往往是滞后于同时期国外水平的。但在一批有志的地理学家的努力下,在1949年新中国成立以前国内的地理学思想已经和西方国家接轨了。

致谢:作者感谢北京大学唐晓峰老师和首都师范大学田天老师在论文编辑过程中提出的中肯意见。此外,北京师范大学的栾一博同学在写作过程中协助作者整理了部分数据,在此一并表示感谢。

附录：

《地学杂志》目录选摘（共1677条记录）

题目	作者	年份	卷	期	部分
直隶地质图	邝荣光	1910	1	1	图迹
论地质之构成与地表之变动	德瑞克	1910	1	1	论丛
海南岛		1910	1	1	杂俎（内编）
天山南路巴格拉湖		1910	1	1	杂俎（内编）
中国之矿产		1910	1	1	杂俎（内编）
承德府调查记		1910	1	1	杂俎（内编）
吉省添设各缺		1910	1	1	杂俎（内编）
旧长兴岛之新布置		1910	1	1	杂俎（内编）
营口之沿革		1910	1	1	杂俎（内编）
黑龙之航业		1910	1	1	杂俎（内编）
睿治辽河办法		1910	1	1	杂俎（内编）
邮部筹定展筑张绥铁路		1910	1	1	杂俎（内编）
会议政务处奏议覆东督锡良奏设所缺图		1910	1	1	杂俎（内编）
黔省之无尽藏		1910	1	1	杂俎（内编）
茅山金矿		1910	1	1	杂俎（内编）
鳄鱼食人		1910	1	1	杂俎（内编）
俄人经营蒙古		1910	1	1	杂俎（内编）
南极探险		1910	1	1	杂俎（外编）
湖水骤涸		1910	1	1	杂俎（外编）
日本东西两京之比较		1910	1	1	杂俎（外编）
法领安南之新要塞		1910	1	1	杂俎（外编）
地球说	邝荣光	1910	1	1	说郛
蒙古盐产	温继峤	1910	1	1	说郛
蒙古与张家口之关系	温继峤	1910	1	1	说郛
说乐河	白月沤	1910	1	1	说郛

《地理学报》目录选摘(共148条记录)

作者	文章	年份
张印堂	中国人口问题之严重	1934
徐近之	岷江峡谷	1934
李庆逵	中国土壤之概述	1934
柳诒征	张慰西先生别传	1934
曾世英	正在制造中之中国模型地图	1934
朱炳海	飑线雷雨一例之三度观察	1934
竺可桢	东南季风与中国之雨量	1934
胡焕庸	江苏省之农产区域	1934
洪思齐	划分中国地理区域的初步研究(摘要)	1934
胡焕庸	江宁县之耕地与人口密度	1934
竺可桢	华北之干旱及其前因后果	1934
张其昀	浙游纪胜	1934
张其昀	浙江省风景区之比较观	1934
侯德封、孙乾初	黄河上游之地质与人生	1934
徐近之	西宁松潘间之草地旅行	1934
张宝坤	中国四季之分配	1934
谢家荣	陕北盆地和四川盆地	1934
章鸿钊	中国温泉之分布	1935
张其昀	近二十年来中国地理学之进步(上)	1935
竺可桢著、卢鋈译	中国气候之要素(续)	1935
竺可桢	泰山与峨眉山之高度	1935
丁文江	爨文丛刻自序	1935
张其昀	近二十年来中国地理学之进步(中)	1935
谢家荣	中国之石油	1935

《地理》目录选摘（共102条记录）

序号	题名	作者	页码	年代
1	《中学地理教师的两重使命》	黄国璋	121	1941
2	《地理学之对象及其任务》	周立三	127	1941
3	《第三纪末叶亚洲大陆之高起量》	马廷英	135	1941
4	《华北变旱说》	吕炯	141	1941
5	《中国土壤分类方法之商榷》	陈恩凤	147	1941
6	《工业化与中国前途》	沙学浚	161	1941
7	《德国兵要地理之研究》	袁庄伯	167	1941
8	《卫河平原农耕与环境的相关性》	王钧衡	177	1941
9	《云南掸族之特征与其地理环境之关系》	张印堂著 李孝芳译	195	1941
10	《长江下游的地理问题（一续）》	费师孟著 王德基译	203	1941
11	《叙昆铁路北段游记（一续）》	李承三	213	1941
12	《乡土地理调查手册》	林超 王德基 郑象铣	217	1941
13	《抗战建国与地理》	竺可桢	286	1941
14	《太平洋战争的地理基础》	薛贻源	288	1941
15	《土地利用与土壤图》	陈恩凤	301	1941
16	《地理插图问题》	杨克毅	304	1941
17	《云南气候的特征》	张印堂	312	1941
18	《山东地形的发育与地形区的划分》	邹豹君	315	1941
19	《陕甘川滇黔五省之气候与棉作》	冯秀藻	322	1941
20	《紫阳茶之产销》	干成敬 贾秉温	329	1941
21	《美国地形学的思潮与进步》	徐近之	335	1941
22	《叙昆铁路北段游记（三续）》	李承三	343	1941
23	《长江下游的地理问题（续完）》	费师孟著 王德基译	352	1941

注　释：

①吴传钧、张家桢:《我国20世纪地理学发展回顾及新世纪前景展望》,《地理学报》,1999年第5期。

②[英]约翰斯顿著,唐晓峰等译:《地理学与地理学家》,北京:商务印书馆,1999年。

③王爱民:《地理学思想史》,北京:科学出版社,2010年。

④唐晓峰:《中国近代地理学的"身世"》,《读书》1999年第8期。

⑤曹婉如:《张相文与中国近代地理学的萌芽——纪念张相文逝世五十周年》,《地理学报》,1983年第3期。

⑥[美]杰弗里·马丁著,成一农译:《所有可能的世界:地理学思想史》,上海:上海出版社,2004年。

⑦许然:《邹代钧,张相文,竺可桢与我国的近代地理学》,《地域研究与开发》,1998年增刊。

⑧林超:《中国现代地理学萌芽时期的张相文和中国地学会》,《自然科学史研究》,1982年2月。

⑨[美]托马斯·库恩著,金吾伦,胡新和译:《科学革命的结构》,北京:北京大学出版社,2001年。

⑩林超:《中国现代地理学萌芽时期的张相文和中国地学会》。

⑪张银玲:《中国西南地区近代地理学期刊发展史略》,《西北大学学报》(自然科学版),1994年第3期。

⑫唐晓峰:《中国近代地理学的"身世"》。

⑬[美]杰弗里·马丁著,成一农译:《所有可能的世界:地理学思想史》。

⑭中国地理学会:《中国地理学会第五届理事会表彰的老科学家简介》,《地理学报》,1985年第3期。

欧洲止于乌拉尔山

——一条欧亚界线的发现与阐释

石芳

乌拉尔山通常被视为亚洲与欧洲的北段分界线。与其他作为洲界线的海、海峡等水体相比,这条山脉界线显得不同寻常。以乌拉尔山作为亚欧分界线,是瑞典人斯特拉伦伯格(Philipp Johann von Stralenberg,1676—1747)和俄国人塔季谢耶夫(Vasily Nikitich Tatishchev,1686—1750)在18世纪初期提出的。此后这条界线逐渐获得越来越多的支持,却从来没有像欧洲的其他边界如地中海、土耳其海峡以及黑海那样得到公认。"当我们跨过麦奥齐达湖(亚速海)之后,我们不再知道欧洲在哪里结束,或亚洲在哪里开始。"[①]18世纪启蒙运动的旗手伏尔泰在其畅销书《彼得大帝治下的俄罗斯帝国历史》中所表达的对欧亚界线的困惑,实际上是一种身份认同的困惑,从16世纪起就困扰着西欧人,在彼得改革之后又折磨着俄国人。

一

地球表面的陆地分为几个部分的概念源于古希腊学者,他们第一次定义了欧罗巴、亚细亚、利比亚(阿非利加)三个"洲":它们都是地理整体,相互之间被主要的水体分隔,并因此而具有了地球表面的自然地貌所形成的边界。古希腊人了解从爱琴海穿越土耳其海峡至黑海的水道,但亚速海以北对他们而言却是"未知的土地"。希罗多德在其《历史》中所描述的欧洲,南部以地中海为界,东部则以博斯普鲁斯海峡、黑海、亚速海和顿河(或高加索山区的里奥尼河)为界。但是,他多次强调,"没有一个人知道它(欧洲)的东部和北部是不是为大海所环绕着"。②古典学者从来没有彻底解决关于这条界线的纷争,但一些假设获得更广泛的认可。老普林尼在其《自然史》中称,"金麦里亚海峡(刻赤海峡)的亚洲和欧洲海岸弯曲地折入麦奥齐达湖(亚速海)方面"。③中世纪的天文地理学权威托勒密在其《地理学导言》中区分了欧洲萨尔玛提亚和亚洲萨尔玛提亚。"(欧洲的)萨尔玛提亚的东部界线为:克尔金尼特河的地峡、韦卡湖、麦奥齐达湖到坦纳伊斯河(顿河)的沿岸线,坦纳伊斯河本身以及由坦纳伊斯河发源地通往未知名的地方到达上述边界的经线末端。""亚洲萨尔玛提亚,其北以未知的地方为界;其西以下列地方为界:到坦纳伊斯河河源为止的欧洲萨尔玛提亚以及注入麦奥齐达湖的坦纳伊斯河本身和由坦纳伊斯河到金麦里亚海峡的麦奥齐达湖东部。"④他们的叙述都对亚速海以北地区的真实地理环境采取了不可知的模糊态度,为想象留下了空间。在地图中,这种地理知识的缺陷导致亚速海和顿河被压缩为欧亚之间的一条地峡,成为区分欧亚的北段分界线,由此使"欧洲"之成为"洲"获得了合理性。这种幻想的世界图景维持了一千多年,并在中世纪的T—O地图中得到了模式化的体现。

直到16世纪,随着地理知识的积累以及莫斯科公国的崛起,作为现代"欧洲"观念阐释者的大西洋地区国家开始重新认知黑海以北地区。前往莫斯科的旅行者反馈的信息和制图法精确性的提高,使得这种既成宇宙观的错误变得越来越明显。西方人开始意识到,黑海北岸是一片广阔的土地,而非一条地峡;顿河不过是一条不太明显的、曲折的水道,发源于离黑海不远的沼泽地中,而非北冰洋沿岸。所有这些地理知识都指向一个结论,即欧洲与亚洲并非被水体明确区分开来,而是一块完整的大陆。与此同时,随着地理大发现的进展,最迟在16世纪,"洲"具有了清晰的内涵,被用来指代一片巨大的陆地,具有明确的海洋

411

边缘,与其他陆地由单一的地峡连接或者完全不相连接。因此,欧洲并不具备"洲"的地理特征和地位。然而,"正当地理知识的进步侵蚀古典的欧亚分界线的时候,这种分界观念反而得到了强化。"⑤古典地理传统的深刻影响是造成这种现象的一个原因。文艺复兴时期人们重新发现了《自然史》《地理学导论》等古典著作,并将之奉为权威,对地理知识的讨论仍然限于古典地理观念的框架,主要工作不过是阐释、修订古典著作。然而,更重要的原因是,此时欧洲观念开始发生了重大的变化。

一群生活在某一特定区域的人总会为自己设立许多边界,以界定"我们"是谁、"他们"是谁。但人并不生活在抽象的空间中,人类的经验总是会与可见的地理景观相联系。因此,"地域的边界以一种可以想见的方式与社会的、民族的和文化的边界相对应"。⑥而集体认同常常源自于此。在整个古希腊罗马时期,"欧洲"作为一个地理区域,除去在希波战争的特定氛围下,并没有附加太多文化或政治色彩,对希腊人或罗马人都没有多少特殊的认同意义。随着基督教的兴起,"基督教世界"的概念被用以指称亚欧大陆西部地区,"欧洲"一词仅作为地理概念在古典著作中保留下来。现代"欧洲"观念的阐释者是大西洋沿岸的欧洲人,他们以其具有生死予夺的权力的表述能力,激活并建构了自己的地域边界。按照萨义德的阐释,"如果没有空想家们将广袤的地理区域转变为可处理的、可操纵的实体这一技巧,'欧洲'或'亚洲'就什么也不是。因此,归根结底,欧洲和亚洲是我们的欧洲和我们的亚洲——如叔本华所言,我们的愿望和表象。"⑦

随着土耳其的征服、地理大发现和欧洲的世俗化进程,从15世纪起,"欧洲"一词的使用频率开始提高,逐渐取代了"基督教世界"的概念。到18世纪,知识精英们首先阐释作为政治、文化与经济共同体的"欧洲"观念,普通城市居民开始具有欧洲意识,"欧洲归属感成为一项重要的社会和政治事实"。⑧"欧洲"逐渐从一个地理概念演变为一种文化概念,成为一种文明的指称。在这个过程中,"一种文化和政治的排

图 1 头戴冠冕的女性欧洲形象

资料来源：左图出自塞巴斯蒂安·明斯特（Sebastian Münster）的《宇宙志》（*Cosmographia*，1598 年版），第 61 页；右图为约翰尼斯·普奇（Johannes Putsch）所制（1592 年），转引自 J. G. A. Pocock 的 *What Do We Mean by Europe*？第 13 页。

斥感以及随之而来的优越感开始出现"，并"逐渐强化为一种坚定的自负观念，将欧洲视为世界上最文明、最有序的地区"。[⑨]启蒙运动的代表作《百科全书》的"欧洲"词条宣称："欧洲是世界四个部分中土地面积最小的，这没有关系。因为在商业、航海、富饶方面，在其人民的启蒙水平和工业方面，在艺术、科学、贸易的知识方面，它却是最大的。"[⑩]这种观念生动地表现在流行的将欧洲表现为头戴冠冕的女性的寓意地图上（图1）。在这幅寓意地图的东南角上，"欧洲"的裙子飘到画框之外，这是对模糊的欧亚界线一种巧妙却也无奈的处理。欧洲无法与亚洲截然分开，令他们感到不安。斯特拉伦伯格发现，由于古典界线的不明确，18世纪初期一些新地图上"完全省略了欧亚之间的分界线"；这正是他将自己在俄国的游历所见半考证半附会于古典地理论述，以"明确欧亚

413

之间唯一明显的边界线"的原因。⑪因为,对于欧洲人来说,失去与他者的界线是不可容忍的。从地理大发现以来欧洲逐渐滋长出来的自信心和自负不允许自己与亚洲的边界遭到侵蚀,欧洲不能作为大陆的一个延伸部分(比如半岛或者次大陆)来与亚洲连接在一起,"欧洲不打算将自己与黄色或棕色的亚洲人平等地融为一体"。⑫因此,要解决"欧洲"所面临的合法性危机,就要找到一条新的界线来替代漏洞百出的亚速海—顿河界线。

二

值得注意的是,在这些以女王形象示人的欧洲地图上,斯堪的纳维亚半岛没有出现。"斯堪的纳维亚地区从什么时候起被认为是欧洲的一部分还是一个历史问题。"⑬然而,人们几乎不关注这个问题,也不讨论波罗的海是否应作为欧洲的北部边界。因为边界问题实质上是个认同问题。如今,斯堪的纳维亚地区的欧洲认同,无论对当地人而言,还是对其他人而言,都是毫无争议的。相反,无论俄罗斯人、欧洲人还是其他人,至今都无法在"俄罗斯是否是个欧洲国家"这个问题上达成共识。而这正是欧亚界限问题的核心所在。

16世纪以后,俄国与西欧世界相互重新回到对方的视野之中,俄国的身份归属问题给欧洲人造成很大困扰。俄国从拜占庭继承了希腊罗马古典文化和基督教,具有欧洲共同的文化与宗教基础。然而,"俄国人的习俗、服装和风尚,总是更近于亚洲而不是基督教欧洲"。⑭对大西洋沿岸国家而言,俄国显得奇异而陌生,"从有关资料中得出来的一个印象是,土耳其比莫斯科公国更接近西方"。⑮这不由得令人怀疑俄国是否属于基督教世界,是否属于欧洲。随着"欧洲"自信与骄傲的日渐增长,横跨古典亚欧界线亚速海—顿河两岸的俄国的归属成为欧洲认同的一个棘手问题,成为亚欧北部界线的核心难题。

俄国从拜占庭继承了其文化和宗教基础,因此其精英学者熟知希腊罗马古典作家的作品,同时他们也了解自己国家的地理概况,很清楚亚速海—顿河界线的真实情况。然而,长期以来,他们对此持一种漠不关心的态度,古典作家的说法原封未动地代代传抄下来。曾经作为神圣罗马帝国使臣出访莫斯科公国的西吉斯蒙德·冯·赫伯斯坦(Sigismund von Herberstein)在其《莫斯科纪事》(1549年)中指出,"如果从坦纳伊斯河河口到其源头划一条直线","结果是莫斯科位于亚洲,而非欧洲"。⑯这就意味着,顿河作为亚欧界线会将俄国大部分历史核心土地划归亚洲。但俄国人对此毫不介意。俄国长期以来自视为第三罗马,有一套将自己视为真正的基督教选民的排他性的民族意识形态,他们对欧洲在世界上的支配性优越感没什么感触,被看作是欧洲人还是亚洲人,他们毫不在乎。

但在18世纪最初25年间,由于彼得大帝推行的影响深远的欧化改革,俄国人对这个问题的态度发生了急剧变化。彼得改革希望将俄国的一切,包括政府、社会、日常生活和文化等统统西方化,这实际上是明确地承认欧洲文明的绝对优越性。虽然俄国的欧化是十分表面的,但彼得改革使得俄国开始将自己塑造成一个欧洲模式的政治实体。北方战争胜利之后,"莫斯科公国"的名号被废弃了,俄国宣称是一个如同欧洲那样拥有殖民地的帝国,统治者的名号也改成了"皇帝"。"这种改变俄国的政治身份的努力使得它必须重新塑造自我的地理形象,以从一堆蔓延东欧平原、北亚直至太平洋的广阔土地和居民中创造出可识别的欧洲式的政治实体。"⑰俄国可被理解为一个由欧洲的宗主国和亚洲的殖民地两部分组成的帝国,就如同英国、西班牙、荷兰等国那样。然而,西方帝国的宗主国与殖民地之间由水域清晰地分开,如同各大洲一样,俄国的宗主国却与殖民地浑然一体。因此,俄国跨越两大洲的特性就具有了前所未有的重要性。欧亚分界线问题成为俄国亟待解决的政治难题。"这个问题没有解决,欧洲化的俄国自我形象就不能完成建构,因为没有明确的地理框架来支撑它。"⑱

三

从 16 世纪到冷战时期,欧洲人提出了各式各样的欧洲北部划界方案。W.H.帕克曾撰有《欧洲,有多远?》一文,根据欧洲历代地图,详细分析了各条欧亚北段界线方案(图 2、图 3)。[19] 从图中可以看出,囿于以水为界的传统观念,18 世纪之前,从维斯瓦河到叶尼塞河之间的各条南北向河流——伏尔加河、卡马河、北德维纳河、伯朝拉河以及鄂毕河——都曾被提议作为欧亚的分界线,以维持传统的亚欧两洲划分。虽然以河流为界仍然有许多支持者,但从 18 世纪开始,无论亚欧界线如何变动,乌拉尔山都成为其中最为稳固的地理标志。

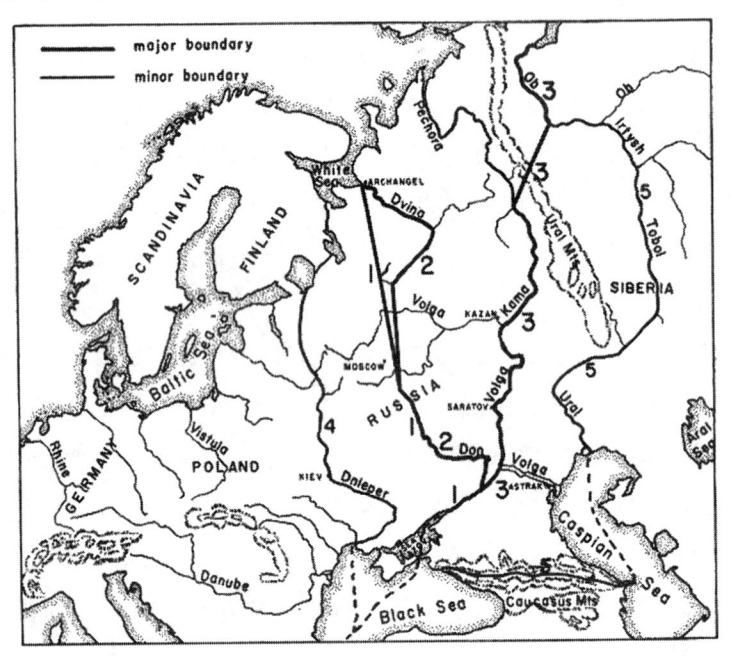

Some sixteenth and seventeenth century boundaries: 1. Don-straight line-White Sea(Ortelius 1570). 2. Don-Dvina(Thevet 1575). 3. Don-Volga-Kama-Ob(Cluverius 1616). 4. Dnieper-Lakes Ladoga and Onega-White Sea (Sanson 1650). 5. Ob-Irtysh-Tobol-Ural River(Valck 1680).

图 2　16～17 世纪的亚欧划界方案

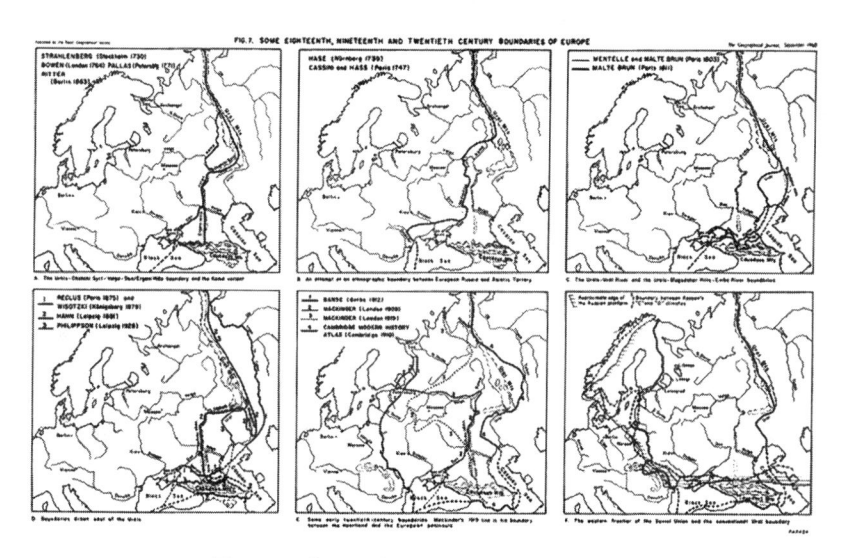

图3　18世纪至冷战时期的亚欧分界方案

以乌拉尔山为欧亚界线的观念,诞生于18世纪初期,分别由瑞典人斯特拉伦伯格和俄国人塔季谢耶夫提出。斯特拉伦伯格提出的这条界线从乌拉尔山向南延伸,之后沿萨马拉河在萨马拉城汇入伏尔加河,再沿着伏尔加河西岸高地南行,最终不仅与顿河汇合,还汇合于黑海东岸的丘陵并延伸到高加索山,这样就与古典学者所划界线重合了。[③]这条界线相当复杂,俄国人塔基谢耶夫同样提出乌拉尔山作为分界线,但南端更简洁地以乌拉尔河为界。传统上,"洲"以水为界,18世纪之后这种观念还随着澳大利亚和南极洲的发现而愈加强化。在这种情况下,乌拉尔山被确认为大洲分界线,显得十分不同寻常。

塔季谢耶夫是彼得改革的支持者,在俄国急于塑造其欧洲身份、确定亚欧界线成为紧迫的国家政策的情况下,受命主持俄国的大地测量和地图绘制工作,为俄国最早的全国地图集的出版奠定了基础。他也从这项工作中总结出以乌拉尔山和乌拉尔河为欧亚界线的观点。斯特拉伦伯格与塔季谢耶夫两人之间是否有过沟通,谁具有发明此界线的优先权,都还有待历史考证。马克·巴辛从俄国的政治需求方面阐述

417

这条界线的划定,将功劳主要归于塔季谢耶夫,从地理测绘方面的实际情况来说,这可能更符合史实。然而,现代"欧洲"观念的主要阐述者是西欧人,一方面由于语言不通、信息交流不畅,另一方面也由于一种文化傲慢心理,塔季谢耶夫及其观点并未受到西欧人的关注,在很长时间内,斯特拉伦伯格提出的与古典界线相契合的界线方案更加受到认可。因此,应该更加注重对斯特拉伦伯格的论点进行分析。

斯特拉伦伯格是瑞典军官,在北方战争期间被俄军俘虏,滞留俄国13年,游历了俄国的大部分地区。北方战争结束后根据瑞俄两国签订的《尼斯塔德条约》,斯特拉伦伯格回到瑞典,1730年出版了《欧亚东部和北部的历史地理概况》一书,成为18世纪西欧认知俄国的重要著作。在这部著作中,斯特拉伦伯格批评古典界线不可识别,而他的同时代人所主张的鄂毕河界线"不自然",正式提出了以乌拉尔山作为亚欧分界线。他将古典地理学家所幻想的一条位于极北地区、冰雪覆盖的东西走向的里菲山脉认定为乌拉尔山脉,称之为亚欧之间"最自然的界线":"这条界线比之前的所有界线都更加明显、更加自然。"[①]斯特拉伦伯格完全从自然地理方面来论述这条分界线,认为地形地貌、生态物产等方面的差异将山脉两侧分为两个明显不同的部分。第一,乌拉尔山脉东西两侧的地貌是不同的:东部高于西部,并且东部向北倾斜,因此河流都向北流,流程也非常长;而在山脉西部,高地位于中间,因此河流既向北流也向南流,流程也短;也由于这种地势,西伯利亚地区受到极北地区的寒流影响更大,气候更加寒冷。第二,大鞑靼地区土地荒芜,到处是沙漠,没有树木;而西伯利亚则完全不同,那里沼泽很多,即使在夏天也无路通行。[②]第三,乌拉尔山以西的河流都流向俄国,汇入伏尔加河和卡马河,即最终汇入欧洲;相反,乌拉尔山以东的河流都流入西伯利亚,最终汇入亚洲。第四,乌拉尔山两侧的动物、植物、矿物也有很大的差异。比如西部河流中有鲑鱼、鳗、小龙虾和银白鱼,西伯利亚的河流则有折东鱼、白鲑鱼等,并且河中也有各种颜色的透明石头,而欧洲用来铺路的普通石头,西伯利亚的河流中却没有;乌拉尔山西侧,长着欧洲常见的榛树、橡树,西伯利亚没有这些树,却有雪松、落叶松以及一些灌木和矮生树种;山脉东部可以找到石棉等几种矿物,西部却没有。㉒这种动植物、矿物品种的差异,仍然是现今地理教材中将乌拉尔山作为欧亚分界线的原因,虽然提及的动植物、矿物品种可能有些不同。

四

乌拉尔山被"发现"以及被阐释为欧亚界线是欧洲建构的重要一步。从法比荷大西洋沿岸开始,巨大的平原一直延伸到西伯利亚。"尽管在它的表面上分布着许多小山和小山脉,但是它们既不够高,也不够密集,无法阻断这一整个地球上最大的平原的绵延。"㉓要在这样的地貌条件下找出一个明显的地理标志将之建构为洲界并不容易。乌拉尔山古老而饱经风化和侵蚀,平均海拔只有 500～1200 米,地势不太高,山脉不太宽,并不能构成一道天然屏障,也正因为如此,俄国人才能够顺利向东扩张,一路挺进到太平洋。与阿尔卑斯山、比利牛斯山相比,它甚至都不能算是明显的地理标志。直到神圣罗马帝国使臣冯·赫伯斯坦 1549 年发表《莫斯科纪事》,西方世界才第一次有了对乌拉尔山不甚精准的描绘。直到 18 世纪初,大多数欧洲地图上,仍然或者完全不标绘这条山脉,或者将其压缩为伯朝拉河与鄂毕河之间靠近北冰洋的一条短小、不起眼的山脉。地理学家对此山的兴趣主要是讨论它是不是古典著作中提到的"里菲山脉"。斯特拉伦伯格也正是通过证明乌拉尔山就是"里菲山脉",从而突出其重要性,以此构成其作为欧亚界线的合理性的一部分。

斯特拉伦伯格界线从来不是没有争议的。狄德罗和达朗贝尔主编的《百科全书》仍以鄂毕河作为欧洲的东部边界。㉔而 17～18 世纪最广为接受的界线则是鄂毕河—卡马河—伏尔加河—顿河界线,这条界线跨越了乌拉尔山,这本身也可以说明乌拉尔山算不上一个明显的地理屏障和标志。俄国可能是最早接受以乌拉尔山为亚欧界线的国家,沙

419

皇叶卡捷琳娜二世在1767年第一次正式宣布"俄国是一个欧洲国家",此后这成为俄国精英的意识形态基础,乌拉尔山作为洲界出现在18世纪70年代俄国官方出版的地图集上。此后,乌拉尔山才逐渐被西方地理学家们认可为亚欧界线。斯特拉伦伯格界线从19世纪初开始出现在德国的地图上。法国则更愿意接受塔季谢耶夫所定的乌拉尔山—乌拉尔河界线,因为斯特拉伦伯格界线将伏尔加盆地划分为两半。英国直到1845年左右经过皇家地理学会的努力,才接受了乌拉尔山－乌拉尔河界线。⑧乌拉尔山作为欧亚分界线在经受了19世纪最后几十年里泛斯拉夫主义的猛烈攻击之后,在一战之前总算得到了大多数人认可,俄国总体上被接受为欧洲国家,尽管被认为是个不合格的欧洲国家。

乌拉尔山作为亚欧分界线,从18世纪末开始得到了越来越多的支持,并在20世纪最终成为一种普遍认可的说法,这主要是因为这条界线相比于其他界线所具有的优势。正如希罗多德在其《历史》中就已指出以尼罗河为界将埃及分为两部分是个错误一样,东欧平原上的河流作为亚欧分界线同样不合适。遵循古典的亚速海－顿河界线,无论如何制定其北段界线,必然会将俄国分为两部分,这样就难以确认俄国人是欧洲人还是亚洲人,实质上没有解决欧亚界线问题。若想将俄国排除在欧洲之外,则需第聂伯河甚至更西部的地理标志作为界线。但俄国是基督教国家,从拜占庭继承古典文化,经过彼得改革之后,至少表面上具备了欧洲国家的特征。特别是它日益参与欧洲历史进程,18世纪已经不可能写出没有俄国的欧洲史。但是,如果考虑政治层面而将俄国纳入欧洲范围,又会将欧洲向东推进到更遥远的、欧洲完全不熟悉、其传统中完全没有留有想象余地的地区。近代早期以来的俄国以对外扩张为其根本特征之一,其东部边界是不确定的,试图将俄国囊括入欧洲的范围,其东部界线就会随着俄国的东扩而东进,离古典边界越来越远,且没有稳定性。而且也会将大批穆斯林和亚洲游牧民族包括在内,这则是欧洲人从宗教、文化心理层面都无法接受的。斯特伦伯格以乌拉尔山为界,全然从自然地理的角度来论证,将欧亚之间的人造界线自然化,使之具有表面上的客观性,这样就回避了从人文层面来划定界线的难题。既没有将欧洲向东推进太远,从而基本上维护了古典界线,也将新近崛起的俄国的历史核心土地包括在内,使俄国可以被表现为一个欧洲式的殖民帝国,至少具备了欧洲属性的潜力。

斯特拉伦伯格极力论证自然地理特征作为"裁判"的合理性,强调乌拉尔山是最"自然的界线"。然而,将完整的亚欧大陆区分为两个"洲",本身就"不自然"。实际上,自然地理标志从来都不会是全然"自然"的,它必须借助于社会的、政治的、经济的、文化的象征性力量来使自己变得"理所当然",否则就不会保持作为界线的合法性。在这个角度上,阿尔卑斯山、比利牛斯山、乌拉尔山、地中海、黑海、博斯普鲁斯海峡都是意义归属和建构的目标。到了19世纪下半期,德俄两国重新开始考虑政治、文化上的欧亚边界,试图区分斯拉夫人和鞑靼人,以塑造"真正的"欧洲。俄国还要面对斯拉夫主义从气候、自然带等方面阐释俄国地理整体性的挑战。此时,塔季谢耶夫当年主持测绘的地图上所标示的俄国的"欧洲政府"和"亚洲省区"的不同,同时也借力于19世纪泛滥的种族主义思潮,欧亚的政治地理分界线恰好与乌拉尔山这条"自然的"界线相重合。"因此,在19世纪末,一条自然界线(盛行于英法)和一条'政治'界线(盛行于俄德),并没有多少不同。"[②]乌拉尔山经过这一重阐释,又被赋予政治、人种以及文化上的分界意义,以求成为理所当然的欧亚分界线。

在地理意义上,乌拉尔山作为亚欧界线自20世纪初已经得到广泛认可。但它的洲界地位从未像地中海、土耳其海峡那样确定无疑。边界会塑造一个群体共享空间的感觉,定义一个作为集体认同的共同体的界线,因而与身份认同密不可分。亚欧北部界线表面是个地理分区问题,实际上其核心是俄罗斯的欧洲认同问题,其关键在于定义"什么是欧洲","谁是欧洲人"。俄国的欧化和欧洲对俄国的接受都是十分表面化的。俄国国内始终存在着对欧洲化政策的怀疑与不安,为自己与欧洲有着不可弥合的文化与历史鸿沟而感到满足。西方则既无法从心理上完全接受俄国的欧洲地位，也不能无视或消除俄国对欧洲历史进程的影响和作用。双方的这种认同矛盾心理造成了俄罗斯身份属性的模糊，进而造成关于欧亚界线的话语战争。斯特拉伦伯格与塔季谢耶夫提出以乌拉尔山为欧亚界线，全然从自然地理角度论证其合理性，将俄国分为欧洲部分和亚洲部分，回避了棘手的认同问题。然而，一方面欧洲认同、欧盟扩张都需要一条边界，另一方面又要避免冷战"铁幕"再度出现，划定这条东部界线就成为冷战后西方面临的主要挑战之一。⑨换言之，乌拉尔山要成为确定无疑的欧亚界线，其文化阐释还有待完成。

注　释：

①Voltaire, *Histoire de L'Empire de Russie sous Pierre le Grand*, 2 parties, *Œuvres historiques*, Paris: Gallimard, 1957. Première partie, p. 368.

②希罗多德：《历史》，王以铸译，北京：商务印书馆，2005年。第四卷45，第282—283页。

③老普林尼：《自然史》，第六卷，5章，18段。波德纳尔斯基编：《古代的地理学》，梁昭锡译，北京：生活·读书·新知三联书店，1958年，第306页。

④托勒密：《地理学导言》，第三卷，第五章《欧洲萨尔玛提亚的位置》第10条，第八章《亚洲萨尔玛提亚的位置》第32条。波德纳尔斯基编：《古代的地理学》，第376、381页。

⑤Mark Bassin, "Russia between Europe and Asia: The Ideological Construction of Geographical Space", *Slavic Review*, Vol. 50, No. 1 (Spring, 1991), p. 3.

⑥爱德华·萨义德：《东方学》，王宇根译，北京：生活·读书·新知三联书店，1999年，第68页。

⑦爱德华·萨义德：《东方学》，第150页。

⑧Peter Burke, "Did Europe Exist before 1700?", *History of European Ideas*, Vol. 1, No. 1 (Mar., 1980), pp. 21,26.

⑨Mark Bassin, "Russia between Europe and Asia: The Ideological Construction of Geographical Space", p. 3.

⑩Jaucourt, Louis, chevalier de, "Europe", *Encyclopédie ou Dictionnaire raisonné des sciences*, *des arts et des métiers*, Diderot & D'Alembert (eds.), Vol. 6, p. 212 (Paris, 1756).〈http://artflsrv02.uchicago.edu/cgi-bin/philologic/getobject.pl? c.5:233.encyclopedie0513〉, 2013 年 11 月 30 日登陆。

⑪Philipp Johann von Stralenberg, *An Histori-Geographical Description of the North and Eastern Part of Europe and Asia*; *But more particularly of Russia*, *Siberia*, *and Great Tartary*; *Both in their Ancient and Modern State*; *Together with an entire new polyglot-table of the dialects of 32 tartarian nations*; *and a vocabulary of the Kalmuck-Mungalian tongue. As also*, *a large and accurate map of those countries*; *and variety of cuts*, *representing Asiatick-Scythian Antiquities*, London, 1736. Eighteenth Century Collections Online, pp. 106, 121 – 122.

⑫爱德华•萨义德:《东方学》,第 150 页。

⑬J. G. A. Pocock, "What Do We Mean by Europe?", *The Wilson Quarterly* (1976 –), Vol. 21, No. 1(Winter, 1997), p. 15.

⑭Voltaire, *Histoire de L'Empire de Russie sous Pierre le Grand*, Première partie, pp. 380 – 381.

⑮尼古拉•梁赞诺夫斯基、马克•斯坦伯格:《俄罗斯史》(第七版),杨烨、卿文辉译,上海:上海人民出版社,2007 年,第 182 页。

⑯Abel Mansuy, *Le Monde Slave et les Classiques Français aux XVIe-XVIIe siècle*, Paris: Honoré Champion, 1912, p. 16.

⑰Mark Bassin, "Russia between Europe and Asia: The Ideological Construction of Geographical Space", p. 5.

⑱Mark Bassin, "Russia between Europe and Asia: The Ideological Construction of Geographical Space", p. 6.

⑲W. H. Parker, "Europe: How Far?" *The Geographical Journal*, Vol. 126, No. 3(Sep., 1960), pp. 278 – 297.

⑳Philipp Johann von Stralenburg, *An Histori-Geographical Description of the North and Eastern Part of Europe and Asia*, p. 121.

㉑Philipp Johann von Stralenburg, *An Histori-Geographical Description of the North and Eastern Part of Europe and Asia*, p. 106.

㉒在斯特拉伦伯格的笔下,大鞑靼地区(Great Tartary)指黑海和里海沿岸宽大的草原地区,以额尔其斯河为界、与西伯利亚相区分开来。大鞑靼地区和西伯利亚都被斯特拉伦伯格划归为亚洲。不清楚他为何将这两个地区之间的差异作为乌拉尔山的洲界身份的第二条理由。

㉓Philipp Johann von Stralenburg, *An Histori-Geographical Description of the North and Eastern Part of Europe and Asia*, pp. 122 – 126.

㉔尼古拉•梁赞诺夫斯基、马克•斯坦伯格:《俄罗斯史》,第 3 页。

㉕Jaucourt, Louis, chevalier de, "Europe", *Encyclopédie ou Dictiionnaire raisonné des sciences, des arts et des métiers*, Diderot & D'Alembert (eds.), Vol. 6, p. 211 (Paris, 1756).

㉖W. H. Parker, "Europe, How Far?", pp. 286–287.

㉗W. H. Parker, "Europe, How Far?", p. 288.

㉘塞缪尔·亨廷顿:《文明的冲突与世界秩序的重建》,周琪等译,北京:新华出版社,1998年,第170页。

图书在版编目（CIP）数据

九州. 第五辑/唐晓峰，田天主编. —北京：商务印书馆，2014
ISBN 978-7-100-10864-5

Ⅰ. ①九… Ⅱ. ①唐… ②田… Ⅲ. ①历史地理—中国—期刊 Ⅳ. K928.6-55

中国版本图书馆 CIP 数据核字(2014)第 257219 号

所有权利保留。
未经许可，不得以任何方式使用。

JIǓ ZHŌU
九 州
（第 五 辑）

纪念禹贡学会八十年

荣誉主编　邹逸麟　　主编　唐晓峰　田天

商　务　印　书　馆　出　版
（北京王府井大街36号　邮政编码 100710）
商　务　印　书　馆　发　行
北　京　冠　中　印　刷　厂　印　刷
ISBN 978-7-100-10864-5

2014 年 12 月第 1 版	开本 787×960　1/16
2014 年 12 月北京第 1 次印刷	印张 27¾
定价：69.00 元	